Java to Kotlin

자바에서 코틀린으로

자바에서 코틀린으로

코틀린으로 리팩터링하기

초판 1쇄 발행 2022년 11월 10일

지은이 덩컨 맥그레거, 냇 프라이스 / **옮긴이** 오현석 / **펴낸이** 김태헌
펴낸곳 한빛미디어(주) / **주소** 서울시 서대문구 연희로2길 62 한빛미디어(주) IT출판2부
전화 02-325-5544 / **팩스** 02-336-7124
등록 1999년 6월 24일 제25100-2017-000058호 / **ISBN** 979-11-6921-044-7 93000

총괄 송경석 / **책임편집** 서현 / **기획 · 편집** 안정민
디자인 표지 박정우 내지 박정화 / **전산편집** 도담북스
영업 김형진, 김진불, 조유미 / **마케팅** 박상용, 한종진, 이행은, 고광일, 성화정 / **제작** 박성우, 김정우

이 책에 대한 의견이나 오탈자 및 잘못된 내용에 대한 수정 정보는 한빛미디어(주)의 홈페이지나 아래 이메일로 알려주십시오. 잘못된 책은 구입하신 서점에서 교환해드립니다. 책값은 뒤표지에 표시되어 있습니다.

한빛미디어 홈페이지 www.hanbit.co.kr / 이메일 ask@hanbit.co.kr

지금 하지 않으면 할 수 없는 일이 있습니다.
책으로 펴내고 싶은 아이디어나 원고를 메일(writer@hanbit.co.kr)로 보내주세요.
한빛미디어(주)는 여러분의 소중한 경험과 지식을 기다리고 있습니다.

Java to Kotlin

자바에서 코틀린으로

O'REILLY® 한빛미디어 Hanbit Media, Inc.

지은이 · 옮긴이 소개

지은이 덩컨 맥그레거 Duncan McGregor, **냇 프라이스**Nat Pryce

두 사람은 합쳐서 50년 이상을 전문적인 소프트웨어 개발자로 살았다. 이들은 다양한 산업 분야에서 상당한 양의 소프트웨어를 개발했다. 소프트웨어를 개발하는 데 관련 글을 많이 작성했고, 소프트웨어 개발 관련 글을 작성하기 위한 소프트웨어를 만들었으며, 소프트웨어를 개발하는 법을 강의했다. 이를 바탕으로 콘퍼런스에서 소프트웨어 개발에 대한 워크숍을 진행했고, 소프트웨어 개발에 대한 콘퍼런스 조직을 도왔다.

이들이 개발한 소프트웨어 중 상당수는 자바로 쓰였다. 모든 소프트웨어를 자바로 개발하지는 않았지만 상당 부분을 자바로 개발했다. 이들은 자바가 C++과 비교할 때 새로운 바람인 것처럼 느껴지던 때를 기억할 만큼 오랫동안 소프트웨어 업계에 종사했다. 이제 이들은 자바와 비교할 때 코틀린이 새로운 바람이 될 수 있음을 알았고, 코틀린으로 소프트웨어를 개발하는 법에 대한 책을 집필했다(그리고 이 책을 작성하는 과정을 돕기 위한 소프트웨어도 개발했다).

옮긴이 오현석enshahar@gmail.com

모빌리티42mobility42.io 이사로 일하면서 매일 고객의 요청에 따라 코드를 만드는 현업 개발자다. 어릴 때 처음 접한 컴퓨터에 매료된 후 경기과학고등학교, KAIST 전산학 학사와 프로그래밍 언어 전공 석사를 취득하며 계속 컴퓨터를 사용했다. 직장에서는 주로 코틀린이나 자바를 사용한 서버 프로그래밍을 하고, 주말이나 빈 시간에는 번역을 하거나 공부하면서 즐거움을 찾는다.

『코어 파이썬 애플리케이션 프로그래밍』(에이콘, 2014)을 시작으로 『배워서 바로 쓰는 스프링 프레임워크』(2020), 『러닝 리액트(2판)』(2021), 『고성능 파이썬(2판)』(이상 한빛미디어, 2021) 등 30권 이상의 책을 번역했다.

옮긴이의 말

코틀린 책이 많이 나와 있고, 그중에는 자바에서 코틀린으로 전환하려는 개발자를 위한 코틀린 기초서도 있다. 이 책은 일차적으로 코틀린으로 전환하려는 자바 개발자를 위한 책이지만, 자바 문법과 코틀린 문법을 비교하면서 코틀린을 알려 주는 책이 아니라는 점에서 독특하고, 그 점에서 배울 점이 아주 많은 책이다.

자바에서 코틀린으로 넘어가는 개발자들은 코틀린을 대충 살펴보고는 아주 쉬운 언어라고 생각하기 쉽다. 하지만 이런 개발자가 사고방식을 코틀린의 결에 맞게 정렬하지 않으면, 코틀린 문법으로 작성한 자바 코드를 작성하기 쉽다. 코틀린의 객체 지향 및 제네릭스 기능은 자바와 거의 비슷하지만 더 간결하므로 사실 이런 식으로만 코틀린을 활용해도 크게 불편이나 불만 없이 만족할 수 있다. 하지만 코틀린의 결에 맞게 값 중심의(함수형) 프로그래밍, 널 가능성, 람다, 확장 함수, 결과 타입 등을 활용해 코드를 작성하면서 코틀린의 장점을 살리기 시작하면 전통적인 자바 객체 지향 코드보다 더 안전하고, 유지 보수하기 쉽고, 더 간결하면서 보기 좋은 코드를 작성할 수 있다.

이 책은 자바와 코틀린의 결을 비교하면서 자바에서 자주 쓰이는 기능을 어떤 코틀린 기능으로 이식^{porting}할 수 있는지 차근차근 설명한다. 그리고 이렇게 설명한 기능이 포함된 자바 코드를 코틀린으로 리팩터링하는 과정을 보여 주면서 코드 기반을 깨지 않고 자바와 코틀린을 혼용하면서 점진적으로 자바 코드를 코틀린으로 변환한다. 변환된 코틀린 코드가 단순히 자바 코드의 코틀린 버전이 아니라, 코틀린 결을 따르는 코틀린다운 코드가 되는 과정을 보여 준다. 그래서 기존 자바 프로젝트를 코틀린으로 변환하거나, 변환하는 과정에서 자바와 코틀린을 혼용하면서 계속 프로젝트를 유지 보수해야 하는 독자에게 큰 도움이 될 수 있다.

코틀린으로 이식해야 하는 기존 자바 프로젝트가 없는 독자라도 이런 과정을 살펴보면서 코틀린과 자바의 결이 어떻게 다른지 이해하고, 어떻게 하면 자바 코드에 코틀린의 결을 살려서 같은 일을 하는 코드로 변환할 수 있는지에 대해 알 수 있다. 이를 통해 코틀린으로만 코드를 작성할 때도 도움을 받을 수 있다. 한편 이 책의 리팩터링 단계를 따라하면서 리팩터링에 대해서도 연습할 수 있다.

따라서 이 책은 유지 보수하면서 코틀린으로 이식해야 하는 자바 프로젝트가 있든지 없든지 간에 자바 가상 머신Java Virtual Machine(JVM)에서 코틀린을 사용하는 모든 개발자에게 도움이 될 수 있다. 또 자바 개발자 중에 코틀린에 관심 있는 사람들도 이 책을 통해 자바식 사고방식과 다른 코틀린식 사고방식을 접하고 연습할 수 있고, 그로부터 얻은 통찰은 코틀린 프로그램을 개발할 때뿐 아니라 자바나 다른 프로그래밍 언어로 프로그램을 개발할 때도 도움이 될 것이다.

브리즈번에서

오현석

이 책에 대하여

독자 여러분께 인사드린다. 이 부분을 읽는 분이라면 아마도 이 책을 읽기 위해 몇 시간을 투자해야 할지 결정하려고 고민하고 있을 것이다. 따라서 바로 본론으로 들어가자.

　　이 책은 코틀린을 써서 컴퓨터 프로그램을 짜는 방법을 가르쳐주지 않는다.

원래는 코틀린으로 프로그래밍하는 방법을 알려 주는 책을 쓰려고 시작했지만, 코틀린이 너무 큰 언어라서 우리 예상보다 책이 훨씬 더 길어지리라는 사실을 깨달았다. 그런 목적으로는 이미 훌륭한 책이 많이 있고, 그런 책과 경쟁하고 싶지는 않았다.

대신 우리가 진행했던 '코틀린으로 리팩터링하기'라는 워크숍에 기초해 자바 개발자에게 코틀린을 가르치는 데 집중해서 더 편한 삶을 살기로 결정했다. 이 책은 기존 자바 코드를 코틀린으로 변환하면서 코틀린 언어를 가르쳐주고, 기존 자바와 코딩 지식을 활용해 더 빠르게 코틀린을 채택하고 싶어 하는 자바팀을 위해 고안됐다.

리팩터링으로 코틀린을 가르쳐주는 책을 쓰기 시작했지만, 코틀린은 그런 책을 쓰기에도 **여전히** 너무 큰 언어라는 사실이 명확해졌다. 계속 그 책을 썼다면 아마 지금도 쓰고 있을 것이다. 동기가 충분하고 경험이 많은 자바 개발자는 대부분 코틀린 언어의 기능을 아주 빠르게 배울 수 있다는 점을 발견했다. 대상 독자들이 내용을 살펴보자마자 빠르게 이해하고 사용할 수 있는 언어 기능을 우리 방식으로 차근차근 설명하는 것은 잘난 체 하는 것으로 느껴진다.

　　이 책은 코틀린 언어를 가르쳐주지 않는다.

그렇다면 왜 이 책을 읽어야 할까? 왜냐하면 코틀린을 처음 채택하기로 했던 과거에 우리에게 있었으면 하고 생각했던 책을 썼기 때문이다. 우리는 자바와 자바 생태계를 잘 아는 경험 많은 프로그래머였다. 여러분도 그런 프로그래머이길 바란다. 마찬가지로 여러분도 여러 언어를 다뤄본 경험이 있을 수도 있다. 코틀린의 기본적인 내용을 배웠고, 코틀린 언어로 최선의 결과를 얻으려면 여러분의 시스템을 다른 방식으로 설계할 필요가 있다는 점을 인식했다. 여러분은 자바에서 표현하기 어려웠던 어떤 것들이 코틀린에서는 훨씬 더 쉽다는 점을 알았고, 체크 예외와 같은 몇몇 자바 기능은 아예 코틀린에서 빠져있다는 사실도 알았다. 단순히 코틀린 문법으로 자바 코드를 작성하고 싶지는 않을 것이다.

아마도 직장에서나 개인적으로 코틀린을 채택하는 데 이유가 있을 것이다. 어쩌면 기술적인 리더 역할을 해야 하는 위치일 수도 있고, 팀원들을 설득해서 코틀린을 채택하는 데 성공했을 수도 있다. 어쩌면 코틀린을 프로젝트에 도입하기 위해 자본을 지불했을 수도 있다. 이제 자바에서 코틀린으로의 전환이 부드럽게 이뤄지도록 보장해야 할 필요가 있다.

자바 코드 기반에 대해 책임을 지고 코틀린을 도입해도 기존의 비즈니스에 필수적인 코드의 안전성이 나빠지지 않는다는 사실을 보장받고 싶을 수 있다. 또는 처음부터 코틀린으로 프로젝트를 시작하는데, 설계 시 본능적으로 코틀린과 함수보다 자바와 객체에 더 많이 의존하고 있을 수도 있다.

이런 사람이라면, 제대로 찾아왔다. 이 책은 코틀린의 장점을 살릴 수 있도록 사고방식과 설계 방식을 조정하도록 돕는다. 하지만 그것만으로는 충분치 않다. 여러분에게는 유지 보수하면서 개선해야 하는 기존 코드가 있기 때문이다. 따라서 자바에서 코틀린 문법으로 코드를 마이그레이션하는 한편 자바식 사고방식의 코드를 코틀린식 사고방식의 코드로 마이그레이션하는 방법을 보여 준다. 이 모든 과정은 점진적으로 안전하게 이뤄지며, 인텔리J IDE에 내장된 자동 리팩터링 도구를 사용해 이뤄진다.

이 책의 구성

이 책은 자바에서 코틀린으로 전환하는 방법을 다룬다. 이 책의 초점은 주로 코드에 있지만, 프로젝트와 조직에 대해서도 살짝 다룬다. 각 장은 전환 과정의 한 측면을 다루며, 자바에서 코틀린으로 전환하는 과정에서 전형적인 자바 프로젝트의 몇 가지 측면을 어떻게 개선할 수 있는지를 살펴본다. 이런 전환을 **'자바의 방식'**에서 **'코틀린의 방식'으로**라는 패턴의 제목으로 정리한다. 여기서 자바의 방식보다는 코틀린의 방식을 더 권장한다. 코틀린을 사용하면 자바에서 사용하기 힘든 접근 방법을 쉽게 쓸 수 있게 하거나 자바에서는 흔히 사용되는 접근 방법을 사용하지 않게 권장함으로써, 여러분의 설계를 실수할 여지가 더 적고, 더 간결하며, 더 도구 사용에 유리한 방향으로 이끌어 준다.

하지만 여러분이 단순히 코틀린 방식을 채택하라고 **권유**하는 건 아니다. 각 장은 자바 방식을 코틀린 방식으로 변환하는 방법을 보여 준다. 단순히 자바를 코틀린으로 재작성하는 것이 아니라, 안전하면서도 두 언어가 섞인 코드 기반을 계속 유지해 나갈 방법을 사용해 점진적으로 자바를 코틀린으로 리팩터링한다.

어떻게 각 주제를 골랐나?

우리는 자바와 코틀린 개발자가 각각의 언어를 어떤 식으로 사용하는지를 분석하고 두 언어 개발자의 사용이 다르거나 혼동을 줄 수 있는 부분을 식별하기 위해 인터뷰를 진행했다. 이 과정은 33,459가지 오픈 소스 자바와 코틀린 코드 기반을 머신러닝으로 분석한 결과에 따라 뒷받침됐다. 이렇게 식별한 후보들에 대해 '자바 방식에서 코틀린 방식으로'라는 형태로 레이블을 붙이고 빈도에 따라 순위를 매기고 개발자들의 고통 지수에 따라 커트라인을 설정해 걸러냈다. 마지막으로 이렇게 남은 주제들을 다음과 같은 순서로 … 음, 이건 좋지 않다. 여러분에게 거짓말을 할 수는 없다.

진실은 우리가 쓰고 싶었고, 흥미롭고 유익한 주제를 선택해서 이 책을 시작했다는 것이다. 9장 '다중식 함수에서 단일식 함수로', 15장 '캡슐화한 컬렉션에서 타입 별명으로', 20장 'I/O 수행에서 데이터 전달로'가 전형적으로 이에 해당하는 장이다. 그리고 코틀린과 자바의 결이 상당히 다른 부분을 찾아봤다. 우리 자신이 왜 이런 부분이 다른지에 대한 질문을 던짐으로써 많이 배울 수 있었다. 이런 부분으로는 4장 '옵셔널에서 널이 될 수 있는 타입으로', 6장 '자바에서 코틀린 컬렉션으로', 8장 '정적 메서드에서 최상위 함수로'가 있다.

이런 장을 쓰면서 다른 주제가 떠올랐고 목록에 추가됐다. 특히 각 장의 리팩터링 단계를 쓰는 과정에서 별도의 장으로 다룰만한 변경을 수행하는 우리 자신을 발견하게 되는 일이 종종 있었다. 10장 '함수에서 확장 함수로', 11장 '메서드에서 프로퍼티로', 13장 '스트림에서 이터러블이나 시퀀스로'가 이런 경우의 예다.

이런 식으로 주제를 택하는 과정은 결코 끝나지 않는 과정이다. 목차를 대충 살펴본 독자라면 중요한 내용이 빠져 있음을 알 수 있다. 예를 들어, 코루틴을 생각해 보자. 우리는 코루틴이 우리가 서버 코드를 작성하는 방법을 바꾸지 않았다고 생각하기 때문에 코루틴에 대해 쓰고 싶지 않았다. 이 이야기는 코루틴이라는 주제에만 적용되는 이야기다. 한편 지면과 시간이 충분하면 다루고 싶은 주제도 있었다. 빌더, 도메인 특화 언어domain-specific languages (DSL), 리플렉션, 의존 관계 주입dependency injection (DI) 프레임워크, 트랜잭션 등 리스트는 끝이 없다!

이 책을 읽는 모든 사람이 우리의 경험이 녹아있는 콘텐츠를 흥미롭게 봤으면 한다. 이 책은 대략 전략보다 전술에 대해 설명한다. 이 책은 전체 팀이나 부서를 이끌어 달성할 수 있는 내용을 다루지 않고, 각자가 속한 참호에서 작은 전쟁을 이기는 데 집중한다. 하지만 큰 주제가 점차 부상하면 이들을 연결하고, 마지막 장인 23장 '여행은 계속된다'에서 배운 내용에 대해 이야기하면서 모든 주제를 한꺼번에 정리한다.

복잡도

소프트웨어의 내부 품질을 어떻게 판단할 수 있을까? 고객이 원하거나 필요로 하는 것을 소프트웨어가 수행한다고 가정할 때, 두 가지 잠재적인 구현을 어떻게 비교할 수 있을까? 또는 변경하더라도 고객의 필요를 만족한다는 가정 하에서, 소프트웨어를 변경하는 어떤 방법이 다른 방법보다 더 나은 방법인지 어떻게 결정할 수 있을까? 저자들이 선택한 정답은 복잡complexity이다. 다른 요소가 같을 때, 우리는 예측할 수 있는 행동을 산출하는 간단한 설계를 선호한다.

물론 복잡도나 단순성은 어느 정도 보는 사람에 따라 달라진다. 저자들도 개인적인 선호도가 살짝 다르므로 때로는 어떤 구현이 다른 구현보다 더 나은 구현인지에 대해 동의하지 않을 때가 있다. 이런 일이 발생할 때 우리는 관련이 있는 장에서 다른 대안을 찾아본다. 하지만 우리는 함수형 프로그래밍의 힘이, 특히 객체 지향object-oriented (OO) 메시지 전달과 결합할 때, 시스템의 복잡도를 낮춰준다는 말을 함께 믿는다.

자바도 수년간 이 방향으로 움직였다. 스칼라는 함수형 프로그래밍 쪽으로 달려왔지만, 객체 지향에서 떠났다. 우리는 코틀린의 결이 프로그램의 복잡도를 줄이고 평범한 필멸자 개발자들이 최선의 결과를 낳을 수 있도록 함수형 프로그래밍과 객체 지향 프로그래밍을 섞어서 사용하는 데 도움이 된다는 점을 알았다.

완전한 코드

단순히 인간이라는 주제에 대해 이야기하자면, 코드 품질을 말하지 않을 수 없다. 코드를 책에 넣을 때, 목표는 완전한 코드이다. 여러분이 이 책에 들어있는 코드로 우리를 판단하리라는 점을 안다. 그리고 많은 개발자처럼 자부심은 직접 만든 작업 결과물의 질에 달려있다.

동시에, 우리는 예술가가 아니라 엔지니어다. 우리의 책무는 고객을 위해 개발 영역, 스케줄, 비용의 균형을 잡는 것이다. 이 세 가지가 더 높은 가치에 영향을 끼치지 않는 한, 우리를 제외한 그 누구도 코드의 질에 신경 쓰지 않는다.

따라서 예제에서 실질적인 프로덕션 코드를 보여 주기 위해 노력했다. 시작 지점이 좋아할 만한 수준이 아닌 예도 있다. 하지만 이런 코드를 개선하는 방법을 보여 주려고 시도 중이라는 점을 기억하라. 코드를 개선하기 전에 리팩터링을 통해 일부러 코드를 더 나쁘게 만드는 경우도 있다. 따라서 어떤 장의 중간에 있는 코드만 보고 이 책을 판단하지 않기를 바란다. 목표는 매 장의 끝 무렵에 아주 완벽하지는 않더라도 고객의 돈을 낭비한다는 비난을 듣지 않을 만큼 충분히 좋은 코드를 얻어내는 것이다.

그렇기는 해도, 설명을 위해 설정한 주제를 다룬 다음에는 비용-효율적인 방법으로 코드를 정리하는 정책을 시행하고 있다. 그리고 한 번 이상 어떤 주제를 만들면 우리가 행복할 수 있는 상태의 코드를 남기도록 해당 장을 마무리했다. 우리는 결국 예술가이면서 엔지니어이기도 하기 때문이다.

코드 형식

가능한 한 자바와 코틀린의 표준 코딩 관습(에 대한 우리의 해석)에 따라 코드를 작성했다.

책에 인쇄는 코드의 경우 실용적인 줄 길이는 요즘 IDE에서 일반적으로 사용하는 120문자보다 훨씬 짧다. 그래서 페이지 너비에 맞추기 위해 평소보다 더 자주 코드의 줄을 분리해야 했다. 작성한 프로덕션 코드의 경우 한 줄에 네다섯 개의 함수 파라미터나 인자를 적는 게 일반적이지만, 이 책에서는 하나만 적는 경우가 자주 있다. 페이지에 맞게 예제 형식을 정하면서 우리는 좀 더 수직 스타일을 좋아하게 됐다. 코틀린 코드가 근본적으로 자바 코드보다 좀 더 세로 공간을 더 많이 차지한다는 사실을 발견했다. 심지어 자바에서도 각 줄을 더 짧게 하고 줄을 더 자주 바꾸고 시각적인 정렬을 사용하면 가독성이 향상된다는 사실을 발견했다. 분명히 책에서만큼이나 IDE에서도 좌우 스크롤이 불편하고, 우리가 진행해 본 짝 코딩 세션은 스크롤을 덜 하고 창과 창을 나란히 놓고 활용하면 더 효과가 좋았다. 파라미터당 한 줄만 사용하면 코드 버전 사이의 차이 비교diff가 현저히 향상된다. 이 책을 읽는 게 너무 불편하지 않기를 바라며, 불편하지 않았던 독자는 자신의 코드에 우리가 사용한 방식을 적용해 보기를 바란다.

때로 논의에서 중요하지 않은 코드를 감추고 보여 주지 않을 때도 있다. 마침표 세 개를 사용한 생략 부호로 시작하는 줄은 간결함이나 명확성을 위해 코드 일부를 생략했다는 사실을 알려 준다. 예를 들면 다음과 같다.

```
fun Money(amount: String, currency: Currency) =
    Money(BigDecimal(amount), currency)

... 그 외 다른 오버로딩한 편의 함수
```

예제 코드 사용하기

이 책의 예제 코드(각 장에서 리팩터링 절차를 설명하는 절에 들어있는 코드)는 깃허브^{Github}에서 받을 수 있다. 다음 예제처럼 각 코드의 상단에 깃허브 위치가 표시되어 있다.

예제 22.1 [table-reader.1:src/test/java/travelator/tablereader/TableReaderAcceptanceTests.kt]

```
class TableReaderAcceptanceTests {
    @Test
    fun test() {
    }
}
```

이 책의 홈페이지(*https://java-to-kotlin.dev/code.html*)에서 예제 번호^{Example Number}(위 코드의 경우 22.1)를 입력하면 전자책과 똑같은 링크를 얻을 수 있다.

깃에서 서로 다른 예제 코드(일부 예제는 여러 장에 걸쳐 사용되기도 한다)를 별도의 브랜치로 진화시켜뒀다. 각 단계에 태그가 붙어있다(위 코드의 경우 **table-reader.1**이 태그이다). 깃허브 링크는 이 태그가 붙어있는 코드를 가리킨다. 이 링크를 통해 여기 보여 준 파일(**src/test/java/travelator/tablereader/TableReaderAcceptanceTests.kt**)과 같은 버전에 속한 다른 예제 파일을 함께 볼 수 있다. 태그를 선택해 다른 버전을 살펴보거나, 브랜치를 선택해 다른 예제를 살펴볼 수도 있다. 더 빠른 내비게이션을 위해서는 리포지터리를 복제해서 인텔리J에서 연 다음, 깃 도구를 사용해 브랜치나 버전 전환을 할 수 있다.

> **WARNING_** 예제 코드는 진짜가 아니다! 코드 기반을 만들어 보면 빌드도 잘되고 테스트도 통과하지만, 그냥 꾸며낸 예제일 뿐이다. 예제가 제대로 합쳐지지 못하는 지점도 있고, 커튼 뒤에서 우리가 레버를 조정하는 모습을 보게 될 수도 있다. 우리는 정직하려 노력했지만, 예제(그리고 책)를 제공하는 쪽을 더 선호한다!

감사의 말

책을 쓰자고 오라일리에 제안해 준 하이디 하리리Hadi Hariri와 그의 말을 믿어 준 칸 맥퀘이드 Zan McQuade에게 감사드린다. 이 두 사람이 저지른 일의 결과로 고생하게 된 편집자 사라 그레이 Sarah Grey와 모든 것을 다듬어서 실제 출판될 수 있게 도와준 케린 포사이스Kerin Forsyth와 케이트 갤러웨이Kate Galloway에게 감사드린다.

많은 친구와 동료 그리고 몇몇 사랑스러운 사람들이 잘 정리되지 않았던 초기부터 정리가 될지 모를 때까지 원고를 살펴봐주셨다. 야나 아파나세바Yana Afanasyeva, 잭 볼스Jack Bolles, 데이비드 덴 튼David Denton, 브루스 에켈Bruce Eckel, 드미트리 칸달로프Dmitry Kandalov, 케빈 필Kevin Peel, 제임스 리처드슨James Richardson, 이반 샌체즈Ivan Sanchez, 조던 스튜어트Jordan Stewart, 로버트 스톨Robert Stoll, 크리스토프 스텀Christoph Sturm, 우카스 비치스크Łukasz Wycisk, 대니엘 자폴드Daniel Zappold와 테크니 컬 리뷰어인 우베르토 바비니Uberto Barbini, 제임스 하몬James Harmon, 마크 메이나드Mark Maynard, 아 구스토 로드리게스Augusto Rodriguez에게 감사드린다. 여러분의 모든 제안과 응원, 솔직함에 감사 드린다.

익스트림 프로그래밍은 소프트웨어를 작성하는 방법에 혁명을 일으켰다. 우리는 와드 커닝 험Ward Cunningham과 켄트 벡Kent Beck에게 빚을 지고 있다. 마틴 파울러Martin Fowler에게도 감사드 린다. 마틴이 없었으면 이 책도 쓰여지지 않았을 것이다. 영국 익스트림 튜즈데이 클럽eXtreme Tuesday Club은 익스트림 프로그래밍에 대한 아이디어를 1999년 이래 혁신해 왔고, 개발자 집단 을 끌어당겨 왔다. 이 그룹에 속한 재능 있는 개발자들과 함께 일하고, 그들에게 배웠다. 문제 가 생겼는데 그 누구도 도움이 되지 못할 때, 이 그룹에 속한 사람을 찾는다면 어쩌면 그들에게 도움 받을 수 있을 것이다.

덩컨의 감사의 말

아내가 나의 생계 수단을 절대 이해하지 못하리라 생각하고, 그녀가 이 책의 나머지를 읽을 기 회도 없으리라 생각하지만, 아마 그녀도 여기까지는 이 책을 읽으리라 생각한다. 따라서 조 맥 그레거Jo McGregor에게 그녀 자신과 함께 시간을 보내는 대신 이 책을 쓰도록 내버려 두고, 그

녀와 시간을 보낼 때 이 책에 대한 이야기하도록 해줘서 감사하다. 그녀의 지원과 응원이 없었다면 이 책을 마무리하지 못했을 것이다. 그리고 우리를 너무나 자랑스럽게 해 준 두 아들 칼럼Callum과 앨리스터Alistair에게도 고맙다.

코비드 락다운 아래서 함께 산책하면서 진도를 체크해 주고 작가의 엄마가 된다는 사실에 대한 관심을 열렬히 표현해 준 비키 케니시Vickie Kennish에게 감사드린다. 고인이 되신 아버지 존은 아마도 무심한 척 연기하셨겠지만, 분명히 친구들에게 이 책을 자랑하셨을 것이다. 그리고 세상을 떠났지만 잊혀지지는 않은 아름다운 고양이 스위트 피Sweet Pea도 고맙다. 스위트 피는 이 책을 쓰는 대부분을 나와 함께했지만, 책이 마무리되기 직전에 죽었다.

내가 어른이 된 이후 계속해서 로빈 헬리웰Robin Helliwell의 우정과 지원이 있었다. 내 누이 루시 실Lucy Seal과 여기저기 너무 많은 다른 많은 가족도 모두 마찬가지로 함께 해줬다. 전문가로 사는 삶에서, 피드백을 줬던 사람들에 덧붙여서, 본인들의 직업적 의무를 넘어서 나에게 영향을 끼치고 지원해 준 앨런 다이크Alan Dyke, 리처드 케어Richard Care, 개러스 실베스터-브래들리Gareth Sylvester-Bradley에게도 감사드린다.

냇의 감사의 말

아내인 라만Lamaan에게 다른 책을 쓸 계획이라고 말했을 때 그녀는 두려워하지 않았다. 그녀의 지속적인 응원에 너무 많이 감사한다.

누이 로이스 프라이스Lois Pryce와 매제 오스틴 빈스Austin Vince에게 모자를 들어 감사드린다. 그들의 모터사이클 여행, 책, 필름은 이 책의 예제 코드에 있는 여행 계획 애플리케이션에 영감을 줬다.

그리고 두 아들 올리버Oliver와 알렉스Alex도 고맙다. 이제 책을 끝냈으므로, 다시 한 번 음악과 게임 프로그래밍에 대해 컨설팅을 해 줄 수 있게 됐다.

CONTENTS

CONTENTS

CONTENTS

CHAPTER 13 스트림에서 이터러블이나 시퀀스로

CHAPTER 14 누적시키는 객체에서 변환으로

CONTENTS

CONTENTS

CHAPTER **23 여행은 계속된다**

CHAPTER 1

소개

1.1 프로그래밍 언어의 결

나무와 마찬가지로 프로그래밍 언어에도 결이 있다. 목공과 프로그래밍에서 모두 결대로 하면 모든 일이 부드럽게 진행된다. 하지만 결을 **거스르면** 작업이 어려워진다. 프로그래밍 언어의 결을 거스르면 원래 필요한 양보다 코드를 더 많이 작성해야 하고, 성능이 나빠지며, 실수를 하기 쉽고, 편리하게 사용할 수 있는 기본 구현 대신 직접 구현을 해야 하며, 작업을 진행하는 모든 과정에서 언어가 제공하는 도구와 싸워야만 한다.

결을 거스르면 끊임없는 노력이 들어가지만 그에 따른 결과는 보장할 수 없다.

예를 들어, 자바 코드를 함수형 스타일로 작성할 수 있지만 자바 8 이전에 이런 시도를 하는 프로그래머는 거의 없었다. 이런 현상에는 타당한 이유가 있다.

다음은 덧셈 연산자를 사용해 리스트를 접어서fold 리스트에 들어있는 모든 수의 합계를 계산하는 코틀린 코드다.

```
val sum = numbers.fold(0, Int::plus)
```

자바 1.0에서 똑같은 일을 하기 위해 필요한 코드와 이 코드를 비교해 보자.

짙은 안개가 여러분을 감싸고 1995년으로 돌아간다.

자바 1.0에는 일급 시민인 함수가 없었다. 따라서 함수를 객체로 구현하고, 타입이 다른 함수에 대해서는 직접 인터페이스를 작성해야 했다. 예를 들어 덧셈 함수는 인자를 2개 받기 때문에 인자가 2개인 함수를 나타내는 타입을 정의해야만 했다.

```java
public interface Function2 {
    Object apply(Object arg1, Object arg2);
}
```

그 후 fold 고차 함수를 작성해야만 했다. 이 함수는 Vector 클래스에 대해 필요한 이터레이션과 상태 변경을 감춰준다(1995년은 자바 표준 라이브러리에 컬렉션 프레임워크가 아직 포함되기 전이다).

```java
public class Vectors {
    public static Object fold(Vector l, Object initial, Function2 f) {
        Object result = initial;
        for (int i = 0; i < l.size(); i++) {
            result = f.apply(result, l.get(i));
        }
        return result;
    }
    ... 그 외 벡터에 대한 연산
}
```

이 fold 함수에 넘기는 모든 함수에 대해 클래스를 따로 작성해야 한다. 덧셈 연산자를 값처럼 주고받을 수 없고, 1995년의 자바 언어에는 메서드 참조나 클로저도 없었고, 심지어 내부 클래스inner class도 없었다. 게다가 자바 1.0에는 제네릭스generics나 자동 박싱도 없었다. 우리는 인자를 원하는 타입으로 직접 캐스팅하고 참조 타입과 원시 타입을 변환하는 박싱 코드를 직접 작성해야 했다.

```java
public class AddIntegers implements Function2 {
    public Object apply(Object arg1, Object arg2) {
        int i1 = ((Integer) arg1).intValue();
        int i2 = ((Integer) arg2).intValue();
        return new Integer(i1 + i2);
    }
}
```

이렇게 하고 나서야 이 모든 것을 활용해 합계를 계산할 수 있다.

```
int sum = ((Integer) Vectors.fold(counts, new Integer(0), new AddIntegers()))
    .intValue();
```

2020년의 주류 언어에서는 한 줄로 되는 일을 과거에는 엄청나게 많은 노력을 기울여야 할 수 있었다.

하지만 그게 함수형 프로그래밍을 자바로 하지 않는 이유 전부는 아니다. 자바에는 표준 함수 타입이 없으므로 함수형 스타일로 작성한 여러 라이브러리를 쉽게 조합할 수 없다. 우리는 여러 라이브러리에 정의된 함수 타입간의 변환을 수행하는 어댑터adapter 클래스를 직접 작성해야 한다. 그리고 자바 가상 머신Java Virtual Machine(JVM)이 아직 JIT를 제공하지 않고 아주 단순한 쓰레기 수집기garbage collector만 있었기 때문에, 우리가 작성한 함수형 코드는 다음 명령형 대안에 비해 성능이 더 나빴다.

```
int sum = 0;
for (int i = 0; i < counts.size(); i++) {
    sum += ((Integer)counts.get(i)).intValue();
}
```

1995년에는 자바를 함수형 스타일로 작성하려는 노력을 정당화할 만한 이점이 그냥 없었을 뿐이다. 자바 프로그래머는 컬렉션에 대한 이터레이션을 수행하면서 상태를 변경하는 명령형 코드를 작성하는 편이 훨씬 더 쉽다는 사실을 알 수 있다.

함수형 코드를 작성하는 것은 자바 1.0의 **결에 거스르는 일이다**.

언어 설계자와 사용자들이 언어의 특성이 상호 작용하는 방식에 대해 공통으로 이해한 내용이, 이런 사람들이 작성한 여러 프로그램의 기초가 되는 라이브러리 안에 코드화되어 쌓이면서 언어의 결이 자라난다. 이런 결은 프로그래머가 해당 언어로 코드를 작성하는 방식에 영향을 끼치며, 언어, 라이브러리, 프로그래밍 도구의 진화에도 영향을 끼치면서 언어의 결이 달라진다. 이렇게 바뀐 결은 다시 프로그래머가 해당 언어를 사용해 코드를 작성하는 방식을 바꾸고, 이런 과정에서 피드백feedback하면서 진화하는 연속적인 사이클을 이루게 된다.

예를 들어, 시간이 지남에 따라 자바 1.1 언어에 익명 내부 클래스가 추가됐고, 자바 2에서 표준 라이브러리에 컬렉션 프레임워크가 추가됐다. 익명 내부 클래스를 사용하면 더 이상 fold

함수에 전달할 함수로 사용하기 위한 클래스에 이름을 붙이지 않아도 된다. 하지만 익명 클래스를 사용하는 코드가 더 읽기 쉬운지에 대해서는 논란의 여지가 있다.

```
int sum = ((Integer) Lists.fold(counts, new Integer(0),
    new Function2() {
        public Object apply(Object arg1, Object arg2) {
            int i1 = ((Integer) arg1).intValue();
            int i2 = ((Integer) arg2).intValue();
            return new Integer(i1 + i2);
        }
    })).intValue();
```

함수형 프로그래밍의 기본 숙어들은 여전히 자바 2의 결을 거스르는 방식이다.

2004년으로 시간을 빠르게 돌려보면, 자바 5가 배포되면서 언어에 큰 변화가 있었다. 자바 5에는 제네릭스generics가 추가됐고, 이로 인해 타입 안전성이 좋아지고 불필요한 준비 코드(보일러 플레이트boiler plate)가 줄어들 수 있었다.

```
public interface Function2<A, B, R> {
    R apply(A arg1, B arg2);
}

int sum = Lists.fold(counts, 0,
    new Function2<Integer, Integer, Integer>() {
        @Override
        public Integer apply(Integer arg1, Integer arg2) {
            return arg1 + arg2;
        }
    });
```

자바 개발자들이 구글 구아바Guava 라이브러리(*https://oreil.ly/dMX73*)를 사용해 컬렉션에 대해 사용할 수 있는 공통 고차 함수를 추가하는 경우가 종종 있었다(다만 **fold**는 구아바에 들어있지 않다). 하지만 구아바를 작성한 저자들조차도 성능도 더 좋고 가독성도 좋기 때문에 기본적으로는 명령형 코드를 작성하라고 권장했다.

함수형 프로그래밍은 여전히 자바 5의 결을 거스르는 방식이었다. 하지만 함수형 프로그래밍이라는 트렌드가 시작되는 모습을 볼 수 있었다.

자바 8에는 익명 함수(즉 람다 식)와 메서드 참조가 추가됐고, 표준 라이브러리에 스트림 API도 추가됐다. 컴파일러와 가상 머신이 람다를 최적화해서 익명 내부 클래스의 성능상 부가비용을 피할 수 있었다. 스트림 API는 함수형 숙어를 전적으로 포용했으며, 마침내 다음과 같은 코드를 작성할 수 있게 됐다.

```
int sum = counts.stream().reduce(0, Integer::sum);
```

하지만 이 과정이 순풍에 돛을 단 것처럼 이뤄지지는 않는다. 우리는 덧셈 연산자를 스트림의 reduce 함수에 전달할 수 없다. 대신, 표준 라이브러리에서 같은 일을 하는 Integer::sum 함수를 제공한다. 자바의 타입 시스템은 참조와 원시 타입을 구분하기 때문에 여전히 (함수형 프로그래밍을 할 때) 이상한 경우가 생겨나곤 한다. 스트림 API에는 일반적인 함수형 언어에서 (심지어는 함수형이 아닌 루비^{Ruby} 언어조차도) 찾아볼 수 있는 몇몇 공통 고차 함수가 빠져있다. 체크 예외^{checked exception}는 스트림 API, 더 일반적으로는 함수형 프로그래밍과 함께 잘 엮이지 않는다. 그리고 값처럼 쓰일 수 있는 불변 클래스를 만들려면 여전히 성가신 준비 코드를 많이 작성해야 한다. 하지만 자바 8부터는 근본적으로 함수형 스타일이 작동할 수 있는 스타일의 언어로 바뀌었고, 함수형 프로그래밍은 자바의 결을 따른다고 말하기는 어렵지만 적어도 결을 거스르는 프로그래밍 방식은 아니게 됐다.

자바 8 이후의 배포에는 보다 함수형 스타일인 숙어를 지원하는 다양한 작은 변화들이 포함됐다. 하지만 이 어떤 변화도 작성했던 합계 계산 코드를 바꿔주지는 못한다. 그리고 오늘날의 상황이 바로 이런 상황이다.

자바의 경우 언어의 결과 프로그래머가 언어를 적용하는 방식은 몇 가지 서로 다른 프로그래밍 스타일을 따라 진화해 왔다.

1.2 코틀린의 결

코틀린은 얼마 되지 않은 언어이지만, 자바와 결이 다르다.

이 책을 쓰던 시점에 코틀린 홈페이지의 '왜 코틀린인가' 부분(*https://oreil.ly/pqZbu*)에는 간결성, 안전성, 상호 운용성, 도구 친화성이라는 네 가지 목표가 적혀있었다. 코틀린 언어

와 표준 라이브러리 설계자들은 이런 설계 목표에 기여할 수 있도록 암시적으로 선호도를 코드
화했다. 선호도는 다음과 같다.

| 코틀린은 가변 상태를 변경하는 것보다 불변 데이터를 변환하는 쪽을 더 선호한다 |

데이터 클래스를 사용하며 값 의미론[1]을 제공하는 새로운 타입을 쉽게 정의할 수 있다. 표준 라
이브러리를 활용하면 루프를 돌면서 가변 데이터를 메모리에서 갱신하는 것보다 불변 데이터
로 이뤄진 컬렉션의 변환을 훨씬 더 쉽고 간결하게 활용할 수 있다.

| 코틀린은 동작을 명시적으로 작성하는 쪽을 더 선호한다 |

예를 들어, 코틀린에는 암시적인 타입 변환이 없다. 심지어 더 작은 데이터 타입을 더 큰 데이
터 타입으로 자동으로 변환해 주지도 않는다. 자바는 정보 손실이 없으므로 `int`를 `long`으로
암시적으로 변환해 준다. 하지만 코틀린에서는 `Int.toLong()`을 명시적으로 호출해야 한다.
명시성을 선호하는 경향은 흐름 제어에서 더 강하다. 직접 작성한 타입에서 산술 연산이나 비
교 연산을 오버로드할 수는 있지만, 쇼트서킷short circuit 연산자(`&&`와 `||`)에 대한 오버로드는 불
가능하다. 이런 연산자를 오버로드할 수 있게 허용하면 제어 흐름이 달라질 수 있기 때문이다.

| 코틀린은 동적 바인딩보다 정적 바인딩을 더 선호한다 |

코틀린은 타입 안전한, 합성적인 코딩 스타일을 장려한다. 확장 함수는 정적으로 바인딩된다.
기본적으로 클래스는 확장될 수 없고, 메서드는 다형적이지 않다. 여러분은 명시적으로 다형성
과 상속을 활성화해야 한다. 리플렉션을 사용하고 싶으면 플랫폼별로 다른 리플렉션 라이브러
리를 의존 관계에 추가해야만 한다. 코틀린은 동적으로 코드를 분석해 프로그래머를 안내해 주
고, 코드 내비게이션을 자동화하며, 프로그램을 자동으로 변환할 수 있는 코틀린 언어를 잘 아
는 IDE와 함께 사용하도록 만들어졌다.

| 코틀린은 특별한 경우를 좋아하지 않는다 |

자바와 달리 코틀린에는 예측할 수 없는 방식으로 작동하는 특별한 경우가 더 적다. 원시 타입
과 참조 타입 사이에 구분이 없다. 반환 시 아무 값도 돌려주지 않는 함수에 대한 **void** 타입도

---

1 옮긴이_ 어떤 타입이 값 의미론(value semantics)을 제공한다는 말은 원시 타입 값처럼 스택에 데이터 구조가 할당되어 참조 타입
의 객체에 따르는 부가비용이 들지 않으면서도, 일반 클래스가 제공하는 메서드 등의 편의 사항을 똑같이 사용할 수 있도록 해준다는 뜻
이다.

없다. 코틀린 함수는 값을 반환하거나 아무것도 반환하지 않거나 둘 중 하나다. 확장 함수를 사용하면 기존 타입에 새로운 연산을 추가할 수 있고, 호출하는 쪽의 코드에서는 기존 연산과 확장 함수를 구분할 수 없다. 인라인 함수를 사용해 새로운 제어 구조를 작성할 수도 있다. 그리고 break, continue, return 문은 이런 제어 구조 내부에서도 기본 내장된 제어 구조 내부에서와 똑같이 작동한다.

| 코틀린은 마이그레이션을 쉽게 하기 위해 자신의 규칙을 깬다 |

코틀린 언어에는 숙어처럼 사용하는 자바와 코틀린 코드가 동시에 존재하도록 허용하기 위한 기능이 들어있다. 이런 기능 중 일부는 타입 검사기가 보장하는 안전성을 없애기 때문에 기존 자바 코드와 함께 사용할 **때만** 사용해야 한다. 예를 들어, lateinit은 타입 시스템에 구멍을 만들기 때문에, 객체를 리플렉션을 통해 초기화하는 자바 의존 관계 주입 프레임워크는 컴파일러가 일반적으로 강제하는 캡슐화 경계를 간단히 무시하고 값을 주입할 수 있다. 어떤 프로퍼티를 lateinit var로 선언하면 이 값을 읽기 전에 초기화할 책임이 여러분에게 있다. 컴파일러는 이런 실수를 감지할 수 없다.

코틀린을 배우기 시작한 가장 초기에 코틀린으로 작성했던 코드를 다시 살펴보니, 코틀린 문법이라는 옷을 입은 자바 코드처럼 보였다. 우리는 오랫동안 수많은 자바 코드를 작성해 왔기 때문에 각인된 습관이 코틀린 코드를 작성하는 방식에도 영향을 끼쳤다. 쓸데없는 보일러플레이트를 사용하고, 표준 라이브러리를 제대로 활용하지 못했고, 타입 검사가 널 안전성을 강제하는 기능을 잘 활용하지 못해서 널을 무조건 피했다. 팀에 있던 스칼라 개발자들은 반대 방향으로 너무 멀리 나갔다. 그들이 작성한 코드는 스칼라를 흉내 내고 싶어 하면서 하스켈 코스프레를 하는 코틀린 코드처럼 보였다. 당시에는 팀원 누구도 코틀린의 결을 따라 작업할 때 얻을 수 있는 최적점(스위트 스폿)을 찾지 못했었다.

자연스러운 코틀린에 이르는 길은 당시 우리가 사용해야만 했던 자바 코드 때문에 더 복잡해졌다. 실전에서는 코틀린을 배우는 것만으로 충분하지 않다. 자바와 코틀린 **양쪽의** 서로 다른 결을 모두 다룰 수 있어야 했고, 자바에서 코틀린을 나가는 과정에서 두 언어 모두에 공감해야만 했다.

1.3 코틀린으로 리팩터링하기

코틀린 여행을 시작할 때, 비즈니스에 필수적인 시스템을 유지 보수하면서 개선해야 했다. 우리는 **단지** 자바 코드 기반을 코틀린으로 변환하는 작업에만 초점을 맞출 수가 없었다. 항상 코드를 코틀린으로 마이그레이션하면서 동시에 시스템이 비즈니스의 필요를 만족시키도록 변경해야 했으며, 그 과정에서 코틀린과 자바를 혼용하는 코드 기반을 유지해야 했다. 변화를 작게 수행해서 각 변화를 이해하기 쉽고 무언가 잘못됐을 때 원상복구하기 쉽도록 변경한 내용을 버릴 수 있게 함으로써 위험에 대처할 수 있었다. 작업 과정은 처음에 자바 코드를 코틀린으로 변환해서, 자바스러운 설계를 코틀린 구문으로 구현한 버전을 만드는 것부터 시작한다. 그 후 점진적으로 코틀린 언어의 기능을 적용해 점점 더 이해하기 쉽고, 더 타입 안전하며, 더 간결하고, 잘못되는 일이 없이 코드를 쉽게 변경할 수 있는 보다 합성하기 쉬운 구조의 코드를 만들어 나간다.

설계를 개선하면서 작고 안전하며, 되돌릴 수 있는 변경을 통해 우리는 전형적인 자바 코드를 전형적인 코틀린 코드로 **리팩터링**했다.

두 언어 **사이의** 리팩터링은 보통 한 언어 **내부의** 리팩터링보다 어렵다. 이유는 리팩터링 도구가 언어의 경계에서 제대로 작동하지 않는 경우가 많기 때문이다. 로직을 한 언어에서 다른 언어로 이식하는 일은 수동으로 이뤄져야만 하므로, 시간도 더 오래 걸리고 더 큰 위험을 수반한다. (코드 일부분의 이식이 끝나서) 일단 여러 언어를 사용하기 시작하면 IDE가 각각의 언어에서 작성된 코드 사이의 의존 관계를 호환성 있게 처리해 주지 못하기 때문에, 언어 간의 경계가 리팩터링을 방해한다.

자바와 코틀린이라는 조합이 독특한 점은 두 언어 사이에 (상대적으로) 이음매가 없다는 점이다. 코틀린 언어 설계와 코틀린이 JVM 플랫폼으로 연결되는 방법, 개발 도구에 대한 젯브레인즈의 투자 등이 어우러져서 자바와 코틀린을 혼용하는 코드 기반에서 자바를 코틀린으로 리팩터링하는 과정은 한 언어로 이뤄진 코드 기반에서 이뤄지는 리팩터링만큼이나 쉽다.

우리 경험은 생산성을 해치지 않으면서 자바에서 코틀린으로 리팩터링이 가능하며, 코드 기반 중 코틀린으로 리팩터링된 코드가 많아질수록 생산성이 향상된다는 점을 보여 준다.

1.3.1 리팩터링 원칙

마틴 파울러[Martin Fowler]의 책[2] 이후 리팩터링이라는 기술도 오랜 시간이 지났다. 파울러의 책은 변수 이름 변경같이 아주 단순한 리팩터링까지 모두를 직접 손으로 수행하는 단계로 자세히 설명해야 했지만, 당시 최신의 개발 환경은 이런 수고를 덜어 주는 자동 기능을 제공하기 시작했다고 한다. 하지만 요즘은 인터페이스 추출이나 함수 시그니처 변경 등 훨씬 더 복잡한 시나리오까지 도구가 자동화해 주리라 기대할 수 있다.

하지만 이런 개별 리팩터링을 독립적으로 수행할 일은 드물다. 이제는 기본적인 리팩터링이 자동으로 이뤄지기 때문에 이런 자동 리팩터링을 엮어서 코드 기반을 좀 더 대규모로 바꾸는 데 더 많은 시간과 에너지를 기울일 수 있다. 우리가 원하는 대규모 변환을 IDE에서 수행하는 직접적인 UI를 제공하지는 않는다면, 기본 리팩터링을 순차적으로 수행해야 한다. 가능하면 IDE가 제공하는 자동 리팩터링을 활용하지만, IDE가 원하는 리팩터링을 제공하지 않을 때는 텍스트 에디터로 돌아가 직접 코드를 변경해야 한다.

텍스트를 변경해서 리팩터링을 수행하는 과정은 지루하고 실수를 저지르기도 쉽다. 이런 위험을 줄이고 지루함을 없애기 위해 변경해야 하는 텍스트의 양을 가능한 최소화해야 한다. 텍스트를 변경해야만 한다면, 변경 사항이 식 하나에만 영향을 끼치길 바란다. 따라서 우리는 자동 리팩터링을 사용해서 코드를 변환하되, 변환한 결과가 우리가 한 식만 변환하면 자동 리팩터링이 그 변경을 잡아내서 원하는 최종 결과로 코드를 변경해줄 수 있는 형태로 코드를 변환해야 한다.

처음에 대규모 리팩터링에 대해 설명할 때는 한 단계씩 리팩터링을 진행하면서 코드가 어떻게 달라지는지 보여줄 것이다. 이런 과정은 상당한 지면을 차지하고, 읽고 이해하는데도 시간이 상당히 걸린다. 하지만 실전에서는 이런 대규모 리팩터링을 빠르게 적용할 수 있다. 보통은 몇 초, 길어야 몇 분 정도면 리팩터링이 끝난다.

이 책에서 설명한 리팩터링은 도구가 개선됨에 따라 아주 빨리 쓸모없는 내용으로 전락할 것이라 예상한다. 개별 IDE 단계의 이름이 달라질 수도 있고, 몇몇 조합은 독립적인 리팩터링 항목으로 구현되어 제공할 만한 가치가 있을 수 있다. 각자 환경에서 이 책에서 제시한 방법보다 코드를 점진적으로 안전하게 변환할 방법을 실험해 찾아내면 그 방법을 세계의 개발자들과 공유하기를 바란다.

---

2 『리팩터링(2판): 코드 구조를 체계적으로 개선하여 효율적인 리팩터링 구현하기』(한빛미디어, 2020)

1.3.2 테스트 커버리지가 좋다고 가정한다

마틴 파울러는 이렇게 말했다. "리팩터링을 하고 싶다면, 필수 전제조건은 탄탄한 테스트가 있어야 한다." 좋은 테스트 커버리지는 우리가 설계 개선을 위해 수행하는 리팩터링이 시스템의 동작을 우연히 변경하는 일이 없음을 보장해 준다. 코드의 테스트 커버리지가 좋다고 가정해 보자. 이 책에서는 자동화된 테스트를 작성하는 방법을 다루지 않는다. 이미 테스트에 대해 자세하게 잘 다룬 책은 많이 있다. 예를 들어, 켄트 벡의 '테스트 주도 개발'[3]이나 스티브 프리먼Steve Freeman과 냇 프라이스의 '테스트 주도 개발로 배우는 객체 지향 설계와 실천'[4] 등이 있다. 하지만 이 책은 테스트를 개선하기 위해 코틀린의 기능을 적용하는 방법을 보여 준다.

여러 단계에 걸쳐 코드를 변환하는 과정을 보여 주면서 테스트를 실행한다고 매번 이야기하지는 않을 것이다. 하지만 변경된 부분의 크기와 관계없이 코드를 변경하고 컴파일이 잘 된다고 할 때마다 테스트를 실행한다고 생각하라.

시스템에 아직 좋은 테스트가 없다면, 코드에 대한 회고 테스트를 수행하는 게 어려울 수(그리고 비용이 많이 들 수) 있다. 테스트하려는 로직이 시스템의 다른 여러 요소와 서로 얽혀있기 때문이다. 이러면 닭이 먼저냐 달걀이 먼저냐 하는 상황에 처한다. 테스트를 추가하기 위해서는 리팩터링을 해야 하는데, 리팩터링을 하려면 테스트를 추가해야 한다. 이런 경우에는 마이클 페더즈Michael Feathers의 책[5]을 보라.

1.3.3 git bisect를 고려해 커밋한다

명시적으로 최종 테스트를 실행했다고 하지 않는 것처럼, 변경 사항을 커밋했다고 말하지도 않을 것이다. 하지만 코드를 변경한 내용이 코드에 가치를 더하는 한, 그 변경이 아무리 사소할지라도 변경 내용을 항상 커밋한다고 가정한다.

우리는 테스트 스위트test suite가 완벽하지 않음을 알고 있다. 실수로 뭔가를 망가뜨렸는데 테스트가 그런 오류error를 잡아내지 못한다면, 그런 테스트 실패를 야기한 커밋이 무엇인지 찾아서 빨리 수정하고 싶을 것이다.

---

3 『테스트 주도 개발』(인사이트, 2014)
4 『테스트 주도 개발로 배우는 객체 지향 설계와 실천』(인사이트, 2013)
5 『레거시 코드 활용 전략: 손대기 두려운 낡은 코드, 안전한 변경과 테스트 기법』(에이콘출판사, 2018)

`git bisect` 명령은 이런 검색을 자동화해 준다. 오류를 보여 주는 새 테스트를 작성하면 `git bisect`가 커밋 이력을 이진 검색[binary search]해서 테스트가 실패하는 첫 번째 커밋을 찾아준다.

커밋 이력이 아주 크고, 서로 무관한 변경 사항이 이리저리 섞여 있다면 `git bisect`가 그렇게 도움이 되지 않을 것이다. `git bisect`는 커밋에서 어떤 소스 코드 변경이 오류의 원인인지를 알려 주지 못한다. 커밋에 리팩터링과 행동 변경이 **함께** 들어있을 경우, 잘못된 리팩터링 단계를 원래 상태로 되돌리면 시스템의 **다른** 동작(원복한 리팩터링과 함께 커밋에 들어있던 변경 사항)도 깨질 가능성이 크다.

따라서 각 리팩터링과 행동 변경을 서로 분리할 수 있도록 작게 초점을 맞춘 변경을 커밋한다. 이를 통해 변경한 내용을 쉽게 이해할 수 있고 오류를 일으키는 변경 사항을 쉽게 되돌릴 수 있다. 마찬가지 이유로 우리가 커밋을 하나로 합치는[squash] 경우도 거의 없다.

> **NOTE_** 우리는 메인 브랜치에 직접 변경 내용을 커밋하는 쪽을 선호한다. 이를 '트렁크 기반 개발'이라고 할 수 있다. 하지만 작고 독립적인 커밋을 연속적으로 수행하면서 코드를 변경하는 방식은 작업 브랜치에 대해 작업을 커밋하고 덜 자주 작업 브랜치와 메인 브랜치를 병합하는 경우에도 유용할 것이다.

1.4 어떤 코드를 변경할까?

다음 장부터는 국제여행을 계획하고 예약하게 도와주는 허구의 애플리케이션인 **트래블레이터** Travelator의 코드 기반을 예제로 다룬다. (역시 허구의) 사용자는 바닷길, 기차, 도로를 통한 여행 경로를 계획하고, 숙박할 지역과 관광할 장소를 검색하며, 가격, 시간, 경관 등을 기반으로 각각의 선택지를 비교한다. 그리고 마지막으로 자신이 계획한 여행 계획에 맞춰 진행한다. 이 모든 작업은 웹과 모바일 프런트엔드로부터 이뤄지며, 프런트엔드는 HTTP를 통해 백엔드 서비스를 호출한다.

각 장은 트래블레이터 시스템의 여러 부분에서 가져온, 유익한 예제를 가지고 시작한다. 하지만 각 예제는 돈, 외환 환전, 여정, 일정표, 예약 등의 공통적인 도메인 개념을 공유한다.

트레플레이터 앱과 마찬가지로, 이 책은 여러분이 자바에서 코틀린으로 가는 여행을 계획할 때 도움되도록 한다.

1.5 시작하기

너무 많이 떠들었다. 아마 모든 자바 코드를 코틀린으로 변환하고 싶어서 몸이 근질근질할 수도 있다. 다음 장에서는 코틀린 지원을 프로젝트 빌드 파일에 추가하는 작업부터 시작한다.

CHAPTER 2

자바 프로젝트에서
코틀린 프로젝트로

순수 자바에서 자바와 코틀린을 혼합한 프로젝트로 옮겨가고, 다시 점차 코틀린 코드 기반을 늘려나 가기 위한 첫 단계로는 어떤 일을 해야 할까?

2.1 전략

처음 코틀린을 자바 코드 기반에 도입했을 때 우리 팀은 6명의 개발자가 일하는 작은 팀이었고, 이전에 개발된 적이 거의 없는 프로젝트를 구축하고 있었다. 우리는 이미 코틀린을 통해 몇 가지 웹 애플리케이션을 배포해 봤지만, 회사의 엔터프라이즈 아키텍트는 새 시스템을 자바 8로 작성해야만 한다고 주장했다. 당시는 코틀린 1.0이 출시된 직후였고, 아직 구글이 코틀린을 안드로이드 공식 언어로 발표하기 전이었다. 따라서 아키텍트는 10년 이상 기다려온 전략적인 시스템을 아직 미래도 불확실한 언어에 맡기기를 주저했고, 이런 걱정은 충분히 이해할 수 있었다.

우리는 자바에서 함수형 접근 방법을 배웠다. 핵심 애플리케이션 도메인 모델을 파이프라인에 따라 변환되는 불변 데이터 타입으로 구성했다. 하지만 자바의 한계에 이리저리 부딪혔다. 불변 값 타입value type을 구현하기 위해 필요한 장황한 코드, 원시 타입과 참조 타입의 분리, 널null 참조, 일반적인 고차 함수high order function 지원이 부족한 스트림 등을 한계로 들 수 있다. 한편 코틀린이 업계 전반, 심지어 우리 회사에서까지 점점 빠르게 받아들여지고 있다는 사실을 알 수 있었다. 구글의 공지를 보자마자 우리는 기존 자바 코드를 코틀린으로 변환하기로 결정했다.

우리는 핵심 도메인 모델부터 시작하면 가장 큰 효과를 얻을 수 있으리라 판단했다. 코틀린의 데이터 클래스는 코드의 양을 상당히 줄여 주고, 때에 따라 수백 줄의 코드를 선언문 하나로 줄일 수도 있었다. 인텔리J를 사용해서 표준 라이브러리 외에는 다른 클래스와의 의존 관계가 없는 작은 값 클래스를 변환하는 것부터 시작했다. 그리고 이렇게 코틀린으로 변환한 클래스가 나머지 자바 코드 기반에 어떤 영향을 끼치는지 살펴봤다. 아무 영향도 없었다! 이 성공에 고무되어 우리는 페이스를 더 올렸다. 자바 도메인 모델 클래스에서 새 기능을 변경하거나 추가할 일이 있을 때마다, 먼저 그 클래스를 코틀린 데이터 클래스로 변환하고, 변환 결과를 커밋한 다음, 코틀린으로 새 기능을 구현했다.

이 책의 나머지 부분에서 우리가 진행한 방법을 자세히 설명하면서, 여러분의 자바 코드를 유지 보수할 수 있도록 하는 동시에, 자바 코드가 의존할 수 있는 코틀린 코드를 추가하고 인텔리J가 마법으로 코틀린 코드로 변환한 코드를 코틀린 기능을 살려서 더 단순화하는 방법을 보여 줄 것이다. 하지만 이 모든 과정은 여기서 설명할 작은 첫 번째 단계 이후에 이뤄질 수 있다.

2.2 코틀린 지원을 자바 빌드에 추가하기

자바를 코틀린으로 리팩터링하고 싶다면 첫 번째로 변경해야 할 내용은 코드 기반에서 코틀린 코드를 작성하는 능력을 부여하는 것이다. 다행히도 코틀린 빌드 도구와 IDE는 이런 과정을 아주 단순하게 해 준다. 그레이들Gradle 빌드 설정에 몇 줄만 추가하면 그레이들 빌드 도구나 IDE가 자바뿐 아니라 코틀린까지 컴파일할 수 있다. 인텔리J는 빌드 파일을 재동기화resync할 때 설정 변경을 불러들여서, 자바와 코틀린 양쪽 언어를 매끄럽게 오가면서 코드 내비게이션과 자동완성, 리팩터링을 할 수 있게 해 준다.

코틀린을 그레이들 빌드에 추가하려면 코틀린 플러그인plug-in을 추가해야 한다. 코틀린이 지원하는 타겟(JVM, 자바스크립트, 네이티브)마다 다른 플러그인이 있고, 멀티플랫폼multiplatform 프로젝트 빌드를 위한 플러그인도 있다. 우리는 자바 프로젝트를 사용하므로 다른 플랫폼은 무시하고 코틀린 JVM 플러그인만 사용한다.

그리고 사용하려는 바이트코드 최소 버전에 맞는 JVM에 대한 코틀린 표준 라이브러리를 의존 관계에 추가해야 한다. 우리 프로젝트는 이 책을 쓴 시점에 최신 LTS(장기 지원) 버전인 JDK 11(2022년 현재는 2021년 9월에 나온 JDK 17이 최신 LTS 버전이며, LTS가 아닌 버전은 2022년 3월 나온 JDK 18이다)을 타겟으로 한다. 이 책을 쓴 현재 코틀린 컴파일러는 JDK 1.6과 JDK 1.8과 호환되는 바이트코드를 만들어낼 수 있다. JDK 1.8 바이트코드가 가장 효율적이고 JDK 11에서도 잘 작동하므로 이 버전을 선택한다.

> **WARNING_ 코틀린 버전**
>
> 코틀린 언어와 표준 라이브러리는 아직도 점점 자라가는 중이지만, 젯브레인즈는 명확한 마이그레이션 경로를 제공하는 정책을 채택하고 있다. 이 책을 처음 쓰기 시작할 때는 코틀린 1.3이었지만, 마무리하는 시점에 1.5가 막 출시됐다. 1.5에서는 우리가 사용한 일부 표준 API를 사용 중단 예고deprecate하기도 했다! 우리는 아직 사용 중단 예고된 코드를 대체하는 코드로 마이그레이션하지 않았기 때문에 이 책의 코드는 코틀린 1.4와 1.5에서 잘 작동한다.

다음은 변경하기 전 `build.gradle`에서 이 책에서 다뤄야 하는 부분을 보여 준다.

예제 2.1 [project0:build.gradle]

```
plugins {
    id("java")
}

java.sourceCompatibility = JavaVersion.VERSION_11
java.targetCompatibility = JavaVersion.VERSION_11

... 다른 프로젝트 설정 ...

dependencies {
    implementation "com.fasterxml.jackson.core:jackson-databind:2.10.0"
    implementation "com.fasterxml.jackson.datatype:jackson-datatype-jsr310:2.10.0"
    implementation "com.fasterxml.jackson.datatype:jackson-datatype-jdk8:2.10.0"
    ... 앱의 나머지 구현 의존 관계

    testImplementation "org.junit.jupiter:junit-jupiter-api:5.4.2"
    testImplementation "org.junit.jupiter:junit-jupiter-params:5.4.2"
    testRuntimeOnly "org.junit.jupiter:junit-jupiter-engine:5.5.2"
    testRuntimeOnly "org.junit.platform:junit-platform-launcher:1.4.2"
    ... 앱의 나머지 테스트 의존 관계
```

```
    }
    ... 나머지 빌드 규칙
```

코틀린 플러그인을 추가하고 난 빌드 파일은 다음과 같다.

예제 2.2 [project.1:build.gradle]

```
plugins {
    id 'org.jetbrains.kotlin.jvm' version "1.5.0"
}

java.sourceCompatibility = JavaVersion.VERSION_11
java.targetCompatibility = JavaVersion.VERSION_11
... 다른 프로젝트 설정 ...

dependencies {
    implementation "org.jetbrains.kotlin:kotlin-stdlib-jdk8"
    ... 앱의 나머지 의존 관계
}

tasks.withType(org.jetbrains.kotlin.gradle.tasks.KotlinCompile) {
    kotlinOptions {
        jvmTarget = "11"
        javaParameters = true
        freeCompilerArgs = ["-Xjvm-default=all"]
    }
}
... 나머지 빌드 규칙
```

이렇게 변경하고 빌드를 다시 실행하면, 빌드는 여전히 동작한다!

인텔리J에서 그레이들 프로젝트를 다시 동기화하면 (빌드 파일을 저장하면 자동으로 동기화가 이뤄지기도 한다) IDE 안에서 테스트나 프로그램을 실행할 수 있다.

코틀린 빌드를 추가해도 테스트를 여전히 통과할 수 있다. 따라서 아무것도 깨지지 않았다. 하지만 아직은 프로젝트 안에서 코틀린 코드를 사용할 수 있는지 검증하지도 않았다. 이를 검증하기 위해 "hello world" 프로그램을 작성하자. 자바 소스 트리인 src/main/java의 루트 패키지 위치에 HelloWorld.kt라는 파일을 만들자.

예제 2.3 [projects.2:src/main/java/HelloWorld.kt]

```kotlin
fun main() {
  println("hello, world")
}
```

TIP **코틀린 소스 코드를 어디에 넣을까**

코틀린 빌드 플러그인은 src/main/kotlin과 src/test/kotlin이라는 소스 루트를 더 추가하고, 이 두 루트의 하위 디렉터리에 있는 코트린 소스 코드를 컴파일해 준다.

그리고 플러그인은 자바 소스 트리에서 발견한 코틀린 소스도 컴파일해 준다. 특히 이 경로에는 src/main/java와 src/test/java 디렉터리와 그 하위 디렉터리가 포함된다. 언어에 따라 자바 코드를 java 디렉터리에 넣고 코틀린 코드를 kotlin 디렉터리에 넣는 식으로 소스 코드를 분리할 수도 있지만, 실제 우리는 굳이 이런 식으로 분리하지는 않는다. 파일시스템을 이곳저곳 돌아다니면서 소스 코드를 찾는 것보다 어떤 디렉터리에 들어가서 그 디렉터리에 상응하는 패키지에 해당하는 모든 소스 코드를 볼 수 있는 게 좋다. 하지만 이런 식으로(디렉터리와 패키지가 일치하게) 하려면 코틀린 소스 코드를 패키지 구조를 반영한 디렉터리 구조 안에 넣어야 하고, 코틀린이 제공하는 한 디렉터리 안에 다양한 패키지에 속한 파일을 넣을 수 있는 이점을 활용하지 않아야 한다.

이와 마찬가지로 비록 코틀린이 여러 공개 클래스를 한 파일 안에 넣을 수 있게 허용하지만, 코틀린과 자바 코드를 한 프로젝트 안에서 혼용할 때는 일관성을 위해 파일 하나에 공개 클래스를 하나만 넣도록 한다.

IDE에서는 `fun main()` 왼쪽 여백의 녹색 화살표를 클릭하면 코틀린 프로그램을 실행할 수 있다.

빌드를 실행한 후, 명령줄에서 `java` 명령을 사용해 코틀린 프로그램을 실행할 수도 있다. `HelloWorld.kt` 소스 파일을 컴파일하면 `HelloWorldKt`라는 자바 클래스 파일이 생긴다. 나중에 클래스 소스 파일이 어떤 자바 클래스 파일로 번역되는지를 더 자세히 살펴보자. 현재는 다음과 같이 `java` 명령으로 프로그램을 실행할 수 있다고만 알면 된다.

```
$ java -cp build/classes/kotlin/main HelloWorldKt
hello, world
```

프로그램이 제대로 동작한다!

자신이 맡은 일을 다 했으니 `HelloWorld.kt`를 삭제하자. 그리고 커밋한 후 푸시하자.

현시점에 우리는 프로젝트에 코틀린을 포함시킬 수 있는 **선택지**가 생겼다. 이번 장의 첫 번째 내용은 **어디서** 이 선택지를 활용할지를 알려 준다.

다른 빌드 시스템

여기서는 그레이들 빌드에 코틀린 지원을 추가하는 데 필요한 내용을 살펴봤다. 하지만 메이븐 Maven이나 앤트Ant를 사용한다면 코틀린 문서의 도구Tools 부분(*https://oreil.ly/bWi9n*)을 참조해야 한다. 이 문서는 또 코틀린 명령줄 컴파일러인 kotlinc 사용법에 대해서도 알려 준다.

그레이들을 사용한다면 전통적인 그루비 대신 코틀린을 빌드 정의 언어로 사용할 수 있다. 코틀린을 빌드 정의 언어로 사용하면 강타입을 활용해 도구 지원이 더 나아진다는 장점이 있지만, 스택 오버플로stack overflow에 쌓여있는 역사적인 그레이들 관련 질문의 답변을 코틀린에 맞춰 변환해야 한다는 어려움이 있다(코틀린을 그레이들 언어로 쓰는 경우가 늘어나면서 이 문제는 점차 나아지고 있다).

저자들은 자바와 그루비 개발자가 아니고 자바와 코틀린 개발자이기 때문에 새 프로젝트에서는 그레이들 빌드 파일을 코틀린 DSL로 작성한다. 하지만 기존 그루비 빌드는 코틀린을 (적어도 지금은) 변환해야 할 필요가 없다. 자바와 코틀린을 프로덕션 코드에서 혼용하는 것처럼 빌드에서도 코틀린과 그루비를 혼용할 수도 있다. 그래서 코틀린 DSL로 옮겨가는 것도 시간을 들여 차차 진행해야 하는 변환 작업이다. 자바 프로젝트를 코틀린 프로젝트로 전환하는 첫 단계로 그레이들 DSL을 그루비에서 코틀린을 바꾸라고 권장하지는 않는다. 그리고 그루비 그레이들에서 코틀린 그레이들로 전환하는 방법에 대한 책을 쓸 가능성도 전혀 없다!

2.3 다음으로 나아가기

그레이들이나 그레이들 플러그인 모두 그다지 안정적인 인터페이스를 제공하지 않기 때문에 앞 장의 내용이 금방 낡은 정보가 되리라 예상한다. 여러분의 현재 자바 빌드 파일도 아마 우리가 제공한 예제와 몇몇 중요한 부분에서 차이가 있을 수 있다. 하지만 이런 가능성에도 불구하고 자바 빌드에 코틀린 지원을 추가하는 것은 일반적으로 단순한 일이다.

자바에서 코틀린으로 코드를 변환하는 전략을 만들어내는 일은 (코틀린 지원을 빌드 시스템에 추가하는 것보다) 더 복잡하고, 환경에 따라 달라진다. 더 복잡하지 않다고 주장하더라도, 적어도 (빌드 지원과) 방식은 다르지만 비슷한 정도로 복잡하며 맥락에 따라 매번 취할 수 있는 전략과 어려움이 달라진다. 개별 프로젝트 수준에서는 자바가 어떤 부분에서 잘 작동하고 어떤 부분에서 부족한지 살펴보고, 코틀린을 사용하면 코드를 개선하고 문제를 완화시킬 수 있는지 검토해야 한다. 코틀린에 뛰어들어 코드를 코틀린으로 처음부터 개발할 수도 있고, 기존 자바 클래스를 코틀린으로 변환할 수도 있다. 이 책에서는 두 번째 방식을 3장 '자바 클래스에서 코틀린 클래스로'에서 다룰 것이다.

자바 클래스에서
코틀린 클래스로

클래스는 자바에서 코드를 조직하는 기본 단위다. 자바 클래스를 어떻게 코틀린 클래스로 변환할 수 있고, 코틀린 클래스와 자바 클래스가 있을 때 그들의 차이는 무엇일까?

이 책에서 우리는 가상의 여행 계획 웹 앱인 트래블레이터에 있는 코드를 다룬다. 새로운 기능을 구현해야 하지만, 구현에 들어가기 전에 코드를 조금 개선할 기회를 얻었으면 한다. 여러분은 저자 중 한 명과 짝 프로그래밍을 한다. 이 책에서 **우리**라고 말하면 바로 이 가상의 짝을 뜻하며, 저자들만을 의미하지 않는다. 여러분도 트래블레이터를 다루는 팀의 일원이다. 환영한다!

소스 코드

트래블레이터 소스 코드를 공개 깃 리포지터리에 넣어뒀다. 책 서문 '이 책에 대하여'의 '예제 코드 사용하기'에 리포지터리에 접근하는 방법이 나와 있다.

이 책은 리팩터링에 대한 책이기 때문에, 중요한 내용은 구체적인 변경 내용에 있다. 이때 변경은 단일 커밋에 있는 변경과 더 긴 기간 동안 이뤄지는 전체적인 변경 모두를 뜻한다. 이 책에 인쇄된 코드를 이해하기에 충분한 내용을 담으려 노력했다. 이 책의 코드를 짝 프로그래밍에서 두 사람이 앞으로 변경하려는 내용을 논의하면서 에디터 창에 표시해둔 코드라고 상상하면 도움이 될 것이다. 이해하지 못했거나 좀 더 자세한 내용이 필요하다고 느낀다면, 코드를 확인하고 인텔리J에서 이 책의 내용을 따라 해볼 수 있다.

3.1 간단한 값 타입

코드 기반으로 끝까지 깊이 들어가서 기존 자바 코드를 코틀린으로 바꿔보자. 우선 EmailAddress부터 시작한다. 예상대로 이 타입은 전자 우편의 두 가지 부분을 저장하는 값 타입value type이다.

예제 3.1 [classes.0:src/main/java/travelator/EmailAddress.java]

```java
public class EmailAddress {
    private final String localPart;                    ❶
    private final String domain;

    public static EmailAddress parse(String value) {   ❷
        var atIndex = value.lastIndexOf('@');
        if (atIndex < 1 || atIndex == value.length() - 1)
            throw new IllegalArgumentException(
                    "EmailAddress must be two parts separated by @"
            );
        return new EmailAddress(
                value.substring(0, atIndex),
                value.substring(atIndex + 1)
        );
    }

    public EmailAddress(String localPart, String domain) {  ❸
        this.localPart = localPart;
        this.domain = domain;
    }

    public String getLocalPart() {                     ❹
        return localPart;
    }

    public String getDomain() {                        ❹
        return domain;
    }

    @Override
    public boolean equals(Object o) {                  ❺
        if (this == o) return true;
        if (o == null || getClass() != o.getClass()) return false;
        EmailAddress that = (EmailAddress) o;
```

```
            return localPart.equals(that.localPart) &&
                    domain.equals(that.domain);
        }

        @Override
        public int hashCode() {                                    ❺
            return Objects.hash(localPart, domain);
        }

        @Override
        public String toString() {                                 ❻
            return localPart + "@" + domain;
        }
    }
```

이 클래스는 아주 간단하다. 두 문자열을 감싸기만 하고 자체적인 연산을 제공하지는 않는다. 그럼에도 불구하고 코드가 아주 길다.

❶ 값은 불변이다. 따라서 필드를 final로 선언한다.

❷ 문자열을 파싱해 EmailAddress를 만드는 parse라는 정적 팩터리 메서드가 있다. 이 메서드는 주 생성자를 호출한다.

❸ 필드는 생성자에서 초기화된다.

❹ 클래스의 프로퍼티를 구성하는 접근자 메서드는 자바빈의 명명 규칙을 따른다.

❺ 이 클래스는 equals와 hashCode 메서드를 구현해서 모든 필드가 같을 때 두 EmailAddress 값이 같다고 판정되도록 보장한다.

❻ toString은 표준 전자 우편 주소 형식을 돌려준다.

저지들은 자바 학파에 속하기 때문에 우리가 전달, 저장, 반환하는 모든 값이 별도로 표시하지 않으면 널이 아니라고 가정한다. 이런 가정으로 인해 이 코드에서는 @Nullable 애너테이션이나 파라미터 널 검사가 빠져있으므로 널 가능성 관련 관습을 볼 수가 없다(4장에서 널 가능성을 논의한다). 예제 코드에서 **보이는** 것은 두 값을 합성해 만든 값을 표현하는 데 필요한 준비 코드의 양이다. 다행히 IDE가 equals와 hashCode 메서드를 대신 생성해 주지만, 혼란을 일으킬 수 있는 버그를 피하려면 클래스에 필드를 추가할 때마다 두 메서드를 다시 생성해야만 한다.

코틀린 책인데 자바에 대해 너무 길게 이야기했다. 어떻게 이 코드를 변경할 수 있을까? 도움되는 기능으로는 인텔리J에 'Convert Java File to Kotlin File(자바 파일을 코틀린으로 변환하기)'가 있다. 이 기능을 실행하면 인텔리J가 모든 요소가 서로 일관성 있게 유지되기 위해 필요한 다른 파일의 변경 사항을 보여 준다. 이런 변환으로 인해 다른 프로젝트 파일을 변경해야 할 가능성이 있으므로, '예'를 선택하는 게 가장 좋다.

> **TIP** 자바 소스 코드를 코틀린으로 변환하기 전에 커밋하지 않은 변경 내용이 있는지 확인하라. 그래야 코틀린으로 변환한 내용이 코드의 나머지 부분에 미치는 영향을 쉽게 보고 예기치 못한 무슨 일이 벌어지면 변환을 되돌릴 수 있다.

이 파일은 인텔리가 다른 파일을 수정할 필요가 없다. 하지만 `EmailAddress.java`를 변환한 `EmailAddress.kt`를 자바 파일이 있던 디렉터리에 (자바 파일은 삭제하고) 만들어 준다.

예제 3.2 [classes.2:src/main/java/travelator/EmailAddress.kt]

```kotlin
class EmailAddress(val localPart: String, val domain: String) {
    override fun equals(o: Any?): Boolean {
        if (this === o) return true
        if (o == null || javaClass != o.javaClass) return false
        val that = o as EmailAddress
        return localPart == that.localPart && domain == that.domain
    }

    override fun hashCode(): Int {
        return Objects.hash(localPart, domain)
    }

    override fun toString(): String {
        return "$localPart@$domain"
    }

    companion object {
        @JvmStatic
        fun parse(value: String): EmailAddress {
            val atIndex = value.lastIndexOf('@')
            require(!(atIndex < 1 || atIndex == value.length - 1)) {
                "EmailAddress must be two parts separated by @"
            }
            return EmailAddress(
                value.substring(0, atIndex),
```

```
                    value.substring(atIndex + 1)
                )
            }
        }
    }
```

코틀린 클래스는 주 생성자 안에서 프로퍼티를 선언(클래스 이름 뒤에 있는 파라미터 목록이 주 생성자다)하기 때문에 한눈에 알 수 있을 정도로 더 간결하다. 파라미터 앞에 **val**이 붙어 있으면 프로퍼티로 취급되며, 다음과 같은 자바 코드에 해당한다.

예제 3.3 [classes.1:src/main/java/travelator/EmailAddress.java]

```java
private final String localPart;
private final String domain;

public EmailAddress(String localPart, String domain) {
    this.localPart = localPart;
    this.domain = domain;
}

public String getLocalPart() {
    return localPart;
}

public String getDomain() {
    return domain;
}
```

주 생성자 구문은 편리한데도 클래스의 가독성을 해치지 않는다. 표준 코딩 관습을 지키는 자바 클래스는 항상 각 요소를 똑같은 순서로 배열한다. 그 순서는 클래스 이름, 상위 클래스, 인터페이스가 오고, 클래스 본문이 그 뒤에 오며, 본문 안에서는 필드, 생성자, 메서드 순서를 사용한다. 이런 순서를 지키면 클래스를 대충 살펴보면서 원하는 특징을 빠르게 찾을 수 있다.

코틀린 클래스에서 원하는 부분을 찾는 것은 그렇게까지 쉽지는 않다. 코틀린 클래스 정의에는 클래스 이름, 주 생성자(이 안에는 파라미터와 프로퍼티 정의가 있을 수 있다), 상위 클래스(상위 클래스 뒤에 괄호를 붙여서 상위 클래스 생성자를 호출할 수도 있다), 인터페이스가 들어있는 헤더 부분이 있다. 그리고 클래스 본문에서 프로퍼티와 생성자를 추가로 정의할 수 있고, 메서드와 동반 객체companion object도 본문에 들어간다.

자바 개발자였던 저자들은 처음에 분명히 코틀린 클래스를 읽기가 더 어렵다는 점을 발견했고, 코틀린 코드에 더 익숙해졌음에도 불구하고, 클래스의 가독성을 최대한 높이기 위한 형식을 알아내기가 어려운 때가 여전히 있다. 한 가지 쉬운 해법은 생성자 파라미터를 한 줄에 하나씩 배치하는 것이다. 커서를 생성자 파라미터 목록 안에 위치시킨 다음에 'Put parameters on separate lines(파라미터를 한 줄에 하나씩 배치하기)'를 선택하면 된다. 때로는 헤더 부분 다음에 한 줄을 띄면 도움이 될 때가 있다.

예제 3.4 [classes.3:src/main/java/travelator/EmailAddress.kt]

```kotlin
class EmailAddress(
    val localPart: String,
    val domain: String
) {

    override fun equals(o: Any?): Boolean {
        if (this === o) return true
        if (o == null || javaClass != o.javaClass) return false
        val that = o as EmailAddress
        return localPart == that.localPart && domain == that.domain
    }

    override fun hashCode(): Int {
        return Objects.hash(localPart, domain)
    }

    override fun toString(): String {
        return "$localPart@$domain"
    }

    companion object {
        @JvmStatic
        fun parse(value: String): EmailAddress {
            val atIndex = value.lastIndexOf('@')
            require(!(atIndex < 1 || atIndex == value.length - 1)) {
                "EmailAddress must be two parts separated by @"
            }
            return EmailAddress(
                value.substring(0, atIndex),
                value.substring(atIndex + 1)
            )
        }
```

```
    }
  }
```

코틀린이 자바보다 덜 간결해 보이는 곳으로, 정적 상태와 메서드를 포함시키기 위해 사용하는 동반 객체를 들 수 있다. 본 예제의 parse()가 이에 해당한다. 코틀린에서는 최상위 상태와 함수를 이런 클래스 영역의 멤버로 두는 것을 선호하는 경우가 흔히 있다. 8장에서 이런 방식의 장단점에 대해 다룬다.

현재 우리에게는 정적 메서드를 사용하는 자바 코드가 있다. 예를 들어, 테스트에는 다음과 같은 코드가 있다.

예제 3.5 [classes.0:src/test/java/travelator/EmailAddressTests.java]

```java
public class EmailAddressTests {

    @Test
    public void parsing() {
        assertEquals(
                new EmailAddress("fred", "example.com"),
                EmailAddress.parse("fred@example.com")
        );
    }

    @Test
    public void parsingFailures() {
        assertThrows(
                IllegalArgumentException.class,
                () -> EmailAddress.parse("@")
        );
        ...
    }
    ...
}
```

동반 객체와 @JvmStatic 애너테이션을 사용하면 클래스를 코틀린으로 바꿔도 이런 정적 메서드 호출 코드를 변경할 필요가 없다. 따라서 지금은 parse를 그대로 놔둘 것이다. 이를 최상위 함수로 리팩터링 하는 과정은 8장에서 다룬다.

코틀린을 처음 접한 독자라면 getLocalPart()와 getDomain() 접근자 메서드에 어떤 일이 벌어졌는지 궁금해할 수도 있다. domain 프로퍼티를 선언하면 코틀린 컴파일러가 비공개^{private} domain 필드와 getDomain() 접근자 메서드를 생성해 준다. 따라서 자바 코드는 여전히 접근자 메서드를 호출할 수 있다. 다음은 마케팅 계획을 지원하는 경우를 보여 주는 임시 예제 코드다.

예제 3.6 [classes.3:src/main/java/travelator/Marketing.java]

```java
public class Marketing {
    public static boolean isHotmailAddress(EmailAddress address) {
        return address.getDomain().equalsIgnoreCase("hotmail.com");
    }
}
```

자바에서 getDomain() 메서드를 통해 도메인 프로퍼티를 접근하는 모습을 볼 수 있다. 반대로 이 클래스가 자바에 정의되어 있고 getDomain()이라는 메서드가 명시적으로 들어있다면, 코틀린 코드에서는 address.domain으로 이 메서드에 접근할 수 있다. 프로퍼티는 11장에서 더 자세히 다룬다.

지금까지 코틀린으로 클래스를 변경함으로써 코드를 14줄이나 줄일 수 있었다. 하지만 아직 이게 끝이 아니다. 이런 유형의 값 타입은 아주 유용하지만 제대로 만들고 유지하기가 지겹기 때문에 코틀린은 언어 수준에서 값 타입을 지원한다. 클래스 앞에 data 변경자^{modifier}를 붙이면 컴파일러가 사용자가 정의하지 않은 equals, hashCode, toString 메서드를 자동으로 대신 생성해 준다. 데이터 클래스를 사용하면 EmailAddress 클래스가 다음과 같이 줄어든다.

예제 3.7 [classes.4:src/main/java/travelator/EmailAddress.kt]

```kotlin
data class EmailAddress(
    val localPart: String,
    val domain: String
) {

    override fun toString(): String {          ❶
        return "$localPart@$domain"
    }

    companion object {
        @JvmStatic
```

```
fun parse(value: String): EmailAddress {
    val atIndex = value.lastIndexOf('@')
    require(!(atIndex < 1 || atIndex == value.length - 1)) {
        "EmailAddress must be two parts separated by @"
    }
    return EmailAddress(
        value.substring(0, atIndex),
        value.substring(atIndex + 1)
    )
}
    }
}
```

❶ toString() 메서드를 (자동으로) 생성하고 싶지 않기 때문에, 직접 원하는 버전을 정의해 준다.

솔직히 말해 여기서 parse 메서드가 여전히 신경에 거슬린다. 이 메서드는 하는 일에 비해 실망스러울 정도로 너무 크다. 결국에는 이 긴장을 9장에서 해소할 수 있다. 하지만 일단은 EmailAddress 자바 클래스를 코틀린으로 변환하는 작업을 모두 마쳤다.

3.2 데이터 클래스의 한계

데이터 클래스를 사용하는 데 따른 단점은 데이터 클래스가 캡슐화를 제공하지 않는다는 점이다. 앞에서 컴파일러가 데이터 클래스의 equals, hashCode, toString 메서드를 생성해 준다는 사실을 살펴봤지만, 컴파일러가 데이터 클래스 객체의 모든 프로퍼티 값을 그대로 복사한 새 객체를 생성하되, 원하면 일부를 다른 값으로 대치할 수 있는 copy 메서드도 생성한다는 사실을 언급하지 않았다.

예를 들어, 다음 코드는 EmailAddress에서 localPart를 "postmaster"로 바꾸고 도메인은 같은 객체를 만들어 준다.

```
val postmasterEmail = customerEmail.copy(localPart = "postmaster")
```

상당수의 타입에서 이런 기능이 아주 편리하다. 하지만 클래스가 내부 표현을 추상화하거나 프로퍼티 사이에 어떤 불변 조건invariant을 유지해야 하는 경우에도 copy 메서드가 클라이언트 코드에 값의 내부 상태에 직접 접근하도록 허용해서 불변 조건을 깰 수 있다는 문제가 있다.

트래블레이터 애플리케이션에서 사용하는 추상 데이터 타입인 **Money** 클래스를 살펴보자.

예제 3.8 [values.4:src/main/java/travelator/money/Money.java]

```java
public class Money {
    private final BigDecimal amount;
    private final Currency currency;

    private Money(BigDecimal amount, Currency currency) {          ❶
        this.amount = amount;
        this.currency = currency;
    }

    public static Money of(BigDecimal amount, Currency currency) {     ❷
        return new Money(
                amount.setScale(currency.getDefaultFractionDigits()),
                currency);
    }

    ... 오버로딩한 편의 함수

    public BigDecimal getAmount() {    ❷
        return amount;
    }

    public Currency getCurrency() {    ❷
        return currency;
    }

    @Override
    public boolean equals(Object o) {      ❸
        if (this == o) return true;
        if (o == null || getClass() != o.getClass()) return false;
        Money money = (Money) o;
        return amount.equals(money.amount) &&
                currency.equals(money.currency);
    }

    @Override
    public int hashCode() {                ❸
        return Objects.hash(amount, currency);
    }
```

```
    @Override
    public String toString() {            ❹
        return amount.toString() + " " + currency.getCurrencyCode();
    }

    public Money add(Money that) {        ❺
        if (!this.currency.equals(that.currency)) {
            throw new IllegalArgumentException(
                    "cannot add Money values of different currencies");
        }
        return new Money(this.amount.add(that.amount), this.currency);
    }
}
```

❶ 생성자가 비공개다. 다른 클래스들은 정적인 Money.of 메서드를 호출해 Money 값을 얻어야 한다. Money.of는 금액 정밀도가 해당 통화의 보조 통화 단위(숫자 2자리)와 일치하도록 보장한다. 대부분 통화는 보조 통화 단위를 100(2자리)까지 사용하지만, 통화에 따라서는 이 값이 더 크거나 더 작을 수도 있다. 예를 들어, 일본 엔(¥)에는 별도의 보조 통화가 없고, 요르단 디나르^{Dinar}는 1000 필fil에 해당한다.

의미상 of 메서드는 new에 따라 만들어지는 객체의 정체성과 정적 메서드 of를 통해 값을 구분하는 현대 자바의 관습을 따른다. 자바 시간 API(예: LocalDate.of(2020,8,17))나 최근에 컬렉션 API에 추가된 기능(예: List.of(1,2,3))은 불변 값을 만들어 낸다.

이 클래스는 String이나 int로 금액을 지정할 수 있는 몇 가지 편의를 위한 오버로드 메서드도 제공한다.

❷ Money 값은 자바빈 관습에 따라 amount와 currency 프로퍼티를 노출한다.

❸ equals와 hashCode는 값 객체의 의미론을 따라 구현되어 있다.

❹ toString 메서드는 프로퍼티 값을 표현하되, 디버거가 아니라 사용자가 볼 수 있는 표현을 반환한다.

❺ Money는 통화 값을 계산할 수 있는 연산을 제공한다. 예를 들어 두 통화 값을 서로 더할 수 있다. BigDecimal.add를 통한 연산 결과가 이미 최소 단위를 만족하기 때문에 add 메서드는 생성자를 직접 호출해서(Money.of를 호출하지 않음) 새로운 Money 객체를 만든다. 따라서 Money.of에서 별도로 최소 단위 조건을 맞추는 노력을 하지 않아도 된다.

NOTE_ BigDecimal.setScale은 혼란을 일으킬 수 있다. 이름은 자바빈 세터처럼 보이지만 이 값은 실제로 BigDecimal 객체의 상태를 변경하지는 않는다. EmailAddress와 Money 클래스 예제처럼 BigDecimal도 불변 값 타입이기 때문에 setScale은 새로 설정한 정밀도에 맞춘 새 BigDecimal을 반환한다.

선 마이크로시스템즈는 자바 1.1에서 표준 라이브러리에 BigDecimal 클래스를 추가했다. 자바 1.1에는 최초의 자바빈즈 API도 포함이 되어 있었다. 당시 자바 빈즈 API에 대한 과대포장으로 인해 자바빈즈 코딩 관습도 유명해졌고, 심지어 BigDecimal 같이 빈이 아닌 클래스에도 이런 관습이 채택됐다. 당시에는 값 타입에 대한 자바 관습이 없었다.

요즘은 수신 객체 상태를 변화시키지 않는 메서드에 'set'이라는 접두사를 붙이는 것을 피하는 대신 메서드가 수신 객체를 변환한 새 객체를 돌려준다는 사실을 강조하는 이름을 사용한다. 일반적인 관습은 프로퍼티 하나에만 영향을 끼치는 경우 'with' 접두사를 사용하는 것이다. 이 관습에 따라 작성된 Money 클래스의 코드는 다음과 같이 읽힐 수 있다.

```
amount.withScale(currency.getDefaultFractionDigits())
```

코틀린에서는 확장 함수를 사용해 이런 역사적인 실수를 바로잡을 수 있다. BigDecimal을 사용하는 코드를 아주 많이 사용해야 한다면, 코드의 명확성을 개선하기 위해 다음 메서드를 추가할 만한 가치가 있다.

```
fun BigDecimal.withScale(int scale, RoundingMode mode) =
    setScale(scale, mode)
```

Money를 코틀린으로 변환하면 다음과 같은 코드가 생긴다.

예제 3.9 [values.5:src/main/java/travelator/money/Money.kt]

```
class Money
private constructor(
    val amount: BigDecimal,
    val currency: Currency
) {

    override fun equals(o: Any?): Boolean {
        if (this === o) return true
        if (o == null ¦¦ javaClass != o.javaClass) return false
        val money = o as Money
        return amount == money.amount && currency == money.currency
    }
```

```kotlin
override fun hashCode(): Int {
    return Objects.hash(amount, currency)
}

override fun toString(): String {
    return amount.toString() + " " + currency.currencyCode
}

fun add(that: Money): Money {
    require(currency == that.currency) {
        "cannot add Money values of different currencies"
    }
    return Money(amount.add(that.amount), currency)
}

companion object {
    @JvmStatic
    fun of(amount: BigDecimal, currency: Currency): Money {
        return Money(
            amount.setScale(currency.defaultFractionDigits),
            currency
        )
    }
    ... 오버로딩한 편의 함수
}
}
```

이 코틀린 클래스는 여전히 주 생성자를 사용하지만 생성자 앞에 **private**이 붙어있다. 이런 구문은 약간 투박해서 변환기가 생성한 코드의 형식을 변경해서 코드를 쭉 읽어 보기 더 좋게 만들었다. `EmailAddress.parse`와 마찬가지로 **of** 팩토리 함수에 **@JvmStatic** 애너테이션을 붙여서 동반 객체에 추가했다. 전체적으로 이 코드는 원본 자바 코드에 비해 그다지 더 간결하지는 않다.

이 코드를 데이터 클래스로 만들면 코드가 더 줄어들지 않을까?

class를 **data class**로 변경하면 인텔리J가 주 생성자 앞에 붙은 **private** 키워드를 강조하면서 다음 경고를 표시한다('생성되는 **copy** 메서드에 따라 비공개 데이터 클래스 생성자가 노출된다'라고 번역할 수 있음).

```
Private data class constructor is exposed via the generated 'copy' method.
```

이 말이 어떤 뜻일까?

Money 구현에는 감춰야 하는 세부 사항이 있다. 이 클래스는 amount 필드의 정밀도가 currency 필드가 가리키는 통화의 보조 통화 단위와 일치하게 보장한다는 불변 조건을 유지한다. 비공개 생성자는 Money 클래스 밖에서 직접 값을 만들면서 불변 조건을 어기는 일을 막는다. Money.of(BigDecimal, Currency) 메서드는 새 Money 값을 생성할 때마다 이 불변 조건을 준수하게 해 준다. add 메서드는 정밀도가 같은 두 BigDecimal을 더하면 똑같은 정밀도의 새 BigDecimal이 생성되면서 불변 조건이 유지되기 때문에 생성자를 직접 호출해도 된다. 따라서 생성자를 호출할 때 절대로 클래스 불변 조건을 위배하는 인자를 넘기는 일이 없으므로, 생성자는 값을 필드에 대입하기만 하면 된다.

하지만 데이터 클래스에 있는 copy 메서드는 항상 공개public 메서드이기 때문에 불변 조건을 지키지 않는 새 Money 값을 만들 수 있다. EmailAddress와 달리 Money 클래스 같은 추상 데이터 타입을 코틀린 데이터 클래스를 사용해 구현할 수는 없다.

> **WARNING_** 프로퍼티 사이에 불변 조건을 유지해야 하는 값 타입을 데이터 클래스를 사용해 정의하지 말라.

나중에 다른 장에서 다룰 코틀린 기능을 사용하면 이런 클래스도 여전히 더 깔끔하고 편하게 정의할 수 있다. 지금은 Money 클래스를 일단 떠나자. 나중에 12장에서 Money 클래스를 완전히 개조할 것이다.

3.3 다음으로 나아가기

대부분 자바 클래스를 코틀린으로 변환하기는 쉽다. 변환한 결과는 기존 자바 코드와 완전히 호환할 수 있다.

값 의미론을 원한다면 데이터 클래스를 사용해 EmailAddress 같이 간단한 클래스에 대한 성가신 준비 코드를 더 많이 줄일 수 있다. 데이터 클래스는 쉽고 빠르게 생성할 수 있고 유지 보수도 필요가 없으므로 자바보다 코틀린에서 새로운 값 타입을 훨씬 더 자주 사용하게 된다. 애플리케이션에 필요한 원시 값들을 감싸는 '미세한 타입'을 선언하거나, 계산 파이프라인에서 중간 결과를 저장하거나, 데이터를 임시 구조에 담아서 애플리케이션 로직을 더 쉽게 작성할 수 있게 할 때 데이터 클래스 기반의 값 타입을 쓴다.

하지만 값 타입이 불변 조건을 유지해야 하거나 내부 표현을 캡슐화해야 한다면 데이터 클래스가 적합하지 않다. 이런 경우에는 직접 값 의미론을 구현해야만 한다.

EmailAddress와 Money를 여전히 자바스러워 보이는 상태로 남겨뒀다. 이제부터는 코틀린 숙어를 사용해 보다 간결하고, 보다 타입이 안전하며, 다른 코드를 추가하기도 쉬운 코드로 변경하는 방법을 탐구할 것이다. 9장 '다중식 함수에서 단일식 함수로'에서는 이번 장에서 다룬 두 클래스의 toString이나 Money의 equals와 hashCode 등의 함수를 단일식 형태로 변경함으로써 보다 간결하게 계산 함수와 메서드를 작성하는 방법을 다룬다. 12장 '함수에서 연산자로'에서는 Money 타입에 대해 메서드 대신 연산자를 정의함으로써 보다 사용하기 편리한 타입으로 개선하는 과정을 볼 수 있다.

사용하는 모든 자바 클래스가 값 클래스는 아니다. 자바에서 일반적인 코딩 스타일은 가변 객체를 선호한다. 5장 '빈에서 값으로'에서는 자바에서 가변 객체를 사용하는 위치에 값 타입을 쓰면 어떤 장점이 있는지 살펴보고, 가변 객체의 상태를 변경하는 코드의 값을 변환하는 방식의 코드로 리팩터링하는 방법을 보여 준다.

자바 코드에서는 수많은 클래스가 정적인 유틸리티 메서드를 담기 위해 쓰인다. 코틀린에서 함수와 데이터는 그 자체로 독립적인 1급first class 기능이며 클래스의 멤버로 선언될 필요가 없다. 8장 '정적 메서드에서 최상위 함수로'에서는 유틸리티 메서드로 이뤄진 자바 클래스를 최상위 선언으로 변환하는 방법을 다룬다.

CHAPTER 4

옵셔널에서
널이 될 수 있는 타입으로

토니 호어^{Tony Hoare}는 널 참조 발명을 자신의 10억 불짜리 실수라고 생각할 수도 있다.[1] 하지만 우리는 여전히 소프트웨어 시스템에서 무언가가 없다는 사실을 기술해야 할 필요가 있다. 어떻게 코틀린이 널을 포용하는 동시에 소프트웨어를 안전하게 유지할 수 있을까?

4.1 없음을 표현하기

자바 프로그래머들에게 있어 코틀린에서 가장 매력적인 기능은 타입 시스템에서 널 가능성을 표현하는 능력일 것이다. 이 분야는 자바와 코틀린의 결이 다른 분야에 속한다.

자바 8 이전까지 자바에서는 관습, 문서, 직관에 기반해 널이 될 수 있는 참조와 그렇지 않은 참조를 구분했다. 컬렉션의 원소를 돌려주는 어떤 메서드가 null을 반환할 수 있다고 추론할 수 있다. 하지만 addressLine3에 정보가 없다면 이 프로퍼티가 null일 수 있을까 아니면 빈 문자열을 사용해야 할까?

수년간 사람들은 별도로 표시하지 않으면 참조가 널이 될 수 없다고 간주하는 자바 관습에 익숙해 있었다. 따라서 필드를 addressLine3OrNull이라고 이름 붙이거나 메서드를 previousAddressOrNull이라고 부르곤 한다. 한 코드 기반 안에서는 이런 방법이 충분히 잘

---

[1] "Null References: The Billion Dollar Mistake", 유튜브(*https://oreil.ly/Ue3Ct*).

작동한다(약간 코드가 번잡스러워지고 NullPointerException에 대한 경계를 영원히 늦추지 않아야 한다는 문제가 있긴 하다).

어떤 코드 기반은 이 방법 대신 @Nullable과 @NotNullable 애너테이션을 사용하기로 하고, 자주 코드의 올바름을 검증하는 도구의 도움을 받는다. 2014년 배포된 자바 8에는 체커 프레임워크(*https://oreil.ly/qGYlH*) 같은 도구가 널 안정성 이외의 특성까지 정적으로 검사할 수 있게 해 주는 강력한 애너테이션 지원이 포함됐다. 하지만 더 중요한 것은 자바 8에 표준 Optional 타입이 도입됐다는 점이다.

해당 시점에는 여러 JVM 개발자들이 스칼라를 만지작거리고 있었다. 스칼라를 살펴본 개발자들은 무언가가 없을 때를 표시할 수 있고 그렇지 않으면 일반적인 참조처럼 취급할 수 있는 선택적^{optional} (이하 옵셔널이라고 음차함)인 타입(스칼라 표준 라이브러리의 Option 타입)을 사용할 수 있다는 점에 고마워했다. 오라클은 개발자들에게 자신들이 도입한 표준 Optional을 필드나 파라미터 값에 쓰지 말라고 말함으로써 물을 흐렸지만, 자바 8에 도입된 다른 여러 가지 특징처럼 Optional도 충분히 좋았으므로 자바의 주류에 편입되어 쓰이게 됐다.

얼마나 오래됐느냐에 따라 다르겠지만, 여러분의 자바 코드에는 부재를 다루기 위한 이런 전략을 많든 적든 사용할 것이다. 실제적으로 NullPointerException이 한 번도 발생한 적이 없는 코드 기반이 있을 수도 있다. 하지만 실제로 NullPointerException을 모두 없애는 것은 힘든 일이다. 자바는 널이라는 무거운 짐에 시달리고 있고, 반쯤 얼이 빠진 Optional 타입 때문에 당황하고 있다.

반대로 코틀린은 널을 **포용**한다. 선택성을 표준 라이브러리 대신 타입 시스템의 일부분으로 넣는다는 말은 코틀린 코드 기반이 없음을 뜻하는 값을 일관성 있게 다룰 수 있다는 뜻이다. 코틀린의 널 처리는 완벽하지는 않다. Map<K, V>.get(key)는 key에 해당하는 값이 없으면 null을 반환하지만, List<T>.get(index)은 index에 해당하는 값이 없을 때 IndexOutOfBoundsException을 던진다. 비슷하게, Iterable<T>.first()는 null을 반환하는 대신 NoSuchElementException을 던진다. 이런 불완전성은 일반적으로 자바와의 하위 호환성을 유지하려는 욕망으로 인해 생긴 문제다.

일반적으로 코틀린이 코틀린만으로 작성된 API를 제공하는 경우, 그 API가 선택적인 프로퍼티, 파라미터, 반환 값을 안전하게 사용하는 방법을 보여 주는 좋은 예다. 그리고 우리는 그런 코틀린 자체 API를 분석함으로써 많은 내용을 배울 수 있었다. 1급 널 가능성을 배우고 나면 이런 지원을 제공하지 않는 언어로 돌아오면 불안감을 가지게 될 것이다. 여러분은 단 한 번의 역참조dereference만으로 NullPointerException이 발생할 수 있다는 사실을 늘 날카롭게 느끼고, 관습을 사용해 지뢰밭에서 안전한 경로를 찾는 듯한 느낌을 받게 된다.

함수형 프로그래머들은 코틀린의 널 가능성 대신 옵셔널 타입(또는 **메이비**Maybe 타입)을 사용하라고 권장한다. 옵셔널 타입을 쓰면 잠재적인 부재, 오류, 비동기성 등을 모두 똑같은(그렇다. 모나드monad말이다) 도구를 사용해 처리할 수 있기는 하지만, 이런 충고에 반대한다. 코틀린에서 Optional을 쓰면 안 되는 한 가지 이유는 널 가능성을 지원하기 위해 구체적으로 설계된 언어 기능을 쓰지 못하게 된다는 점에 있다. 이 부분에서도 코틀린의 결은 말하자면 스칼라 같은 언어의 결과 다르다.

선택 가능성을 표현하는 래퍼 타입을 사용하지 말아야 하는 다른 이유는 미묘하지만 중요하다. 코틀린 타입 시스템에서 T는 T?의 하위 타입이다. 그래서 널이 될 수 없는 String 타입의 값을 이 타입을 널이 될 수 있는 String이 필요한 곳에 항상 쓸 수 있다. 반대로 T는 Optional<T>의 하위 타입이 아니다. String 값을 선택적인 값을 저장하는 변수에 대입하기 위해서는 먼저 Optional로 String 값을 감싸야 한다. 설상가상으로, Optional<String>을 반환하는 함수가 있는데 나중에 항상 결과를 제대로 반환할 수 있는 방법을 찾는다면, 함수의 반환 타입을 String으로 바꾸면 모든 클라이언트 코드가 깨져버린다. 반환 타입이 String?이었다면 그냥 그 타입을 String으로 강화해도 호환성이 유지될 수 있다. 마찬가지 논리를 데이터 구조의 프로퍼티에도 적용할 수 있다. 널 가능성을 사용하면 선택적인 값을 선택적이지 않은 값으로 쉽게 변경할 수 있지만, Optional을 사용하면 아이러니하게도 이런 변경이 쉽지 않다.

저자들은 코틀린의 널 가능성 지원을 매우 좋아하며, 수많은 문제를 해결하기 위해 널 가능성 지원에 의존하는 방법을 배웠다. 널 가능성 지원에 익숙해지려면 시간이 걸리지만, 일단 익숙해지고 나면 탐험하고 활용할 만한 표현력의 차원이 달라진다.

트래블레이터에 이런 코틀린 기능이 없다는 점은 부끄러운 일이다. 따라서 Optional을 사용한 자바 코드를 널 가능성을 사용한 코틀린 코드로 마이그레이션하자.

4.2 옵셔널에서 널 가능성으로 리팩터링하기

트래블레이터에서 여행^{trip}은 구간(**Leg** 타입으로 표현됨)으로 나뉘며, 각각의 **Leg**는 더 이상 나눌 수 없는 여정이다. 다음은 코드에서 찾은 유틸리티 함수 하나를 보여 준다.

예제 4.1 [nullability.0:src main/java/travelator/Legs.java]/

```java
public class Legs {

    public static Optional<Leg> findLongestLegOver(
            List<Leg> legs,
            Duration duration
    ) {
        Leg result = null;
        for (Leg leg : legs) {
            if (isLongerThan(leg, duration))
                if (result == null ||
                        isLongerThan(leg, result.getPlannedDuration())
                ) {
                    result = leg;
                }
        }
        return Optional.ofNullable(result);
    }

    private static boolean isLongerThan(Leg leg, Duration duration) {
        return leg.getPlannedDuration().compareTo(duration) > 0;
    }
}
```

테스트는 이 코드가 의도한 대로 작동하는지 검증하고, 이 코드의 동작을 한눈에 볼 수 있게 도와준다.

예제 4.2 [nullability.0:src/test/java/travelator/LongestLegOverTests.java]

```java
public class LongestLegOverTests {

    private final List<Leg> legs = List.of(
            leg("one hour", Duration.ofHours(1)),
            leg("one day", Duration.ofDays(1)),
```

```
            leg("two hours", Duration.ofHours(2))
    );
    private final Duration oneDay = Duration.ofDays(1);

    @Test
    public void is_absent_when_no_legs() {
        assertEquals(
                Optional.empty(),
                findLongestLegOver(emptyList(), Duration.ZERO)
        );
    }

    @Test
    public void is_absent_when_no_legs_long_enough() {
        assertEquals(
                Optional.empty(),
                findLongestLegOver(legs, oneDay)
        );
    }

    @Test
    public void is_longest_leg_when_one_match() {
        assertEquals(
                "one day",
                findLongestLegOver(legs, oneDay.minusMillis(1))
                        .orElseThrow().getDescription()
        );
    }

    @Test
    public void is_longest_leg_when_more_than_one_match() {
        assertEquals(
                "one day",
                findLongestLegOver(legs, Duration.ofMinutes(59))
                        .orElseThrow().getDescription()
        );
    }
    ...
}
```

코틀린으로 이 코드를 개선하는 방법을 살펴보자. `Legs.java`를 코틀린으로 변환하면 다음 예제와 같은 코드를 얻을 수 있다(코드 형식을 약간 변경했다).

```kotlin
object Legs {

    @JvmStatic
    fun findLongestLegOver(
        legs: List<Leg>,
        duration: Duration
    ): Optional<Leg> {
        var result: Leg? = null
        for (leg in legs) {
            if (isLongerThan(leg, duration))
                if (result == null ||
                    isLongerThan(leg, result.plannedDuration))
                    result = leg
        }
        return Optional.ofNullable(result)
    }

    private fun isLongerThan(leg: Leg, duration: Duration): Boolean {
        return leg.plannedDuration.compareTo(duration) > 0
    }
}
```

메서드 파라미터는 예상대로다. 코틀린 List<Leg>는 투명하게 java.util.List를 받을 수 있다(자바와 코틀린 컬렉션에 대해서는 6장에서 더 자세히 다룬다). 여기서는 코틀린 함수에서 널이 될 수 없는 파라미터를 지정하면(예제의 legs나 duration) 컴파일러가 함수 본문 이전에 널 검사를 추가해 준다는 점을 언급해둘 만한 가치가 있다. 이런 방식으로 자바 호출자가 null을 몰래 함수에 전달해도 바로 그 사실을 알아낼 수 있다. 이런 방어적인 검사로 인해 코틀린은 예기치 않은 널이 발생하고 나서 가장 가까운 시점에 이를 알아낼 수 있다. 이런 특성은 null로 설정된 참조가 시간이나 공간적으로 멀리 떨어진 곳에서 터질 수도 있는 자바와는 다르다.

예제로 돌아가자. 코틀린 for 루프는 : 대신 in을 쓴다는 점을 제외하면 자바의 for와 아주 비슷하다. 그리고 코틀린 for도 자바와 비슷하게 Iterable을 확장하는 모든 타입에 대해 적용할 수 있다.

실제로 코틀린에서는 Iterable이 아닌 다른 타입을 for 루프에 사용할 수도 있다. 컴파일러는 다음 중 어느 하나에 해당하면 for 루프 사용을 허용한다.

- Iterable를 확장한 타입
- Iterator를 반환[2]하는 iterator() 메서드를 제공하는 타입
- Iterator를 반환하는 T.iterator() 확장 함수가 영역 안에 정의된 T 타입

불행히도 두 번째와 세 번째 방식은 해당 타입을 Iterable로 만들어 주지는 못하며, 코틀린 for 루프만 적용할 수 있도록 해줄 뿐이다. 이 부분은 안타까운 부분인데, 만약 이런 연산을 지원할 때 자동으로 Iterable 취급을 해 주면 Iterable<T>의 확장 함수로 정의된 map, reduce 등을 활용할 수 있을 텐데 그러지 못하기 때문이다.

변환한 findLongestLegOver 코드는 그리 코틀린다운 코드는 아니다(스트림이 도입된 자바 입장에서 보면 자바스럽지도 않은 코드다). for 루프 대신 의도를 더 잘 드러내는 무엇인가를 찾아야 한다. 하지만 지금은 주 목적이 Option을 널이 될 수 있는 타입으로 바꾸는 것이므로 이 생각을 잠시 접어두자. 우리는 이 과정을 자바 코드 기반을 코틀린으로 마이그레이션할 때처럼, 코틀린과 자바가 혼합된 코드가 생기도록, 테스트를 하나씩 변경하면서 보여줄 것이다. 코틀린을 사용하는 클라이언트가 널 가능성을 사용하므로, 테스트를 변경하자.

예제 4.4 [nullability.4:src/test/java/travelator/LongestLegOverTests.kt]

```
class LongestLegOverTests {
    ...
    @Test
    fun is_absent_when_no_legs() {
        Assertions.assertEquals(
            Optional.empty<Any>(),
            findLongestLegOver(emptyList(), Duration.ZERO)
        )
    }
```

2   옮긴이_ 실제로는 Iterator를 꼭 반환할 필요도 없다. operator fun hasNext(): Boolean과 operator fun next(): T를 제공하는 타입이면 된다. 이 부분도 for 루프에 쓰이는 객체가 꼭 Iterable을 구현할 필요가 없는 것과 마찬가지로 관습에 의한 코딩이 적용되는 경우다.

```
@Test
fun is_absent_when_no_legs_long_enough() {
    Assertions.assertEquals(
        Optional.empty<Any>(),
        findLongestLegOver(legs, oneDay)
    )
}

@Test
fun is_longest_leg_when_one_match() {
    Assertions.assertEquals(
        "one day",
        findLongestLegOver(legs, oneDay.minusMillis(1))
            .orElseThrow().description
    )
}

@Test
fun is_longest_leg_when_more_than_one_match() {
    Assertions.assertEquals(
        "one day",
        findLongestLegOver(legs, Duration.ofMinutes(59))
            .orElseThrow().description
    )
}
...
}
```

이제는 점진적으로 마이그레이션을 하기 위해서는 두 개의 `findLongestLegOver`가 있어야 한다. 한 가지는 기존처럼 `Optional<Leg>`을 반환하며, 다른 한 가지는 `Leg?`를 반환해야 한다. 현재 구현의 핵심을 추출함으로써 반환 타입이 다른 두 버전을 만들 수 있다. 다음은 현재 버전이다.

예제 4.5 [nullability.4:src/main/java/travelator/Legs.kt]

```
@JvmStatic
fun findLongestLegOver(
    legs: List<Leg>,
    duration: Duration
): Optional<Leg> {
    var result: Leg? = null
```

```
        for (leg in legs) {
            if (isLongerThan(leg, duration))
                if (result == null ||
                    isLongerThan(leg, result.plannedDuration))
                    result = leg
        }
        return Optional.ofNullable(result)
    }
```

findLongestLegOver에서 반환문을 제외한 부분에 대해 'Extract Function(함수 추출)'을
적용한다. 이렇게 만든 함수에 똑같은 이름을 줄 수는 없으므로 longestLegOver라는 이름을
사용한다. 이 함수가 새로운 인터페이스이기 때문에 이 함수를 공개 함수로 지정한다.

예제 4.6 [nullability.5:src/main/java/travelator/Legs.kt]

```
@JvmStatic
fun findLongestLegOver(
    legs: List<Leg>,
    duration: Duration
): Optional<Leg> {
    var result: Leg? = longestLegOver(legs, duration)
    return Optional.ofNullable(result)
}

fun longestLegOver(legs: List<Leg>, duration: Duration): Leg? {
    var result: Leg? = null
    for (leg in legs) {
        if (isLongerThan(leg, duration))
            if (result == null ||
                isLongerThan(leg, result.plannedDuration))
                result = leg
    }
    return result
}
```

이 리팩터링으로 인해 findLongestLegOver에는 흔적 기관처럼 result 변수가 남는다. 이
변수를 선택하고 'inline(인라인)'을 선택하면 다음 코드가 생긴다.

예제 4.7 [nullability.6:src/main/java/travelator/Legs.kt]

```kotlin
@JvmStatic
fun findLongestLegOver(
    legs: List<Leg>,
    duration: Duration
): Optional<Leg> {
    return Optional.ofNullable(longestLegOver(legs, duration))
}
```

이제는 인터페이스가 두 가지 생겼는데, 한 인터페이스가 다른 인터페이스에 의존한다. 자바 클라이언트는 findLongestLegOver를 계속 사용하고, 코틀린 클라이언트는 널이 될 수 있는 타입을 반환하는 longestLegOver를 사용하게 변경한다. 이런 변경 과정을 우리 테스트 코드를 통해 살펴보자.

우선 반환 값이 없는 경우부터 처리하자. 현재는 assertEquals(Optional.empty<Any>(), findLongestLegOver…)를 호출하는 식으로 되어있다.

예제 4.8 [nullability.6:src/test/java/travelator/LongestLegOverTests.kt]

```kotlin
@Test
fun is_absent_when_no_legs() {
    assertEquals(
        Optional.empty<Any>(),
        findLongestLegOver(emptyList(), Duration.ZERO)
    )
}

@Test
fun is_absent_when_no_legs_long_enough() {
    assertEquals(
        Optional.empty<Any>(),
        findLongestLegOver(legs, oneDay)
    )
}
```

이제 단언문을 assertNull(longestLegOver(...))로 바꿀 수 있다.

예제 4.9 [nullability.7:src/test/java/travelator/LongestLegOverTests.kt]

```
@Test
fun `is absent when no legs`() {
    assertNull(longestLegOver(emptyList(), Duration.ZERO))
}

@Test
fun `is absent when no legs long enough`() {
    assertNull(longestLegOver(legs, oneDay))
}
```

테스트 이름에 '역작은따옴표(백틱)로 감싼 식별자'를 사용하도록 변경했다는 점에 유의하라. 인텔리J에서는 밑줄을_사용하는_테스트_함수_이름에 커서를 놓고 Alt+Enter를 누르면 이런 변환을 수행해 준다.

이제 빈값을 돌려주지 않는 경우를 변환하자.

예제 4.10 [nullability.6:src/test/java/travelator/LongestLegOverTests.kt]

```
@Test
fun is_longest_leg_when_one_match() {
    assertEquals(
        "one day",
        findLongestLegOver(legs, oneDay.minusMillis(1))
            .orElseThrow().description
    )
}

@Test
fun is_longest_leg_when_more_than_one_match() {
    assertEquals(
        "one day",
        findLongestLegOver(legs, Duration.ofMinutes(59))
            .orElseThrow().description
    )
}
```

코틀린에서 (자바 10 이전에는 get()이었던) Optional.orElseThrow()는 !!와 같다. 자바 orElseThrow와 코틀린 !!는 값을 돌려주지만 값이 없으면 예외를 던진다. 코틀린은 논리적으로 `NullPointerException`을 발생시키지만 자바는 똑같은 경우에 논리적으로 `NoSuchElementException`을 발생시킨다. 이 둘은 그냥 원소가 없다는 사실을 다르게 표현한 것일 뿐이다! 예외의 타입을 실체화하지 않는다는 점을 감안하면 `findLongestLegOver(...)` `.orElseThrow()`를 `longestLegOver(...)!!`로 치환할 수 있다.

예제 4.11 [nullability.8:src/test/java/travelator/LongestLegOverTests.kt]

```kotlin
@Test
fun `is longest leg when one match`() {
    assertEquals(
        "one day",
        longestLegOver(legs, oneDay.minusMillis(1))
        !!.description
    )
}

@Test
fun `is longest leg when more than one match`() {
    assertEquals(
        "one day",
        longestLegOver(legs, Duration.ofMinutes(59))
            ?.description
    )
}
```

널을 반환하지 않는 테스트 중 첫 번째 테스트(`is longest leg when one match`)에 `!!`를 사용해 변환했다. 원소를 찾는데 실패하면(예제에서는 실패하지 않지만, 우리는 실패에 대비하는 걸 좋아한다), 멋진 진단을 내놓는 대신 `NullPointerException`을 던지면서 실패한다. 두 번째 테스트에서는 안전한 호출 연산자인 `?.`를 사용해 문제 해결한다. 안전한 호출 연산자는 수신 객체가 `null`이 아닐 때만 평가를 계속한다. 따라서 구간이 `null`이면 오류가 다음과 같이 더 읽기 쉬워진다.

```
Expected :one day
Actual   :null
```

실전에서 `!!`를 사용하는 몇 안 되는 경우가 바로 테스트다. 게다가 여기서는 대안 중에 `!!`가 더 나은 선택이기도 하다.

클라이언트를 코틀린으로 변환하고 `longestLegOver`를 사용하게 변환하는 식으로 이런 리팩터링을 클라이언트 전체에 적용할 수 있다. 모든 클라이언트 코드를 변환하고 나면 `Optional`을 반환하는 `findLongestLegOver`를 삭제할 수 있다.

확장과 축소 리팩터링

이 책 전반에서 인터페이스(자바 인터페이스가 아니라 외부 클래스의 접속점인 인터페이스) 변경을 관리하기 위해 이 기법(병렬 변경(*https://oreil.ly/jxSPE*)이라고 부르기도 한다)을 사용한다. 확장과 축소 리팩터링은 새 인터페이스를 추가하고, 예전 인터페이스를 사용하는 부분을 새 인터페이스를 사용하게 변경한 후, 아무도 예전 인터페이스를 사용하지 않을 때 예전 인터페이스를 제거하는 단순한 개념이다.

이 책에서는 코틀린 변환과 리팩터링을 함께 진행한다. 보통은 이 책에서 한 것처럼 인터페이스 정의와 구현을 코틀린으로 변환한 다음에, 코틀린 코드에 새 인터페이스를 추가한다. 그 후 클라이언트를 새 인터페이스를 사용하게 변환하면서 클라이언트를 코틀린으로 변환한다.

이 과정에서 인터페이스와 언어를 함께 마이그레이션하기는 하지만, 이 둘을 한꺼번에 변환하지는 않는다. 암벽을 오를 때 두 손 두 발 중 세 부분은 벽에 닿아있어야 하는 것처럼, 양손을 한꺼번에 움직이지 말아야 한다! 한 수를 둔 다음 테스트를 통과하는지 확인하고, 다음 수를 진행하라. 변경이 위험해 보이면, 실패의 여파가 너무 커지지 않도록 어떤 보호 수단(커밋 전 테스트 스위트를 실행, 체크인, 카나리[3] 출시 배포)을 추가할 만한 시점이다.

그리고 작업을 마무리한다. 코드를 개선하기 위해 리팩터링한다. 개선은 대부분 단순화하는 것을 뜻하며, 단순화가 서로 연관되는 경우는 드물다. 우리는 코드가 더 나아지기(모두가 새로운 인터페이스를 사용) 전에 일시적으로 더 나빠지는 것(같은 일을 하는 방법이 두 가지 존재함)을 허용하지만, 두 버전을 함께 유지해야만 하는 상황으로 고착되는 일을 피한다. 만약 두 가지 버전을 아주 오랫동안 유지해야 하는 상황이 발생하면 두 버전의 차이가 벌어지고 예전 버전에 새로운 클라이언트가 생길 수도 있다. 코드를 사용 중단 예정deprecated으로 표시할 수도 있지만, 그냥 리팩터링을 쭉 진행해서 마치는 게 더 좋다. 레거시를 계속 지원하기 위해 작은 부분을 남겨둘 수는 있지만, 코틀린에 새로운 가치를 더하기 위해 우리 시간을 사용하고 싶지, 코틀린으로 변환하지 않았다면 아무도 신경 쓰지 않았을 코드를 굳이 변환하는 데 시간을 들이고 싶지는 않다.

---

3 옮긴이_ 탄광의 막장에 카나리아 새를 두면 가스가 발생했을 때 카나리아 상태를 보고 바로 알 수 있다. 카나리는 문제가 발생할 여지가 있는지를 보기 위해 기존 프로덕션 환경과 같지만 독립된 환경에 새롭게 출시하고, 일부 사용자만 그 버전을 사용하게 함으로써 문제가 발생할 수 있는 범위를 제한하고 문제 발생 시 롤백을 쉽게 하는 기법이다.

4.3 코틀린다운 코드로 리팩터링하기

옵셔널에서 널이 될 수 있는 타입으로 마이그레이션하는 과정에서 본 것처럼, 이 예제의 모든 코드가 코틀린으로 변경됐다. 여기서 멈출 수도 있지만, 변환 후에도 조금 더 리팩터링을 진행했던 이 책의 정책을 따라서 이렇게 변경한 코드에서 무엇을 더 배울 수 있는지 더 살펴보자.

다음은 현재 버전의 Legs이다.

예제 4.12 [nullability.9:src/main/java/travelator/Legs.kt]

```
object Legs {
    fun longestLegOver(
        legs: List<Leg>,
        duration: Duration
    ): Leg? {
        var result: Leg? = null
        for (leg in legs) {
            if (isLongerThan(leg, duration))
                if (result == null ||
                    isLongerThan(leg, result.plannedDuration))
                    result = leg
        }
        return result
    }

    private fun isLongerThan(leg: Leg, duration: Duration): Boolean {
        return leg.plannedDuration.compareTo(duration) > 0
    }
}
```

원래 자바 메서드가 정적 메서드였으므로 이 함수들이 들어갈 무언가가 필요해서 이들을 object에 넣었다. 8장에서 보겠지만, 코틀린에서는 이런 추가적인 네임스페이스가 불필요하다. 따라서 'Move to top level(최상위로 옮기기)'를 longestLegOver에 적용할 수 있다. 현재는 인텔리J가 (비공개인) isLongerThan을 최상위로 옮기지 못하고 Legs에 남겨둬야 하므로 isLongerThan을 호출하는 다른 함수도 옮겨줄 수 없어서 이 기능이 작동하지는 않는다. 하지만 함수들을 최상위에 옮기고 기존 코드에서 이 함수를 참조하는 부분을 고침으로써 이런 문제를 쉽게 해결할 수 있다.

예제 4.13 [nullability.10:src/main/java/travelator/Legs.kt]

```kotlin
fun longestLegOver(
    legs: List<Leg>,
    duration: Duration
): Leg? {
    var result: Leg? = null
    for (leg in legs) {
        if (isLongerThan(leg, duration))
            if (result == null ||
                isLongerThan(leg, result.plannedDuration))
                result = leg
    }
    return result
}

private fun isLongerThan(leg: Leg, duration: Duration) =
    leg.plannedDuration.compareTo(duration) > 0
```

isLongerThan에서 반환문과 중괄호가 사라졌다는 점을 눈치챈 독자도 있을 것이다. 이런 단일식 함수 구문의 장단점에 대해서는 9장에서 다룬다.

여기서 isLongerThan(leg, ...)이라는 구문은 정상적인 영어 문장처럼 읽히지 않는다. 여러분이 우리의 확장 함수에 대한 사랑에 대해 질려버릴 날이 오겠지만(확장 함수에 대해서 다루는 10장 이후에는 확실히 그럴 것이다), 아직은 우리를 좋게 봐주고 있을 테니 이야기한다. leg 파라미터에 커서를 두고 Alt+Enter 키를 입력한 후 'Convert parameter to receiver(파라미터를 수신 객체로 변환)'를 실행하면 leg.isLongerThan(...)이라고 코드를 쓸 수 있다.

예제 4.14 [nullability.11:src/main/java/travelator/Legs.kt]

```kotlin
fun longestLegOver(
    legs: List<Leg>,
    duration: Duration
): Leg? {
    var result: Leg? = null
    for (leg in legs) {
        if (leg.isLongerThan(duration))
            if (result == null ||
                leg.isLongerThan(result.plannedDuration))
```

```
                result = leg
        }
        return result
    }

    private fun Leg.isLongerThan(duration: Duration) =
        plannedDuration.compareTo(duration) > 0
```

지금까지 변경한 내용은 모두 구조적인 것으로, 코드가 정의된 장소나 호출 방법 등을 변경했다. 구조적인 리팩터링은 근본적으로 상당히(완전히는 아니지만 대부분은) 안전하다. 구조적 리팩터링은 다형성(메서드나 함수를 통한)이나 리플렉션에 의존하는 코드 동작을 바꿀 수는 있지만, 그런 경우를 제외하면 코드가 제대로 컴파일되고, 제대로 작동할 가능성도 크다.

이제는 longestLegOver에 쓴 **알고리즘**에 주의를 돌려보려 한다. 알고리즘을 리팩터링하는 것은 위험하다. 특히 이런 식으로 상태 변화에 의존하는 코드를 리팩터링하는 것은 상태 변화를 감안해 코드를 변환하는 도구가 그리 좋지 못하므로 더 위험하다. 좋은 테스트들이 있지만 테스트 코드만 보고 알고리즘이 하는 일을 알아내기는 어려우므로, 다른 방법으로 이를 어떻게 해결할 수 있을지 살펴보자.

인텔리J가 우리에게 제안하는 내용은 compareTo를 >로 바꾸는 것이다. 따라서 처음에는 이 변경부터 처리하자. 이 시점에 덩컨에게는 더 이상 다른 리팩터링 아이디어가 없으므로, 함수를 밑바닥부터 다시 쓰기로 결정한다.

기능을 재구현하기 위해서는 '이 코드가 하려는 일이 무엇일까?'라고 스스로에게 질문해야 한다. 이 질문에 대한 답은 다행히도, longestLegOver라는 함수 이름에 있다. 이 계산을 구현하려면 가장 긴 구간을 찾고, 그 가장 긴 구간이 주어진 기간보다 길다면 그 값을 반환하고, 그렇지 않다면 null을 반환한다. 함수 앞 부분에서 legs.를 타이핑한 다음에, 인텔리J의 제안을 살펴보면 maxByOrNull을 볼 수 있다. 가장 긴 구간은 legs.maxByOrNull(Leg::plannedDuration)이 된다. 이 API는 legs가 비어있을 때 결과를 돌려주지 못한다는 사실을 우리에게 알려 주도록 Leg?를 반환한다(그리고 이름에도 orNull이 들어있다). 우리 알고리즘인 '구간을 찾고, 그 가장 긴 구간이 주어진 기간보다 길다면 그 값을 반환하고, 그렇지 않다면 null을 반환한다'를 코드로 직접 구현하면 다음과 같다.

예제 4.15 [nullability.12:src/main/java/travelator/Legs.kt]

```kotlin
fun longestLegOver(
    legs: List<Leg>,
    duration: Duration
): Leg? {
    val longestLeg: Leg? = legs.maxByOrNull(Leg::plannedDuration)
    if (longestLeg != null && longestLeg.plannedDuration > duration)
        return longestLeg
    else
        return null
}
```

이 코드는 테스트를 통과하지만 반환문을 여럿 사용하는 게 보기 좋지 않다. 인텔리J는 return 을 if에서 빼내라고 제안한다.

예제 4.16 [nullability.13:src/main/java/travelator/Legs.kt]

```kotlin
fun longestLegOver(
    legs: List<Leg>,
    duration: Duration
): Leg? {
    val longestLeg: Leg? = legs.maxByOrNull(Leg::plannedDuration)
    return if (longestLeg != null && longestLeg.plannedDuration > duration)
        longestLeg
    else
        null
}
```

이제는 코틀린의 널 가능성 지원을 사용해, 취향에 따라 이 코드를 여러 가지 방식으로 리팩터링할 수 있다.

여기서 좌변이 null이 아니면 좌변 값을 돌려주고 null이면 우변 값을 돌려주는 엘비스 연산자 ?:를 사용할 수 있다. 엘비스 연산자를 사용하면 가장 긴 구간을 찾지 못한 경우 빨리 함수를 끝낼 수 있다.

예제 4.17 [nullability.14:src/main/java/travelator/Legs.kt]

```kotlin
fun longestLegOver(
    legs: List<Leg>,
    duration: Duration
): Leg? {
    val longestLeg = legs.maxByOrNull(Leg::plannedDuration) ?:
    return null
    return if (longestLeg.plannedDuration > duration)
        longestLeg
    else
        null
}
```

이 방식 대신 ?.let식을 쓸 수도 있다. ?.는 수신 객체가 null이면 null로 평가되고, 그렇지 않으면 let 블록으로 가장 긴 구간을 전달한다.

예제 4.18 [nullability.15:src/main/java/travelator/Legs.kt]

```kotlin
fun longestLegOver(
    legs: List<Leg>,
    duration: Duration
): Leg? =
    legs.maxByOrNull(Leg::plannedDuration)?.let { longestLeg ->
        if (longestLeg.plannedDuration > duration)
            longestLeg
        else
            null
    }
```

따라서 let 안에서 longestLeg는 null일 수 없다. 이 구문은 간결하며, 식이 하나뿐이다. 하지만 한눈에 알아보기는 힘들다. 선택지를 when으로 분류하는 게 더 깔끔하다.

예제 4.19 [nullability.17:src/main/java/travelator/Legs.kt]

```kotlin
fun longestLegOver(
    legs: List<Leg>,
    duration: Duration
): Leg? {
    val longestLeg = legs.maxByOrNull(Leg::plannedDuration)
```

```
            return when {
                longestLeg == null -> null
                longestLeg.plannedDuration > duration -> longestLeg
                else -> null
            }
        }
    }
```

더 단순화하기 위해서는 덩컨이 아직도 자연스럽게 사용하지 못하는 트릭인 takeIf를 써야 한다. takeIf는 술어가 true면 수신 객체를 반환하고 true가 아니면 null을 반환한다. 이 코드는 정확히 앞에서 let 블록으로 작성한 논리와 같다. 따라서 다음과 같이 코드를 쓸 수 있다.

예제 4.20 [nullability.16:src/main/java/travelator/Legs.kt]

```
fun longestLegOver(
    legs: List<Leg>,
    duration: Duration
): Leg? =
    legs.maxByOrNull(Leg::plannedDuration)?.takeIf { longestLeg ->
        longestLeg.plannedDuration > duration
    }
```

우리 팀의 코틀린 사용 경험에 따르면, 이 코드는 너무 미묘하다. 냇은 이런 코드도 좋다고 생각하지만, 우리는 명시성 측면을 중시할 것이므로, 최소한 누군가 이 코드를 리팩터링하기 전까지는, when 버전을 유지하기로 한다.

마지막으로 legs 파라미터를 확장 함수의 수신 객체로 변환한다. 이 변환을 통해 함수 이름을 더 좋게 바꿀 수 있다.

예제 4.21 [nullability.18:src/main/java/travelator/Legs.kt]

```
fun List<Leg>.longestOver(duration: Duration): Leg? {
    val longestLeg = maxByOrNull(Leg::plannedDuration)
    return when {
        longestLeg == null -> null
        longestLeg.plannedDuration > duration -> longestLeg
        else -> null
    }
}
```

이번 장을 끝내기 전에 이제 이 버전과 원래 버전을 비교해 보자. 기존 버전과 비교할 때 새 버전이 더 나은 부분이 있는가?

예제 4.22 [nullability.0:src/main/java/travelator/Legs.java]

```java
public class Legs {
    public static Optional<Leg> findLongestLegOver(
            List<Leg> legs,
            Duration duration
    ) {
        Leg result = null;
        for (Leg leg : legs) {
            if (isLongerThan(leg, duration))
                if (result == null ||
                        isLongerThan(leg, result.getPlannedDuration())
                ) {
                    result = leg;
                }
        }
        return Optional.ofNullable(result);
    }

    private static boolean isLongerThan(Leg leg, Duration duration) {
        return leg.getPlannedDuration().compareTo(duration) > 0;
    }
}
```

보통은 '경우에 따라 다르다'라고 말하겠지만, 여기서는 새 버전이 이전 버전보다 모든 면에서 더 낫다. 새 코드는 더 짧고 단순하다. 어떻게 작동하는지 쉽게 알 수 있고, 대부분은 상대적으로 비용이 많이 드는 연산인 getPlannedDuration()을 더 적게 호출한다. 같은 접근 방법을 자바로 구현하면 어떻게 될까? 직접적으로 변환하면 다음과 같은 자바 코드가 탄생한다.

예제 4.23 [nullability.1:src/main/java/travelator/Legs.java]

```java
public class Legs {
    public static Optional<Leg> findLongestLegOver(
            List<Leg> legs,
            Duration duration
    ) {
        var longestLeg = legs.stream()
```

```
                .max(Comparator.comparing(Leg::getPlannedDuration));
        if (longestLeg.isEmpty()) {
            return Optional.empty();
        } else if (isLongerThan(longestLeg.get(), duration)) {
            return longestLeg;
        } else {
            return Optional.empty();
        }
    }

    private static boolean isLongerThan(Leg leg, Duration duration) {
        return leg.getPlannedDuration().compareTo(duration) > 0;
    }
}
```

사실 자바 코드도 나쁘지 않다. 하지만 코틀린 버전과 비교해 보면 Optional이 거의 매 줄 잡음을 증가시키는 모습을 볼 수 있다. 이에 따라, 코틀린 takeIf와 똑같이 이해하기 어렵다는 문제가 있음에도 불구하고 Optional.filter를 사용하는 버전이 어쩌면 선호될 수도 있다. takeIf에 대해 말하자면 덩컨은 테스트를 실행해 보기 전에는 그게 작동할지 말할 수 없지만, 냇은 takeIf를 사용하는 쪽을 더 선호한다.

예제 4.24 [nullability.2:src/main/java/travelator/Legs.java]

```
public static Optional<Leg> findLongestLegOver(
        List<Leg> legs,
        Duration duration
) {
    return legs.stream()
            .max(Comparator.comparing(Leg::getPlannedDuration))
            .filter(leg -> isLongerThan(leg, duration));
}
```

4.4 다음으로 나아가기

정보의 부재나 존재를 코드에서 피할 수는 없다. 이런 정보를 1급 상태로 끌어올림으로써 코틀린은 부재를 처리해야 할 때 확실히 책임을 질 수 있도록 해 주고, 부재를 처리하지 않아도 좋을 때 부재를 처리하느라고 짓눌릴 필요가 없게 해 준다. 이와 비교해 보면 자바 Optional 타입은 투박하게 느껴진다. 다행히 Optional은 쉽게 널이 될 수 있는 타입으로 마이그레이션할 수 있고, 모든 코드를 코틀린으로 변환할 준비가 되어있지 않더라도 두 가지 방법을 동시에 지원할 수도 있다.

10장 '함수에서 확장 함수로'에서는 널이 될 수 있는 타입과 코틀린의 다른 언어 기능(안전한 호출, 엘비스 연산자, 확장 함수)을 조합하는 방법을 살펴본다. 이런 기능을 활용하면 자바에서 작성한 코드와 상당히 결이 다른 설계가 탄생한다.

하지만 아직 이런 내용을 다루기엔 이르다. 다음 장에서는 전형적인 자바 클래스를 전형적인 코틀린 클래스로 변환한다. 자바에서 코틀린으로 변환하는 작업은 문법적 요소를 변경하는 것 이상의 일이다. 이유는 두 언어가 변경할 수 있는 상태를 받아들이는 방식이 다르기 때문이다.

빈에서
값으로

대부분 자바 프로젝트는 가변 상태 자바빈과 포조^{POJO}(그냥 자바 객체)를 사용해 데이터를 표현한다. 하지만 가변 상태는 복잡성을 야기한다. 왜 불변 값이 더 나은 선택일까? 코드 기반에서 어떻게 해야 가변 상태의 비용을 줄일 수 있을까?

5.1 빈

빈즈는 비주얼 베이직 스타일의 끌어다 놓기 GUI 개발을 지원하기 위해 자바에 도입됐다. 개발자는 폼에 버튼을 끌어다 놓고, 제목과 아이콘을 변공한 다음에, 클릭 이벤트 핸들러를 자바 메서드에 연결할 수 있다. GUI 빌더는 버튼 객체를 인스턴스화하고 개발자가 변경한 프로퍼티의 세터를 호출한다.

자바빈을 정의하려면 클래스가 디폴트(인자가 없는) 생성자를 제공하고, 프로퍼티를 읽기 위한 게터^{getter}와 가변 프로퍼티를 쓰기 위한 세터^{setter}를 제공해야 한다. **Serializable** 인터페이스를 구현해야 한다는 조건은 생략한다. 선 마이크로시스템즈도 결코 이 조건을 심각하게 받아들인 적이 없다. 프로퍼티가 많은 객체에서 이런 조건은 타당하다. GUI 컴포넌트는 보통 전경^{foreground} 색과 배경^{background} 색, 폰트, 보더^{border}, 크기, 좌우 맞춤, 패딩 등의 값을 제공한다. 대부분은 이런 프로퍼티는 디폴트 값으로 충분하다. 따라서 특별한 경우에만 세터를 호출하는 게 생성되는 코드의 양을 최소화할 수 있다. 심지어 오늘날에도 GUI 툴킷을 설계할 때는 가변 컴포넌트 모델이 확실한 선택이다.

하지만 자바빈즈가 도입될 때 개발자들은 UI 컴포넌트뿐 아니라 대부분 객체가 가변 객체일 거라고 생각했다. 그렇지 않을 이유가 뭐 있겠는가? 객체를 사용하는 목적은 프로퍼티를 캡슐화하고 프로퍼티 사이의 관계 관리이다. 객체는 경계가 변경될 때 컴포넌트의 너비를 변경하거나, 상품을 추가할 때 쇼핑 카트의 총액을 변경하는 등의 문제를 해결하도록 **설계**됐다. 객체는 가변 상태를 관리하는 문제에 대한 해결책이었고, 자바는 당시 시점에서 불변성 `String` 클래스를 제공할 정도로 급진적인 언어였다(다만 자바도 당시의 한계를 뛰어넘지는 못해서 가변 `Date`를 선택했다).

직업인으로서 우리는 당시보다 이 분야를 깊이 이해하게 됐다. 우리는 객체를 사용해 여러 가지 사물을 표현할 수 있다는 점에 감사한다. 이런 사물에는 값, 엔티티, 서비스, 동작, 트랜잭션 등이 포함된다. 그리고 자바 객체의 디폴트 패턴은 여전히 빈, 즉 게터와 세터를 통해 프로퍼티를 표현한 가변 객체다. UI 툴킷의 경우 자바빈즈 방식이 적절하지만 다른 경우에도 잘 들어맞는 디폴트 패턴이라고 할 수는 없다. 우리가 객체로 표현하고 싶은 대부분 대상에서는 값이 더 나은 패턴이다.

5.2 값

영어에서 **값**value이라는 단어는 여러 가지 뜻이 있는 단어다. 컴퓨팅에서는 변수, 파라미터, 필드에 값이 있다고 말한다. 여기서 값은 변수 등에 결합된 원시값이나 참조를 뜻한다. 이 책에서 값이라고 말하면 값 의미론을 따르는 구체적인 원시 타입이나 참조 타입을 뜻한다. 어떤 객체가 값 의미론을 따른다는 말은 객체의 상호 작용에 있어 정체성이 아니라 내부의 값만 중요하다는 말이다. 자바 원시 타입 값은 모두 값 의미론을 따른다. 7은 항상 다른 7과 동등하다. 하지만 객체는 값 의미론을 따를 수도 있고 따르지 않을 수도 있다. 특히, 가변 객체는 값 의미론을 따르지 않는다. 6장부터는 더 세밀한 구분을 살펴볼 것이다. 하지만 지금은 일단 **값**을 불변 데이터 조각으로 정의하고, **값 타입**을 이런 불변 데이터 조각의 동작을 정의하는 타입으로 정의하자.

따라서 7은 값이고, 박싱 타입인 `Integer`는 값 타입이며(박싱 타입은 불변이기 때문), `"banana"`는 값이고(`String`이 불변이기 때문이다), `URI`도 값이지만(`URI`가 불변이기 때문), `java.util.Date`는 값 타입이 아니다(`setYear` 등의 메서드를 호출할 수 있기 때문)

불변 `DBConnectionInfo`의 인스턴스는 값이지만, `Database`의 인스턴스는 모든 프로퍼티가 불변임에도 불구하고 값이 아니다. 이유는 `Database` 인스턴스가 데이터 조각이 아니기 때문이다. `Database`는 한 조각의 데이터에 접근하고 변경하는 수단이다.

자바빈즈 빈은 값일까? UI 컴포넌트 자바빈은 UI 컴포넌트가 단순한 데이터만이 아니기 때문에 값이 아니다. 다른 모든 측면에서 동일한 두 버튼의 정체성이 다를 수 있다. 평범한 데이터를 나타내기 위해 사용하는 빈의 경우에는 해당 빈이 불변이냐 아니냐에 따라 값인지 아닌지가 달라진다. 불변 빈을 만드는 것도 가능하지만, 대부분 개발자는 그냥 자바 객체를 불변 값으로 사용한다.

POJO는 값일까? 이 용어는 사용하기 위해 프레임워크 타입을 확장할 필요가 없는 클래스를 가리키는 말이다. 보통 POJO는 데이터를 표현하며 접근자 메서드에 대한 자바빈즈 관습을 따른다. 대부분 POJO에는 디폴트 생성자가 없으며, 타당한 디폴트 값이 없는 프로퍼티를 초기화하기 위한 생성자가 들어있다. 이로 인해 불변 POJO도 흔히 존재할 수 있고, 이런 불변 POJO가 값 의미론을 따를 수도 있다. 하지만 여전히 가변 POJO가 기본이며, 이런 경우가 너무 많으므로 많은 사람들이 자바 객체 지향 프로그래밍이 가변 객체와 동의어라고 생각한다. 가변 POJO는 값이 아니다.

요약하자면, 빈은 기술적으로는 값일 수 있지만 실제로 그런 경우는 드물다. POJO는 값 의미론을 따르는 경우가 종종 있고, 특히 요즘의 자바에서는 더 그렇다. '빈에서 값으로'라는 이번 장의 제목이 딱 부러지고 깔끔해 보여도, 실제로는 가변 객체를 불변 데이터로 리팩터링하는 방법에 대해 살펴본다. 따라서 장 제목을 어쩌면 '가변 POJO에서 값으로'라고 바꿔야 할지도 모르겠다. 이렇게 엉성하게 이름 붙인 것을 용서하기를 바란다.

5.3 값을 선호해야만 하는 이유는 무엇인가?

값은 불변 데이터다. 왜 불변 객체를 가변 객체보다 선호하고, 데이터를 표현하는 객체를 다른 유형의 객체보다 더 선호해야 할까? 이 주제는 이 책에서 여러 번 다룰 주제다. 지금은 내부 상태가 바뀌지 않으므로 불변 객체에 대해 추론하는 게 가변 객체에 대해 추론하는 것보다 더 쉽기 때문에 다음과 같은 사실이 성립한다고 설명한다.

- 맵의 키나 집합 원소로 불변 객체를 넣을 수 있다.
- 불변 객체의 불변 컬렉션에 대해 이터레이션하는 경우 원소가 달라질지 염려할 필요가 없다.
- 초기 상태를 깊이 복사^{deep copy}하지 않고도 다양한 시나리오를 탐험할 수 있다(불변 객체를 쓰면 되돌리기나 다시하기 등도 쉽게 구현할 수 있다).
- 여러 스레드에서 불변 객체를 안전하게 공유할 수 있다.

5.4 빈을 값으로 리팩터링하기

가변 빈이나 POJO를 사용하는 부분을 값으로 리팩터링하는 과정을 살펴보자.

트래블레이터는 모바일 앱을 제공하며, 안드로이드 버전은 자바로 쓰여있다. 코드에서는 사용자 설정을 자바빈 UserPreferences로 표현한다.

예제 5.1 [beans-to-values.0:src/main/java/travelator/mobile/UserPreferences.java]

```java
public class UserPreferences {

    private String greeting;
    private Locale locale;
    private Currency currency;

    public UserPreferences() {
        this("Hello", Locale.UK, Currency.getInstance(Locale.UK));
    }

    public UserPreferences(String greeting, Locale locale, Currency currency) {
        this.greeting = greeting;
        this.locale = locale;
```

```
            this.currency = currency;
        }

        public String getGreeting() {
            return greeting;
        }

        public void setGreeting(String greeting) {
            this.greeting = greeting;
        }
        ... 로케일과 통화 처리를 위한 게터와 세터
    }
```

Application에는 preferences라는 프로퍼티가 있다. Application은 설정이 필요한 뷰에
이 프로퍼티를 전달한다.

예제 5.2 [beans-to-values.0:src/main/java/travelator/mobile/Application.java]

```
    public class Application {
        private final UserPreferences preferences;

        public Application(UserPreferences preferences) {
            this.preferences = preferences;
        }

        public void showWelcome() {
            new WelcomeView(preferences).show();
        }

        public void editPreferences() {
            new PreferencesView(preferences).show();
        }
        ...
    }
```

(만약 코드가 다른 UI 프레임워크와 비슷해 보인다면 그 프레임워크가 현재 사용 중이거나 더
이상 쓰이지 않는 것이든 간에 그건 그냥 우연일 뿐이다.)

마지막으로 PreferencesView는 사용자가 설정을 변경할 때마다 preferences를 변경한다.
onThingChange()가 호출되기 때문에 preferences 변경을 알 수 있다.

```java
public class PreferencesView extends View {

    private final UserPreferences preferences;
    private final GreetingPicker greetingPicker = new GreetingPicker();
    private final LocalePicker localePicker = new LocalePicker();
    private final CurrencyPicker currencyPicker = new CurrencyPicker();

    public PreferencesView(UserPreferences preferences) {
        this.preferences = preferences;
    }

    public void show() {
        greetingPicker.setGreeting(preferences.getGreeting());
        localePicker.setLocale(preferences.getLocale());
        currencyPicker.setCurrency(preferences.getCurrency());
        super.show();
    }

    protected void onGreetingChange() {
        preferences.setGreeting(greetingPicker.getGreeting());
    }
    protected void onLocaleChange() {
        preferences.setLocale(localePicker.getLocale());
    }

    protected void onCurrencyChange() {
        preferences.setCurrency(currencyPicker.getCurrency());
    }
    ...
}
```

이 설계는 단순하지만 가변 데이터에서 전형적으로 드러날 수 있는 복잡성 투성이다. 예를 들면 다음과 같다.

- PreferencesView와 WelcomeView가 둘 다 활성화된 경우 WelcomeView의 상태가 현재 값과 달라질 수 있다.

- UserPreferences의 동등성과 해시 코드가 가변 프로퍼티 값에 따라 결정된다. 따라서 UserPreferences를 집합에 넣거나 맵의 키로 쓸 수 없다.

- WelcomeView가 사용자 설정 정보만을 읽는다는 사실을 알려 주는 표시가 없다.

- 읽기와 쓰기가 다른 스레드에서 발생하는 경우 설정 프로퍼티 수준에서 동기화를 처리해야만 한다.

이 코드를 불변 값으로 리팩터링하기 전에 Application과 UserPreferences를 코틀린으로 변환하자. 변환한 결과를 보고 우리 모델의 특성을 더 잘 이해할 수 있다. Application은 단순하다.

예제 5.4 [beans-to-values.1:src/main/java/travelator/mobile/Application.kt]

```kotlin
class Application(
    private val preferences: UserPreferences
) {
    fun showWelcome() {
        WelcomeView(preferences).show()
    }
    fun editPreferences() {
        PreferencesView(preferences).show()
    }
    ...
}
```

UserPreferences는 더 복잡하다. 인텔리J의 '코틀린으로 변환' 결과는 다음과 같다.

예제 5.5 [beans-to-values.1:src/main/java/travelator/mobile/UserPreferences.kt]

```kotlin
class UserPreferences @JvmOverloads constructor(
    var greeting: String = "Hello",
    var locale: Locale = Locale.UK,
    var currency: Currency = Currency.getInstance(Locale.UK)
)
```

이 변환은 상당히 복잡하다. @JvmOverloads 애너테이션은 컴파일러가 greeting, locale, currency의 디폴트 값들을 서로 조합한 여러 생성자를 만들어내도록 지정한다. 원래 자바 코드는 이런 일을 하지 않는다. 단지 생성자가 2개 존재했을 뿐이다(두 생성자 중 하나는 인자가 없는 디폴트 생성자이다).

이 단계에서는 애플리케이션의 기능을 변경하지 않고, 식을 단순화하기만 한다. 여기 있는 var(val이 아님) 프로퍼티는 변경 가능한 데이터를 쓰고 있음을 보여 준다. 이때 코틀린 컴파일러가 매 프로퍼티마다 비공개 필드, 게터 메서드, 세터 메서드를 생성한다는 점과 이로 인해 자바 입장에서는 이 데이터를 표현하는 클래스를 빈으로 보게 된다는 점을 기억해야 한다. 코틀린은 빈의 이름 관습을 지키며 var 프로퍼티는 가변 빈을 정의하는데, 가변 빈은 좋을 수도 나쁠 수도 있다.

여기서는 나쁘다고 생각하자. 그렇다면 어떻게 UserPreference를 불변으로 만들 수 있을까? 무엇보다 앱에 보이는 사용자 설정이 사용자가 변경한 내용을 반영해야만 한다. 해답은 변경이 일어나는 위치를 바꾸는 것이다. 이 책에 있는 다른 리팩터링과 마찬가지로, 우리는 문제가 되는 부분(여기서는 상태 변경)을 더 위로 올려보낼 것이다. '위'는 진입점 방향이나 더 높은 수준, 애플리케이션에 따라 달라지는 코드를 뜻한다.

사용자 설정을 변이시키는 대신, Application에서 설정을 가리키는 참조를 변경할 것이다. 우리가 사용할 참조는 PreferencesView가 반환하는 사용자 설정 복사본을 가리키게 된다. 짧게 말해, 우리 전략은 가변 객체에 대한 불변 참조를 불변 객체에 대한 가변 참조로 바꾼다. 왜냐하면 이렇게 하면 잠재적으로 움직일 수 있는 부품의 수와 그런 부품이 보이는 범위를 줄일 수 있다. 이런 범위는 바로 문제를 일으키는 변이가 보이는 범위와 같다.

이런 방향으로 나아가는 작업을 먼저 PreferencesView를 코틀린으로 변경하는 것부터 시작해서 차근차근 진행할 것이다.

예제 5.6 [beans-to-values.3:src/main/java/travelator/mobile/PreferencesView.kt]

```
class PreferencesView(
    private val preferences: UserPreferences
) : View() {
    private val greetingPicker = GreetingPicker()
    private val localePicker = LocalePicker()
    private val currencyPicker = CurrencyPicker()
    override fun show() {
        greetingPicker.greeting = preferences.greeting
        localePicker.locale = preferences.locale
        currencyPicker.currency = preferences.currency
        super.show()
    }
    protected fun onGreetingChange() {
```

```
            preferences.greeting = greetingPicker.greeting
    }
    ... onLocaleChange, onCurrencyChange
}
```

show()는 View에 있는 메서드를 오버라이드하며 뷰를 눈에 보이게 만들고 부가 끝날 때까지 호출하는 쪽 스레드를 블록시킨다. 상태 변경을 막기 위해서는 변경한 내용을 적용한 UserPreferences 복사본을 돌려주는 버전이 필요하다. 따라서 show라는 이름을 showModal으로 바꾸고, super.show()가 반환되면 기존의 가변 preferences 프로퍼티를 반환하도록 만든다.

예제 5.7 [beans-to-values.4:src/main/java/travelator/mobile/PreferencesView.kt]

```
fun showModal(): UserPreferences {
    greetingPicker.greeting = preferences.greeting
    localePicker.locale = preferences.locale
    currencyPicker.currency = preferences.currency
    show()
    return preferences
}
```

Application.editPreferences()는 preferencesView.show()를 호출하고 애플리케이션과 사용자 설정 뷰가 모두 같은 가변 객체에 대한 참조를 공유함으로써 변경된 내용을 얻을 수 있다는 점에 의지한다. 이제는 Application.preferences가 가변 프로퍼티이며, showModal의 결과를 이 프로퍼티에 설정한다.

예제 5.8 [beans-to-values.4:src/main/java/travelator/mobile/Application.kt]

```
class Application(
    private var preferences: UserPreferences          ❶
) {
    ...
    fun editPreferences() {
        preferences = PreferencesView(preferences).showModal()
    }
    ...
}
```

❶ 이제는 var이다.

직음은 showModal 메서드가 생성자를 통해 뷰에 전달된 객체와 같은 객체를 반환한다. 따라서 아직은 아무것도 달라진 게 없다. 오히려 이제는 양 세계에서 가장 나쁜 것, 즉 가변 데이터에 대한 가변 참조를 사용한다.

하지만 아직 리팩터링이 끝나지 않았다. 이제 UI 요소가 갱신될 때 preference 프로퍼티에 새로운 UserPreferences 객체를 지정할 수 있게 하기 위해 PreferencesView의 preferences 프로퍼티를 가변으로 만듦으로써 상황을 더 악화시킨다.

예제 5.9 [beans-to-values.5:src/main/java/travelator/mobile/PreferencesView.kt]

```
class PreferencesView(
    private var preferences: UserPreferences
) : View() {
    private val greetingPicker = GreetingPicker()
    private val localePicker = LocalePicker()
    private val currencyPicker = CurrencyPicker()

    fun showModal(): UserPreferences {
        greetingPicker.greeting = preferences.greeting
        localePicker.locale = preferences.locale
        currencyPicker.currency = preferences.currency
        show()
        return preferences
    }

    protected fun onGreetingChange() {
        preferences = UserPreferences(
            greetingPicker.greeting,
            preferences.locale,
            preferences.currency
        )
    }
    ... onLocaleChange, onCurrencyChange
}
```

여기서 '더 나쁘다'라고 말했지만, 실제로는 이제 UserPreferences에 대한 세터 호출 사용이 모두 사라졌다. 세터가 없으므로, 이제는 이들(UserPreferences에 정의된 이미 세터가 사라진 프로퍼티들)을 적절한 값을 만들어서, 생성자에서 프로퍼티를 설정한 후 절대로 변경하지 않을 수 있다. 코틀린에서 이는 var 프로퍼티를 val로 변경하고 디폴트 생성자 안에 넣는다는 뜻이다. 이를 통해 UserPreferences는 다음과 같이 줄어든다.

예제 5.10 [beans-to-values.6:src/main/java/travelator/mobile/UserPreferences.kt]

```kotlin
data class UserPreferences(
    val greeting: String,
    val locale: Locale,
    val currency: Currency
)
```

매의 눈을 지닌 독자는 UserPreferences를 조용히 데이터 클래스로 바꿨다는 점을 눈치 챘을 것이다. 이전까지는 UserPreferences가 불변 클래스가 아니었기 때문에 데이터 클래스로 변환하지 않았다. 코틀린이 **가변** 데이터 클래스를 허용하기는 하지만, 데이터 클래스는 equals와 hashCode를 구현해 주기 때문에 가변 데이터 클래스를 사용할 때는 다른 가변 일반 클래스보다 훨씬 더 조심해야 한다.

객체 동등성

데이터 클래스는 주 생성자에 선언된 모든 프로퍼티로부터 equals와 hashCode 메서드를 자동으로 만들어 준다. 따라서 같은 데이터 클래스에 속한 두 인스턴스는 모든 프로퍼티 값이 동등할 때 서로 동등하다.

맵과 집합은 객체를 저장할 때 객체의 equals와 hashCode를 사용한다. 하지만 객체를 집합에 넣거나 맵의 키로 사용한 다음에 그 프로퍼티 값을 변경하면 이상한 일이 발생할 수 있다 (*https://oreil.ly/keALT*).

가변 객체의 동등성이나 해시 코드에 의존해서는 안 된다. 그리고 가변 데이터 클래스를 정의하지 말라.

지금까지 무엇을 달성했나? 우리는 공유 가변 데이터에 대한 불변 참조 두 개를 불변 값에 대한 가변 참조 두 개로 바꿨다. 이제는 어떤 뷰가 사용자 설정을 갱신하는지 한눈에 알아볼 수 있다. 그리고 스레드 사이에서 이런 상태 변경을 관리해야 한다면 이제는 애플리케이션 수준에서 이를 관리할 수 있다.

그래도 PreferencesView 안에 사용자 설정에 대한 가변 참조를 두는 것은 약간 주저스럽다. 아예 참조를 유지하지 않고 showModal에 사용자 설정을 넘기는 방식으로 이 문제를 해결할 수 있다. PreferencesView에는 UserPreferences를 저장하는 프로퍼티가 필요하지 않다. 단지 뷰가 자기 자신을 표시하기 전에 UI에 사용자 설정 값을 전달하고 뷰를 끝내기 전에 UI의 상태 값을 가져올 수만 있으면 된다.

예제 5.11 [beans-to-values.7:src/main/java/travelator/mobile/PreferencesView.kt]

```kotlin
class PreferencesView : View() {
    private val greetingPicker = GreetingPicker()
    private val localePicker = LocalePicker()
    private val currencyPicker = CurrencyPicker()

    fun showModal(preferences: UserPreferences): UserPreferences {
        greetingPicker.greeting = preferences.greeting
        localePicker.locale = preferences.locale
        currencyPicker.currency = preferences.currency
        show()
        return UserPreferences(
            greeting = greetingPicker.greeting,
            locale = localePicker.locale,
            currency = currencyPicker.currency
        )
    }
}
```

여기서 피커의 값을 설정하기 때문에 여전히 변이가 일어나기는 한다. 하지만 이들은 디폴트 생성자 밖에 없는 UI 컴포넌트이기 때문에 어디선가는 이런 일이 벌어질 수 밖에 없다. 사용자 설정에 대한 참조를 PreferencesView에서 제거하는 작업을 마치기 위해, Application에서 preferences 인자를 PreferencesView 생성자 대신 showModal에 넘기도록 변경하자.

예제 5.12 [beans-to-values.7:src/main/java/travelator/mobile/Application.kt]

```kotlin
class Application(
    private var preferences: UserPreferences
) {
    fun showWelcome() {
        WelcomeView(preferences).show()
```

```
    }

    fun editPreferences() {
        preferences = PreferencesView().showModal(preferences)
    }
    ...
}
```

이제는 사용자 설정이 변경될 수 있는 부분이 한 군데뿐이고, `editPreferences`에서 대입문이 하나밖에 없다는 사실로부터 이를 명확히 알 수 있다. 변경된 내용이 없을 때도 `showModal`이 새로운 `UserPreferences`를 생성한다는 점이 약간 낭비처럼 느껴질 수도 있다. 가변 객체를 공유하는 데 익숙한 독자에게는 이런 처리가 심지어 위험해 보이기까지 할 수도 있다. 값의 세계에서 모든 프로퍼티 값이 같은 두 `UserPreferences` 객체는 대부분은 같은 객체로 쓸 수 있다(앞의 '객체 동등성'을 보라). 그리고 보통은 아주 제한적인 환경에서만 이런 객체 추가 생성을 눈치챌 수 있다.

5.5 다음으로 나아가기

이번 장에서는 불변 값이 가변 값보다 어떤 점에서 좋은지 살펴봤다. 리팩터링 예제는 가변 객체에 대한 불변 참조를 불변 객체에 대한 가변 참조로 바꿈으로써, 상태 변경을 애플리케이션 진입점이나 이벤트 핸들러로 이동시키는 방법을 보여 준다. 이렇게 변경하면 우리 코드에서 가변성으로 인한 영향이나 복잡성을 처리해야 하는 부분을 줄일 수 있다.

자바빈즈는 사용자 인터페이스 프레임워크에서 사용하기 위해 만들어진 것이다. 그리고 UI는 가변 객체들의 마지막 보루다. 더 엄격한 생명주기 관련 요구사항이 있는 경우(예를 들어 인사말이 변경되면 `WelcomeView`를 갱신해야 한다든지)에는 공유 객체와 변경 이벤트를 사용하는 쪽을 불변 객체를 사용하는 쪽보다 선호할 수도 있다.

가변 객체를 값과 변환 연산들로 변환하는 과정은 반복적으로 진행되는 주제다. 6장 '자바에서 코틀린 컬렉션으로'에서는 컬렉션에 대해 이 주제를 적용한다. 14장 '누적시키는 객체에서 변환으로'에서는 누적시키는 파라미터를 활용하는 코드를 컬렉션에 대한 고차 함수를 사용하는 코드로 바꾸는 방법을 보여 준다.

자바에서
코틀린 컬렉션으로

자바와 코틀린 컬렉션 라이브러리는 표면적으로 매우 비슷해 보인다. 이 두 언어의 컬렉션은 서로 수상할 정도로 매끄럽게 연동되어 작동한다. 그렇다면 두 언어 컬렉션 라이브러리의 차이는 무엇이고, 각각 현재 모습을 갖추게 된 이유는 무엇이며, 자바 컬렉션을 코틀린 컬렉션으로 바꿀 때 조심해야 할 부분은 무엇일까?

6.1 자바 컬렉션

5장에서는 프로그래머들이 객체를 근본적으로 상태가 있고 변경이 가능한 존재로 간주하던 시절에 자바가 자라났다는 점을 살펴봤다. 컬렉션의 경우 객체에 대한 이런 생각이 특히 더 잘 들어맞았다. 리스트에 원소를 추가할 수 없다면 그런 리스트가 존재해야 할 이유가 무엇이겠는가? 우리는 빈 컬렉션을 만들고 원소를 추가함으로써 컬렉션을 구축해 나간다. 장바구니에서 상품을 제거해야 할 필요가 있는가? 리스트를 변경하라. 카드를 뒤섞어야 하는가? 물론 이렇게 하려면 덱을 이루는 카드의 순서를 뒤바꿔야 한다. 실제 생활에서 우리는 우유가 필요하거나 고양이를 동물병원에 데려가야 할 때마다 매번 새 종이에 쇼핑 목록을 새로 작성하지는 않는다. 가변 컬렉션은 우리가 실생활에서 겪는 경험을 반영한다.

자바가 처음 출시된 이래, 내장 컬렉션의 우수성은 자바를 채택해야 할 좋은 이유 중 하나였다. 당시에는 크기를 변경할 수 있는 컬렉션을 제공하지 않는 언어도 많았다. 객체 기술을 활용해 변경 가능한 컬렉션을 안전하게 정의하고 사용할 수 있었다. 당시 우리에게 주어진 이런 초능력을 사용하는 게 유일한 자연스러운 선택이었기 때문에 우리는 선 마이크로시스템즈가 의도한 대로 Vector나 Hashtable을 사용했다. 선의 의도는 이런 객체를 만든 후 변이시키는 것이었다. 원소가 들어있는 컬렉션을 만드는 생성자가 없었기 때문에 당시에는 다른 선택의 여지가 없었다.

자바 2(자바가 C#과 버전 번호로 경쟁을 하기 전에는 자바 1.2라고 불렸다)에는 변경된 컬렉션 라이브러리가 새로 포함됐다. 이 개선된 컬렉션은 초기 자바에서 임의로 구현됐던 Vector, Stack, Hashtable을 깔끔하게 정리하고, 더 유용한 ArrayList, HashSet 등의 구현을 제공하는 공통 Collection 인터페이스를 제공했다. 이제는 다른 컬렉션으로부터 복사본 컬렉션을 만들 수 있게 됐다. 정적인 Collections 클래스는 sort나 reverse 같은 유용한 유틸리티 연산을 제공했다. 자바 5에 제네릭스가 포함되면서 기존 컬레션에 제네릭스를 교묘하게 끼워 넣었고, 그로 인해 이제는 List<Journey>와 같은 타입을 선언할 수 있게 됐다.

하지만 자바 컬렉션은 여전히 가변 컬렉션(그것도 극단적으로 가변적인)으로 남았다. 원소를 추가하고 제거하는 연산을 제공할 뿐 아니라 상태 변이로만 정의된 정렬 같은 연산도 포함되어 있었다. 당시에는 List의 원소를 정렬한 새 리스트를 돌려주는 표준 라이브러리 함수가 없었다.

계속 이야기해왔던 것처럼, 상태 변이는 어떤 장소의 상태가 다른 장소에서 예상하는 상태와 일치하지 않을 수 있으므로 생기는 여러 문제의 근원이다. 예를 들어 트래블레이터에서는 경로를 Journey의 List로 표현한다. 그리고 고통 지수라는 개념이 존재한다. 고통 지수가 더 낮으면 해당 여행 경로가 더 즐거울 가능성이 크다. 다음은 고통 지수를 계산하는 방법을 보여 준다.

예제 6.1 [collections.0:src/main/java/travelator/Suffering.java]

```java
public static int sufferScoreFor(List<Journey> route) {
    Location start = getDepartsFrom(route);
    List<Journey> longestJourneys = longestJourneysIn(route, 3);
    return sufferScore(longestJourneys, start);
}
```

start라는 지역 변수는 그렇게 많은 정보를 알려 주지 못하기 때문에 이 변수를 초기화하는 코드를 함수 호출에 인라인할 수 있다.

예제 6.2 [collections.1:src/main/java/travelator/Suffering.java]

```java
public static int sufferScoreFor(List<Journey> route) {
    List<Journey> longestJourneys = longestJourneysIn(route, 3);
    return sufferScore(longestJourneys, getDepartsFrom(route));
}
```

테스트를 통과했기 때문에 이 코드를 프로덕션에 푸시했다. 하지만 버그 보고서를 보면 뭔가 잘못됐음을 알 수 있다. 원인을 찾아 내려가보면 다음과 같은 이유를 찾을 수 있다.

예제 6.3 [collections.0:src/main/java/travelator/Routes.java]

```java
public static Location getDepartsFrom(List<Journey> route) {
    return route.get(0).getDepartsFrom();
}
```

예제 6.4 [collections.0:src/main/java/travelator/Suffering.java]

```java
public static List<Journey> longestJourneysIn(
        List<Journey> journeys,
        int limit
) {
    journeys.sort(comparing(Journey::getDuration).reversed());   ❶
    var actualLimit = Math.min(journeys.size(), limit);
    return journeys.subList(0, actualLimit);
}
```

❶ sort에 따라 journeys 파라미터가 변경된다.

이제 가장 긴 여행 구간을 찾으면 출발 Location이 바뀌는 이유를 알 수 있다. 어떤 개발자가 문제를 해결하기 위해 파라미터(journeys)의 메서드를 호출했고, 이로 인해 시스템의 다른 곳에서 코드가 깨져버렸다! 이런 종류의 에일리어싱 오류^{aliasing error}(*https://oreil.ly/ PeqKs*)를 디버깅하느라 인생 중 수백시간을 허비하고 난 뒤에야 기본적으로 불변 데이터를 사용하는 게 더 낫다는 결론을 내리게 된다. JDK 개발자의 경우에는 변경 가능한 컬렉션 인터페이스에 영원히 엮이게 된 자바 2 도입 이후에 분명 이런 상황에 처하게 된다.

공평성을 위해 이야기하자면, 이론상 자바 컬렉션은 가변 컬렉션이기는 하지만, 실전에서 자바 컬렉션을 가변적으로 사용하는 경우는 점점 줄어들어왔다. 심지어 컬렉션이 처음 소개됐을 때도 컬렉션을 `Collections.unmodifiableList` 같은 (불변 컬렉션 타입으로) 감싸는 게 가능했다. 이런 래퍼 컬렉션은 여전히 `List`이며 상태를 변경하는 메서드를 여전히 제공하기는 하지만 이런 메서드가 `UnsupportedOperationException`을 던진다. 우리가 `loadJourneys`의 결과를 `UnmodifiableList`으로 감쌌다면 더 쉽게 `shortestJourneyIn`가 리스트 상태를 변경한다는 문제점을 발견할 수 있었을 것이다. 이 두 부분을 연결해 주는 테스트는 빠르게 실패하기는 하지만, 컴파일 시점이 아니라 실행 시점에 실패한다. 타입 시스템을 사용해 이런 불변성과 관련한 코드의 올바름을 검증할 수 없다는 점은 부끄러운 일이다. 하지만 시간을 되돌릴 수 없으므로 래퍼 타입을 사용하는 게 실용적인 패치라 할 수 있다.

리스트를 `UnmodifiableList`로 감싸면 컬렉션에서 상태 변경에 의존해서 생기는 문제를 해결할 수 있다. 그러나 래퍼는 원본 리스트를 읽어서 돌려주기 때문에 만약 **원본 리스트**를 변경할 수 있다면 여전히 같은 문제가 존재한다. 따라서 `UnmodifiableList`는 원본이 결코 변경되지 않음을 보장하지는 못하며, 래퍼를 통해 변경되지 않도록 보장하는 역할만 할 수 있다. 이로 인해 래퍼를 쓰는 경우 원본 리스트에 대한 방어적 복사본을 생성해서 원본의 변경으로부터 래퍼를 보호해야 한다. 자바 10에는 컬렉션을 `AbstractImmutableList`으로 복사해 주는 `List.copyOf(collection)`이 생겼다. 이렇게 만든 `AbstractImmutableList` 객체는 변경이 불가능하며 원본 컬렉션의 변경과도 무관하다.

하지만 이런 식으로 컬렉션 원본이나 복사본 중 어느 쪽이 변경될 수 있을지 한 번 더 생각하고 적절한 조치를 취하는 과정은 지겹고 실수하기도 쉽다. 이런 문제는 모든 가변 데이터에 성립할 수 있는 문제지만, 특히나 컬렉션에서 더 치명적이다. 왜냐하면 원본 컬렉션에서 다른 컬렉션을 추출하였는데(앞 예제의 `departsFrom`) 원본이 변경되면 추출한 컬렉션이 원본 컬렉션 내용에 비해 뒤떨어진 내용을 저장하게 되기 때문이다. 함수 경계에서 매번 방어적 복사를 수행하는 대신, 이 책의 저자들이 있는 회사를 포함한 많은 조직에서는 더 간단하고 더 효율적인 전략을 채택한다.

> ### 공유된 컬렉션을 변경하지 말라
>
> 서로 떨어진 두 코드 사이에 공유된 컬렉션이 있다면 이를 불변 컬렉션으로 취급하라. 이런 공유
> 에는 파라미터로 참조를 받거나, 결과를 돌려주거나, 공유된 변수에 대입하는 등의 코드가 포함
> 된다. 이 제약을 애초부터 변경할 수 있는 컬렉션으로 만들어진 경우나 자바 인터페이스에 존재
> 하는 상태 변경 연산에도 불구하고 늘 적용해야 한다.
>
> 우리가 소요하지 않는 코드에서 이런 관습을 지키지 않는 경우, 우리 코드를 상대방 코드로부터
> 분리하기 위해 복사본을 사용할 수 있다.

이런 전략은 한 함수 안에서 변경 컬렉션을 만들고 원소를 채워넣는 것을 막지는 않는다. 하지만 코드는 항상 자신이 새로 방금 생성한 컬렉션만 갱신해야 한다. 참조를 결과로 반환하자마자 이를 불변 객체인 것처럼 취급해야 한다. 즉, **생성하되 변경하지는 말라**. 때로는 `Collections.unmodifiableList(…)` 등을 통해 이 규칙을 강제할 수도 있다. 하지만 잘 정렬된 개발팀이라면 아무도 공유된 컬렉션을 변경하지 않기 때문에 이런 래퍼 타입이 불필요하다.

물론 이 규칙에도 예외가 있다. 보통은 성능을 위해 컬렉션을 가변 컬렉션으로 공유해야 하는 경우가 있다. 이런 경우 이름을 주의 깊게 붙이고 (`accumulator` 등이 좋은 이름이다) 공유 범위를 최대한 제한하라. 한 함수 안에서만 이런 가변 컬렉션을 사용하는 게 가장 이상적이고, 클래스의 비공개 메서드 사이에 공유하는 것은 받아들일만 하지만, 모듈 경계를 벗어나 가변 컬렉션을 공유하는 게 합리적인 경우는 아주 드물다. 14장은 이런 경우에 (가시적으로) 변경할 수 있는 컬렉션을 피하는 방법을 논의한다.

이런 관습을 채택한 프로젝트 팀은 컬렉션 변경성에도 불구하고 간단하고 신뢰성 높은 소프트웨어를 만들어낼 수 있다. 전체적으로 보면 컬렉션을 불변 컬렉션으로 취급하는 데 드는 비용이 타입 시스템이 여러분에게 거짓말을 해서 생기는 문제로 인한 비용보다 훨씬 더 많이 든다. JVM의 라이브러리는 가변성이 표준인 시대를 떠올리게 하지만, 자바의 결이 점점 불변성으로 나가는 것도 사실이기 때문에 이런 흐름을 앞서 올라타는 게 흐름에 뒤떨어지는 것보다 더 낫다.

6.2 코틀린 컬렉션

자바와 달리 코틀린과 코틀린 표준 라이브러리는 상태 변경이 유행에서 뒤떨어진 것으로 취급
되는 시대에 설계됐다. 하지만 자바와의 부드러운 상호 운용이 핵심 목표이고, 자바는 가변 컬
렉션을 사용한다. 스칼라^{Scala}는 자체적인 복잡한 영속적인^{persistent} (불변적인 컬렉션인데 데이
터 공유를 사용해 성능을 향상시킴) 컬렉션을 도입했지만 이로 인해 자바와 상호 운용되는 경
계면에서 컬렉션을 복사해야만 했는데, 이 과정은 비효율적이면서 성가신 일이다. 그렇다면 코
틀린은 어떻게 이런 차이를 극복하고 불변 컬렉션이 자바 컬렉션과 매끄럽게 상호 운용되게 할
수 있었을까?

코틀린 개발자는 자바 컬렉션 인터페이스에서 상태를 바꾸는 메서드를 제거하고 kotlin.
collections 패키지 안에서 Collection<E>, List<E> 등의 인터페이스로 공개한다. 그리
고 이들을 MutableCollection<E>, MutableList<E> 등으로 확장하면서 다시 상태 변경 메
서드를 추가했다. 따라서 코틀린에 있는 MutableList는 List의 하위 타입이며, List는 다시
Collection의 하위 타입이다. MutableList는 MutableCollection도 구현한다.

겉으로 볼때 이는 간단한 방식인 것처럼 보인다. 가변 컬렉션은 가변이 아닌 컬렉션과 똑같은
연산을 제공하면서 상태 변경 메서드도 추가 제공한다. List의 모든 메서드를 MutableList
가 제공하고 호출가능하기 때문에, List가 필요한 코드에 MutableList를 넘겨도 안전하다.
리스코프 치환 원칙^{Liskov Substitution Principle}(*https://oreil.ly/8A8KO*)에 따르면 프로그램의
올바름에 영향을 끼치지 않고 List 대신 MutableList를 사용할 수 있어야 한다.

약간의 컴파일러 마법을 통해 코틀린 코드가 java.util.List를 kotlin.collections.
List로 취급하도록 할 수 있다.

```
val aList: List<String> = SomeJavaCode.mutableListOfStrings("0", "1")
aList.removeAt(1) // 컴파일되지 않음
```

이 마법은 자바 List를 코틀린 kotlin.collections.MutableList로 취급할 수도 있게 해
준다.

```
val aMutableList: MutableList<String> = SomeJavaCode.mutableListOfStrings(
    "0", "1")
aMutableList.removeAt(1)
assertEquals(listOf("0"), aMutableList)
```

사실 여기서는 자바 List가 가변 컬렉션이기 때문에 이 리스트를 코틀린 MutableList로 다운캐스트downcast하고 변경할 수 있다(하지만 거의 대부분은 이런 짓을 하면 안 된다).

```
val aList: List<String> = SomeJavaCode.mutableListOfStrings("0", "1")
val aMutableList: MutableList<String> = aList as MutableList<String>
aMutableList.removeAt(1)
assertEquals(listOf("0"), aMutableList)
```

반대 방향(자바 코드에서 코틀린에서 만든 객체를 쓰는 경우)으로는 kotlin.collections.MutableList와 kotlin.collections.List를 모두 java.util.List가 필요한 곳에 사용할 수 있다.

```
val aMutableList: MutableList<String> = mutableListOf("0", "1")
SomeJavaCode.needsAList(aMutableList)

val aList: List<String> = listOf("0", "1")
SomeJavaCode.needsAList(aList)
```

겉으로보면 모든 게 적절해 보인다. 불행히도 가변성에 있어서는 치환시 바바라 리스코프Barbara Liskov의 원칙 이상의 다른 원칙이 필요하다. 6.1절 '자바 컬렉션'에서 본 것처럼, kotlin.collections.List 타입에서 상태 변경 메서드가 보이지 않는다고 해서 이 타입의 리스트의 내용이 바뀌지 않는다는 보장은 없다. 실제 타입은 가변적인 java.util.List일 수도 있다. 함수 인자를 전달할 때 MutableList가 List로 바뀔 수도 있으므로 코틀린 접근 방법이 어떤 면에서는 더 나쁘다.

```
val aMutableList = mutableListOf("0", "1")
val aList: List<String> = aMutableList
```

이제 어디선가 이 List<String>를 액면 그대로 불변 컬렉션으로 간주해 받아들인다고 하자.

```
class AValueType(
    val strings: List<String>
) {
    val first: String? = strings.firstOrNull()
}
```

모든 게 좋아 보인다.

```
val holdsState = AValueType(aList)
assertEquals(holdsState.first, holdsState.strings.first())
```

잠깐, 우리에게 여전히 MutableList에 대한 참조가 남아있지 않은가?

```
aMutableList[0] = "banana"
assertEquals(holdsState.first, holdsState.strings.first())  ❶
```

❶ Expected "0", actual "banana" (예상 값은 "0"이지만 "banana"가 나옴)

AValueType은 결국에 변경 가능한 객체임이 드러났다. 이로 인해 생성시 초기화되는 first
의 정보가 실제 상태와 뒤떨어진 정보가 될 수도 있다. 불변 컬렉션 인터페이스를 사용하는 것
만으로 불변 컬렉션을 달성할 수는 없다!

TIP **불변, 읽기 전용, 가변**

> 가변이 아닌 코틀린 컬렉션에 대한 공식 용어는 불변immutable이 아니고 읽기 전용read-only이다. 자바의
> UnmodifiableList와 마찬가지로 읽기 전용 컬렉션의 내용을 인터페이스를 통해서 변경할 수는 없다. 하지
> 만 다른 방법으로 읽기 전용 컬렉션의 내용을 변경할 수는 있다. 진정한 **불변** 컬렉션만 절대로 변경이 일어나
> 지 않는다는 사실을 보장할 수 있다.
> JVM에서도 진정한 불변 컬렉션을 사용할 수 있지만(예를 들어 java.util.List.of(...)는 불변 컬렉션
> 이다), 표준적인 코틀린 기능은 아니다.

이런 문제는 가변 컬렉션이 (이런 상속 관계만 없었다면) 가변 아닌 컬렉션을 상속하게 했기
때문에 생기는 불행한 문제다. 가변이 아닌 컬렉션을 수신하는 쪽에서는 이 컬렉션을 변경할
수 없지만, 해당 컬렉션이 변경될지 여부는 알 수 없다. 왜냐하면 가변이 아닌 List 타입에 대
한 참조가 실제로는 MutableList 타입의 객체를 가리킬 수도 있기 때문이다.

이 문제에 대한 엄격한 해법은 불변 컬렉션과 가변 컬렉션 사이에 하위 타입 관계를 없애고 분리하는 것이다. 이런 방식을 택하면 가변 리스트가 있는데 불변 복사본이 필요할 때 모든 데이터를 복사해야 한다. 이에 대한 좋은 비유로 StringBuilder를 들 수 있다. StringBuilder는 문자열을 변화시키는 효과를 내지만 String의 하위 타입은 아니다. 외부에 내보내고 싶은 결과가 있을 때는 .toString()을 호출해야 하고, 그 이후에 StringBuilder의 내용을 변경해도 이전에 .toString()으로 만들어낸 문자열에는 아무 영향이 없다. 클로저(Clojure)와 스칼라는 이런 빌더식의 접근 방식을 가변 컬렉션에 채택했다. 그렇다면 왜 코틀린에서는 이 방식을 택하지 않았을까?

아마도 코틀린 설계자들은 이 책의 저자들처럼 앞에서 소개한 '공유된 컬렉션을 변경하지 말라'는 관습에 익숙해서가 아닐까 생각한다. 파라미터로 받거나, 결과로 반환되거나, 다른 방식으로 코드 사이에서 공유된 컬렉션을 항상 불변 컬렉션으로 취급한다면, 가변 컬렉션이 불변 컬렉션을 확장하도록 타입 시스템을 설계하는 것이 상당히 안전하다. 여기서 **상당히**라는 말은 **완전히**가 아니라 **대부분**이라는 뜻이다. 어쨌든 이 경우 얻을 수 있는 이익이 비용보다 훨씬 더 크다.

코틀린 컬렉션은 이런 해법을 더 강력하게 채용한다. 이론적으로 자바에서는 모든 컬렉션을 변경할 수 있으므로 타입 시스템이 컬렉션이 변경으로부터 안전한지 그렇지 않은지에 대해 아무 경고도 해 주지 않는다. 코틀린에서는 일반적인 컬렉션 타입은 모두 불변 컬렉션 타입이고, 원소를 변화시킬 수 있는 경우에만 MutableCollection을 사용해 소스 코드를 문서화하는 효과가 있다. 잠재적인 이론적인 큰 위험을 받아들이는 대가로, 우리는 아주 단순하고 효율적인 자바 상호 운용성이라는 보상을 받을 수 있다. 실용주의는 전형적인 코틀린의 결이다. 여기서는 '타당한 범위 내에서 가능한 안전성을 택하지만, 과도하게 안전을 추구하지 않는다'라고 말할 수 있다.

'공유된 컬렉션을 변경하지 말라'를 설명하며 제안한 다른 방법은 코드에서 방금 생성한 컬렉션만 변화시키라는 것이었다. 이런 규칙이 작동하는 모습을 코틀린 표준 라이브러리에서 볼 수 있다. 예를 들어, 다음 코드는 map 설계를 단순화시킨 예제다.

```
inline fun <T, R> Iterable<T>.map(transform: (T) -> R): List<R> {
    val result = ArrayList<R>()
    for (item in this)
        result.add(transform(item))
```

```
        return result
    }
```

이 코드는 리스트를 제자리에서 변이하면서 채운 후, 읽기 전용으로 반환한다. 이런 처리는 간단한 **동시에** 효율적이다. 기술적으로 이 결과를 MutableList로 다운캐스트하고 변경할 수 있지만, 그렇게 해서는 안 된다. 대신에 결과 타입을 액면 그대로 받아들여야 한다. 이런 방식을 통해 컬렉션을 공유하는 코드는 그 컬렉션의 내용물이 변경되지 않을지 염려할 필요가 없어진다.

6.3 자바에서 코틀린 컬렉션으로 리팩터링하기

이번 장 앞에서 설명한 자바와 코틀린의 부드러운 상호 운용으로 인해, 컬렉션을 사용하는 코드를 변환하는 작업도 매끄러운 경우가 많다. 최소한 문법적인 수준에서는 그렇다. 하지만 어떤 자바 코드가 가변 컬렉션에 의존한다면 코틀린이 자바 코드에서 가정하는 불변 조건invariant을 깨는 일은 없는지 더 조심해야 한다.

자바 코드를 코틀린 코드로 리팩터링하는 좋은 접근 방법은 코틀린으로 변환하기 전에 앞부분에서 설명한 '공유된 컬렉션을 변경하지 말라'를 따르는 것이다. 여기서 바로 이런 접근 방법을 택한다.

6.3.1 자바 코드 고치기

앞에서 본 트래블레이터 코드를 살펴보자. 우리가 살펴보는 중인 정적 메서드들은 Suffering 이라는 클래스 안에 있다.

예제 6.5 [collections.0:src/main/java/travelator/Suffering.java]

```java
public class Suffering {
    public static int sufferScoreFor(List<Journey> route) {
        Location start = getDepartsFrom(route);
        List<Journey> longestJourneys = longestJourneysIn(route, 3);
        return sufferScore(longestJourneys, start);
```

```
    }

    public static List<Journey> longestJourneysIn(
            List<Journey> journeys,
            int limit
    ) {
        journeys.sort(comparing(Journey::getDuration).reversed());    ❶
        var actualLimit = Math.min(journeys.size(), limit);
        return journeys.subList(0, actualLimit);
    }

    public static List<List<Journey>> routesToShowFor(String itineraryId) {
        var routes = routesFor(itineraryId);
        removeUnbearableRoutes(routes);
        return routes;
    }

    private static void removeUnbearableRoutes(List<List<Journey>> routes) {
        routes.removeIf(route -> sufferScoreFor(route) > 10);
    }

    private static int sufferScore(
            List<Journey> longestJourneys,
            Location start
    ) {
        return SOME_COMPLICATED_RESULT();
    }
}
```

❶ longestJourneysIn은 파라미터를 변경하기 때문에 우리가 정한 규칙에 위배된다.

앞에서 본 것처럼 longestJourneysIn은 파라미터를 변경한다. sufferScoreFor 안에서 getDepartsFrom과 longestJourneysIn의 순서를 바꿀 수는 없다. 이 문제를 수정하기 전에 다른 코드가 이 상태 변경에 의존하지 않는지 확인해야 한다. 이런 확인이 어려울 수 있는데, 이런 어려움 또한 외부에서 컬렉션을 바꾸지 못하게 해야 할 좋은 이유가 될 수 있다. 만약 테스트에 확신이 있다면 코드를 바꾼 다음에 뭔가 깨지는 테스트가 없는지 볼 수 있다. 테스트에 자신이 없다면 테스트를 추가하거나 코드를 검토하면서 의존 관계를 분석해야 한다. 계속 진행해서 코드를 변경해도 안전하다고 가정하자.

그 자리에서 컬렉션을 정렬하고 싶지 않다. 따라서 리스트 원본을 변경하는 대신에 정렬된 복사본을 반환하는 함수가 필요하다. 심지어 자바 16에도 이런 일을 하는 함수가 없는 것처럼 보인다. 왜 그렇게 구현했는지 궁금하게도 `List.sort`는 실제로 자기 자신을 정렬한 복사본을 만들고, 그 복사본에 일치하도록 자신을 변경시킨다.

```java
@SuppressWarnings({"unchecked", "rawtypes"})
default void sort(Comparator<? super E> c) {
    Object[] a = this.toArray();
    Arrays.sort(a, (Comparator) c);
    ListIterator<E> i = this.listIterator();
    for (Object e : a) {
        i.next();
        i.set((E) e);
    }
}
```

이 코드는 상태 변경을 중심으로 하는 사고방식이 이 예제가 작성된 자바 8 시절까지 얼마나 크게 자바의 결로 자리 잡는지를 보여 준다. 이제는 `Stream.sorted`가 있지만 컬렉션 크기가 작을 때는 `Stream`의 성능이 약간 떨어지는 경우가 많다(13장을 보라). 어쩌면 우리가 성능에 신경을 쓰지 않아도 될지도 모르지만, 성능에 신경을 쓰지 않을 수는 없다! 기존 코드에서 (성능상) 제자리 정렬을 사용하는 코드가 몇 군데 되지 않는데, 공유된 컬렉션의 변경을 막기 위해서는 이런 제자리 정렬을 제거해야만 하고, 그렇지만 성능도 포기할 수는 없다는 말로, 제자리 정렬을 활용하는 취향을 정당화한다. `List.sort`를 작성한 사람이 자바의 효율에 대해 어느 정도 알고 있다는 추론을 바탕으로 이 코드를 복사해 다음과 같이 작성할 수 있다.

예제 6.6 [collections.3:src/main/java/travelator/Collections.java]

```java
@SuppressWarnings("unchecked")
public static <E> List<E> sorted(
    Collection<E> collection,
    Comparator<? super E> by
) {
    var result = (E[]) collection.toArray();
    Arrays.sort(result, by);
    return Arrays.asList(result);
}
```

계속 진행하기 전에 이 코드가 올바른지 어떻게 자신할 수 있을지 생각해볼 만한 가치가 있다. 상태 변경으로 인해 이런 자신감을 가지기가 상당히 어려울 수 있다. 우리는 `Arrays.sort`가 실제로 입력 컬렉션에 영향을 끼치지 않음을 확인해야만 한다. 이 말은 `Colllection.toArray` 문서를 살펴봐야 한다는 뜻이다. 이 문서를 보면 '이에 따라 `toArray`를 호출한 사람은 자유롭게 반환된 배열을 변경해도 된다'라는 문장을 볼 수 있다. 따라서 원본 컬렉션에는 영향이 없다. 이제 입력과 출력의 커플링을 제거했다. 이 함수는 컬렉션을 생성하는 과정에서 변경을 받아들이되 외부에 대해서는 변경을 허용하지 않는 코드의 고전적인 예이다. 생성하라. 하지만 생성된 컬렉션을 변경하지는 말라.

이제 실의 한쪽 끝을 당겨보자. 반환하는 객체가 무엇이고, 그 객체는 가변 객체인가? `Arrays.asList`는 `ArrayList`를 반환하지만 이 `ArrayList`는 표준 `ArrayList`는 아니다. 여기서 반환하는 존재는 `Arrays` 안에 비공개로 들어있으며 우리가 반환한 `result`를 통해 원소를 기록한다. 하지만 `ArrayList`의 내부는 배열로 뒷받침되기 때문에 원소를 추가하거나 제거할 수 없다. 이 `ArrayList`를 뒷받침하는 배열은 크기를 변경할 수 없기 때문이다. 이로부터 자바 컬렉션이 항상 가변적이거나, 비가변적이거나, 불변적이지는 않다는 사실이 드러난다. 때로는 구조를 변경하지 않는 경우에만 가변적인 컬렉션도 있다! 이런 구분은 타입 시스템에는 전혀 반영되어 있지 않다. 따라서 코드 경로가 만들어내는 컬렉션의 종류와 이 컬렉션을 변경하려고 시도하는 방식이나 경로에 따라 실행 시점에 깨지지만 타입은 유지되는 변경을 만들어내는 게 가능하다. 이것이 이런 문제를 어떻게든 해결하려고 고민하지 말고 그냥 공유된 컬렉션을 절대로 변경하지 말아야 하는 또 다른 이유이기도 하다.

리팩터링으로 돌아오자. 새로 만든 `sorted`를 `longestJourneysIn` 안에서 사용해 공유 컬렉션 변경을 막을 수 있다.

`sort`를 쓰는 다음 코드를 어떻게 리팩터링할 수 있을까?

예제 6.7 [collections.2:src/main/java/travelator/Suffering.java]

```
public static List<Journey> longestJourneysIn(
    List<Journey> journeys,
    int limit
) {
    journeys.sort(comparing(Journey::getDuration).reversed());
    var actualLimit = Math.min(journeys.size(), limit);
```

```
    return journeys.subList(0, actualLimit);
}
```

새로 작성한 **sorted**를 통해 다음과 같이 작성할 수 있다.

예제 6.8 [collections.3:src/main/java/travelator/Suffering.java]

```
static List<Journey> longestJourneysIn(
    List<Journey> journeys,
    int limit
) {
    var actualLimit = Math.min(journeys.size(), limit);
    return sorted(
        journeys,
        comparing(Journey::getDuration).reversed()
    ).subList(0, actualLimit);
}
```

이제 **sufferScoreFor**는 **longestJourneysIn**의 부수 효과에 따라 영향을 받지 않는다. 따라서 지역 변수를 인라이닝할 수 있다.

예제 6.9 [collections.4:src/main/java/travelator/Suffering.java]

```
public static int sufferScoreFor(List<Journey> route) {
    return sufferScore(
        longestJourneysIn(route, 3),
        getDepartsFrom(route));
}
```

지역 변수를 인라이닝하는건 그렇게 이익이 커 보이지 않는다. 하지만 이는 더 큰 주제를 보여 주는 작은 예일 뿐이다. 7장에서는 상태 변경을 피하면 상태 변경을 사용했을 때는 할 수 없었던 코드 리팩터링을 어떻게 하게 될 수 있는지 보여 준다.

밖으로 나와서 **sufferScoreFor**를 호출하는 코드를 보면 다음과 같다.

예제 6.10 [collections.4:src/main/java/travelator/Suffering.java]

```java
public static List<List<Journey>> routesToShowFor(String itineraryId) {
    var routes = routesFor(itineraryId);
    removeUnbearableRoutes(routes);
    return routes;
}

private static void removeUnbearableRoutes(List<List<Journey>> routes) {
    routes.removeIf(route -> sufferScoreFor(route) > 10);
}
```

너무 전형적인 상태 변경을 사용하기 때문에 마치 교과서 예제를 써둔 것 같아 보인다! 최소한 removeUnbearableReouts는 void를 반환하기 때문에 내부에서 무언가 상태를 바꾼다는 점을 보여 주고 있다. 이 함수가 자신이 인자로 받은 파라미터를 반환하게 변경하고, 호출한 쪽에서는 반환받은 결과를 사용할 수 있도록 작은 리팩터링 단계를 먼저 수행한다. 이런 단계는 더 나은 개선을 위해 일단 코드를 더 나쁘게 변환하는 또 다른 예이다.

예제 6.11 [collections.5:src/main/java/travelator/Suffering.java]

```java
public static List<List<Journey>> routesToShowFor(String itineraryId) {
    var routes = routesFor(itineraryId);
    routes = removeUnbearableRoutes(routes);
    return routes;
}

private static List<List<Journey>> removeUnbearableRoutes
    (List<List<Journey>> routes
) {
    routes.removeIf(route -> sufferScoreFor(route) > 10);
    return routes;
}
```

이번에는 Stream.filter를 사용해 removeUnbearableRoutes의 상태 변경을 대신한다. 그 과정에서 함수 이름을 변경할 수 있다.

```java
public static List<List<Journey>> routesToShowFor(String itineraryId) {
    var routes = routesFor(itineraryId);
    routes = bearable(routes);
    return routes;
}

private static List<List<Journey>> bearable
    (List<List<Journey>> routes
) {
    return routes.stream()
        .filter(route -> sufferScoreFor(route) <= 10)
        .collect(toUnmodifiableList());
}
```

이제 removeUnbearableRoutes라는 긴 이름 대신 함수에 사용할 더 나은 짧은 이름을 쉽게 찾을 수 있다. 새 이름은 bearable이 된다.

routesToShowFor에 있는 routes 재대입은 보기 나쁘지만 5장의 리팩터링과 같은 방향의 변화이기 때문에 의도적이다. 5장에서는 '어떤 데이터를 제자리에서 변경하는' 코드를 '새로운 값을 계산하고 참조가 이 새 값을 가리키게 하는' 코드로 변경했다. 그리고 여기서도 똑같은 일을 수행한다. 물론 실제로는 지역 변수가 전혀 필요 없으므로 지역변수를 없애자. 인라이닝 리팩터링을 두 번 하면 지역변수가 쉽게 없어진다.

```java
public static List<List<Journey>> routesToShowFor(String itineraryId) {
    return bearable(routesFor(itineraryId));
}

private static List<List<Journey>> bearable
    (List<List<Journey>> routes
) {
    return routes.stream()
        .filter(route -> sufferScoreFor(route) <= 10)
        .collect(toUnmodifiableList());
}
```

6.3.2 코틀린으로 변환하기

이제 자바 컬렉션에서 상태 변경을 없앴으므로 코틀린으로 코드를 변화할 차례다. Suffering 클래스에 대해 '자바 파일을 코틀린 파일로 변환'을 적용하면 코드를 적절히 변환해 준다. 하지만 이 책을 쓰는 시점에는 컬렉션과 제네릭 타입의 널 가능성을 추론할 때 약간 문제가 있었다. 변환이 끝나고 나면 List<List<Journey?>>>? 같은 잔털이 많은 타입에서 ?를 제거해야 한다.

예제 6.14 [collections.8:src/main/java/travelator/Suffering.kt]

```kotlin
object Suffering {
    @JvmStatic
    fun sufferScoreFor(route: List<Journey>): Int {
        return sufferScore(
            longestJourneysIn(route, 3),
            Routes.getDepartsFrom(route)
        )
    }

    @JvmStatic
    fun longestJourneysIn(
        journeys: List<Journey>,
        limit: Int
    ): List<Journey> {
        val actualLimit = Math.min(journeys.size, limit)
        return sorted(
            journeys,
            comparing { obj: Journey -> obj.duration }.reversed()
        ).subList(0, actualLimit)
    }

    fun routesToShowFor(itineraryId: String?): List<List<Journey>> {
        return bearable(Other.routesFor(itineraryId))
    }

    private fun bearable(routes: List<List<Journey>>): List<List<Journey>> {
        return routes.stream()
            .filter { route -> sufferScoreFor(route) <= 10 }
            .collect(Collectors.toUnmodifiableList())
    }

    private fun sufferScore(
        longestJourneys: List<Journey>,
```

```
        start: Location
    ): Int {
        return SOME_COMPLICATED_RESULT()
    }
}
```

일부 임포트 문을 정리하고 형식을 다듬었다. 긍정적인 점은 변환된 코틀린 코드를 호출하는 자바 코드를 바꿀 필요가 없다는 점이다. 예를 들어 다음은 평범한 자바 **List**를 코틀린 longestJourneyIn에 전달하는 테스트를 보여 준다.

예제 6.15 [collections.8:src/test/java/travelator/LongestJourneyInTests.java]

```
@Test public void returns_limit_results() {
    assertEquals(
        List.of(longJourney, mediumJourney),
        longestJourneysIn(List.of(shortJourney, mediumJourney, longJourney), 2)
    );
}
```

코틀린으로 돌아오면, 이제는 코틀린 컬렉션에 있는 여러 가지 유틸리티 메서드를 활용해 코드를 단순화할 수 있다. 예를 들어, longestJourneysIn은 다음과 같은 코드였다.

예제 6.16 [collections.8:src/main/java/travelator/Suffering.kt]

```
@JvmStatic
fun longestJourneysIn(
    journeys: List<Journey>,
    limit: Int
): List<Journey> {
    val actualLimit = Math.min(journeys.size, limit)
    return sorted(
        journeys,
        comparing { obj: Journey -> obj.duration }.reversed()
    ).subList(0, actualLimit)
}
```

sorted를 sortedByDescending으로 변경하고 subList를 take로 바꾸면 다음과 같은 코드가 된다.

```kotlin
@JvmStatic
fun longestJourneysIn(journeys: List<Journey>, limit: Int): List<Journey> =
    journeys.sortedByDescending { it.duration }.take(limit)
```

이제 longestJourneysIn을 확장 함수(10장을 보라)로 변환하면 이름을 longestJourneys
로 바꿀 수 있다.

```kotlin
@JvmStatic
fun List<Journey>.longestJourneys(limit: Int): List<Journey> =
    sortedByDescending { it.duration }.take(limit)
```

longestJourneys가 파라미터를 변경하지 않기 때문에 이 함수를 단일식 함수(9장)로 만들
었다. 자바에서는 longestJourneys를 여전히 정적 메서드로 호출할 수 있지만, 코틀린에서
호출할 때 특히 코드가 멋지게 읽힌다. 특별히 이름 붙인 인자를 사용하면 코드를 더 잘 이해할
수 있다.

```kotlin
@JvmStatic
fun sufferScoreFor(route: List<Journey>): Int {
    return sufferScore(
        route.longestJourneys(limit = 3),              ❶
        Routes.getDepartsFrom(route)
    )
}
```

❶ 이름 붙인 인자

이제 bearable을 살펴보자.

```kotlin
private fun bearable(routes: List<List<Journey>>): List<List<Journey>> {
    return routes.stream()
```

```
        .filter { route -> sufferScoreFor(route) <= 10 }
        .collect(Collectors.toUnmodifiableList())
}
```

여기서는 13장에서 설명할 기법을 사용해 Stream을 코틀린으로 변환한다. 코틀린이 List의
확장 함수로 filter를 제공하기 때문에 .steam() 호출을 없앤다. 그리고 코틀린 filter는
List를 바로 반환하기 때문에 마지막의 toUnmodifiableList 호출도 불필요하다.

예제 6.21 [collections.11:src/main/java/travelator/Suffering.kt]

```
private fun bearable(routes: List<List<Journey>>): List<List<Journey>> =
    routes.filter { sufferScoreFor(it) <= 10 }
```

흥미롭게도 이 코드는 원래의 자바 코드보다 변환한 코틀린 코드가 더 가변적인 경우이다. 자
바에서는 Collectors.toUnmodifiableList()를 사용해 데이터를 수집하지만, 코틀린
filter는 반환 타입을 List(읽기 전용 뷰)로 선언한다. 하지만 실제 반환 값의 실행 시점 타
입은 가변 ArrayList이다. 다운캐스트를 결코 하지 않기 때문에 이런 차이가 문제가 되지는
않는다. 특히 이제는 자바에서도 공유된 컬렉션을 불변 컬렉션으로 취급하기 때문에 더더욱 문
제가 없다.

따라서 최종 코드는 다음과 같다.

예제 6.22 [collections.11:src/main/java/travelator/Suffering.kt]

```
object Suffering {
    @JvmStatic
    fun sufferScoreFor(route: List<Journey>): Int =
        sufferScore(
            route.longestJourneys(limit = 3),
            Routes.getDepartsFrom(route)
        )

    @JvmStatic
    fun List<Journey>.longestJourneys(limit: Int): List<Journey> =
        sortedByDescending { it.duration }.take(limit)

    fun routesToShowFor(itineraryId: String?): List<List<Journey>> =
        bearable(routesFor(itineraryId))
```

```
    private fun bearable(routes: List<List<Journey>>): List<List<Journey>> =
        routes.filter { sufferScoreFor(it) <= 10 }

    private fun sufferScore(
        longestJourneys: List<Journey>,
        start: Location
    ): Int = SOME_COMPLICATED_RESULT()
}
```

마지막 코드라고 이야기했지만 실제로는 현 시점에서 리팩터링을 멈추지는 않는다. 여기 있는 List<List<Journey>> 타입은 뭔가 다른 타입이 튀어나올 것이라는 점을 알려 준다. 또, 코틀린에서는 이런 식으로 객체 안에 정적 메서드를 제공하는 경우가 드물며, 대신에 최상위 함수 정의를 더 선호한다. 8장에서 정적 메서드 관련 문제를 해결하자.

6.4 다음으로 나아가기

자바는 한때 가변성을 선호하는 프로그래밍 언어였다. 이런 가변성 선호는 이제 유행에 뒤떨어진 것으로 취급되지만 자바 언어가 강제로 가변성을 못 쓰게 하기보다는 프로그래머들 사이의 관습에서 가변성을 유행에 뒤떨어진 것으로 취급하게 됐다. 코틀린은 컬렉션의 가변성을 다룰 때 아주 실용적인 접근을 택했고, 매끄러운 컬렉션 사용을 제공하면서 단순한 프로그래밍 모델을 제공하지만, 자바 코드 관습이 코틀린의 접근 방법과 같은 방향으로 정렬된 경우에만 그렇다.

자바와 코틀린 (컬렉션의) 상호 운용을 매끄럽게 하려면 다음과 같이 해야 한다.

- 자바가 코틀린에 전달한 컬렉션 내부를 변경할 수 있다는 사실을 인식하라.
- 자바가 코틀린으로부터 전달받은 컬렉션 내부를 변경할 수 있다는(적어도 내부를 변경하려고 시도해볼 수 있다는) 사실을 인식하라.
- 자바 컬렉션을 사용하는 코드에서 컬렉션 내부 상태 변경을 제거하라. 상태 변경을 제거할 수 없는 경우에는 방어적 복사를 수행하라.

15장 '캡슐화한 컬렉션에서 타입 별명으로'에서 컬렉션에 대해 더 다룰 것이다. 이번 장에서 다룬 예제 코드에 대해서는 8장 '정적 메서드에서 최상위 함수로'에서 이번 장에서 중단한 리팩터링을 계속 진행한다.

CHAPTER **7**

동작에서
계산으로

자바나 코틀린 모두 명령형 코드와 함수형 코드를 형식적으로[1] 구분하지는 않는다. 하지만 코틀린은 보통 불변성과 식을 강조하기 때문에 보다 함수적인 프로그램이 생기는 경향이 있다. 코드를 보다 함수적으로 만들어서 개선할 방법이 없을까?

7.1 함수

우리가 속한 업계에는 큰 프로그램 안에 속한 호출 가능한 하위 프로그램을 묘사하는 다양한 문구가 존재한다. 이런 용어로 아주 일반적인 서브루틴subroutine이라는 말이 있다. 어떤 언어(특히 파스칼)는 결과를 반환하는 함수와 결과를 반환하지 않는 프로시저procedure를 구분하기도 한다. 하지만 대부분 개발자는 함수와 프로시저라는 용어를 혼용한다. 그리고 메서드라는 용어도 있다. 메서드는 객체(또는 정적 메서드의 경우 클래스)와 연관된 서브루틴을 뜻한다.

C 언어는 이들 모두를 함수라고 부르며, 반환 값이 없는 함수를 표현하는 특별한 void라는 타입이 있다. 자바도 이 타입을 계승했다. 코틀린은 Unit을 거의 같은 방식으로 사용하지만, Unit은 값이 없는 것이 아니라 값이 없음을 표현하기 위해 항상 똑같은 싱글턴 값을 반환한다는 점이 다르다.

---

1 옮긴이_ 영어로는 formal로, 여기서는 명확한 절차에 따라 정의된 형태로 모호성이 없이 기술된 특성을 뜻하는 수학 용어다. 일상 언어에서 '형식적'이라는 말은 겉보기에만 그럴듯하게 한다는 부정적인 의미로 쓰이는 경우가 많아서 혼동할 여지가 있다.

이 책에서는 결과를 돌려주는 함수와 그렇지 않은 서브루틴을, 객체와 연관이 되어 있든 그렇지 않고 함수 자체로 존재하든 관계없이 **함수**라는 용어로 가리킨다. 함수가 특정 객체와 연관되어 있다는 점이 아주 중요한 경우에는 메서드라고 부르기도 한다.

우리가 무엇이라 부르건 간에 함수는 소프트웨어를 구축할 때 토대가 되는 빌딩 블록이다. 우리는 어떤 표기법을 사용해 함수를 정의하는 데, 보통은 우리가 사용하는 프로그래밍 언어가 제공하는 표기법을 사용한다. 일반적으로는 프로그램이 실행되는 동안 함수 정의가 고정된다. 적어도 정적인 언어의 경우 함수를 그때그때 재정의하지는 않는다.

이 부분이 함수가 소프트웨어의 토대가 되는 다른 빌딩 블록인 데이터와 다른 점이다. 우리는 프로그램을 실행하면서 데이터가 변하리라 기대한다. 그리고 변수에 다른 데이터가 연관되리라 기대한다. 변수가 변수라 불리는 이유는 저장된 값이 달라질 수 있기 때문이다(변수라는 한자어에서 '변'이라는 글자는 변한다는 뜻이며, 영어 'variable'은 변수라는 뜻의 명사와 변하다는 뜻의 형용사로 쓰인다). 변수를 `final`이나 `val`로 지정해도 함수를 호출할 때마다 각 이름에 다른 값이 연관될 수 있다.

앞에서 함수를 결과를 반환하는 함수와 그렇지 않은 함수로 구분한다는 언급을 했다. 이런 차이가 근본적인 차이인 것처럼 보일수 있다. 하지만 실제로 함수를 나누는 더 유용한 방법은 **계산**calculation과 **동작**action으로 나누는 것이다.

동작은 언제, 얼마나 많이 호출되느냐에 따라 결과가 달라지는 함수다. 계산은 그렇지 않은 함수다. 즉, 계산은 호출된 시간과 관계없이 항상 같은 결과를 내놓는다. 우리가 작성하는 대부분 함수는 동작이다. 왜냐하면 실행되는 시점에 의존하지 않는 코드를 작성하려면 특별한 주의를 기울여야 하기 때문이다. 어떻게 실행 시점에 의존하지 않는 코드를 작성하기 시작할 수 있을까?

7.2 계산

함수가 계산이 되기 위해서는 입력이 같을 때 항상 같은 출력을 반환해야만 한다. 함수의 입력은 파라미터이며, 파라미터에는 함수가 호출될 때 전달되는 인자 값이 연관된다. 따라서 같은 인자로 호출하면 항상 같은 결과를 돌려주는 함수가 계산이다.

fullName 함수를 보자.

```kotlin
fun fullName(customer: Customer) = "${customer.givenName} ${customer.familyName}"
```

fullName은 계산이다. 이 함수는 같은 Customer에 대해 항상 같은 결과를 돌려준다. 이 문장은 Customer가 불변인 경우나 최소한 givenName과 familiyName이 (같은 객체 안에서) 달라지지 않는 경우에만 참이다. 단순화를 위해 우리는 계산은 파라미터로 값만을 받는다고 말한다. 여기서 값은 5장에서 설명한 내용에 따른 값을 뜻한다.

메서드나 멤버 프로퍼티라는 탈을 쓴 메서드도 계산일 수 있다.

```kotlin
data class Customer(
    val givenName: String,
    val familyName: String
) {
    fun upperCaseGivenName() = givenName.toUpperCase()
    val fullName get() = "$givenName $familyName"
}
```

메서드나 확장의 경우 파라미터 외에 수신 객체 this나 this를 통해 접근할 수 있는 모든 프로퍼티도 입력이다. 따라서 upperCaseGivenName과 fullName은 모두 계산이다. givenName과 familyName이 모두 값이기 때문이다.

확장 함수나 프로퍼티가 의존하는 데이터가 값인 경우에는 계산일 수 있다.

```kotlin
fun Customer.fullName() = "$givenName $familyName"

val Customer.fullName get() = "$givenName $familyName"
```

계산의 결과는 파라미터로 전달되지 않은 값에 의존할 수도 있지만 이 데이터가 변하지 않는 경우에만 의존해야 한다. 그렇지 않다면 이 값이 변하기 전과 변한 다음에 함수의 결과가 달라지며, 이런 함수는 동작이 된다. 심지어 함수가 같은 파라미터에 대해 항상 같은 값을 내놓더라도, 함수가 무언가를 변경하면 이 함수는 동작이다(예를 들어, 파라미터의 상태를 변경하거나 전역 변수나 데이터베이스 등을 변경하는 함수는 동작이다). 예를 들면 다음과 같다.

```
println("hello")
```

println은 항상 똑같은 "hello"입력에 대해 Unit을 내놓지만 계산이 아니고 동작이다.

7.3 동작

println은 자신이 호출된 시점이나 얼마나 많이 실행됐느냐에 따라 결과가 **달라지기** 때문에 동작이다. println을 호출하지 않으면 아무것도 출력되지 않는데, 이는 한 번만 호출할 때나 두 번 호출할 때와는 다른 결과다. println에 여러 가지 다른 인자를 전달할 경우 호출 순서에 따라 콘솔에서 볼 수 있는 출력이 달라진다.

println을 호출하는 이유는 **부수 효과**side effect를 써먹기 위해서다. 부수 효과는 프로그램이 실행되는 환경에 영향을 끼치는 것을 뜻한다. 부수 효과를 뜻하는 영단어 'side effect'는 우리말로 부작용이라고 번역하며, 약을 먹을때 생길 수 있는 원치 않는 결과를 뜻한다. 우리말로도 부수적이라는 말은 무언가 주된 목적이 아니라 부차적인 목적이라는 뜻인데, 프로그래밍에서는 정확히 우리가 바라는 결과가 부수 효과이기 때문에 이 용어는 약간 혼동의 여지가 있다. 아마도 함수의 파라미터나, 지역변수, 반환 값이 아닌 함수 외부에 영향을 끼친다는 점에서 **외부 효과**outside effect가 더 적절한 이름일 수 있다. 어떤 경우든 외부에서 관찰가능한 부수 효과가 있는 함수는 계산이 아니라 동작이다. void나 Unit을 반환하는 함수는 거의 항상 동작이다. 왜냐하면 이런 함수가 무슨 일을 한다면 부수 효과를 통해서만 영향을 끼칠 수 있기 때문이다.

앞에서 본 것처럼 외부의 가변 상태를 읽는 코드는 (실제 그 상태를 누군가 변경할 수 있다는 가정 하에) 동작임에 틀림없다.

Customers 서비스를 살펴보자.

```
class Customers {
    fun save(data: CustomerData): Customer {
        ...
    }
    fun find(id: String): Customer? {
        ...
    }
}
```

save와 find는 모두 동작이다. save는 데이터베이스에 새 고객 레코드를 만들고 그 값을 반환한다. 데이터베이스의 상태가 save가 언제 호출느냐에 따라 다르기 때문에 save 함수는 동작이다. find의 결과도 이전에 호출한 save의 결과에 따라 달라지기 때문에 시간에 따라 달라진다.

아무 파라미터도 없는 함수(this를 통한 암시적인 파라미터가 있는 확장 함수나 메서드는 이런 함수에 포함되지 않는다)는 상수를 반환하는 경우에는 계산이지만, 어떤 다른 변할 수 있는 데이터 소스로부터 데이터를 읽어서 결과를 돌려준다면 동작으로 분류할 수 있다. 따라서 다음 코드에서 requestRate 최상위 함수는 내부 소스 코드를 살펴보지 않아도 거의 확실히 어떤 전역 가변 상태로부터 값을 읽어서 사용하는 동작이라고 추론할 수 있다.

```
fun requestRate(): Double {
    ...
}
```

이와 똑같은 시그니처를 뚜렷이 가진 메서드의 경우에는 아마도 (Metrics가 불변 객체라는 가정 하에) Metrics의 프로퍼티에 따라 결정되는 계산일 것이다.

```kotlin
class Metrics(
    ...
) {
    fun requestRate(): Double {
        ...
    }
}
```

'**아마도**'라고 이야기한 이유는 자바나 코틀린에서는 어떤 코드에서든 입출력을 수행하거나 전역 가변 데이터를 읽을 수 있기 때문이다. 따라서 어떤 함수나 이 함수가 호출하는 모든 함수를 분석하지 않고도 함수가 값이나 동작을 표현하는지 알아낼 방법은 없다. 이 주제에 대해서는 곧 다시 다룬다.

7.4 왜 계산과 동작에 신경 쓰는가?

소프트웨어에 있는 중요한 동작에는 분명히 신경을 써야 한다. 같은 전자 우편을 모든 사용자에게 두 번 전송하면 버그다. 마찬가지로 보내야 하는 전자 우편을 보내지 않는 것도 버그다. 우리는 정확한 전송 횟수에 신경을 쓴다. 심지어는 전송이 정확히 오전 8시 7분에 이뤄졌는지 신경 쓰는 경우도 있다. 고객들이 아침에 전자 우편을 열었을 때 받은 편지함의 맨 위에 우리가 보낸 1등석 업그레이드 안내가 표시되길 바라기 때문이다.

겉보기에 해롭지 않아 보이는 동작도 생각보다 더 해로울 수가 있다. 읽기와 쓰기 동작의 순서를 바꾸면 동시성 버그가 생긴다. 연속적인 두 동작이 있는데 첫 번째 동작이 성공한 후 두 번째 동작이 실패하면 오류 처리가 더 복잡해진다. 동작이 있으면 코드를 자유롭게 리팩터링할 수 없다. 리팩터링으로 인해서 각 동작이 호출되는 시점이나 호출 여부가 달라질 수 있기 때문이다.

반대로 계산은 언제 호출해도 관계가 없고, 시간과 에너지가 낭비된다는 점을 제외하면 여러 번 반복해 호출해도 아무 영향이 없다. 코드를 리팩터링하고 계산 결과가 필요 없다는 사실을 깨달았다면 안전하게 그 계산을 호출하지 않을 수 있다. 어떤 계산이 비용이 많이 드는 계산이라면 그 계산의 결과를 캐시에 저장해 재사용해도 안전하다. 계산이 비싸지 않다면 프로그램을 단순화하는 데 필요할 때마다 매번 결과를 재계산해도 안전하다. 이런 안전성으로 인해 모든 함수형 프로그래머의 입가에는 미소가 피어난다(그리고 모나드가 단지 자기 함자 카테고리 안에 정의된 모노이드라는 사실을 깨달을 때도 이런 미소가 생긴다[2]). 이런 함수형 프로그래머들은 계산에 속하는 함수를 구분하기 위해 특별한 용어를 사용한다. 바로 이 단어가 **참조 투명성** referential transparency이다. 프로그램에 어떤 함수가 있을 때 이 함수를 호출한 모든 부분에서 함수 호출을 그 함수 호출의 결괏값(반환 값)으로 치환해도 프로그램이 똑같이 작동할 때 이런 함수를 참조 투명한 함수라고 말한다. 함수 호출을 함수의 결괏값으로 치환할 수 있는 경우는 함수를 언제 호출하든 관계없이 같은 결과가 나올 때(그리고 부수 효과가 없을 때)뿐이다.

절차적 코드

저자인 냇과 덩컨은 모두 ZX81[3]에서 싱클레어 베이직으로 프로그래밍을 배웠을 정도로 나이가 많다. 싱클레어 베이직에는 불변 데이터가 없었고, 서브루틴이나 파라미터, 지역 변수도 지원하지 않았다. 이런 시스템에서 프로그램을 작성하려면 엄격한 규율이 필요했다. 왜냐하면 코드 한 줄 한 줄이 거의 다 동작이라서 다른 모든 줄의 기능에 영향을 끼칠 수 있기 때문이다.

사실 이런 특성은 컴퓨터가 실제로 작동하는 방법과 아주 가깝다. 컴퓨터에서는 레지스터와 전역 변수에 가변 값이 들어있고 기계어 코드로 정의된 동작에 따라 이런 값이 변한다. 프로그래밍 언어의 진화는 이런 모델이 제공하는 궁극적인 유연성을 제한함으로써 인간이 자신이 작성한 코드에 대해 더 잘 추론할 수 있게 해 주는 과정이었다.

---

2 옮긴이_ 함수형 프로그래밍(특히 하스켈)에 입문 후, 리스트, IO, 상태, Option, Either 등의 다양한 타입이 모나드(monad)라는 구조에 속한다는 사실을 접하게 되며, 보통은 여기서 한 번쯤 (주로 용어의 생경함과 모나드에 대해 설명하는 사람들의 현학성 때문에) 좌절을 맛보는 경우가 많은데, '모나드는 그냥 자기 함자(endofunctor) 카테고리 안에서 모노이드(monoid)일 뿐이지'라는 말이 바로 이런 일반적인 프로그래머의 당혹감을 잘 설명하는 농담이다. 각 용어의 실제 프로그래밍에서의 의미는 따로 설명하지 않겠다.

3 옮긴이_ 싱클레어 ZX81은 1981년 영국에서 나온 가정용 컴퓨터다. 저가 컴퓨터로, 1980년대 초 한국에서도 삼성과 금성(현재 LG전자)에서도 클론을 내놨었다.

7.5 왜 계산을 선호하는가?

계산을 선호하는 이유는 계산이 훨씬 더 다루기 쉽기 때문이다. 하지만 우리가 만드는 소프트웨어는 궁극적으로는 세계에 영향을 끼쳐야 하는데, 이는 동작이다. 하지만 동작과 계산이 겹치지는 않는다. 코드가 동작인 동시에 계산일 수는 없고, 시간에 의존적인 동시에 독립적일 수는 없다. 어떤 계산 코드를 가져다 동작을 호출하게 만들면 해당 코드는 동작이 된다. 왜냐하면 이렇게 만든 코드는 언제 호출됐는지나 호출 횟수 등에 따라 결과가 달라지기 때문이다. 계산을 더 순수한 코드라고 생각할 수 있다. 순수성이 낮을수록 코드가 더 많은 의존 관계로 오염된다. 같은 경우를 19장에서 나오는 오류에 대한 민감성을 살펴보도록 하자. 순수성을 (순수성이 가져오는 추론과 리팩터링의 용이성으로 인해) 높이 평가한다면 순수하지 않은 코드와 순수한 코드 사이의 경계를 가능한 시스템의 바깥쪽 계층, 즉 시스템 진입점에 가까운 위치로 당겨오도록 노력해야 한다. 만약 이런 개선에 성공한다면 코드 중 상당 부분이 계산일 것이기 때문에 코드에 대해 더 쉽게 테스트하고, 성질을 추론하고, 리팩터링을 수행할 수 있다.

호출 스택의 맨 아래에 동작을 가두는 데 실패한다면 어떻게 해야 할까? 이런 문제를 리팩터링으로 해결할 수 있다!

7.6 동작을 계산으로 리팩터링하기

이제 기존 코드에서 동작을 찾아서 리팩터링하는 과정을 살펴보자.

7.6.1 기존 코드

트래블레이터에는 클라이언트 앱이 고객의 현재 여행 정보를 읽게 해 주는 HTTP 종단점이 있다.

예제 7.1 [actions.0:src/main/java/travelator/handlers/CurrentTripsHandler.java]

```
public class CurrentTripsHandler {

    private final ITrackTrips tracking;
```

```
    private final ObjectMapper objectMapper = new ObjectMapper();

    public CurrentTripsHandler(ITrackTrips tracking) {
        this.tracking = tracking;
    }

    public Response handle(Request request) {
        try {
            var customerId = request.getQueryParam("customerId").stream()
                    .findFirst();
            if (customerId.isEmpty())
                return new Response(HTTP_BAD_REQUEST);
            var currentTrip = tracking.currentTripFor(customerId.get());
            return currentTrip.isPresent() ?
                    new Response(HTTP_OK,
                            objectMapper.writeValueAsString(currentTrip)) :
                    new Response(HTTP_NOT_FOUND);
        } catch (Exception x) {
            return new Response(HTTP_INTERNAL_ERROR);
        }
    }
}
```

동작은 시간에 민감한 코드다. 따라서 **CurrentTripsHandler**에 있는 'current(현재라는 뜻)'
같은 단어가 확실한 증거가 될 수 있다. **handle** 메서드도 동작이지만 문제 없다. 시스템의 가
장자리에 있는 요소들은 동작인 경우가 많다.

핸들러는 **Tracking**에 정의되어 있는 몇 가지 비즈니스 로직에 위임해 원하는 일을 처리한다.

예제 7.2 [actions.0:src/main/java/travelator/Tracking.java]

```
class Tracking implements ITrackTrips {

    private final Trips trips;

    public Tracking(Trips trips) {
        this.trips = trips;
    }

    @Override
    public Optional<Trip> currentTripFor(String customerId) {
        var candidates = trips.currentTripsFor(customerId).stream()
```

```java
                .filter((trip) -> trip.getBookingStatus() == BOOKED)
                .collect(toList());
        if (candidates.size() == 1)
            return Optional.of(candidates.get(0));
        else if (candidates.size() == 0)
            return Optional.empty();
        else
            throw new IllegalStateException(
                    "Unexpectedly more than one current trip for " + customerId
            );
    }
}
```

현재라는 단어를 찾는 규칙을 사용하면 분명히 Tracking.currentTripFor도 동작이며, Trips.currentTripsFor도 동작이다. 다음은 InMemoryTrips에 있는 currentTripsFor 함수의 구현이다. InMemoryTrips는 테스트에 쓰이기 위해 데이터베이스 질의query를 사용해 구현된 인메모리 버전을 제공한다.

예제 7.3 [actions.0:src/test/java/travelator/InMemoryTrips.java]

```java
public class InMemoryTrips implements Trips {

    ...

    @Override
    public Set<Trip> currentTripsFor(String customerId) {
        return tripsFor(customerId).stream()
                .filter(trip -> trip.isPlannedToBeActiveAt(clock.instant()))
                .collect(toSet());
    }
}
```

(Trips.currentTripsFor가 반환하는) Set<trip>의 관습을 Tracking.currentTripFor 가 반환하는 Optional<Trip>로 변환하는 과정은 한 번에 활성화된 여행이 하나만 존재한다 는 비즈니스 로직 때문인 것으로 보인다. 이런 규칙을 영속성 계층에서 강제하지는 않았다.

지금까지는 우리의 단어 지식(특히 current)을 사용해 계산이 아닌 동작을 표현하는 자바 메 서드를 추론했다. 하지만 이름 말고 동작을 드러내는 다른 결정적인 증거가 있다. 그 증거가 무 엇인지 알겠는가?

그렇다. clock.instant()이다. 이 연산은 분명히 우리가 호출하는 시점에 따라 결과가 달라진다. (다른 동작을 찾은 독자들도 있을 텐데, 잘했다. 하지만 그 부분은 잠시 여러분만 기억하고 있기를 바란다. 나중에 다시 해당 부분을 살펴볼 것이다.)

이 리팩터링을 더 이상 진행하지 않기로 선택한다고 해도, 지금 꼭 변경해야만 하는 내용이 한 가지 있다. 우리는 동작과 연산의 구분을 이름 붙은 코드 블록을 적용하는 것으로 논의했다. 하지만 이를 식 수준에서 적용할 수도 있다. 계산과 동작을 구분하고 나면, 임의의 동작을 받지만 않으면 순수한 계산이 될 수 있는 코드에 대해 동작을 전달하는 일을 피할 수 있다. 이런 코드에서 동작을 빼내서 나머지 식을 순수 식으로 바꾸자. clock.instant()를 선택하고 'Introduce Variable(변수 도입)'을 수행한 다음, now라는 이름을 붙이자.

예제 7.4 [actions.1:src/test/java/travelator/InMemoryTrips.java]

```java
@Override
public Set<Trip> currentTripsFor(String customerId) {
    return tripsFor(customerId).stream()
        .filter(trip -> {
            Instant now = clock.instant();
            return trip.isPlannedToBeActiveAt(now);
        })
        .collect(toSet());
}
```

여기서도 동작이 여전히 식의 중간에 존재한다. 이제 이 동작을 끌어 올리자(그리고 그 과정에서 변수를 var로 바꾸자).

예제 7.5 [actions.2:src/test/java/travelator/InMemoryTrips.java]

```java
public Set<Trip> currentTripsFor(String customerId) {
    var now = clock.instant();
    return tripsFor(customerId).stream()
        .filter(trip -> trip.isPlannedToBeActiveAt(now))
        .collect(toSet());
}
```

이 단순한 동작을 통해 우리가 이전에는 약간 다른 시간을 사용해 모든 여행을 비교했다는 사실을 깨닫게 된다! 그게 문제가 됐을까? 아마도 지금 여기서는 그렇지 않을 것이다. 하지만 이런 상황이 문제가 되는 시스템을 다뤄본 사람도 있을 수 있다. 예를 들어 덩컨은 최근에 은행 거래(트랜잭션) 중 절반이 당일에 정산되고 나머지 절반은 다음날 정산되는 문제를 진단한 적이 있었다.

동작은 코드를 리팩터링하기 어렵게 할 뿐 아니라, 코드를 테스트하기도 어렵게 한다. 다음은 동작으로 인해 코드 테스트가 어려워지는 경우를 잘 보여 준다.

예제 7.6 [actions.0:src/test/java/travelator/TrackingTests.java]

```java
public class TrackingTests {

    final StoppedClock clock = new StoppedClock();
    final InMemoryTrips trips = new InMemoryTrips(clock);
    final Tracking tracking = new Tracking(trips);

    @Test
    public void returns_empty_when_no_trip_planned_to_happen_now() {
        clock.now = anInstant();
        assertEquals(
                Optional.empty(),
                tracking.currentTripFor("aCustomer")
        );
    }

    @Test
    public void returns_single_active_booked_trip() {
        var diwaliTrip = givenATrip("cust1", "Diwali",
                "2020-11-13", "2020-11-15", BOOKED);
        givenATrip("cust1", "Christmas",
                "2020-12-24", "2020-11-26", BOOKED);
        clock.now = diwaliTrip.getPlannedStartTime().toInstant();
        assertEquals(
                Optional.of(diwaliTrip),
                tracking.currentTripFor("cust1")
        );
    }

    ...
}
```

예측할 수 있는 결과를 얻으려면 가짜 시계를 InMemoryTrips에 주입해 사용해야 한다. 앞에서 우리가 clock.instant()를 호출한 시간에 따라 그 결과가 달라진다는 사실을 말했지만 테스트에서는 그렇지 않다(최소한 제 시간에 의존적으로 작동해서는 안 된다). 그 대신 어쩌면 테스트가 시작된 시점부터 흘러간 시간에 따라 상대적으로 여행을 설정할 수 있겠지만 그렇게 하면 테스트를 이해하기가 더 어려워지며, 자정 가까운 시간에 테스트를 실행하면 테스트가 실패할 수도 있다.

> ### 2015년은 시간의 끝이었다
>
> 덩컨과 냇은 2015년 연말 연휴가 끝난 후 업무로 복귀했고, 이전에 통과하던 단위 테스트가 실패한다는 사실을 발견했다. 이유는 2015-01-01T00:00:00라는 시간을 항상 미래일 것으로 생각하고 사용했기 때문이었다. 2015년이 되자 이 시간에 대한 이전이나 이후 관계에 의존하는 모든 테스트가 실패하기 시작했다.
>
> 덩컨과 냇은 이 책에서 설명한 리팩터링을 사용해 문제가 되던 테스트를 수정했다.

시계를 주입하는건 테스트에 따라 야기된 설계 손상(*https://oreil.ly/YZx1T*)이 아닐까? 이 경우에는 진짜 테스트에 따라 생긴 설계 손상이 맞다. 가짜 클락을 사용하면 테스트 문제를 해결할 수 있지만, 코드가 더 복잡해진다는 부작용이 있다. 그리고 시계를 주입하는 설계를 사용하면 더 나은 설계를 이끌어낼 수 있는 또 다른 생각을 막는 효과도 있다.

7.6.2 더 나은 설계

여기서 더 나은 설계는 어떤 모습일까?

코드가 시간에 덜 의존하기 위해 시간을 메서드의 인자로 제공할 수 있다. 이렇게 하면 **호출자**가 시간을 알아야만 하지만, 호출자가 시간을 얻는 것은 이 메서드 안에서 시간을 얻는것 만큼이나 간단한 일이다. 이런 경우는 전역 상태에 대한 의존을 줄이는 리팩터링에 속한다. 함수 안에서 어떤 전역 값을 읽는 대신에 함수 파라미터 값으로 넘긴다.

우리가 시간을 넘겨야 하는 함수는 Trips.currentTripsFor를 오버라이드하기 때문에, Trips.currentTripsFor에 Instant 타입의 파라미터를 추가한다. 예전 코드는 다음과 같다.

예제 7.7 [actions.0:src/main/java/travelator/Trips.java]

```java
public interface Trips {
    ...
    Set<Trip> currentTripsFor(String customerId);
}
```

파라미터를 추가하기 위해 인텔리J에서 'Change Signature(시그니처 변경)' 리팩터링을 사용한다. `Trips.currentTripsFor`에 대해 이 리팩터링을 사용하라. 파라미터를 추가하면 인텔리 J는 우리가 변경중인 함수를 호출하는 쪽에서 어떤 인자 값을 사용해야 하는지 물어본다. 아직 이 메서드를 호출하지 않기 때문에(그리고 이 코드는 자바 코드이기 때문에), 아무것도 망가뜨리지 않고 `null`을 사용할 수 있다. 코드를 변경하고 테스트를 실행해 보면 이 말이 맞다는 사실을 알 수 있다. 즉, 테스트가 여전히 성공한다.

이제 `Trips`는 다음과 같다.

예제 7.8 [actions.3:src/main/java/travelator/Trips.java]

```java
public interface Trips {
    ...
    Set<Trip> currentTripsFor(String customerId, Instant at);
}
```

다음은 이 메서드를 호출하는 코드다.

예제 7.9 [actions.3:src/main/java/travelator/Tracking.java]

```java
class Tracking implements ITrackTrips {
    ...

    @Override
    public Optional<Trip> currentTripFor(String customerId) {
        var candidates = trips.currentTripsFor(customerId, null)    ❶
                .stream()
                .filter((trip) -> trip.getBookingStatus() == BOOKED)
                .collect(toList());
        if (candidates.size() == 1)
            return Optional.of(candidates.get(0));
        else if (candidates.size() == 0)
```

```
            return Optional.empty();
        else
            throw new IllegalStateException(
                    "Unexpectedly more than one current trip for " + customerId
            );
    }
}
```

❶ 인텔리J가 인자 값으로 null을 도입한다.

아직 **Trips** 구현에서 시간의 값을 사용하지 않는다는 점을 기억하라. 우리는 단지 가능한 더 많은 코드를 계산으로 변환하기 위해 시스템 밖에서 시간을 제공하려고 시도하는 것뿐이다. **Tracking**은 우리 상호 작용의 바깥에 있지 않기 때문에, null **Instance** 값을 선택하고 'Introduce Parameter(파라미터 도입)'를 선택해서 **Tracking.currentTripFor**의 시그니처에 해당 파라미터를 추가한다.

예제 7.10 [actions.4:src/main/java/travelator/Tracking.java]

```
@Override
public Optional<Trip> currentTripFor(String customerId, Instant at) {    ❶
    var candidates = trips.currentTripsFor(customerId, at)               ❶
        .stream()
        .filter((trip) -> trip.getBookingStatus() == BOOKED)
        .collect(toList());
...
}
```

❶ 새 Instant 파라미터

'Introduce Parameter'를 실행하면 인텔리J가 식(여기서는 null)을 메서드의 본문에서 호출자쪽으로 옮겨준다. 따라서 **CurrentTripsHandler**는 여전히 정상적으로 컴파일된다.

예제 7.11 [actions.4:src/main/java/travelator/handlers/CurrentTripsHandler.java]

```
public Response handle(Request request) {
    try {
        var customerId = request.getQueryParam("customerId").stream()
            .findFirst();
```

```
        if (customerId.isEmpty())
            return new Response(HTTP_BAD_REQUEST);
        var currentTrip = tracking.currentTripFor(customerId.get(), null);  ❶
        return currentTrip.isPresent() ?
            new Response(HTTP_OK,
                objectMapper.writeValueAsString(currentTrip)) :
            new Response(HTTP_NOT_FOUND);
    } catch (Exception x) {
        return new Response(HTTP_INTERNAL_ERROR);
    }
}
```

❶ null 인자 값

TrackingTests는 단순한 수정이다.

예제 7.12 [actions.4:src/test/java/travelator/TrackingTests.java]

```
@Test
public void returns_empty_when_no_trip_planned_to_happen_now() {
    clock.now = anInstant();
    assertEquals(
        Optional.empty(),
        tracking.currentTripFor("cust1", null)                ❶
    );
}

@Test
public void returns_single_active_booked_trip() {
    var diwaliTrip = givenATrip("cust1", "Diwali",
        "2020-11-13", "2020-11-15", BOOKED);
    givenATrip("cust1", "Christmas",
        "2020-12-24", "2020-11-26", BOOKED);

    clock.now = diwaliTrip.getPlannedStartTime().toInstant();
    assertEquals(
        Optional.of(diwaliTrip),
        tracking.currentTripFor("cust1", null)                ❶
    );
}
```

❶ null 인자 값

이 시점에, 모든 코드가 잘 컴파일되고 테스트를 통과한다 하지만 실제로는 핸들러를 통해 전달되어 내려간 null 시간을 사용하지 않고 있다. 이제 처음 시작했던 InMemoryTrips에서 이 문제를 해결하자. 기존 코드는 다음과 같다.

예제 7.13 [actions.4:src/test/java/travelator/InMemoryTrips.java]

```java
public class InMemoryTrips implements Trips {

    ...
    @Override
    public Set<Trip> currentTripsFor(String customerId, Instant at) {
        var now = clock.instant();
        return tripsFor(customerId).stream()
                .filter(trip -> trip.isPlannedToBeActiveAt(now))
                .collect(toSet());
    }
}
```

이제 시간을 파라미터로 받기 때문에 시계를 살펴보는 대신 파라미터로 받은 시간을 사용한다.

예제 7.14 [actions.5:src/test/java/travelator/InMemoryTrips.java]

```java
public class InMemoryTrips implements Trips {

    ...
    @Override
    public Set<Trip> currentTripsFor(String customerId, Instant at) {
        return tripsFor(customerId).stream()
                .filter(trip -> trip.isPlannedToBeActiveAt(at))
                .collect(toSet());
    }
}
```

이렇게 하면 메서드가 파라미터로 전달된 값을 사용하고, 테스트에서 null을 전달하기 때문에 InMemoryTrips를 사용하는 테스트가 NullPointerException을 내면서 실패한다.

예제 **7.15** [actions.5:src/test/java/travelator/TrackingTests.java]

```java
@Test
public void returns_empty_when_no_trip_planned_to_happen_now() {
    clock.now = anInstant()
    assertEquals(
        Optional.empty(),
        tracking.currentTripFor("cust1", null)    ❶
    );
}

@Test
public void returns_single_active_booked_trip() {
    var diwaliTrip = givenATrip("cust1", "Diwali",
        "2020-11-13", "2020-11-15", BOOKED);
    givenATrip("cust1", "Christmas",
        "2020-12-24", "2020-11-26", BOOKED);
    clock.now = diwaliTrip.getPlannedStartTime().toInstant();
    assertEquals(
        Optional.of(diwaliTrip),
        tracking.currentTripFor("cust1", null)    ❶
    );
}
```

❶ 이제는 InMemoryTrips 안에서 이 null을 역참조한다.

null 대신 테스트가 시작된 시간을 clock에 넣자. 약간은 교활한 리팩터링으로는 null을
clock.now로 대신하는 방법이 있다.

예제 **7.16** [actions.6:src/test/java/travelator/TrackingTests.java]

```java
@Test
public void returns_empty_when_no_trip_planned_to_happen_now() {
    clock.now = anInstant();
    assertEquals(
        Optional.empty(),
        tracking.currentTripFor("cust1", clock.now)
    );
}

@Test
public void returns_single_active_booked_trip() {
```

```
    var diwaliTrip = givenATrip("cust1", "Diwali",
        "2020-11-13", "2020-11-15", BOOKED);
    givenATrip("cust1", "Christmas",
        "2020-12-24", "2020-11-26", BOOKED);

    clock.now = diwaliTrip.getPlannedStartTime().toInstant();
    assertEquals(
        Optional.of(diwaliTrip),
        tracking.currentTripFor("cust1", clock.now)
    );
}
```

이렇게 하면 올바른 시간을 인자로 넘기기 때문에 테스트가 통과하기는 하지만, StoppedClock에 있는 필드를 설정하자 마자 다시 바로 읽게 된다. 이런 문제를 해결하기 위해, clock.now에 기록한 값을 clock.now를 읽은 값 대신 사용하도록 변경한다. 이렇게 바꾸고 나면 clock을 사용하지 않기 때문에 안전하게 clock을 지울 수 있다.

예제 7.17 [actions.8:src/test/java/travelator/TrackingTests.java]

```
public class TrackingTests {

    final InMemoryTrips trips = new InMemoryTrips();
    final Tracking tracking = new Tracking(trips);

    @Test
    public void returns_empty_when_no_trip_planned_to_happen_now() {
        assertEquals(
                Optional.empty(),
                tracking.currentTripFor("cust1", anInstant())
        );
    }

    @Test
    public void returns_single_active_booked_trip() {
        var diwaliTrip = givenATrip("cust1", "Diwali",
                "2020-11-13", "2020-11-15", BOOKED);
        givenATrip("cust1", "Christmas",
                "2020-12-24", "2020-11-26", BOOKED);
        assertEquals(
                Optional.of(diwaliTrip),
                tracking.currentTripFor("cust1",
```

```
                diwaliTrip.getPlannedStartTime().toInstant())
        );
    }
    ...
}
```

함수형 코드로 리팩터링을 하는 과정에서 이런 패턴의 리팩터링을 자주 보게 된다. 동작의 범위를 줄임에 따라 테스트 코드에서 테스트 상태를 준비하는 과정이 사라지고 여러 가지 파라미터 값을 시험해 보는 코드로 바뀌기 때문에, 테스트가 더 단순해진다.[4] 이에 대해서는 17장에서 다시 살펴본다.

7.6.3 마지막 단계

이제 거의 다 끝났다. 물론 리팩터링이 완전히 끝나는 일은 없다.

테스트에 초점을 맞춘 이 모든 변경 사항을 체크인하려고 보니, 아직 `CurrentTripsHandler`의 리팩터링을 끝내지 않았다는 사실을 발견하게 된다.

예제 7.18 [actions.8:src/main/java/travelator/handlers/CurrentTripsHandler.java]

```
public Response handle(Request request) {
    try {
        var customerId = request.getQueryParam("customerId").stream()
            .findFirst();
        if (customerId.isEmpty())
            return new Response(HTTP_BAD_REQUEST);
        var currentTrip = tracking.currentTripFor(customerId.get(), null);  ❶
        return currentTrip.isPresent() ?
            new Response(HTTP_OK,
                objectMapper.writeValueAsString(currentTrip)) :
            new Response(HTTP_NOT_FOUND);
    } catch (Exception x) {
        return new Response(HTTP_INTERNAL_ERROR);
    }
}
```

---

4 옮긴이_ 또 이런 식으로 함수형 코드로 리팩터링하면 JUnit 등의 테스트 프레임워크가 제공하는 파라미터화된 테스트를 통해 다양한 경우를 더 쉽게 테스트할 수도 있고, 더 나아가 jkwik이나 kotest가 등의 속성 기반 테스트(property based test) 도구를 사용해 테스트 케이스 생성을 자동화할 수도 있다.

```
}
```

❶ 여전히 null을 넘기고 있다.

이제 두 가지 currentTripFor 메서드들이 모두 다 시간을 읽지 않고, CurrentTripHandler
만 유일한 동작으로 남는다. 즉, CurrentTripHandler만 Instant.now()를 호출할 필요가
있는 지점이다. 이제 실제 이 호출을 추가하면 다음과 같은 코드가 남는다.

예제 7.19 [actions.9:src/main/java/travelator/handlers/CurrentTripsHandler.java]

```java
public class CurrentTripsHandler {

    private final ITrackTrips tracking;
    private final ObjectMapper objectMapper = new ObjectMapper();

    public CurrentTripsHandler(ITrackTrips tracking) {
        this.tracking = tracking;
    }

    public Response handle(Request request) {
        try {
            var customerId = request.getQueryParam("customerId").stream()
                    .findFirst();
            if (customerId.isEmpty())
                return new Response(HTTP_BAD_REQUEST);
            var currentTrip = tracking.currentTripFor(
                    customerId.get(),
                    Instant.now()                                      ❶
            );
            return currentTrip.isPresent() ?
                    new Response(HTTP_OK,
                            objectMapper.writeValueAsString(currentTrip)) :
                    new Response(HTTP_NOT_FOUND);
        } catch (Exception x) {
            return new Response(HTTP_INTERNAL_ERROR);
        }
    }
}
```

❶ 이제 동작이 애플리케이션의 진입점에 위치한다.

코드를 살펴보면 아직 핸들러에 대한 단위 테스트가 없다는 사실을 알 수 있다. 단위 테스트를 추가하려면 개별 서비스 수준이 아니라 여기서 Clock을 주입해야 한다. 목이나 스텁을 사용하면 동작을 테스트할 수 있지만 계산을 테스트하기 위해 목이나 스텁이 필요한 경우는 거의 없다.

따로 보여 주지는 않겠지만, 실제 데이터베이스에서 정보를 읽는 Trips의 프로덕션 구현에 대해서도 고려해야 한다. 다행히도 프로덕션 코드가 현재 시간을 SQL 질의에 넘긴다는 사실을 알 수 있고, 지금은 그냥 Trips.currentTripsFor(String customerId, Instant at)로 전달된 at 파라미터의 값을 사용할 수 있다. 하지만 SQL 질의가 CURRENT_TIMESTAMP나 NOW 같은 데이터베이스에 따른 동작을 통해 데이터베이스 서버의 현재 시간을 사용한다면 문제가 더 복잡해진다. SQL이 아닌 코드에서와 마찬가지로 SQL에서도 동작이 여기저기 존재하기 때문에 테스트를 더 복잡하게 만들고 코드를 더 취약하게 만듦에도 불구하고 CURRENT_TIMESTAMP나 NOW 같은 기능을 쓰는 게 일반적인 실무 관행이다. 우리가 작성한 질의가 데이터베이스의 시간을 사용한다면 함수의 파라미터로 시간을 받도록 질의를 다시 작성해야 하며, 똑같은 실수를 다시는 되풀이하지 않겠다고 마음에 단단히 새겨둬야 한다.

여기까지 하고 나서 변경 사항을 살펴보니, 아직 코드를 코틀린으로 변환하지 않았다는 사실을 알게 된다!

코틀린으로 변환하지 않았다는 사실은 중요하다. 이런 식으로 계산과 동작을 구분하는 사고방식은 구현 언어와는 무관하다. 그리고 시간이 지남에 따라 자바의 결은 점점 함수형 언어로 바뀌고 있다. 하지만, 우리는 코틀린이 불변 데이터나 다른 함수형 구성 요소를 더 자연스럽게 지원하기 때문에 동작과 계산을 구분하는 비용을 더 낮춰주고, 동작과 계산을 구분하는 코드를 작성하는 가성비가 더 좋아진다는 사실을 깨달았다. 그리고 이번 장에서(그리고 다른 장에 다룰) 리팩터링 중 상당수가 동작이 아니라 계산 호출을 이리저리 옮기기 때문에 안전하다는 사실을 기억해야 한다.

이번 장을 마치기 전에, 앞에서 나중에 알려 준다고 언급했던 또 다른 동작은 무엇이었을까 알려 주려 한다. 다음은 코틀린으로 변환한 InMemoryTrips 구현이다.

```kotlin
class InMemoryTrips : Trips {
    private val trips: MutableMap<String, MutableSet<Trip>> = mutableMapOf()

    fun addTrip(trip: Trip) {
        val existingTrips = trips.getOrDefault(trip.customerId, mutableSetOf())
        existingTrips.add(trip)
        trips[trip.customerId] = existingTrips
    }

    override fun tripsFor(customerId: String) =
        trips.getOrDefault(customerId, emptySet<Trip>())

    override fun currentTripsFor(customerId: String, at: Instant): Set<Trip> =
        tripsFor(customerId)
            .filter { it.isPlannedToBeActiveAt(at) }
            .toSet()
}
```

여기서 MutableSet이 들어가는 MutableMap은 시간에 따라 상태가 바뀐다는 사실을 알려 주는 신호다. 고객이 같은 경우 addTrip을 호출하기 전과 후의 tripsFor 결과가 다를 것이다. 따라서 tripsFor는 계산이 아니라 동작이다. tripsFor가 동작이라면, 이 함수를 호출하는 모든 요소도 다 동작이며, 우리가 다뤘던 currentTripsFor도 동작이다. 같은 설명이 데이터 베이스를 읽고 쓰는 프로덕션 버전 Trips에도 분명히 해당된다. 이번 장에서 수행한 모든 리팩터링에도 불구하고, 실제로 그 어떤 동작도 계산으로 승격시키지 못했다!

의기소침해야 할까? 그렇지 않다. 앞에서 함수가 계산과 동작 중 **한 쪽에** 속한다고 단언했지만, 사실은 동작에도 정도가 있으며, 시간에 대한 민감도가 차이가 있다. 여기서 **상호 작용** 안에 있는 다른 코드가 고객의 여행 정보를 가져와서 불일치를 발견해내지 않는 한, Trips를 사실상 불변적인 것으로 취급할 수 있다. 따라서 tripsFor나 currentTripsFor 확장은 모두 실질적으로 계산이다. 이런 관점으로 보면 InMemoryTrips가 데이터베이스 기반 구현보다 덜 안전하다. 왜냐하면 여러 스레드에서 접근하는 경우 InMemoryTrips가 tripsFor에서 반환하는 컬렉션을 변경할 수 있고 그에 따라 filter 구현에서 ConcurrentModificationException이 발생할 수 있기 때문이다. 코드를 계산과 동작으로 분류하면 이런 문제를 알아보기 쉽고, 어떤 상황에서 각각이 더 중요한지를 결정할 수 있는 프레임워크가 생긴다.

마지막으로, 코틀린에서는 불변성을 더 선호하기 때문에 계산과 동작의 구분이 더 쉬워진다는 점을 지적하고 싶다. 예를 들어 자바에서 `List`를 보면 그 리스트가 생성되는 코드와 참조되는 코드를 살펴봐야만 해당 리스트가 불변 리스트인지 알 수 있고, 그에 따라 이 리스트를 사용하는 코드가 계산인지 동작인지 결정할 수 있다. 코틀린에서는 `MutableList`를 보면 동작임을 추론할 수 있다. 다만 `InMemoryTrips`에서처럼 가변 리스트를 읽기 전용 별명으로 노출하면 동작이 계산인 척 할 수도 있다.

7.7 다음으로 나아가기

코드를 계산과 동작으로 구분하는 방법은 (데이터를 불변과 가변 데이터로 구분하는 것처럼) 에릭 노르망Eric Normand이 책[5]에서 소개한 기법이다. 개발자로서 저자들은 직관적으로 이 둘의 차이를 깨달았고, 곧바로 그 직관에 따르는 방법을 배웠지만, 종종 왜 그런 차이가 있는지나 어떻게 이 둘이 차이가 있는지에 대해서는 깨닫지 못하곤 했다. 두 분류에 이름을 부여하고 각각의 특성을 연구하면 더 의식적이고 효과적인 수준에서 각각에 대해 추론할 수 있다.

5장 '빈에서 값으로'에서는 가변 빈을 불변 값으로 리팩터링했다. 6장 '자바에서 코틀린 컬렉션으로'에서는 가변 컬렉션을 불변 컬렉션으로 리팩터링했다. 두 경우 모두 우리는 객체의 상태를 변경하는 대신 일부분이 변경된 새 객체를 반환하는 쪽을 택함으로써 동작을 계산으로 변환했다. 가변성을 불변성으로 바꿈으로써 이번 장에서 본 이점을 얻을 수 있다. 코드를 더 잘 이해할 수 있고, 테스트하기 좋으며, 리팩터링의 결과를 예상할 수 있다. 코드가 더 많이 계산으로 이뤄질수록 그로부터 얻을 수 있는 이익이 더 크다.

14장 '누적시키는 객체에서 변환으로'에서 동작을 계산으로 바꾸는 주제로 다시 돌아온다. 15장 '캡슐화한 컬렉션에서 타입 별명으로'에서는 불변 데이터와 코틀린의 확장 함수, 타입 별명을 조합함으로써 자바에서는 불가능한 방식으로 코드를 조직화하는 방법을 살펴본다.

---

5 『쓱쓱 들어오는 함수형 코딩』(제이펍, 2022)

CHAPTER 8

정적 메서드에서
최상위 함수로

독립적인 함수들은 소프트웨어의 토대를 이루는 빌딩 블록들이다. 자바에서 독립 함수는 클래스의
메서드로 선언되어야만 하지만, 코틀린에서는 최상위에 있는 존재로 선언이 될 수 있다. 어떤 때 최상
위 함수를 선호해야 하며, 자바에서 어떤 리팩터링을 통해 최상위 함수에 이를 수 있을까?

8.1 자바의 정적 멤버

자바 프로그램의 모든 값과 함수는 클래스에 속해야만 한다. 이런 값이나 함수는 클래스의 **멤
버**이다. 자바에서는 멤버 값을 **필드**field라고 부르며, 멤버 함수를 **메서드**라고 부른다. 디폴트로
필드 값은 클래스 인스턴스마다 존재한다. 인스턴스가 다르면 값도 다르다. 메서드도 자신이
호출된 수신 객체 인스턴스의 상태에 접근할 수 있다는 면에서는 인스턴스별로 존재한다고 볼
수 있다. 하지만 멤버에 static이라는 표시를 하면 그 멤버는 클래스의 모든 인스턴스가 공유
하는 멤버가 된다. 정적 메서드는 오직 이런 공유된 상태(그리고 다른 클래스가 보여 주는 정
적인 필드)에만 접근할 수 있다. 하지만 이런 제약의 반대급부로, 클래스의 인스턴스가 없어도
정적 함수를 호출할 수 있다.

자바를 단순화하기 위해 자바 언어 설계자들은 모든 코드와 데이터를 클래스로 묶기로 했다.
우리에게는 클래스 영역에 속하는 정적인 상태가 있고, 그에 따라 클래스 영역에 속하는 정적
인 메서드가 필요하다. 클래스와 독립적으로 존재할 수 있는 데이터나 함수가 있을 수도 있지

만, 자바에서는 정적 필드와 메서드가 그런 역할을 한다. 언어가 다양한 선택지를 제공하면 개발자가 그중 하나를 선택해야만 한다. 그리고 선택지가 적은 게 더 좋은 경우도 자주 있다. 자바 설계자들은 더 나아가서 이 언어 설계 결정을 JVM에도 적용하기로 정했다. 그래서 JVM에서는 최상위 코드나 데이터를 표현할 방법이 없다.

정적인 상태

자바 초기에는 정적 상태가 지금보다 훨씬 더 많이 쓰였다. 자바 개발자들은 싱글턴을 작성하고 어떻게 하면 이 싱글턴을 안전하게 지연 초기화할 수 있는지를 논의했다. 클래스 수준의 인스턴스 캐시를 구현하기 위해 정적 필드를 사용하기도 했다. 그리고 2000년대 들어 발생한 코드 테스트에 대한 유행이 정적인 상태를 못 쓰게 만들어버렸다. 이유는 테스트와 테스트가 상태에 따라 결합하면 이 결합을 쉽게 떼어낼 수 없기 때문이다. 그리고 상태가 정적인 상태면 JVM 상에 존재하는 모든 테스트 사이에 상태가 공유되기 때문에 이런 상태에 의한 결합을 떼어내기가 훨씬 더 어렵다(여기서 상태라는 말은 가변 데이터를 뜻한다는 점에 유의하라. 불변 데이터—즉 상수—는 문제가 되는 경우가 훨씬 적다).

이에 우리는 정적인 상태를 객체의 필드로 저장하고, 애플리케이션 안에서 공유된 인스턴스가 단 하나만 존재하도록 준비된 의존 관계 주입을 사용하는 방법을 배웠다(여기서 저자들이 사용한 '의존 관계 주입'이라는 말은 프레임워크 보다는 '객체를 생성자에게 전달함'이라는 의미이다).

이번 장에서는 상태보다는 코드를 중점적으로 살펴본다.

때로는 같은 타입에 대해 정적 메서드와 비정적 메서드가 함께 작용하는 클래스가 있을 수 있다. 예를 들어 3장에서 살펴본 전자 우편 클래스에는 정적인 파싱 메서드가 들어있었다. 하지만 정적 메서드만으로 구성된 클래스가 탄생하는 경우가 자주 있다. 이런 정적 메서드가 공유하는 정적 상태가 없다면 이 모든 정적 메서드는 클래스 이름을 통해 한 그룹으로 묶여서 호출될 수 있는 단순한 독립적인 함수들일 뿐이다. 예를 들어 `java.util.Collections`에 들어있는 메서드가 이와 같다.

```
var max = Collections.max(list)
```

놀랍게도 개발자들은 `Collections.`이라는 접두사를 붙이는 게 얼마나 고통스러운 일인지를 한동안 깨닫지 못했다. 이를 눈치채지 못했던 이유는 우리가 프로그램을 작성하면서 우리가 소유한 타입 안에 메서드를 점점 추가하기 때문에 정적 함수가 필요한 경우가 드물었기 때문이다. 정적 함수는 그 함수가 작용할 대상 타입에 메서드를 추가하지 **않고** 기능을 추가하고 싶을 때 유용하다. 메서드를 추가하지 않고 기능을 추가하고 싶어지는 이유는 클래스가 이미 너무 많은 메서드로 인해 축 늘어져 있거나, 클래스를 우리가 소유하지 않아서 메서드를 해당 클래스에 추가할 수 없기 때문이다. 일반 메서드 대신 정적 메서드를 사용하는 또 다른 이유로 해당 함수의 기능이 제네릭 타입의 몇 가지 인스턴스에만 적용되기 때문에 제네릭 클래스의 멤버로 선언할 수 없는 때도 있다. 예를 들어 `Collections.max`는 원소를 비교할 수 있는 컬렉션에만 적용될 수 있다.

시간이 지나면서 우리는 우리 자신의 추상화를 사용하는 대신 자바 컬렉션과 같은 표준 인터페이스를 사용하는 것의 이점을 눈치채기 시작했다. 자바 5(제네릭스 도입과 함께)는 우리 자신의 클래스로 컬렉션을 감싸는 대신 직접 컬렉션을 사용하도록 허용한 첫 번째 출시다. 자바 5에서 다음과 같이 코드를 작성할 수 있도록 `import static java.util.Collections.max` 같은 기능이 도입된 것도 우연이 아니다.

```
var m = max(list)
```

이 기능은 실제로는 컴파일러가 제공하는 편의일 뿐이라는 점을 알아두라. JVM은 실제로 진정한 최상위 함수가 아니라 정적 메서드만 지원하기 때문이다.

8.2 코틀린 최상위 함수와 동반 객체

코틀린은 함수(그리고 프로퍼티와 상수)를 클래스 밖에 선언하도록 허용한다. JVM에서는 이런 함수를 둘 곳이 없으므로 코틀린 컴파일러는 이런 최상위 선언을 넣기 위해 정적 멤버가 들어있는 클래스를 생성해 준다. 컴파일러는 디폴트로 함수 정의가 들어있는 파일 이름으로부터 클래스 이름을 파생시킨다. 예를 들어 `top-level.kt` 안에 정의된 최상위 함수들은 `Top_LevelKt`라는 클래스 안의 정적 메서드가 된다. 이런 클래스의 이름을 알면 자바에서 정적으로 `Top_LevelKT.foo`를 임포트하거나 직접 `Top_LevelKt.foo()`를 호출할 수 있다. `Top_LevelKt`라는 못생긴 이름을 좋아하지 않는다면 이번 장 마지막에서 보게될 것처럼, `@file:JvmName` 애너테이션을 파일 맨 앞에 추가해서 정적 클래스의 이름을 지정할 수도 있다.

코틀린에서는 이런 최상위 함수뿐 아니라 자바의 정적 멤버와 똑같이 인스턴스가 아닌 클래스 영역에서 정의된 프로퍼티와 함수를 정의할 수도 있다. 이들을 그냥 static으로 표시하는 대신 코틀린에서는 스칼라의 방식을 빌려와 object 선언안에 클래스 영역의 멤버 선언을 넣는다. 이런 유형의 object 선언(익명 타입을 만들어내는 object 식과 달리)은 싱글턴을 정의한다. 싱글턴은 인스턴스가 단 하나뿐이고 이 인스턴스에 접근할 수 있는 지점에 전역 영역에 단 하나만 존재한다. object의 모든 멤버는 그 객체의 이름과 똑같은 이름의 클래스 안에 멤버로 들어가는데, @JvmStatic으로 지정하지 않는 경우 실제 정적 멤버로 컴파일되지는 않는다. 코틀린은 싱글턴 객체가 다른 클래스를 확장하거나 인터페이스를 구현하도록 허용하는 데, 정적 선언으로는 그런 일을 할 수 없기 때문이다.

정적 멤버와 비정적 멤버를 한 클래스 안에 모아야 하는 경우, 클래스 안에서 정적인 부분을 companion object 안에 위치시키면 된다(이를 동반 객체라고 부른다). 동반 객체에 들어있는 선언은 해당 선언이 속한 파일 안에서 한 그룹으로 묶이며, 동반 객체의 멤버는 동반 객체가 속한 클래스 인스턴스의 비공개 상태에도 접근할 수 있다. 동반 객체도 다른 클래스를 확장하거나 인터페이스를 구현할 수 있는데, 자바의 정적 멤버에서는 이런 일이 불가능하다. 하지만 자바의 정적 멤버와 비교할 때, 정적 멤버가 한두 가지뿐이면 동반 객체 정의가 조금 더 복잡하다.

따라서 코틀린에서는 인스턴스 영역의 함수가 아닌 함수들을 최상위 함수로 정의할 수도 있고, 싱글턴 객체의 멤버로 정의할 수도 있으며, 이 싱글턴 객체는 동반 객체일 수도 있고 다른 타입에 속하지 않는 (자체적으로 고유한 타입인) 최상위 객체 일 수도 있다.

이 세 가지가 모두 같다면 이런 선택지 중에서 기본적으로 최상위 함수를 사용해야 할 것이다. 최상위 함수는 선언과 참조가 쉽고 코틀린 클라이언트 코드에 영향을 끼치지 않고 같은 패키지 안의 한 파일에서 다른 파일로 이동이 가능하다(하지만 8.5절에 있는 '최상위 함수 옮기기'의 주의사항을 살펴봐야 한다). 우리는 인터페이스를 구현하는 능력이 필요하거나 함수들을 좀 더 밀접하게 묶고 싶은 경우에만 함수를 최상위 함수 대신 싱글턴 객체안의 메서드로 정의하는 쪽을 택해야 한다. 클래스 안에서 정적 행동 방식과 비정적 행동 방식을 조합해야 하는 경우나, MyType.of(...) 스타일의 팩터리 메서드를 작성해야 하는 경우에만 동반 객체의 메서드로 함수를 정의해야 한다.

프로그래밍의 여러 가지 다른 측면과 마찬가지로, 우리는 가장 단순할 수 있는 해법을 먼저 사용한다. 보통은 최상위 함수가 가장 단순한 해법이다. 그리고 변경으로 인한 이익이 있는 경우에만 더 복잡한 해법으로 리팩터링한다. 예를 들어 클라이언트에 더 표현력이 좋은 API를 제공하거나, 개발자들에게 더 나은 유지 보수성을 제공하는 경우에만 최상위 함수가 아닌 다른 대안을 택한다.

8.3 정적 메서드를 최상위 함수로 리팩터링하기

우리는 최상위 선언을 좋아하지만, 인텔리J에 내장된 자바 코틀린 변환 도구는 그렇지 않다. 변환 도구는 자바 정적 메서드를 객체의 메서드로 변환한다. 자바에서 코틀린으로 객체 선언을 거쳐 최상위 함수로 리팩터링하는 방법을 살펴보자.

트래블레이터에서는 고객이 후보 목록을 작성할 수 있다. 예를 들어 여행을 계획할 때 후보 경로를 모아두거나, 경로에서 머물 후보 호텔 객실들의 목록을 만들 수 있다. 사용자는 여러 가지 평가 기준에 따라 후보 목록의 원소에 순위를 부여할 수 있으며, 최종 선택을 좁히기 위해 후보 목록의 원소를 버릴 수 있다. 6.1절에 있는 '공유된 컬렉션을 변경하지 말라'라는 가이드에 따라, 후보 목록은 불변 리스트 안에 들어있다. 후보 목록을 조작하기 위한 함수들은 (리스트 자체를 변경하는 대신 변경된 복사본을 내놓는다) Shortlists 클래스 안에 정적 함수로 정의되어 있다.

예제 8.1 [static-to-top-level.0:src/main/java/travelator/Shortlists.java]

```
public class Shortlists {
    public static <T> List<T> sorted(
            List<T> shortlist,
            Comparator<? super T> ordering
    ) {
        return shortlist.stream()
                .sorted(ordering)
                .collect(toUnmodifiableList());
    }

    public static <T> List<T> removeItemAt(List<T> shortlist, int index) {
```

```
        return Stream.concat(
                shortlist.stream().limit(index),
                shortlist.stream().skip(index + 1)
        ).collect(toUnmodifiableList());
    }

    public static Comparator<HasRating> byRating() {
        return comparingDouble(HasRating::getRating).reversed();
    }

    public static Comparator<HasPrice> byPriceLowToHigh() {
        return comparing(HasPrice::getPrice);
    }

    ... 그 외 다른 Comparator
}
```

편의 함수

sorted와 removeItemAt이 하는 일은 복잡하다. 냇은 덩컨이 자바 스트림 API를 사용해 몇몇 공개된 데이터를 분석하려고 노력하는 모습을 살펴본 다음에 코틀린을 알게 됐다. 냇은 스트림 에서 기본 연산을 수행하는 게 너무 어렵다는 사실에 놀라서 이런 고통을 덜어줄 수 있는 JVM 언어를 살펴보기 시작했다. 자바 API가 최근 개선되기는 했지만, 오랫동안 자바 설계자들은 일부러 편의 함수를 추가하지 않는다는 전략을 사용하는 것으로 보였다.

반면 코틀린 표준 라이브러리는 필요할 때 필요한 곳에 편의 함수를 제공하기 위해 노력하는 것처럼 보인다. 그리고 자주 이런 편의 함수를 기존 타입에 대한 확장 함수(10장을 보라)로 제공한다.

Shortlists 안의 함수는 정적 메서드이며 정적인 방식으로 참조되야 한다. 짧게 말해 참조 방법은 다음과 같다.

예제 8.2 [static-to-top-level.5:src/test/java/travelator/ShortlistsTest.java]

```
var reordered = Shortlists.sorted(items, Shortlists.byValue());
```

하지만 보통 정적 메서드에는 **static import**로 메서드를 임포트해 사용하면 더 읽기 좋은 이름이 붙어있다.

예제 8.3 [static-to-top-level.5:src/test/java/travelator/ShortlistsTest.java]

```java
var reordered = sorted(items, byPriceLowToHigh());
```

인텔리J에서 자바를 코틀린으로 변환하면 다음 코드를 얻는다.

예제 8.4 [static-to-top-level.5:src/main/java/travelator/Shortlists.kt]

```kotlin
object Shortlists {
    @JvmStatic
    fun <T> sorted(shortlist: List<T>, ordering: Comparator<in T>): List<T> {
        return shortlist.stream().sorted(ordering)
            .collect(toUnmodifiableList())
    }

    @JvmStatic
    fun <T> removeItemAt(shortlist: List<T>, index: Int): List<T> {
        return Stream.concat(
            shortlist.stream().limit(index.toLong()),
            shortlist.stream().skip((index + 1).toLong())
        ).collect(toUnmodifiableList())
    }

    @JvmStatic
    fun byRating(): Comparator<HasRating> {
        return comparingDouble(HasRating::rating).reversed()
    }

    @JvmStatic
    fun byPriceLowToHigh(): Comparator<HasPrice> {
        return comparing(HasPrice::price)
    }
    ... 그 외 다른 Comparator
}
```

실제로 이 변환은 그렇게 좋지 않다. 이 책을 쓰는 현재 변환기가 불필요하게 널 가능성이 있는 타입을 사용하고, 정적 임포트를 없애며(그래서 예를 들어 Collectors.toUnmodifiableList()가 남는다), 컴파일 될 수 없는 임포트 목록을 만들어내기도 한다. 이 파일을 직접 고치다 보면 앞으로 몇년 안에는 기계가 우리 일을 대신 할 수 없으리라는 확신이 든다.

3장에서 우리는 정적 메서드와 비정적 메서드가 **함께** 있는 자바 클래스를 동반 객체로 변환하는 과정을 봤다. 여기서는 변환이 최상위 객체만을 생성한다. 이 자바 클래스에는 비정적 메서드나 상태가 들어있지 않기 때문에 코틀린 변환된 코드 안에 인스턴스화할 수 있는 클래스가 들어갈 필요가 없다. 정적 메서드와 비정적 메서드가 **함께** 있는 클래스는 최상위 함수로 변환하기에 덜 적합하다.

변환이 코틀린 수준에서 부드럽지는 않지만, 긍정적인 면을 살펴보자면 이 변환에 따라 그 어떤 자바 코드도 잘못된 영향을 받지 않는다. @JvmStatic 애너테이션으로 인해 자바 코드에서 각각의 코틀린 메서드를 Shortlists 클래스 안에 정의된 정적 함수로 인식할 수 있으므로 자바 클라이언트 코드가 달라질 필요가 없다.

이제 이 메서드들을 최상위 함수로 변환하고 싶다. 하지만 그냥 메서드를 최상위로 바꿀 수는 없다. 왜냐하면 자바는 메서드만 인식하고 함수를 인식하지 못하기 때문이다. 이런 최상위 함수가 Shortslists라는 클래스 안에 있는 메서드로 컴파일된다면 자바쪽도 기뻐할텐데, 바로 이전에 언급했던 @file:JvmName 애너테이션이 이런 일을 해 준다. 파일의 맨 처음에 @file:JvmName 애너테이션을 수동으로 추가하고, object 영역을 없애고 @JvmStatic 애너테이션을 없애면 다음과 같은 코드를 얻는다.

예제 8.5 [static-to-top-level.6:src/main/java/travelator/Shortlists.kt]

```
@file:JvmName("Shortlists")
package travelator

...
fun <T> sorted(shortlist: List<T>, ordering: Comparator<in T>): List<T> {
    return shortlist.stream().sorted(ordering)
        .collect(toUnmodifiableList())
}

fun <T> removeItemAt(shortlist: List<T>, index: Int): List<T> {
    return Stream.concat(
        shortlist.stream().limit(index.toLong()),
        shortlist.stream().skip((index + 1).toLong())
    ).collect(toUnmodifiableList())
}
... 기타 등등
```

이 코드는 기존 자바 코드도 계속 만족시킨다. 하지만 속이 쓰리게도 이 코드는 여기 정의된 메서드를 호출하는 몇몇 코틀린 코드를 망가뜨려버린다. 예를 들어 다음은 테스트를 위한 임포트 부분이다.

예제 8.6 [static-to-top-level.6:src/test/java/travelator/hotels/ShortlistScenarioTest.kt]

```
import org.junit.jupiter.api.Test
import travelator.Shortlists.byPriceLowToHigh
import travelator.Shortlists.byRating
import travelator.Shortlists.byRelevance
import travelator.Shortlists.byValue
import travelator.Shortlists.removeItemAt
import travelator.Shortlists.sorted
```

이들은 정적 자바 함수를 임포트하는데, 코틀린은 코틀린으로 정의된 최상위 함수를 이같은 방식으로 임포트할 수 없다. 따라서 이 임포트문들은 Unresolved reference: Shortlists라는 오류와 함께 실패한다. 코틀린의 입장에서 이 함수들은 패키지 영역에 정의되어 있지 패키지 안의 클래스 안에 정의되어 있지 않다. 컴파일러는 이들을 JVM에서 Shortlists라는 클래스[1] 안에 들어있는 정적 함수들로 컴파일할 수도 있지만, 이런 내용은 컴파일러가 코틀린 언어 개념을 JVM 플랫폼으로 어떻게 연결하는지에 대한 구현 상세 정보일 뿐이며 컴파일 시점에 코틀린 코드 안에서는 이를 알 수 없다.

모든 컴파일 오류를 찾아보면서 수동으로 임포트가 패키지 수준의 함수를 임포트하게 변경할 수 있다. 예를 들어 import travelator.Shortlists.sorted를 import travelator.sorted로 바꿀 수 있다. 변경한 내용의 여파가 파일 몇개 뿐이라면 이런 식의 변경도 충분히 쉽겠지만 여파가 큰 경우에 모든 임포트를 수정하는 일은 지루한 작업이다. 물론 프로젝트 전체에서 한 번만 찾아서 바꾸기search and replace하면 되는 일이기는 하지만 말이다.

다행히도, 이 책을 쓰는 시점에 엔텔리J에 'Move to top level(최상위로 옮기기)' 리팩터링이 생겼다. 마지막으로 코틀린 코드를 변경했던 내용을 원래대로 객체 선언으로 되돌리고 다시 이 리팩터링을 시도해 보자.

---

1 옮긴이_ 파일 맨 앞에 @file:JvmName("Shortlists")이 있기 때문에 ShortlistsKt가 아니라 Shortlists라는 클래스가 생긴다. 한편 @file:로 시작하는 애너테이션은 패키지나 임포트문보다도 더 앞에 써야 한다는 점에 유의하라.

8.4 최상위로 옮기기

이 책을 쓰는 시점에 이 기능을 리팩터링 메뉴에서 찾을 수는 없다. 하지만 객체의 메서드에서 Alt+Enter를 누르면 'Move to top level' 메뉴가 나타난다. 우선 sorted를 먼저 옮기자. 인 텔리J는 이 메서드를 객체 스코프에서 빼내서 파일 수준으로 옮겨준다.

예제 8.7 [static-to-top-level.7:src/main/java/travelator/Shortlists.kt]

```
@JvmStatic
fun <T> sorted(shortlist: List<T>, ordering: Comparator<in T>): List<T> {
    return shortlist.stream().sorted(ordering)
        .collect(toUnmodifiableList())
}
```

불행히도 이 변환이 @JvmStatic 애너테이션을 없애지는 못한다. 따라서 코드를 컴파일하기 위해서는 직접 애너테이션을 삭제해야 한다. 하지만 이 변환이 적어도 정적 메서드를 호출하는 자바 코드를 고쳐준다는 사실을 알 수 있다. 우리가 직접 메서드를 최상위로 옮겼을 때는 자바 쪽의 코드에 문제가 생겼다. 원래 자바 코드에서는 Shortlists.sorted로 정적 메서드를 참 조했지만 이제는 다음과 같이 참조한다.

예제 8.8 [static-to-top-level.8:src/test/java/travelator/ShortlistsTest.java]

```
var reordered = ShortlistsKt.sorted(items, Shortlists.byValue());
```

이유는 모르겠지만 정적 임포트를 사용했던 코드의 경우 상태가 나쁘다.

예제 8.9 [static-to-top-level.8:src/test/java/travelator/ShortlistsTest.java]

```
var reordered = travelator.ShortlistsKt.sorted(items, byPriceLowToHigh());
```

이 문제를 Alt+Enter를 누르고 'Add on demand static import…(온 디맨드 정적 임포트 추가)'를 통해 해결할 수 있으며, 영향을 받은 파일에서 한 번만 이를 실행하면 된다. 리팩터 링을 하기 전에 코드를 체크인했어야 하므로, 리팩터링으로 인해 바뀐 파일을 쉽게 알아볼 수 있다.

```java
var reordered = sorted(items, byPriceLowToHigh());
```

예전에 @file:JvmName("Shortlists")을 직접 추가했던 방법과 비교해 보면, 자바 클라이언트에서는 이상한 ShortlistsKt라는 이름을 사용해야 한다. 하지만 메서드 이름은 정적 임포트를 통해 사용하도록 고안됐기 때문에 아무도 신경 쓰지 않는 임포트 블록에만 이런 이상한 이름이 위치하므로 이 방식을 참고 견딜만하다. 이런 희생의 대가로 이런 식의 변환은 코틀린 쪽에서 sorted를 호출하는 부분의 문제도 해결해 준다. 이제는 이 함수를 travelator.Shortlists.sorted 대신 travelator.sorted로 참조할 수 있다.

이제 Shortlists에 있던 나머지 메서드도 같은 방법으로 옮길 수 있다. 이 과정은 약간 지겹지만, 최소한 마지막 메서드를 객체에서 밖으로 옮기고 나면 빈 객체를 인텔리J가 자동으로 지워주기는 한다. 이제 코드는 다음과 같아진다.

예제 8.11 [static-to-top-level.10:src/main/java/travelator/Shortlists.kt]

```kotlin
fun <T> sorted(shortlist: List<T>, ordering: Comparator<in T>): List<T> {
    return shortlist.stream().sorted(ordering)
        .collect(toUnmodifiableList())
}

fun <T> removeItemAt(shortlist: List<T>, index: Int): List<T> {
    return Stream.concat(
        shortlist.stream().limit(index.toLong()),
        shortlist.stream().skip((index + 1).toLong())
    ).collect(toUnmodifiableList())
}

fun byRating(): Comparator<HasRating> {
    return comparingDouble(HasRating::rating).reversed()
}

fun byPriceLowToHigh(): Comparator<HasPrice> {
    return comparing(HasPrice::price)
}

... 그 외 다른 Comparator
```

2022년 현재 'Mote to top leve' 리팩터링은 한 번에 한 메서드만 이동시킬 수 있다. 메서드가 서로에게 의존중이라면 이로 인해 문제가 생길 수도 있다. 이에 대해서는 10장에서 살펴본다.

8.5 코틀린답게 다듬기

물론 메서드를 최상위로 옮긴게 단순히 메서드 위치를 최상위로 옮기기 위해서만은 아니다. 이제 함수들이 전형적인 코틀린다운 위치에 있으므로, 코틀린다운 코드로 만드는 작업을 마무리하자.

13장은 자바 스트림을 코틀린으로 변환하는 가이드를 제시한다. sorted의 경우 단순히 코틀린에 있는 sortedWith 확장 함수를 쓸 수 있다.

예제 8.12 [static-to-top-level.11:src/main/java/travelator/Shortlists.kt]

```
fun <T> sorted(shortlist: List<T>, ordering: Comparator<in T>): List<T> {
    return shortlist.sortedWith(ordering)
}
```

이 함수는 확장 함수가 되는 게 훨씬 더 타당하다(10장).

예제 8.13 [static-to-top-level.12:src/main/java/travelator/Shortlists.kt]

```
fun <T> List<T>.sorted(ordering: Comparator<in T>): List<T> {
    return sortedWith(ordering)
}
```

자바는 여전히 이 함수를 정적 메서드로 호출할 수 있다.

예제 8.14 [static-to-top-level.12:src/test/java/travelator/ShortlistsTest.java]

```
var reordered = sorted(items, byPriceLowToHigh());
```

코틀린에서 이 함수를 호출하는 코드도 읽기 좋다.

예제 8.15 [static-to-top-level.12:src/test/java/travelator/hotels/ShortlistScenarioTest.kt]

```kotlin
val hotelsByPrice = hotels.sorted(byPriceLowToHigh())
```

코틀린에 있는 이런 호출의 경우 그냥 코틀린 API를 호출하는 것과 비교해 아무 장점도 없다. 따라서 호출을 인라인할 수 있다.

예제 8.16 [static-to-top-level.13:src/test/java/travelator/hotels/ShortlistScenarioTest.kt]

```kotlin
val hotelsByPrice = hotels.sortedWith(byPriceLowToHigh())
```

이제는 자바에서 호출하기 위한 **sorted** 함수만 남는다. 이 함수를 살펴보면 더 이상 후보목록 과는 아무 관계도 없음을 알 수 있다. 이 함수를 좀 더 일반적인 이름 공간으로 옮겨야 할까? 나중에 해도 될것이다. 지금은 파일의 나머지 함수를 수정하자. 수정한 코드는 다음과 같아진다.

예제 8.17 [static-to-top-level.14:src/main/java/travelator/Shortlists.kt]

```kotlin
fun <T> Iterable<T>.sorted(ordering: Comparator<in T>): List<T> =
    sortedWith(ordering)

fun <T> Iterable<T>.withoutItemAt(index: Int): List<T> =
    take(index) + drop(index + 1)

fun byRating(): Comparator<HasRating> =
    comparingDouble(HasRating::rating).reversed()

fun byPriceLowToHigh(): Comparator<HasPrice> =
    comparing(HasPrice::price)

... 그 외 다른 Comparator
```

removeItemAt을 withoutItemAt으로 바꿨다는 점을 눈치챘을 것이다. **with**나 **without** 같 은 전치사는 해당 함수가 원본 객체를 변경하지 않고 복사본을 반환한다는 사실을 코드 독자들 에게 알려 주는 유용한 단어다.

8.6 다음으로 나아가기

정적 함수는 프로그램에서 꼭 필요한 존재다. 자바에서는 클래스의 정적 메서드로 이런 함수를 정의해야 하지만, 코틀린에서는 최상위 함수로 이런 함수를 정의할 수 있고, 기본적으로 최상위 함수로 정의해야만 한다.

정적 메서드를 자동으로 코틀린으로 변환하면 `object` 선언이 생기고, 이 선언을 자바와 코틀린에서 함께 접근할 수 있다. 그 후, 이 객체에 들어있는 메서드를 개별적으로 최상위 수준으로 이동시키면서 이동시킨 함수를 두 언어에서 동시에 접근하도록 유지할 수 있다. 이렇게 최상위 함수로 이동시키고 나면 코틀린의 장점을 더 살린 코드로 만들어 주는 리팩터링을 더 진행할 수 있다.

이런 최상위 함수에 대해 다음으로 적용할 만한 리팩터링으로는 확장 함수로 바꾸는 것을 들 수 있다. 10장 '함수에서 확장 함수로'에서 이 주제를 다룬다.

CHAPTER 9

다중식 함수에서
단일식 함수로

냇과 덩컨은 모두 코틀린의 단일식 함수 정의롤 좋아한다. 언제 이 형태를 사용해야만 하며, 왜 이런 형태를 더 좋아해야 하며, 어떤 코틀린 기능이 더 많은 함수를 단일식 함수로 만들 수 있게 해줄까?

자바와 마찬가지로 코틀린 코드도 일반적으로 중괄호({}) 사이에 정의되고, return을 사용해 함수의 결과를 정의한다(함수 반환 타입이 Unit이면 return을 써도 되고 안 써도 된다. Unit은 자바 void에 해당한다).

```
fun add(a: Int, b: Int): Int {
    return a + b
}
```

이 함수 본문에서 최상위 코드는 식 하나로 이뤄져 있으므로, return을 쓰는 대신 등호 뒤에 반환할 값을 계산하는 식을 덧붙이는 형태로 함수를 작성할 수도 있다.

```
fun addToo(a: Int, b: Int): Int = a + b
```

반환 타입을 생략하고 코틀린이 제공하는 타입 추론type inference이 등호 뒤의 식의 타입으로부터 함수의 반환 타입을 결정하게 할 수도 있다.[1]

---

1 옮긴이_ 역자는 최상위 함수나 외부에 공개한 API에 포함되는 함수를 단일식 함수로 작성할 때는 함수의 반환 타입을 적는 편이 더 낫다고 생각한다. 식이 if나 when 등 여러 하위식으로 구성된 경우 하위식 중 어느 한쪽을 잘못 적으면 전체 식의 타입을 추론한 결과가 프로그래머 의도와 달라지는 경우를 방지할 수 있고, 함수의 반환 타입을 문서화하는 효과도 있기 때문에 그렇다.

```
fun addToo(a: Int, b: Int) = a + b
```

이렇게 적은 함수는 영어로는 'the result of function **addToo** equals **a + b**'라고 읽을 수 있다.[2] 결과를 계산하는 식이 하나뿐이면 이 문장이 적절하며, 식이 여러 하위식으로 구성된 경우에도 코드를 더 쉽게 읽을 수 있다.

```
fun max(a: Int, b: Int): Int =
    when {
        a > b -> a
        else -> b
    }
```

이런 해석은 부수 효과가 있는 함수의 경우에는 타당성이 줄어든다. 특히 I/O를 수행하거나 가변 상태에 쓰는 함수의 경우 이런 해석이 좀 어색하다.

```
fun printTwice(s: String): Unit = println("$s\n$s")
```

이 함수를 'printTwice의 결과는 println(...)과 같다'라고 읽을 수는 없다. println은 결과가 없거나, 최소한 의미있는 결과를 반환하지 않기 때문이다. 7장에서 살펴본 것처럼 이 함수는 온전히 부수 효과만을 위한 함수다.

TIP 단일식 함수를 계산에만 사용하라

우리가 단일식 함수를 계산(7.2절 '계산'을 보라)에만 사용하는 관습을 택한다면, 단일식 함수를 사용하는 의도를 다른 사람들에게 알릴 수 있는 수단이 생긴다. 단일식 함수를 보면 그 함수가 동작(7.3절 '동작'을 보라)이 아님을 알 수 있으므로 해당 함수를 더 안전하게 리팩터링할 수 있다.

실질적으로 이 말은 단일식 함수가 Unit을 반환하거나 가변 상태를 읽거나 쓰지 말아야 한다는 뜻이다. 가변 상태를 읽거나 쓰는 것에는 I/O를 수행하는 행위도 포함된다.

우리는 가능한 많은 함수를 단일식으로 만들려고 노력하면 소프트웨어가 더 향상된다는 사실을 발견했다. 한 가지 예로, 우리는 단일식 형태를 계산에만 사용하기로 했고, 이런 경우 단일식 함수를 더 쉽게 이해하고 변경할 수 있다. 단일식 형태는 다른 형태보다 더 간결하고 그로

---

2   옮긴이_ 우리말로는 '함수 addToo의 결과는 a + b이다'로 읽을 수 있는데 역시 코드의 순서와 일치하는 느낌이 있기는 하지만, 영어 문장에서는 fun, =이라는 키워드를 각각 'function', 'equals'로 읽을 수 있어서 좀 더 코드와 자연어 문장이 일치하는 느낌이 커진다.

인해 각 함수의 복잡도가 제한되는 경향이 있다. 함수가 너무 커서 이해하기 어려워지는 경우, 단일식 형태를 사용하면 명확성을 위해 코드를 리팩터링하기가 더 쉬워진다. (단일식 함수를 계산에만 쓰기 때문에) 부수 효과에 의존하는 로직이나 동작이 수행되는 순서를 망가뜨릴 위험이 적어지기 때문이다.

우리는 문보다는 식을 선호한다. 식은 **선언적**declarative이다. 즉, 함수가 계산하는 값이 **무엇인지**what 선언하며 코틀린 컴파일러나 런타임 시스템이 그 계산을 수행하는 **방법**how을 결정하도록 한다. 함수가 하는 일을 알아내기 위해 머리속에서 시뮬레이션한 컴퓨터를 사용해 코드를 실행해볼 필요가 없다.

예를 들어 3장 끝에서 다음과 같은 `EmailAddress` 코드가 생겼다.

예제 9.1 [single-expressions.0:src/main/java/travelator/EmailAddress.kt]

```kotlin
data class EmailAddress(
    val localPart: String,
    val domain: String
) {
    override fun toString() = "$localPart@$domain"

    companion object {
        @JvmStatic
        fun parse(value: String): EmailAddress {
            val atIndex = value.lastIndexOf('@')
            require(!(atIndex < 1 || atIndex == value.length - 1)) {
                "EmailAddress must be two parts separated by @"
            }
            return EmailAddress(
                value.substring(0, atIndex),
                value.substring(atIndex + 1)
            )
        }
    }
}
```

`toString` 메서드는 이미 멋진 단일식으로 되어있다. 하지만 이 코드에 대해 설명하던 당시에는 `parse` 메서드를 동반 객체에서 정적 메서드로 선언해야만 해서 코드가 더 복잡해졌다. 이 함수를 간단한 단일식으로 만들면 도움이 될까?

더 진행하기 전에 한 가지를 말해둬야겠다. 이 책에서는 '여기 우리가 이전에 준비했던 코드가 있다'와 같은 형태로 진행되는 리팩터링 과정을 자주 보여 준다. 우리는 성공적인 경우를 보여 준다. 하지만 코드를 맨 밑바닥부터 작성하는 경우와 같은 실전 리팩터링에서는 그렇지 않다. 우리는 여러 가지를 시도해 보고 실패하며, 이 책에서 보여 준 경로보다 훨씬 더 빙 돌아가는 경로를 거쳐서 최종 결과를 얻고는 한다. 지금 설명할 예제는 최종 결과만 보여 주면 작은 예제 이기 때문에, 여기서 parse를 실전에서 단일식으로 변환하려고 시도하면 어떤 일이 벌어지는 지를 보여 주려 한다. 이 과정에서 귀중한 교훈을 얻을 수 있으리라 생각하지만, 여러분이 그냥 결과만 보고 싶다면 9.4절 '테이크 4: 한 걸음 물러서기'를 보라.

9.1 테이크 1: 인라이닝

코드를 분석해서 함수가 멋진 단일식이 되지 못하게 막는 요인을 찾아보자.

예제 9.2 [single-expressions.1:src/main/java/travelator/EmailAddress.kt]

```
fun parse(value: String): EmailAddress {
    val atIndex = value.lastIndexOf('@')                    ❶
    require(!(atIndex < 1 || atIndex == value.length - 1)) {  ❷
        "EmailAddress must be two parts separated by @"
    }
    return EmailAddress(                                    ❸
        value.substring(0, atIndex),
        value.substring(atIndex + 1)
    )
}
```

❶ atIndex 대입은 문이다.

❷ require 호출도 문이다.

❸ EmailAddress 생성은 단일식이며 value와 atIndex에 의존한다.

첫 번째 문은 atIndex 대입문이다. 코틀린에서는 대입이 문이지 식이 아니다(대입을 연쇄할 수 있는 자바와는 다르다). 코드상에서 대입문의 위치도 문제가 된다. atIndex 값을 함수의 나머지 부분에서 사용하기 위해서는 여기서 대입이 이뤄져야 한다. 하지만 변수에 연관되는 값인 value.lastIndexOf(Char)가 계산이기 때문에 인자가 같으면 항상 같은 결과를 내놓는다 (메서드를 호출할 때는 수신 객체 this도 인자로 생각한다). 따라서 atIndex 변수를 모두 이 계산식으로 인라이닝해도 함수 결과는 달라지지 않는다. 인라이닝한 결과는 다음과 같다.

예제 9.3 [single-expressions.2:src/main/java/travelator/EmailAddress.kt]

```
fun parse(value: String): EmailAddress {
    require(!(
            value.lastIndexOf('@') < 1 ||
                    value.lastIndexOf('@') == value.length - 1)) {
        "EmailAddress must be two parts separated by @"
    }
    return EmailAddress(
        value.substring(0, value.lastIndexOf('@')),
        value.substring(value.lastIndexOf('@') + 1)
    )
}
```

이 버전은 최초 버전과 같은 바이트코드를 내놓지도 못하고, 실행 속도도 더 느리지만(느릴 것 같지만, 실행 속도를 핫스폿^HotSpot JIT로 실행되는 속도를 예측하기는 상당히 어렵다) 똑같은 결과를 반환한다. 하지만 여전히 require 호출을 처리해야 하며, 모든 게 조금 더 이해하기 어렵게 됐다. 따라서 이 변경을 되돌려서 다른 방법을 시도해 보자.

9.2 테이크 2: 새 함수 도입하기

대입문을 없애는 다른 방법은 atIndex가 이미 정의된 영역을 만들어낸다. 이런 영역으로 함수를 사용할 수 있다. 함수는 인자를 파라미터에 연결한 새 영역을 만들어 주기 때문이다. 대입문 뒤에 있는 모든 코드를 선택해서 emailAddress라는 함수로 추출하면 이런 영역을 만들 수 있다.

예제 9.4 [single-expressions.3:src/main/java/travelator/EmailAddress.kt]

```
fun parse(value: String): EmailAddress {
    val atIndex = value.lastIndexOf('@')
```

```
        return emailAddress(value, atIndex)
}

private fun emailAddress(value: String, atIndex: Int): EmailAddress {
    require(!(atIndex < 1 || atIndex == value.length - 1)) {
        "EmailAddress must be two parts separated by @"
    }
    return EmailAddress(
        value.substring(0, atIndex),
        value.substring(atIndex + 1)
    )
}
```

이제는 **atIndex** 파라미터가 결괏값으로 지정되기 때문에 **parse** 안에서는 **atIndex** 변수를 인라이닝할 수 있다.

예제 9.5 [single-expressions.4:src/main/java/travelator/EmailAddress.kt]

```
fun parse(value: String): EmailAddress {
    return emailAddress(value, value.lastIndexOf('@'))
}

private fun emailAddress(value: String, atIndex: Int): EmailAddress {
    require(!(atIndex < 1 || atIndex == value.length - 1)) {
        "EmailAddress must be two parts separated by @"
    }
    return EmailAddress(
        value.substring(0, atIndex),
        value.substring(atIndex + 1)
    )
}
```

이제 **parse**는 단일식이지만 **emailAddress(...)**는 단일식이 아니다. 따라서 아직은 승리를 선언할 수 없다. **require**가 계산이 계속 이어지는 것을 막아서 항상 문제를 일으킨다. 이 성질은 값을 계산해야 할 필요가 있는 식과는 반대다.

리팩터링을 하다 이런 교착상태에 빠질 때마다 문제의 원인을 인라이닝하면 전진할 방향이 보이곤 한다. 따라서 **require**를 인라이닝하자(잠시 불신을 내려놓자. 모든 것은 항상 개선되기 전에 악화되기 마련이다).

예제 9.6 [single-expressions.5:src/main/java/travelator/EmailAddress.kt]

```kotlin
private fun emailAddress(value: String, atIndex: Int): EmailAddress {
    if (!!(atIndex < 1 || atIndex == value.length - 1)) {
        val message = "EmailAddress must be two parts separated by @"
        throw IllegalArgumentException(message.toString())
    }
    return EmailAddress(
        value.substring(0, atIndex),
        value.substring(atIndex + 1)
    )
}
```

제거할 수 있는 중복이 엄청나게 많이 보인다. if 조건에서 Alt+Enter를 누르면 이중 부정 !! 를 없앨 수 있고, 불필요한 toString에서 Alt+Enter를 누르면 toString을 제거할 수 있다. 이렇게 하고 나면 message를 인라이닝할 수 있고, 결과는 다음과 같다.

예제 9.7 [single-expressions.6:src/main/java/travelator/EmailAddress.kt]

```kotlin
private fun emailAddress(value: String, atIndex: Int): EmailAddress {
    if ((atIndex < 1 || atIndex == value.length - 1)) {
        throw IllegalArgumentException(
            "EmailAddress must be two parts separated by @"
        )
    }
    return EmailAddress(
        value.substring(0, atIndex),
        value.substring(atIndex + 1)
    )
}
```

이제 else를 추가해서 구조를 살펴볼 수 있다.

예제 9.8 [single-expressions.7:src/main/java/travelator/EmailAddress.kt]

```kotlin
private fun emailAddress(value: String, atIndex: Int): EmailAddress {
    if ((atIndex < 1 || atIndex == value.length - 1)) {
        throw IllegalArgumentException(
            "EmailAddress must be two parts separated by @"
        )
```

```
        } else {
            return EmailAddress(
                value.substring(0, atIndex),
                value.substring(atIndex + 1)
            )
        }
    }
```

이제는 if로 선택이 되는 두 가지 문이 들어있는 함수가 됐다. 이 구조는 거의 단일식에 가깝기 때문에 IDE도 이를 느낄 수 있다. 이 if 문에서 Alt+Enter를 누르면 'Lift return out of 'if''를 제안한다(if 밖으로 return 끌어 올리기).

예제 9.9 [single-expressions.8:src/main/java/travelator/EmailAddress.kt]

```
private fun emailAddress(value: String, atIndex: Int): EmailAddress {
    return if ((atIndex < 1 || atIndex == value.length - 1)) {
        throw IllegalArgumentException(
            "EmailAddress must be two parts separated by @"
        )
    } else {
        EmailAddress(
            value.substring(0, atIndex),
            value.substring(atIndex + 1)
        )
    }
}
```

우리가 찾는 단일식이 여기 있다. return에서 Alt+Enter를 누르면 'Convert to expression body(식 본문으로 변환)'를 제안한다.

예제 9.10 [single-expressions.9:src/main/java/travelator/EmailAddress.kt]

```
private fun emailAddress(value: String, atIndex: Int): EmailAddress =
    if ((atIndex < 1 || atIndex == value.length - 1)) {
        throw IllegalArgumentException(
            "EmailAddress must be two parts separated by @"
        )
    } else {
        EmailAddress(
            value.substring(0, atIndex),
```

```
            value.substring(atIndex + 1)
        )
    }
```

함수를 단일식으로 정의할 때는 when이 if보다 더 명확한 경우가 자주 있다. if에서 Alt+Enter를 누르면 인텔리J가 이런 변환을 해 준다. 다음은 불필요한 괄호를 없애고, message를 인라이닝하고, 마지막으로 parse를 단일식으로 바꾼 코드를 보여 준다.

예제 9.11 [single-expressions.10:src/main/java/travelator/EmailAddress.kt]

```
fun parse(value: String) =
    emailAddress(value, value.lastIndexOf('@'))

private fun emailAddress(value: String, atIndex: Int): EmailAddress =
    when {
        atIndex < 1 || atIndex == value.length - 1 ->
            throw IllegalArgumentException(
                "EmailAddress must be two parts separated by @"
            )
        else -> EmailAddress(
            value.substring(0, atIndex),
            value.substring(atIndex + 1)
        )
    }
```

원래 코드는 다음과 같다. 비교해 보라.

예제 9.12 [single-expressions.11:src/main/java/travelator/EmailAddress.kt]

```
fun parse(value: String): EmailAddress {
    val atIndex = value.lastIndexOf('@')
    require(!(atIndex < 1 || atIndex == value.length - 1)) {
        "EmailAddress must be two parts separated by @"
    }
    return EmailAddress(
        value.substring(0, atIndex),
        value.substring(atIndex + 1)
    )
}
```

결과에 만족하는가?

그렇지 않다. 이제는 더 **긴** 코드가 있고, `emailAddress` 함수는 `atIndex`를 파라미터로 받는 것 외에는 별다른 가치를 더해 주는 것 같지 않다.

리팩터링은 탐험 과정인 경우가 많다. 우리는 목표를 염두에 두지만, 그 목표를 어떤 형태로 달성할지 항상 알 수는 없다. 함수를 단일식 형태로 만들려고 시도하면 코드가 개선되는 경우가 많다는 사실은 우리의 경험이지만, 이 예제에서 코드가 개선됐다고 감히 말할 수는 없다.

우리는 단일식 함수로 만들면 코드가 개선된다는 생각을 포기하거나, 현재 코드로부터 리팩터링을 더 진행해 원하는 결과를 얻기 위해 노력해볼 수 있다. 하지만 코드를 되돌리고 세 번째 접근을 시도해 보자. 이때 우리가 방금 얻은 경험을 활용할 수 있다.

9.3 테이크 3: let

`emailAddress` 함수를 추출했던 이유는 `atIndex` 값을 따로 지역 변수에 저장하지 않아도 블록 영역 안에서 해당 값을 참조하고 싶어서였다. 여기서 필요한 값이 하나뿐이기 때문에 `let` 블록을 사용하면 함수를 정의하지 않아도 이런 영역을 만들 수 있다. 먼저 대입문 다음에 오는 코드를 `let`으로 둘러싸는 것부터 시작해 작은 단계들을 거쳐서 최종 목표에 도달할 수 있다.

예제 9.13 [single-expressions.12:src/main/java/travelator/EmailAddress.kt]

```kotlin
fun parse(value: String): EmailAddress {
    val atIndex = value.lastIndexOf('@')
    atIndex.let {
        require(!(atIndex < 1 || atIndex == value.length - 1)) {
            "EmailAddress must be two parts separated by @"
        }
        return EmailAddress(
            value.substring(0, atIndex),
            value.substring(atIndex + 1)
        )
    }
}
```

이제 return을 let 밖으로 빼낼 수 있다. 불행히도 인텔리J가 이 과정을 도와주지는 않는다.

예제 9.14 [single-expressions.13:src/main/java/travelator/EmailAddress.kt]

```kotlin
fun parse(value: String): EmailAddress {
    val atIndex = value.lastIndexOf('@')
    return atIndex.let {
        require(!(atIndex < 1 || atIndex == value.length - 1)) {
            "EmailAddress must be two parts separated by @"
        }
        EmailAddress(
            value.substring(0, atIndex),
            value.substring(atIndex + 1)
        )
    }
}
```

지금 현재 let 블록 안의 atIndex는 우리가 제거하고 싶어 하는 지역 변수를 가리킨다. 람다 파라미터로 같은 이름을 지정하면 지역변수 대신 람다 파라미터 값을 쓰게 된다.

예제 9.15 [single-expressions.14:src/main/java/travelator/EmailAddress.kt]

```kotlin
fun parse(value: String): EmailAddress {
    val atIndex = value.lastIndexOf('@')
    return atIndex.let { atIndex ->          ❶
        require(!(atIndex < 1 || atIndex == value.length - 1)) {
            "EmailAddress must be two parts separated by @"
        }
        EmailAddress(
            value.substring(0, atIndex),
            value.substring(atIndex + 1)
        )
    }
}
```

❶ Warning Name shadowed: atIndex 경고가 발생하는데, 바로 우리가 원하는 게 바로 이름 가림name shadowing이다.

atIndex 변수를 인라이닝하면 단일식이 생긴다.

예제 9.16 [single-expressions.15:src/main/java/travelator/EmailAddress.kt]

```kotlin
fun parse(value: String): EmailAddress {
    return value.lastIndexOf('@').let { atIndex ->
        require(!(atIndex < 1 || atIndex == value.length - 1)) {
            "EmailAddress must be two parts separated by @"
        }
        EmailAddress(
            value.substring(0, atIndex),
            value.substring(atIndex + 1)
        )
    }
}
```

return에서 Alt+Enter를 누르고 'Convert to expression body(식 본문으로 변환)'를 선택한 결과는 다음과 같다.

예제 9.17 [single-expressions.16:src/main/java/travelator/EmailAddress.kt]

```kotlin
fun parse(value: String): EmailAddress =
    value.lastIndexOf('@').let { atIndex ->
        require(!(atIndex < 1 || atIndex == value.length - 1)) {
            "EmailAddress must be two parts separated by @"
        }
        EmailAddress(
            value.substring(0, atIndex),
            value.substring(atIndex + 1)
        )
    }
```

이제 돌아가지 않아도 되는 지점[3]에 이르렀다! 이 결과에 만족하는가?

덩컨이 이 내용을 작성했다. 그는 리팩터링 단계를 15개 거쳐서 여기까지 왔다는 사실에 꽤 안도감을 **느낀다**. 이 예제는 단일식 함수에 도달하기 위해 사용할 수 있는 트릭을 보여 주려는 목적으로 작성됐다. 하지만 덩컨은 이 예제가 단일식을 추구하면 상당한 개선을 얻을 수 있다는 사실을 잘 보여 준다고 확신하지는 못한다. 여전히 코드가 길고, 긴 코드 중 어느 부분에서도

---

3 옮긴이_ 영어로는 'the point of no return'인데, 여기서는 return 문의 return과 되돌아간다는 뜻의 return이 같은 단어임을 이용한 말장난이다.

유지 비용보다 그 코드의 존재로 인해 얻을 수 있는 이익이 더 커 보이지는 않는다.

추상화 수준을 끌어 올리면 코드를 더 개선할 수 있을까? 네 번째 방법을 시도해 보자.

9.4 테이크 4: 한 걸음 물러서기

기계적인 리팩터링에서 벗어나면, 우리가 하는 일이 문자열을 특정 문자(여기서는 @)를 기준으로 2개의 비어있지 않은 문자열로 분리하고 이 두 문자열로부터 EmailAddress를 생성하는 것이라는 점을 알 수 있다. 어떤 문자로 구분된 두 개의 비어있지 않은 문자열을 찾는 문제는 별도로 리팩터링할 수 있는 고차원적인 개념처럼 보인다.

마지막으로 한 번 더 코드를 원래대로 돌리면 다음과 같다.

예제 9.18 [single-expressions.17:src/main/java/travelator/EmailAddress.kt]

```kotlin
fun parse(value: String): EmailAddress {
    val atIndex = value.lastIndexOf('@')
    require(!(atIndex < 1 || atIndex == value.length - 1)) {
        "EmailAddress must be two parts separated by @"
    }
    return EmailAddress(
        value.substring(0, atIndex),
        value.substring(atIndex + 1)
    )
}
```

이번에는 atIndex에 집중하지 않고 substring 호출에 집중하자. 이들을 별도의 변수로 끌어낼 수 있다.

예제 9.19 [single-expressions.18:src/main/java/travelator/EmailAddress.kt]

```kotlin
fun parse(value: String): EmailAddress {
    val atIndex = value.lastIndexOf('@')
    require(!(atIndex < 1 || atIndex == value.length - 1)) {
        "EmailAddress must be two parts separated by @"
    }
```

```
        val leftPart = value.substring(0, atIndex)
        val rightPart = value.substring(atIndex + 1)
        return EmailAddress(
            leftPart,
            rightPart
        )
    }
```

이제 한 번 더 느낌대로 코드를 변경하자. 반환문을 제외한 나머지 부분을 함수로 추출할 수 있다.

예제 9.20 [single-expressions.19:src/main/java/travelator/EmailAddress.kt]

```
fun parse(value: String): EmailAddress {
    val (leftPart, rightPart) = split(value)
    return EmailAddress(
        leftPart,
        rightPart
    )
}

private fun split(value: String): Pair<String, String> {
    val atIndex = value.lastIndexOf('@')
    require(!(atIndex < 1 || atIndex == value.length - 1)) {
        "EmailAddress must be two parts separated by @"
    }
    val leftPart = value.substring(0, atIndex)
    val rightPart = value.substring(atIndex + 1)
    return Pair(leftPart, rightPart)
}
```

인텔리J는 여기서 상당히 영리해서, 결과로 반환할 값이 2개라는 사실을 알고 결과를 Pair로 묶어 준다.

split의 구분 문자를 파라미터화하면 다른 데서도 쓸 수 있는 더 일반적인 함수가 될 수 있어 보인다. '@'에서 'Introduce Parameter(파라미터 도입)'를 실행하면 그렇게 할 수 있다. 이 상태에서 value에 대해 'Convert parameter to receiver(파라미터를 수신 객체로 변환)'를 적용하면 작은 지역 확장 함수가 생긴다.

예제 9.21 [single-expressions.20:src/main/java/travelator/EmailAddress.kt]

```kotlin
fun parse(value: String): EmailAddress {
    val (leftPart, rightPart) = value.split('@')
    return EmailAddress(
        leftPart,
        rightPart
    )
}

private fun String.split(divider: Char): Pair<String, String> {
    val atIndex = lastIndexOf(divider)
    require(!(atIndex < 1 || atIndex == length - 1)) {
        "EmailAddress must be two parts separated by @"
    }
    val leftPart = substring(0, atIndex)
    val rightPart = substring(atIndex + 1)
    return Pair(leftPart, rightPart)
}
```

이제 예전에 했던 것처럼 let을 도입할 수 있다. let을 적용한 코드는 다음과 같다.

예제 9.22 [single-expressions.21:src/main/java/travelator/EmailAddress.kt]

```kotlin
fun parse(value: String): EmailAddress =
    value.split('@').let { (leftPart, rightPart) ->
        EmailAddress(leftPart, rightPart)
    }
```

코드가 드디어 노력한 보람이 있는 단일식 함수가 됐다.

마지막으로 이번 장에서 보여 준 기법을 split에 적용해서 split을 단일식 함수로 만들 수 있다. 다음은 최종 EmailAddress.kt 코드다.

예제 9.23 [single-expressions.22:src/main/java/travelator/EmailAddress.kt]

```kotlin
data class EmailAddress(
    val localPart: String,
    val domain: String
) {
```

```kotlin
    override fun toString() = "$localPart@$domain"

    companion object {
        @JvmStatic
        fun parse(value: String): EmailAddress =
            value.splitAroundLast('@').let { (leftPart, rightPart) ->
                EmailAddress(leftPart, rightPart)
            }
    }
}

private fun String.splitAroundLast(divider: Char): Pair<String, String> =
    lastIndexOf(divider).let { index ->
        require(index >= 1 && index != length - 1) {
            "string must be two non-empty parts separated by $divider"
        }
        substring(0, index) to substring(index + 1)
    }
```

splitAroundLast가 표준 라이브러리의 String.split과 충돌하지 않는 더 좋은 이름처럼 보인다. 그리고 이 이름은 문자열을 나누는 구분자의 양쪽이 모두 비어있지 않아야 한다는 사실을 알려 준다. **around**는, 이런 단어를 식별자에 쓰는 경우는 드물기 때문에, 코드를 읽는 독자에게 함수가 무슨 일을 할지 가정했던 생각을 버리고 실제 코드를 살펴봐야 한다는 사실을 알려 준다.

splitAroundLast가 일반적으로 적용할 만한 유틸리티 함수라고 느껴지기는 하지만, 이 함수를 공개하면 그에 따른 단위 테스트를 작성해야만 할 것이다. 하지만 오늘은 시간을 많이 썼기 때문에, 필요할 때 String.splitAroundLast가 여기 있다는 사실만 마음속에 새겨두고, 최종 변경 내용을 커밋한다.

parse가 무엇을 반환해야 할까?

예제를 떠나기 전에, parse에서 오류가 발생했을 때 예외를 던지지 않으면 훨씬 더 리팩터링이 쉬워진다는 점을 알아두자. throw는 Nothing을 반환하는 식이다(Nothing은 함수나 식 계산이 값으로 끝나지 않는다는 사실을 드러낸다). 따라서 throw를 식으로 분해하려고 하면 아귀가 잘 들어맞지 않는다. 19장에서는 이에 대해 자세히 다루겠지만, EmailAddress를 처음부터 코틀린으로 작성했다면 아마 parse가 EmailAddress?를 반환하게 해서 실패 시 null을 돌려주게 했을 것이다. 이런 방식은 자바 클라이언트와 잘 들어맞지 않는다. 자바에서는 타입 시스템이 널가능성에 대해 경고해 주지 못하기 때문이다. 따라서 parse 메서드가 레거시 코드를 위한 버전과 코틀린을 위한 버전으로 나누고, 자바 클라이언트가 사라지면 예외를 던지는 버전을 제거해야 할 수도 있다. 자바에서 코틀린으로 점진적으로 변환하는 과정에서 두 언어의 관습을 함께 지원하는 방법에 대해서는 12장에서 설명한다.

9.5 다음으로 나아가기

계산을 단일식 함수로 정의하면 이들이 부수 효과를 내는 동작과는 다르다는 사실을 알려줄 수 있다. 함수를 단일식으로 표현하려고 노력하는 것은 잘 구분된 깔끔한 코드로 이끌어 주는 좋은 규범이 될 수 있다. 단일식 형태를 얻기 위해 보통 하위식을 별도의 함수로 분리한다.

단일식 형태는 선언적이다. 함수 결과를 기술하는 식은 컴퓨터가 결과를 얻기 위해 수행해야 하는 동작보다는 함수 파라미터를 기반으로 기술된다. 하위식을 자체 함수로 분리하려면 각 하위식의 의미에 대해 생각해야만 하기 때문에 더 깔끔한 코드를 작성하도록 우리를 이끌어 준다. 예를 들어 String.splitAroundLast('@')은 emailAddress(value: String, atIndex: Int)보다 우리가 계산하려는 목표를 더 명확히 보여 준다.

더 깊은 수준에서 이번 장은 단일식 이상의 내용을 다룬다. 이번 장은 우리가 코드의 동작을 바꾸지 않으면서 코드를 재배열하는 방법을 다룬다. 식과 문을 여러 가지 다른 방식으로 배열하면서도 같은 행동 방식을 보이게 할 수 있다. 리팩터링은 더 나은 배열을 찾는 기술이며, 더 나은 배열에 안전하게 도달하기 위한 기술이다. 더 많은 배열을 마음속에 그림처럼 그릴 수 있고 더 많은 안전한 경로를 계획할 수 있을 때 코드를 개선할 수 있는 더 많은 선택지를 가질 수 있다.

모든 리팩터링이 최초의 시도나 두세 번의 시도 만에 성공할 수는 없다. 개발자인 우리가 항상 여러 번 시도해볼 수 있는 사치를 누리기는 힘들지만, 코드를 통해 우리 의사를 더 잘 표현하도록 개선하는 연습을 하면 할수록, 리팩터링을 (어쩔 수 없이) 중간에 포기하고 다음으로 진행해야 하는 상황에 이르기 전에 개선된 코드에 더 자주 도달할 수 있다.

함수에서
확장 함수로

코틀린에는 확장 함수라는 특별한 유형의 프로시저가 있다. 확장 함수는 메서드처럼 호출할 수 있지만 실제로는 (보통) 최상위 함수다. 일반 함수를 확장 함수로 쉽게 변환할 수 있고, 역으로 확장 함수를 일반 함수로도 쉽게 변환할 수 있다. 언제 확장 함수를 우선 사용해야 하고, 언제 일반 함수를 더 선호해야 할까?

10.1 함수와 메서드

객체 지향 프로그래밍은 메시지를 객체에 보내서 문제를 해결하는 기술이다. myString의 길이를 알고 싶은가? 그 객체에 myString.length()라고 메시지를 보내라. 콘솔에 문자열을 출력하고 싶은가? 문자열을 메시지에 넣고 콘솔을 표현하는 객체에 System.out.println(myString)처럼 출력을 요청하라. 고전적인 객체 지향 언어에서는 클래스에 메서드를 정의해서 객체가 메시지에 반응하는 방법을 정의한다. 메서드는 자신이 정의된 클래스와 엮이며, 특정 인스턴스의 멤버(필드와 다른 메서드)에 접근할 수 있다. 메서드를 호출하면 런타임 시스템이 (객체의 실행 시점 타입에 따라) 올바른 메서드가 호출되도록 처리해 주고, 메서드가 인스턴스의 상태에 접근할 수 있게 해 준다.

반대로 함수형 프로그래밍에서는 값을 사용해 함수를 호출함으로써 문제를 해결한다. myString의 길이를 알고 싶으면 length(myString)처럼 함수에 값을 넘긴다. 콘솔에 문자열을 출력할 때는 println(myString)을 호출하고, 다른 장치에 문자열을 출력하고 싶다면 println(myString, System.err) 같이 원하는 장치를 함수에 전달해야 한다. 함수는 타입 **위에** 정의되지 않고, 함수의 파라미터와 결과가 타입을 **소유**한다.

두 패러다임에는 장단점이 있다. 하지만 지금은 단지 발견 가능성과 확장성만 고려하자.

다음 코드는 Customer 타입이다.

```
data class Customer(
    val id: String,
    val givenName: String,
    val familyName: String
) {
    ...
}
```

이 타입은 클래스다. 따라서 id, givenName, familyName을 알아내기 위해 메시지를 보낼 수 있다는 사실을 뻔히 알 수 있다. 다른 연산은 어떨까? 클래스 기반 시스템이라면 화면을 스크롤하면서 우리가 보낼 수 있는 다른 메시지를 살펴봐야 한다.

```
data class Customer(
    val id: String,
    val givenName: String,
    val familyName: String
) {
    val fullName get() = "$givenName $familyName"
}
```

때로는 메서드 정의를 찾아볼 필요조차 없을 때도 있다. val customer: Customer라는 변수가 있는데, customer.까지 타이핑하면 IDE가 id, givenName, familyName, fullName을 호출할 수 있다고 알려 준다. 실제로 이런 자동완성은 클래스 정의를 들여다보는 것보다 여러 가지로 더 나은데, 언어가 암시적으로 제공하는 연산이나 상위 타입에 정의된 다른 연산(equals, copy 등)도 보여 주기 때문이다.

함수형으로 문제를 분해하는 경우 fullName은 함수일 테고, 이런 함수가 있는지 의심스러운 경우 코드 기반을 모두 살펴봐야 한다. 이런 경우 찾아봐야 하는 함수는 유일한 인자가

Customer 타입인 모든 함수다. 이런 경우 인텔리J에서 도움을 받기가 놀랍도록 어렵다. 파라미터 타입에 따라 묶은 'Find Usages(사용된 코드 찾기)'를 사용하면 되지만 전혀 편리하지 않다. 실무에서는 Customer 정의와 그와 관련 있는 기본 연산을 서로 가까운 소스 코드 위치에서 찾고 싶을 것이다. 아마도 같은 파일이나 최소한 같은 이름공간에 이런 요소들이 함께 있고 그 위치로 가면 원하는 타입에 적용할 수 있는 함수를 찾을 수 있기를 바라지만, 우리가 사용하는 도구는 지금까지 큰 도움이 되지 못했다.

따라서 발견 가능성이라는 측면에서는 객체 지향에 1점을 주자. 확장성은 어떨까? Customer 에 연산을 추가하고 싶다면 어떻게 해야 할까? 마케팅 팀에서 몇몇 보고서에서는 familyName 을 대문자로 하고 성을 이름보다 먼저 쓰는 형태로 표시하고 싶어 한다(얼마나 단순한 예제가 필요하든 관계없이 우리가 마케팅 쪽을 탓하는 것을 눈치챈 독자도 있을 것이다).

코드를 우리가 소유하고 있다면 그냥 메서드를 추가할 수 있다.

```
data class Customer(
    val id: String,
    val givenName: String,
    val familyName: String
) {
    val fullName get() = "$givenName $familyName"
    fun nameForMarketing() = "${familyName.uppercase()}, $givenName}"
}
```

코드를 소유하지 않았다면 메서드를 추가할 수 없다. 따라서 어쩔 수 없이 함수를 사용해야 한다. 자바에서는 Marketing이나 CustomerUtils 같은 이름의 클래스 안에 이런 정적 함수를 모아둘 수 있다. 코틀린에서는 이런 함수를 최상위 함수로 정의할 수 있지만(8장), 원칙은 동일하다.

```
fun nameForMarketing(customer: Customer) =
    "${customer.familyName.uppercase()}, $customer.givenName}"
```

함수형 프로그래밍에서는 어떤 해법을 쓸까? 음, 바로 이게 함수형 해법이기도 하다. 따라서 저자들 생각에는 함수형 해법이 확장성이 더 낫다. 함수형 해법에서는 코드를 원래 작성한 사람이 제공하는 연산(fullName)과 확장 연산을 구분할 수 없지만, 객체 지향 해법에서는 (원본 코드의 소유권에 따라) 메서드와 함수라는 두 가지 형태를 모두 찾아봐야만 하기 때문이다.

Customer 클래스의 소유권이 우리에게 **있다고** 해도, nameForMarketing 같은 메서드 추가를 주저할 수 있다. Customer 클래스가 애플리케이션의 토대가 되는 도메인 클래스이라면 다른 많은 코드가 이 클래스에 의존할 수 있다. 마케팅을 위해 보고서를 추가하기 위해 모든 소스 코드를 다시 컴파일하고 테스트해서는 안 되겠지만, 메서드를 추가한다면 컴파일과 테스트를 다시 해야만 한다. 따라서 Customer를 가능한 한 작게 유지하고 핵심이 아닌 연산을 외부 함수로 만드는 게 낫다. 이렇게 함으로써 메서드일때 보다 발견 가능성이 더 떨어진다고 해도 말이다.

하지만 코틀린에서는 이런 함수를 우리가 설명했던 것처럼 찾기 어려워야만 할 이유가 없다. 이런 함수를 확장 함수로 정의할 수 있기 때문이다.

10.2 확장 함수

코틀린 확장 함수는 메서드처럼 보이지만 실제로는 그냥 함수다. (8장에서 본 것처럼 기술적으로 이들은 메서드이기도 **하다**. JVM에서는 모든 코드가 메서드 안에 정의되어야만 하기 때문이다. 10.9절 '확장 함수를 메서드로 정의하기'에서 확장 함수를 실제로 다른 클래스의 비정적 메서드로 정의할 수도 있다는 사실을 살펴본다.)

이름이 암시하듯이 확장 함수는 어떤 타입에 적용할 수 있는 연산을 **확장**할 수 있게 해 준다. 확장 함수는 메서드가 제공하는 직관적인 마침표에 의한 메시지 전송 관습을 지원하면서 일반 메서드처럼 Ctrl+Space를 눌렀을 때 발견될 수 있다.

다음과 같이 확장 함수를 정의하면,

```
fun Customer.nameForMarketing() = "${familyName.uppercase()}, $givenName}"
```

메서드인 것처럼 이 함수를 호출할 수 있다.

```
val s = customer.nameForMarketing()
```

인텔리J는 진짜 메서드와 함께 확장 함수도 자동으로 제안하며, 이때 현재 영역에 임포트되지 않은 확장도 포함시켜준다.

자바에서는 그렇게 도움이 되지 않는다. 자바에서는 확장 함수가 정적 함수로 보인다.

```
var s = MarketingStuffKt.nameForMarketing(customer);
```

MarketingStuffKt는 우리가 정의한 최상위 선언을 정적 메서드로 포함하는 클래스의 이름이다. 이에 대해서는 8장을 보라.

흥미롭게도 코틀린에서 자바와 같은 방식으로 확장 함수를 호출할 수는 없다.

```
nameForMarketing(customer) // 컴파일되지 않음
```

이 코드는 컴파일이 되지 않으며 다음과 같은 오류를 발생시킨다.

```
Unresolved reference. None of the following candidates is applicable
because of receiver type mismatch: public fun Customer.nameForMarket
ing(): String ....
```

한편 **수신 객체**는 코틀린 확장 함수(또는 일반 메서드) 안에서 this로 이름이 붙은 객체애 대해 사용하는 용어다. 즉, 수신 객체는 메시지를 받을 객체를 말한다.

확장 함수가 자신이 확장하는 클래스의 비공개 멤버에 대한 특별한 접근 권한을 부여받지 않는다는 사실에 유의하라. 확장 함수는 자신이 정의된 영역에 있는 일반 함수와 똑같은 권한을 가진다.

10.3 확장 함수의 타입과 함수의 타입

코틀린에서 확장 함수를 일반 함수처럼 호출할 수는 없지만, 확장 함수를 일반 함수의 참조에 대입할 수는 있다. 따라서 다음 예제는 컴파일이 잘 된다.

```
val methodReference: (Customer.() -> String) =
    Customer::fullName
val extensionFunctionReference: (Customer.() -> String) =
    Customer::nameForMarketing

val methodAsFunctionReference: (Customer) -> String =
    methodReference
val extensionAsFunctionReference: (Customer) -> String =
    extensionFunctionReference
```

각 참조의 타입에 따라 예상대로 이들을 호출할 수 있다.

```
customer.methodReference()
customer.extensionFunctionReference()

methodAsFunctionReference(customer)
extensionAsFunctionReference(customer)
```

확장 함수에 대한 참조의 경우 마치 수신 객체가 첫 번째 인자인 것처럼 수신 객체를 사용하는 (with-receiver) 참조를 사용해 호출할 수도 있다.

```
methodReference(customer)
extensionFunctionReference(customer)
```

하지만 일반 함수에 대한 참조를 수신 객체가 있는 것처럼 호출할 수는 없다. 다음 두 줄은 모두 Unresolved reference 오류를 발생시키면서 컴파일이 실패한다.

```
customer.methodAsFunctionReference()
customer.extensionAsFunctionReference()
```

10.4 확장 프로퍼티

코틀린은 확장 프로퍼티도 지원한다. 11장에서 설명하겠지만 코틀린 프로퍼티 접근자는 실제로는 메서드 호출이다. 확장 함수가 메서드처럼 호출될 수 있는 정적 함수인 것처럼, 확장 프로퍼티는 프로퍼티(실제로는 메서드임)처럼 호출할 수 있는 정적 함수다. 확장 프로퍼티는 실제 클래스에 필드를 추가할 수 없으므로 확장 프로퍼티에 데이터를 저장할 수는 없고, 값을 계산해 돌려줄 수만 있다.

nameForMarketing 함수를 확장 **프로퍼티**로 정의할 수도 있었다.

```
val Customer.nameForMarketing get() = "${familyName.uppercase()}, $givenName}"
```

실제로는 이 함수는 프로퍼티로 정의했어야만 한다. 이유에 대해서는 11장에서 설명한다.

우리가 특별히 언급하지 않는 한, 확장 함수에 대해 언급한 내용 중 상당수는 확장 프로퍼티에도 적용된다.

> **WARNING_ 확장은 다형적이지 않다**
> 확장 함수 호출이 메서드 호출처럼 보이지만, 실제로 확장 함수는 객체에 메시지를 보내는 것과 같지 않다. 다형적인 메서드 호출의 경우 코틀린은 실행 시점에 수신 객체의 동적 타입을 사용해 어떤 메서드를 실행할지 결정한다. 확장의 경우 코틀린은 컴파일 시점에 수신 객체의 정적 타입을 바탕으로 어떤 함수를 호출할지 결정한다.
> 다형적으로 확장 함수를 사용해야 할 필요가 있다면 보통은 확장 함수에서 다형적인 메서드를 호출하는 방식으로 이런 필요를 만족시킨다.

10.5 변환

지금까지는 타입에 연산을 추가하는 확장 함수에 대해 살펴봤다. 이런 확장 함수의 흔한 예로 한 타입에서 다른 타입으로 변환하는 연산을 들 수 있다. 트래블레이터에는 고객 상세 정보를 JSON과 XML로 변환하거나 역방향으로 변환하는 기능이 필요하다. JsonNode를 어떻게 Customer로 변환할 수 있을까?

변환에 필요한 정보를 추출하는 Customer(JsonNode) 생성자를 추가할 수도 있다. 하지만 Customer 클래스를 특정 JSON 라이브러리에 의존적으로 만드는 오염은 바람직하지 않은 것처럼 느껴진다. JSON 다음에는 XML을 추가할 수 있을 것이고, 그 다음에는 또 뭘 더 덧붙이게 될까? 마찬가지 논리를 JsonNode 클래스쪽에 변환 함수를 추가하는 방법에 대해서도 적용할 수 있다. 설령 우리가 JsonNode의 코드를 변경할 수 **있다고** 해도, 필요할 때마다 JsonNode.toMyDomainType() 메서드를 추가하는 방식은 금방 관리가 어려운 수준에 도달하기 마련이다.

자바에서는 다음과 같은 유틸리티 함수를 모아둔 클래스를 작성할 수 있다.

```
static Customer toCustomer(JsonNode node) {
    ...
}
```

다음과 같이 이름을 붙이는 쪽을 선호한다.

```
static Customer customerFrom(JsonNode node) {
    ...
}
```

변환 함수의 이름을 어떻게 붙일까

JsonNode를 Customer로 변환하는 함수를 nodeToCustomer, createCustomer, toCustomer, customerFrom, customerFor 등으로 부를 수 있다. 왜 customerFrom이라는 이름을 택했을까? 호출되는 방식에 따라 각각이 어떤 식으로 보일지 생각해 보자.

nodeToCustomer는 좋다. 하지만 호출할 때 node가 반복되서 약간 거슬린다.

```
var customer = nodeToCustomer(node)
```

createCustomer도 좋지만 node와 customer 사이의 관계에 대해 아무 힌트도 주지 않는다.

```
var customer = createCustomer(node)
```

toCustomer는 Customer를 만들기 위해 필요한 모든 정보가 node에 들어있어야 한다는 사실을 알려 주지만, 영어의 흐름과 자연스럽게 들어맞지 않는다.

```
var customer = toCustomer(node)
```

우리가 선호하는 customerFrom은 영어 흐름과 맞아떨어지면서 node로부터 customer 데이터를 추출한다는 힌트를 준다.

```
var customer = customerFrom(node)
```

customerFor를 시도할 수도 있다. 이 이름도 흐름이 매끄럽다.

```
var customer = customerFor(node)
```

하지만 customerFor는 파싱^{parsing}과는 다른 의미를 암시한다. **For**라는 영어 단어는 phoneNumberFor(customer)(고객의 전화번호를 찾음)처럼 검색의 의미라던지, wheelFor(bicycle)(자전거의 부속품인 바퀴)처럼 합성을 뜻한다.

이런 구분이 실제로 문제가 될까? 거의 그렇지 않을 것이고, 팀원이나 고객이 네이티브 영어 화자가 아니라면 각 영어 표현의 미묘한 의미 차이에 기대는 일을 주의해야 한다. 하지만 가능한 최선의 단어를 찾아 사용하지 않을 이유는 없다. createCustomer(node)와 비교한다면, customerFrom(node)이라는 용법을 사용하면 코드 독자가 두 번 생각할 필요 없이 한 번에 무슨 일이 벌어지는지 이해하는 데 도움이 되거나, 오류를 일으킬 수 있는 잘못된 가정을 방지하는 데 도움이 될 수 있다. 코드가 맥락에 따라 어떻게 읽히는지를 최적화하면 사소하지만 중요한 개선을 이룰 수 있다.

이런 변환들을 개별적으로 호출하는건 그렇게 끔찍하지 않다.

```
var customer = customerFrom(node);
var marketingName = nameForMarketing(customer);
```

하지만 함수를 합성하기 시작하면 모든 게 엉망이 된다.

```
var marketingLength = nameForMarketing(customerFrom(node)).length();
```

우리는 모두 개발자이고, 함수 호출을 읽는 데 익숙하다. 따라서 가장 안쪽 호출을 찾고, 함수와 메서드 호출을 쫓아가면서 어떻게 식이 평가될지 계산하는 데 드는 인지적 부하를 과소평가하기 쉽다. 개발자들은 어떤 값을 계산하느냐를 평가하는 인지적 부하뿐 아니라 평가 순서를 파악하는 데 드는 인지적 부하도 무시하고는 한다. 코틀린에서는 변환을 JsonNode의 확장으로 작성할 수 있어서 왼쪽에서 오른쪽으로 흐르는 부드러운 단어 흐름을 만끽할 수 있다.

```
fun JsonNode.toCustomer(): Customer = ...

val marketingLength = jsonNode.toCustomer().nameForMarketing().length
```

훨씬 읽기 편하다.

10.6 널이 될 수 있는 파라미터

선택적인 데이터를 다룰 경우 확장이 정말 중요한 위치를 차지한다. null이 될 수 있는 가능성이 있는 객체에 메시지를 보내려면, 4장에서 본 안전한 호출 연산자 ?.를 쓸 수 있다. 하지만 안전한 호출 연산자는 파라미터에서는 도움이 되지 않는다. 널이 될 수 있는 참조를 널이 아닌 파라미터를 취하는 함수에 전달할때는 조건문으로 호출을 감싸야 한다.

```
val customer: Customer? = loggedInCustomer()
val greeting: String? = when (customer) {
    null -> null
    else -> greetingForCustomer(customer)
}
```

let, apply, also 등의 코틀린 **영역 함수**scoping function가 이럴때 도움이 된다. 특히 let은 수신 객체를 람다의 파라미터로 바꿔준다.

```
val customer: Customer? = loggedInCustomer()
val greeting: String? = customer?.let { greetingForCustomer(it) }
```

여기서 ?.는 customer가 null이 아닐 때만 let이 호출되도록 보장한다. 따라서 람다의 파라미터인 it은 결코 널이 될 수 없고, 람다의 본문 안에서 (널이 아닌 파라미터를 받는) 함수에 전달할 수 있다. ?.let을 (단일) 인자를 위한 안전한 호출 연산이라고 생각할 수 있다.

함수가 널이 될 수 있는 결과를 반환하고 그 결과를 널이 아닌 파라미터를 받는 함수에 전달해야만 한다면, 영역 함수가 꼬이기 시작한다.

```
val customer: Customer? = loggedInCustomer()

val reminder: String? = customer?.let {
    nextTripForCustomer(it)?.let {
        timeUntilDepartureOfTrip(it, currentTime)?.let {
            durationToUserFriendlyText(it) + " until your next trip!"
        }
    }
}
```

내포된 호출을 let을 사용해 파이프라인으로 만든 호출로 펼치면 추가된 모든 메커니즘이 문법적인 잡음을 일으키며, 코드의 **의도**를 흐릿하게 만든다.

```
val reminder: String? = customer
    ?.let { nextTripForCustomer(it) }
    ?.let { timeUntilDepartureOfTrip(it, currentTime) }
    ?.let { durationToUserFriendlyText(it) }
    ?.let { it + " until your next trip!" }
```

문제가 되는 파라미터를 확장 함수의 수신 객체로 만들면 호출을 직접 연결해서 애플리케이션 로직이 드러나게 할 수 있다.

```
val reminder: String? = customer
    ?.nextTrip()
    ?.timeUntilDeparture(currentTime)
    ?.toUserFriendlyText()
    ?.plus(" until your next trip!")
```

우리는 처음 코틀린을 채택한 후 얼마 되지 않아 확장과 널 가능성이 선순환을 이룬다는 사실을 발견했다. 확장 함수를 사용하면 선택적인 데이터를 더 쉽게 처리할 수 있으므로, 우리는 확장을 파일 내에서만 쓸 수 있게 정의하거나 로직을 더 쉽게 작성하기 위해 함수를 확장으로 리팩터링했다. 그리고 이런 확장의 이름이 그와 동등한 함수의 의도를 흐리는 이름보다 더 간결하다는 사실도 깨달았다. 그 결과 애플리케이션 로직을 간결하게 만들기 위해 더 많은 확장을 작성했다. 비공개 확장이 다른 곳에서도 유용하다는 사실이 드러나곤 했고, 그럴 때마다 비공개 확장을 더 쉽게 공유할 수 있는 공통 모듈로 옮겼다. 이를 통해 애플리케이션의 다른 부분에서도 선택적인 정보를 더 쉽게 쓸 수 있게 됐고, 그에 따라 더 많은 확장을 작성하게 됐으며, 다시 그에 따라 애플리케이션 로직이 더 간결해지는 등 이런 일이 반복됐다.

확장이 제3자가 작성한 타입을 확장하기 위한 방식으로 광고되지만, 확장이 제공하는 간결성과 타입 시스템이 제공하는 널 가능성은 우리 자신의 타입에 대해서도 확장을 더 많이 정의하도록 한다. 코틀린의 결 중 일부분은 이런 특성이 서로 엮여서 우리가 프로그래밍을 진행하는 길을 평탄하게 해 준다.

10.7 널이 될 수 있는 수신 객체

메서드 호출과 함수 호출의 큰 차이는 null 참조를 취급하는 방법에 있다. null인 참조가 있어도 이 참조에 메시지를 보낼 수는 없다. 왜냐하면 메시지를 전달할 대상이 없기 때문이다. JVM에서는 널 참조에 메시지를 보내면 NullPointerException이 발생한다. 반대로 null인 **파라미터**를 가질 수는 있다. 널을 사용해 할 수 있는 일이 무엇일지에 대해서는 알 수 없지만, 널 파라미터가 있다고 해서 실행 시점에 호출할 함수를 찾지 못하는 일은 없다.

확장 함수의 수신 객체는 실제로는 파라미터이기 때문에 null일 수도 **있다**. 따라서 anObject.method()와 anObject.extensionFunction()은 겉보기에는 동등한 호출로 보이지만, anObject가 null이면 method가 절대로 호출될 수 없는 반면 extensionFunction은 수신 객체의 타입이 널이 될 수 있는 타입인 경우 anObject가 null이어도 호출될 수 있다.

이런 특성을 사용해 앞에서 본 파이프라인에서 안내문을 생성하는 각 단계를 Trip?의 확장으로 추출할 수 있다.

```
fun Trip?.reminderAt(currentTime: ZonedDateTime): String? =
    this?.timeUntilDeparture(currentTime)
```

```
        ?.toUserFriendlyText()
        ?.plus(" until your next trip!")
```

확장 안에서 this를 역참조할 때 안전한 호출 연산자를 사용했다는 점에 유의하라. this가 메서드 안에서는 결코 null일 수 없지만 확장 함수의 안에서는 null일 수도 있다. 자바 개발자라면 this가 널일 수 없으므로 널인 this에 놀라겠지만 확장의 경우 코틀린에서는 this를 다른 널이 될 수 있는 파라미터와 마찬가지로 취급한다.

널이 될 수 있는 Trip 타입에 대해 ?.라는 잡음을 발생시키지 않으면서 이 함수를 호출할 수 있다.

```
val reminder: String? = customer.nextTrip().reminderAt(currentTime)
```

반면, 이제는 호출하는 함수의 널 가능성 흐름을 더 알아보기 어려워졌다. 타입 검사를 통과하지만, 확장을 호출하는 코드에서는 널 가능성이 눈에 보이지 않기 때문이다.

Trip?.reminderAt에는 또 다른 두드러진 단점이 존재한다. 널이 아닌 Trip에 대해 이 확장을 호출해도 반환 타입이 항상 널이 될 수 있는 String? 타입이 된다는 점이다. 이런 경우 코드를 다음과 같이 써야 한다.

```
val trip: Trip = ...
val reminder: String = trip.reminderAt(currentTime) ?: error("Should never happen")
```

이런 경우 이 주변 코드가 변경되면 항상 나타날 수 있는 버그가 대기하는 셈이다. 타입의 널 가능성이 일치하지 않는 방식으로 코드를 변경해도 타입 검사기가 잘못된 널 가능성을 감지할 수 없기 때문이다.

> **TIP** 널이 될 수 있는 타입의 확장 함수를 작성한다면 수신 객체가 널일때 null을 반환하는 코드를 작성해서는 안된다. 널을 반환하는 확장 함수가 필요하다면 확장을 널이 될 수 없는 타입의 확장으로 정의하고 확장 호출 시 안전한 호출 연산자를 사용하라.

하지만 널이 아닌 값을 반환한다면 널이 수 있는 타입에 대한 확장이 유용하다. 널이 될 수 있는 타입에 대한 확장은 널이 될 수 있는 값을 널이 될 수 없는 값으로 되돌리는 탈출 경로로 작용하며, 안전한 호출의 파이프라인을 끝내준다. 예를 들어, 고객에게 다음 여행이 없는 경우

reminderAt 확장이 유용한 텍스트를 반환하도록 할 수 있다.

```
fun Trip?.reminderAt(currentTime: ZonedDateTime): String =
    this?.timeUntilDeparture(currentTime)
        ?.toUserFriendlyText()
        ?.plus(" until your next trip!")
        ?: "Start planning your next trip. The world's your oyster!"
```

비슷하게, 다음 두 확장 함수는 4장에서 소개했어야 할 만한 함수들이다. 첫 번째는 널이 될 수 있는 타입에 대해 정의됐지만 항상 널이 아닌 결과를 돌려준다.

```
fun <T : Any> T?.asOptional(): Optional<T> = Optional.ofNullable(this)
fun <T : Any> Optional<T>.asNullable(): T? = this.orElse(null)
```

이 코드는 깔끔하게 제네릭 확장이라는 주제로 관심을 돌리게 해 준다.

10.8 제네릭스

일반 함수와 마찬가지로 확장도 제네릭 파라미터를 포함할 수 있고, 수신 객체가 제네릭 타입이면 아주 흥미로운 일이 벌어진다.

다음은 쓸모가 있지만 무슨 이유에서인지 표준 라이브러리에는 포함되지 못한 확장 함수를 보여 준다. 이 확장은 null 참조를 포함한 모든 타입에 대한 확장으로 정의되어 있다.

```
fun <T> T.printed(): T = this.also(::println)
```

어떤 식의 값을 그 자리에서 출력해 보고 싶을 때 이 함수를 사용할 수 있다. 예를 들어 다음 코드를 떠올려 보자.

```
val marketingLength = jsonNode.toCustomer().nameForMarketing().length
```

디버깅을 위해 고객 값을 알고 싶다면 보통은 변수를 통해 그 값을 뽑아내야 한다.

```
val customer = jsonNode.toCustomer()
println(customer)
val marketingLength = customer.nameForMarketing().length
```

printed는 수신 객체의 값을 출력하되 전혀 변경하지 않고 그대로 돌려주는 함수다. 따라서 이 코드를 다음과 같이 쓸 수 있다.

```
val marketingLength = jsonNode.toCustomer().printed().nameForMarketing().length
```

이 코드는 코드 흐름을 덜 방해하며, 체크인 하기 전에 검색해서 없애기도 좋다.

Any에 메서드를 추가할 수 있는 상황이라고 가정해도, 메서드가 수신 객체와 같은 타입을 반환한다고 표현할 방법이 없다는 점을 알아야 한다. 다음과 같이 코드를 작성했다고 해도,

```
class Any {
    fun printed() = this.also(::println)
}
```

반환 타입은 Any가 되기 때문에 printed의 결과에 대해 nameForMarketing()을 호출할 수는 없다.

특화된 제네릭 타입에 대한 확장 함수를 정의할 수도 있다. Iterable<Customer>이 한 예다.

```
fun Iterable<Customer>.familyNames(): Set<String> =
    this.map(Customer::familyName).toSet()
```

이 확장 함수를 Collection<Customer>에 적용할 수는 있지만 다른 타입의 컬렉션(즉, Collection<다른타입>)에는 적용할 수 없다. 이를 통해 직접 타입을 정의하지 않아도 컬렉션을 통해 도메인 개념을 표현할 수 있는데, 이에 대해서는 15장에서 다룬다. 그리고 컬렉션 파이프라인 중 일부 연산에 이름을 붙일 수도 있다. 13.7.3절의 '파이프라인 일부를 추출하기'를 살펴보라.

10.9 확장 함수를 메서드로 정의하기

일반적으로는 확장 함수를 최상위 함수로 정의한다. 하지만 확장 함수를 클래스 정의 **내부**에 넣을 수도 있다. 이런 확장 함수는 확장 함수가 정의된 클래스의 멤버에 접근하는 한편 다른 타입을 **확장**한다.

```kotlin
class JsonWriter(
    private val objectMapper: ObjectMapper,
) {
    fun Customer.toJson(): JsonNode = objectMapper.valueToTree(this)
}
```

여기서 Customeer.toJson이 접근할 수 있는 this는 두 가지 값이 존재한다. 첫 번째는 이 (확장 함수인) 메서드가 확장하는 Customer 수신 객체고, 두 번째는 이 메서드가 들어있는 JsonWriter 인스턴스이다. 길게 풀어쓰면 이 함수는 다음과 같다.

```kotlin
fun Customer.toJson(): JsonNode =
    this@JsonWriter.objectMapper.valueToTree(this@toJson)
```

이런 기법은 너무 자주 사용하면 안 되는 기법이다(IDE의 도움이 없다면 어떤 수신 객체가 적용될지 알아채기 힘들다). 하지만 확장 함수가 제공하는 왼쪽에서 오른쪽으로 흘러가는 자연스러운 코드 흐름을 제공하면서, 복잡한 세부 사항을 (클래스의 다른 메서드나 프로퍼티를 통해) 감출 수 있으므로, 확장 함수를 사용하는 클라이언트 코드를 단순화할 수 있다. 특히, 이런 확장 함수 메서드를 사용하면 DSL에서 (앞 예제의 ObjectMapper 같은) 세부 사항을 감춰서 클라이언트들이 방해받지 않게 해줄 수 있다.

10.10 확장 함수로 리팩터링하기

실제 정적 메서드를 확장 함수로 변환하는 방법은 단순하지만, 확장 함수가 코드를 더 개선할 수 있는 경우가 언제인지를 알아챌 수 있는 감을 갈고닦아야 한다. 트래블레이터의 일부를 확장 함수로 변환하는 과정을 살펴보면서 어떻게 코드를 개선할 수 있는지 살펴보자.

일전에 봤던 마케팅 팀의 영리한 분들이 각 부류의 고객이 얼마나 회사에 가치 있는지를 보여주는 점수를 매기는 스프레드시트를 가지고 나타났다. 고객의 미래 가치는 고객이 미래에 지출하리라 예상되는 금액을 뜻한다. 마케팅 팀이 점수 계산 알고리즘을 끊임없이 변경하기 때문에 우리가 프로그램으로 이를 자동화하기를 바라지 않고, 자신들이 탭으로 구분된 고객 데이터, 점수, 지출액이 들어있는 파일을 내보내면export 파일로부터 요약 보고서를 만들어 주기를 바란다. 다음은 테스트 코드다.

예제 10.1 [extensions.0:src/test/java/travelator/marketing/HighValueCustomersReportTests.java]

```java
class HighValueCustomersReportTests {

    @Test
    public void test() throws IOException {
        List<String> input = List.of(
            "ID\tFirstName\tLastName\tScore\tSpend",
            "1\tFred\tFlintstone\t11\t1000.00",
            "4\tBetty\tRubble\t10\t2000.00",
            "2\tBarney\tRubble\t0\t20.00",
            "3\tWilma\tFlintstone\t9\t0.00"
        );
        List<String> expected = List.of(
            "ID\tName\tSpend",
            "4\tRUBBLE, Betty\t2000.00",
            "1\tFLINTSTONE, Fred\t1000.00",
            "\tTOTAL\t3000.00"
        );
        check(input, expected);
    }

    @Test
    public void emptyTest() throws IOException {
        List<String> input = List.of(
            "ID\tFirstName\tLastName\tScore\tSpend"
        );
        List<String> expected = List.of(
            "ID\tName\tSpend",
            "\tTOTAL\t0.00"
        );
        check(input, expected);
    }
```

```java
@Test
public void emptySpendIs0() {
    assertEquals(
        new CustomerData("1", "Fred", "Flintstone", 0, 0D),
        HighValueCustomersReport.customerDataFrom("1\tFred\tFlintstone\t0")
    );
}

private void check(
    List<String> inputLines,
    List<String> expectedLines
) throws IOException {
    var output = new StringWriter();
    HighValueCustomersReport.generate(
        new StringReader(String.join("\n", inputLines)),
        output
    );
    assertEquals(String.join("\n", expectedLines), output.toString());
}
}
```

마케팅 사람들이 자주 마음을 바꾸기 때문에 우리가 이 건을 그다지 열심히 처리하지 않았다는 사실을 눈치챘을 것이다. 하지만 핵심만 정리하면, 보고서는 10점 이상인 고객의 목록을 지출액 순으로 정리하고 마지막에 합계를 표시해야 한다.

다음은 코드를 보여 준다.

예제 10.2 [extensions.0:src/main/java/travelator/marketing/HighValueCustomersReport.java]

```java
public class HighValueCustomersReport {

    public static void generate(Reader reader, Writer writer) throws IOException {
        List<CustomerData> valuableCustomers = new BufferedReader(reader).lines()
            .skip(1) // header
            .map(line -> customerDataFrom(line))
            .filter(customerData -> customerData.score >= 10)
            .sorted(comparing(customerData -> customerData.score))
            .collect(toList());

        writer.append("ID\tName\tSpend\n");
        for (var customerData: valuableCustomers) {
            writer.append(lineFor(customerData)).append("\n");
```

```
        }
        writer.append(summaryFor(valuableCustomers));
    }

    private static String summaryFor(List<CustomerData> valuableCustomers) {
        var total = valuableCustomers.stream()
            .mapToDouble(customerData -> customerData.spend)
            .sum();
        return "\tTOTAL\t" + formatMoney(total);
    }

    static CustomerData customerDataFrom(String line) {
        var parts = line.split("\t");
        double spend = parts.length == 4 ? 0 :
            Double.parseDouble(parts[4]);
        return new CustomerData(
            parts[0],
            parts[1],
            parts[2],
            Integer.parseInt(parts[3]),
            spend
        );
    }

    private static String lineFor(CustomerData customer) {
        return customer.id + "\t" + marketingNameFor(customer) + "\t" +
                formatMoney(customer.spend);
    }

    private static String formatMoney(double money) {
        return String.format("%#.2f", money);
    }

    private static String marketingNameFor(CustomerData customer) {
        return customer.familyName.toUpperCase() + ", " + customer.givenName;
    }
}
```

코드가 상당히 (객체 지향이 아니라) 함수형 해법을 보여 준다는 점을 알 수 있다. 따라서 이 코드를 최상위 함수로 변환하기 쉽고, 최상위 함수는 확장 함수로 변환하기 쉽다.

하지만 먼저 CustomerData를 봐야 한다.

```java
public class CustomerData {
    public final String id;
    public final String givenName;
    public final String familyName;
    public final int score;
    public final double spend;

    public CustomerData(
        String id,
        String givenName,
        String familyName,
        int score,
        double spend
    ) {
        this.id = id;
        this.givenName = givenName;
        this.familyName = familyName;
        this.score = score;
        this.spend = spend;
    }
    ... equals와 hashcode 정의
}
```

이 클래스는 고객의 모든 면을 표현하려고 시도하지 않고 보고서에 필요한 정보만 포함한다. 보고서에만 쓸 것이기 때문에 이 코드를 작성한 프로그래머는 그냥 필드를 사용했다(이런 선택의 장단점에 대해서는 11장에서 논의한다). emptySpendIs0 테스트에 쓰이지 않았다면 굳이 equals와 hashCode를 정의할 필요가 있었을까 하는 의구심도 있다. 지출액spend 필드의 double도 의심스럽지만 아직은 아무 문제도 일으키지 않기 때문에 미심쩍은 마음을 잠시 내려두고, 리팩터링을 더 진행하기 전에 전체 클래스를 코틀린 데이터 클래스(5장을 보라)로 변환한다.

일반적으로 데이터 클래스 변환은 코틀린의 뛰어난 자바 상호 운용성으로 인해 정말 간단한 작업이기 마련이지만, 실제로는 (이 책을 쓴 현재) 코틀린 변환기가 누가 감히 객체 필드에 직접 접근하리라고는 상상도 못한다는 점이 드러난다. 그래서 코틀린 변환기는 자바쪽의 필드 접근을 갱신하지 않는다. 예를 들면, customerData.score를 customerData.getScore() 형태(코틀린 프로퍼티 게터)로 변환하지 않고, 그로 인해 컴파일 실패가 발생한다. 이런 문제를

(코틀린으로 변환한 후) 해결하는 대신, 그냥 'Encapsulate Fields(필드 캡슐화)' 리팩터링을 사용해 Customer 필드와 필드 접근을 게터 접근으로 변환하자.

예제 10.4 [extensions.1:src/main/java/travelator/marketing/CustomerData.java]

```java
public class CustomerData {
    private final String id;
    private final String givenName;
    private final String familyName;
    private final int score;
    private final double spend;

    ...

    public String getId() {
        return id;
    }

    public String getGivenName() {
        return givenName;
    }
    ...
}
```

이 리팩터링은 이 클래스의 클라이언트 코드가 게터를 쓰게 변경해 준다.

예제 10.5 [extensions.1:src/main/java/travelator/marketing/HighValueCustomersReport.java]

```java
private static String lineFor(CustomerData customer) {
    return customer.getId() + "\t" + marketingNameFor(customer) + "\t" +
        formatMoney(customer.getSpend());
}
```

이렇게 게터를 사용하면 자바 코드를 깨지 않고 CustomerData를 코틀린 데이터 클래스로 변환할 수 있다. 'Convert Java File to Kotlin File(자바 파일을 코틀린 파일로 변환)'을 수행하고 data 변경자를 추가한 후 equals와 hashCode 오버라이드 메서드를 삭제하면 다음 코드를 얻는다.

예제 **10.6** [extensions.2:src/main/java/travelator/marketing/CustomerData.kt]

```kotlin
data class CustomerData(
    val id: String,
    val givenName: String,
    val familyName: String,
    val score: Int,
    val spend: Double
)
```

이제는 HighValueCustomerReport를 코틀린으로 변환하는 과정을 진행할 수 있다. HighValueCustomerReport는 자기 충족적인 클래스이기 때문에 쉽게 변환이 가능하다. 하지만 이 변환도 그렇게 멋지게 끝나지는 않는다. 변환을 하고 나면 **customerDataFrom**이 컴파일되지 않기 때문이다.

예제 **10.7** [extensions.3:src/main/java/travelator/marketing/HighValueCustomersReport.kt]

```kotlin
object HighValueCustomersReport {
    ...
    @JvmStatic
    fun customerDataFrom(line: String): CustomerData {
        val parts = line.split("\t".toRegex()).toTypedArray()
        val spend: Double = if (parts.size == 4) 0 else parts[4].toDouble()  ❶
        return CustomerData(
            parts[0],
            parts[1],
            parts[2], parts[3].toInt(),                                       ❷
            spend
        )
    }
    ...
}
```

❶ 정수 리터럴(0)은 Double 타입과 일치하지 않는다.

❷ 코드 형식이 이상하다.

변환기는 코틀린이 0을 Double로 자동 타입변환 해 주지 않는다는 점을 알 정도로 똑똑하지 못하다. 그래서 컴파일 오류가 발생한다. 이 오류를 클릭하고 **Alt+Enter**를 눌러서 문제를 해결하자. 코드를 형식을 다듬고 나면 다음과 같은 코드가 생긴다.

예제 10.8 [extensions.4:src/main/java/travelator/marketing/HighValueCustomersReport.kt]

```kotlin
object HighValueCustomersReport {
    ...
    @JvmStatic
    fun customerDataFrom(line: String): CustomerData {
        val parts = line.split("\t".toRegex()).toTypedArray()
        val spend: Double = if (parts.size == 4) 0.0 else parts[4].toDouble()
        return CustomerData(
            parts[0],
            parts[1],
            parts[2],
            parts[3].toInt(),
            spend
        )
    }
    ...
}
```

8장에서 논의한 것처럼 변환기는 함수를 object HighValueCustomersReport 안에 넣어서 자바 코드에서 이 함수를 찾을 수 있게 해 준다. 이번 장에서 설명한 기법을 써서 이 함수를 최상위 함수로 만들면 메서드 사이의 의존 관계로 인해 코드가 가끔 컴파일되지 않기도 한다는 사실을 알 수 있다. 비공개 메서드를 먼저 이동시키는 방식으로 이 문제를 해결하거나, HighValueCustomersReport 내부를 완전히 비우고 없앨 수 있을 때까지 오류를 무시할 수 있다.

예제 10.9 [extensions.5:src/main/java/travelator/marketing/HighValueCustomersReport.kt]

```kotlin
package travelator.marketing
...

@Throws(IOException::class)
fun generate(reader: Reader?, writer: Writer) {
    val valuableCustomers = BufferedReader(reader).lines()
        .skip(1) // header
        .map { line: String -> customerDataFrom(line) }
        .filter { (_, _, _, score) -> score >= 10 }
        .sorted(Comparator.comparing { (_, _, _, score) -> score })
        .collect(Collectors.toList())
    writer.append("ID\tName\tSpend\n")
```

```kotlin
    for (customerData in valuableCustomers) {
        writer.append(lineFor(customerData)).append("\n")
    }
    writer.append(summaryFor(valuableCustomers))
}

private fun summaryFor(valuableCustomers: List<CustomerData>): String {
    val total = valuableCustomers.stream()
        .mapToDouble { (_, _, _, _, spend) -> spend }
        .sum()
    return "\tTOTAL\t" + formatMoney(total)
}

fun customerDataFrom(line: String): CustomerData {
    val parts = line.split("\t".toRegex()).toTypedArray()
    val spend: Double = if (parts.size == 4) 0.0 else parts[4].toDouble()
    return CustomerData(
        parts[0],
        parts[1],
        parts[2],
        parts[3].toInt(),
        spend
    )
}

private fun lineFor(customer: CustomerData): String {
    return customer.id + "\t" + marketingNameFor(customer) + "\t" +
            formatMoney(customer.spend)
}

private fun formatMoney(money: Double): String {
    return String.format("%#.2f", money)
}

private fun marketingNameFor(customer: CustomerData): String {
    return customer.familyName.toUpperCase() + ", " + customer.givenName
}
```

좋다. 이제 확장 함수를 사용해 코드를 개선할 수 있는 부분이 있는지 살펴볼 때이다. 이 코드
맨 끝에는 예전에 살펴봤던 marketingNameFor가 있다(약간 다른 버전이긴 하다). customer
파라미터에서 **Alt+Enter**를 누르면 인텔리J가 'Convert parameter to receiver(파라미터를
수신 객체로 변환)'를 제안한다. 이 변환을 수행한 결과는 다음과 같다.

예제 **10.10** [extensions.6:src/main/java/travelator/marketing/HighValueCustomersReport.kt]

```kotlin
private fun lineFor(customer: CustomerData): String {
    return customer.id + "\t" + customer.marketingNameFor() + "\t" +
            formatMoney(customer.spend)
}
...
private fun CustomerData.marketingNameFor(): String {
    return familyName.toUpperCase() + ", " + givenName
}
```

파라미터를 수신 객체로 이동했기 때문에 **marketingNameFor**의 **For**가 혼동을 줄 수 있다. **For** 전치사의 대상이 없기 때문이다. 이제 'Convert function to property(함수를 프로퍼티로 변환)'를 해서 **marketingName**이라는 이름을 붙이고(11장에서 어떻게 하는지와 왜 그렇게 해야 하는지에 대해 설명한다), 'Convert to expression body(식 본문으로 변환)'를 하라. 그리고 두 문자열 모두에 대해 'Convert concatenation to template(문자열 연결을 문자열 템플릿으로 변환)'을 하라! 이렇게 여러 번 **Alt+Enter**를 하고 난 결과는 다음과 같다.

예제 **10.11** [extensions.7:src/main/java/travelator/marketing/HighValueCustomersReport.kt]

```kotlin
private fun lineFor(customer: CustomerData): String =
    "${customer.id}\t${customer.marketingName}\t${formatMoney(customer.spend)}"

private fun formatMoney(money: Double): String {
    return String.format("%#.2f", money)
}

private val CustomerData.marketingName: String
    get() = "${familyName.toUpperCase()}, $givenName"
```

이제는 **formatMoney**가 우리를 실망시키므로, 'Convert parameter to receiver(파라미터를 수신 객체로 변환)'를 한 번 더 해서 **toMoneyString**으로 이름을 바꾸고, 'Convert to expression body(식 본문으로 변환)'를 수행한다.

예제 **10.12** [extensions.8:src/main/java/travelator/marketing/HighValueCustomersReport.kt]

```kotlin
private fun lineFor(customer: CustomerData): String =
    "${customer.id}\t${customer.marketingName}\t${customer.spend.toMoneyString()}"

private fun Double.toMoneyString() = String.format("%#.2f", this)
```

String.format이 약간 거슬린다. 코틀린에서는 "%#.2f".format(this)처럼 쓸 수 있지만 우리는 파라미터와 수신 객체를 바꿔서 다음과 같이 쓰는 편을 더 선호한다.

예제 **10.13** [extensions.9:src/main/java/travelator/marketing/HighValueCustomersReport.kt]

```kotlin
private fun Double.toMoneyString() = this.formattedAs("%#.2f")

private fun Double.formattedAs(format: String) = String.format(format, this)
```

Double.formattedAs는 우리가 작성한 확장 함수중 수신 객체 이외의 파라미터가 있는 첫 번째 함수다. 이유는 지금까지 작성한 다른 확장 함수들은 구체적인 변환 방식이 정해져 있었지만, 이 함수는 더 일반적인 변환을 수행하기 때문이다. 더 일반적으로 생각해 보면 formattedAs를 null을 포함하는 다른 타입에도 적용할 수 있다. 따라서 이 함수를 다음처럼 업그레이드할 수 있다.

예제 **10.14** [extensions.10:src/main/java/travelator/marketing/HighValueCustomersReport.kt]

```kotlin
private fun Any?.formattedAs(format: String) = String.format(format, this)
```

이제 이 함수는 일반적으로 유용한 코틀린 함수를 모아둔 라이브러리로 옮기기 적당한 후보처럼 보인다.

다음으로 customerDataFrom이 시야에 들어온다. 그 코드는 현재 다음과 같다.

예제 **10.15** [extensions.11:src/main/java/travelator/marketing/HighValueCustomersReport.kt]

```kotlin
fun customerDataFrom(line: String): CustomerData {
    val parts = line.split("\t".toRegex()).toTypedArray()
    val spend: Double = if (parts.size == 4) 0.0 else parts[4].toDouble()
    return CustomerData(
```

```
            parts[0],
            parts[1],
            parts[2],
            parts[3].toInt(),
            spend
        )
    }
```

진행 전, CharSequence.split(), String.toRegex(), Collection<T>.toTypedArray(), String.toDouble(), String.toInt() 모두 코틀린 표준 라이브러리가 제공하는 확장 함수 라는 점을 살펴보자.

customerDataFrom의 시그니처에 대해 언급하기 전에 정리할 내용이 많이 있다. 코틀린에는 정규식 위치에 사용할 수 있는 CharSequence.split(delimiters)이 있다. 그리고 spend를 인라이닝하고, Alt+Enter를 눌러서 'Add names to call arguments(이름을 호출 인자에 추가하기)'를 수행하면 생성자 호출을 더 합리적으로 바꿀 수 있다.

예제 10.16 [extensions.12:src/main/java/travelator/marketing/HighValueCustomersReport.kt]

```
fun customerDataFrom(line: String): CustomerData {
    val parts = line.split("\t")
    return CustomerData(
        id = parts[0],
        givenName = parts[1],
        familyName = parts[2],
        score = parts[3].toInt(),
        spend = if (parts.size == 4) 0.0 else parts[4].toDouble()
    )
}
```

9장에서는 단일식 함수를 옹호했다. 이 코드는 꼭 단일식일 **필요**는 없지만, 한 번 단일식 표현을 연습해 보자.

예제 10.17 [extensions.13:src/main/java/travelator/marketing/HighValueCustomersReport.kt]

```
fun customerDataFrom(line: String): CustomerData =
    line.split("\t").let { parts ->
        CustomerData(
```

```
            id = parts[0],
            givenName = parts[1],
            familyName = parts[2],
            score = parts[3].toInt(),
            spend = if (parts.size == 4) 0.0 else parts[4].toDouble()
        )
    }
```

마침내 확장 함수로 변환할 수 있는 우회로가 보인다. 다시 이름을(toCustomerData로) 바꿔서 호출하는 코드가 명확해지도록 하자.

예제 10.18 [extensions.14:src/main/java/travelator/marketing/HighValueCustomersReport.kt]

```
fun String.toCustomerData(): CustomerData =
    split("\t").let { parts ->
        CustomerData(
            id = parts[0],
            givenName = parts[1],
            familyName = parts[2],
            score = parts[3].toInt(),
            spend = if (parts.size == 4) 0.0 else parts[4].toDouble()
        )
    }
```

테스트 자바 코드가 여전히 정적 메서드로 이 함수를 호출할 수 있다.

예제 10.19 [extensions.14:src/test/java/travelator/marketing/HighValueCustomersReportTests.java]

```
@Test
public void emptySpendIs0() {
    assertEquals(
        new CustomerData("1", "Fred", "Flintstone", 0, 0D),
        HighValueCustomersReportKt.toCustomerData("1\tFred\tFlintstone\t0")
    );
}
```

이제 summaryFor를 처리하자.

예제 **10.20** [extensions.15:src/main/java/travelator/marketing/HighValueCustomersReport.kt]

```kotlin
private fun summaryFor(valuableCustomers: List<CustomerData>): String {
    val total = valuableCustomers.stream()
        .mapToDouble { (_, _, _, _, spend) -> spend }
        .sum()
    return "\tTOTAL\t" + total.toMoneyString()
}
```

이 코드의 구조 분해는 이상하다. 하지만 스트림을 코틀린으로 직접 변환하면 이 구조 분해를 없앨 수 있다. 이 책을 쓰는 현재는 인텔리J가 이런 일을 해 주지 않지만, 13장에서 처리 방법을 안내할 것이다. 그전까지는 문자열 연결을 제거할 것이다.

예제 **10.21** [extensions.16:src/main/java/travelator/marketing/HighValueCustomersReport.kt]

```kotlin
private fun summaryFor(valuableCustomers: List<CustomerData>): String {
    val total = valuableCustomers.sumByDouble { it.spend }
    return "\tTOTAL\t${total.toMoneyString()}"
}
```

이제 익숙해진 방식대로 적절히 이름이 붙은 단일식 확장 함수로 변환하자.

예제 **10.22** [extensions.17:src/main/java/travelator/marketing/HighValueCustomersReport.kt]

```kotlin
private fun List<CustomerData>.summarised(): String =
    sumByDouble { it.spend }.let { total ->
        "\tTOTAL\t${total.toMoneyString()}"
    }
```

이제는 **generate**만 개선되지 않은 상태로 남아있다.

예제 **10.23** [extensions.18:src/main/java/travelator/marketing/HighValueCustomersReport.kt]

```kotlin
@Throws(IOException::class)
fun generate(reader: Reader?, writer: Writer) {
    val valuableCustomers = BufferedReader(reader).lines()
        .skip(1) // header
        .map { line: String -> line.toCustomerData() }
        .filter { (_, _, _, score) -> score >= 10 }
```

```
        .sorted(Comparator.comparing { (_, _, _, score) -> score })
        .collect(Collectors.toList())
    writer.append("ID\tName\tSpend\n")
    for (customerData in valuableCustomers) {
        writer.append(lineFor(customerData)).append("\n")
    }
    writer.append(valuableCustomers.summarised())
}
```

여기서도 지금은 자바 스트림을 직접 코틀린 리스트로 변환해야 한다.

예제 10.24 [extensions.19:src/main/java/travelator/marketing/HighValueCustomersReport.kt]

```
@Throws(IOException::class)
fun generate(reader: Reader, writer: Writer) {
    val valuableCustomers = reader.readLines()
        .drop(1) // header
        .map(String::toCustomerData)
        .filter { it.score >= 10 }
        .sortedBy(CustomerData::score)
    writer.append("ID\tName\tSpend\n")
    for (customerData in valuableCustomers) {
        writer.append(lineFor(customerData)).append("\n")
    }
    writer.append(valuableCustomers.summarised())
}
```

Appendable.appendLine()은 출력 처리를 단순화할 수 있는 또 다른 확장 함수다.

예제 10.25 [extensions.20:src/main/java/travelator/marketing/HighValueCustomersReport.kt]

```
@Throws(IOException::class)
fun generate(reader: Reader, writer: Writer) {
    val valuableCustomers = reader.readLines()
        .drop(1) // header
        .map(String::toCustomerData)
        .filter { it.score >= 10 }
        .sortedBy(CustomerData::score)
    writer.appendLine("ID\tName\tSpend")
    for (customerData in valuableCustomers) {
        writer.appendLine(lineFor(customerData))
```

```
    }
    writer.append(valuableCustomers.summarised())
}
```

함수를 추출해 `// header` 주석을 제거할 수 있어야 할 것처럼 보인다. 13.7.3절의 '파이프라인 일부를 추출하기'는 연쇄 호출에서 함수를 추출하는 방법을 자세히 설명한다. 하지만 withoutHeader를 확장 함수로 바꾸지 않고 이 기법을 적용하려고 시도하면 어떤 일이 벌어지는지 살펴보라.

예제 10.26 [extensions.21:src/main/java/travelator/marketing/HighValueCustomersReport.kt]

```
@Throws(IOException::class)
fun generate(reader: Reader, writer: Writer) {
    val valuableCustomers = withoutHeader(reader.readLines())
        .map(String::toCustomerData)
        .filter { it.score >= 10 }
        .sortedBy(CustomerData::score)
    writer.appendLine("ID\tName\tSpend")
    for (customerData in valuableCustomers) {
        writer.appendLine(lineFor(customerData))
    }
    writer.append(valuableCustomers.summarised())
}

private fun withoutHeader(list: List<String>) = list.drop(1)
```

왼쪽에서 오른쪽으로, 위에서 아래로 향하는 멋진 파이프라인 흐름이 사라졌다. 이 코드 텍스트에서는 withoutHeader가 readLines 앞에 있지만 실행 순서는 반대다. withoutHeader의 list 파라미터에서 Alt+Enter를 누르고 'Convert Parameter to Receiver(파라미터를 수신 객체로 변환)'하면 흐름이 되살아난다.

예제 10.27 [extensions.22:src/main/java/travelator/marketing/HighValueCustomersReport.kt]

```
@Throws(IOException::class)
fun generate(reader: Reader, writer: Writer) {
    val valuableCustomers = reader.readLines()
        .withoutHeader()
        .map(String::toCustomerData)
```

```
        .filter { it.score >= 10 }
        .sortedBy(CustomerData::score)
    writer.appendLine("ID\tName\tSpend")
    for (customerData in valuableCustomers) {
        writer.appendLine(lineFor(customerData))
    }
    writer.append(valuableCustomers.summarised())
}

private fun List<String>.withoutHeader() = drop(1)
```

List<String>.toValuableCustomers()와 CustomerData.outputLine 확장을 도입하면
코드 표현력을 더 높일 수 있다.

예제 10.28 [extensions.23:src/main/java/travelator/marketing/HighValueCustomersReport.kt]

```
@Throws(IOException::class)
fun generate(reader: Reader, writer: Writer) {
    val valuableCustomers = reader
        .readLines()
        .toValuableCustomers()
        .sortedBy(CustomerData::score)
    writer.appendLine("ID\tName\tSpend")
    for (customerData in valuableCustomers) {
        writer.appendLine(customerData.outputLine)
    }
    writer.append(valuableCustomers.summarised())
}

private fun List<String>.toValuableCustomers() = withoutHeader()
    .map(String::toCustomerData)
    .filter { it.score >= 10 }
...

private val CustomerData.outputLine: String
    get() = "$id\t$marketingName\t${spend.toMoneyString()}"
```

이 코드도 아직 우리가 좋아할 만큼 달콤하지는 않다. 하지만 확장 함수의 장점은 증명했다.
20장과 21장에서는 이 리팩터링을 마무리할 것이다. 다음은 전체 파일이다.

```kotlin
@Throws(IOException::class)
fun generate(reader: Reader, writer: Writer) {
    val valuableCustomers = reader
        .readLines()
        .toValuableCustomers()
        .sortedBy(CustomerData::score)
    writer.appendLine("ID\tName\tSpend")
    for (customerData in valuableCustomers) {
        writer.appendLine(customerData.outputLine)
    }
    writer.append(valuableCustomers.summarised())
}

private fun List<String>.toValuableCustomers() = withoutHeader()
    .map(String::toCustomerData)
    .filter { it.score >= 10 }

private fun List<String>.withoutHeader() = drop(1)

private fun List<CustomerData>.summarised(): String =
    sumByDouble { it.spend }.let { total ->
        "\tTOTAL\t${total.toMoneyString()}"
    }

internal fun String.toCustomerData(): CustomerData =
    split("\t").let { parts ->
        CustomerData(
            id = parts[0],
            givenName = parts[1],
            familyName = parts[2],
            score = parts[3].toInt(),
            spend = if (parts.size == 4) 0.0 else parts[4].toDouble()
        )
    }

private val CustomerData.outputLine: String
    get() = "$id\t$marketingName\t${spend.toMoneyString()}"

private fun Double.toMoneyString() = this.formattedAs("%#.2f")

private fun Any?.formattedAs(format: String) = String.format(format, this)
```

```
private val CustomerData.marketingName: String
    get() = "${familyName.toUpperCase()}, $givenName"
```

이제 진입점을 제외한 모든 함수가 단일식 확장 함수다. 수신 객체로 삼을 만한 자연스러운 파라미터가 없어서 generate를 확장 함수로 만들지는 못했다. 이 연산은 Reader나 Writer에 속한 자연스러운 연산처럼 보이지도 않는다. 20장에서 이 코드를 리팩터링하면 이런 상황이 달라질지도 모른다. 그때 다시 살펴보자.

10.11 다음으로 나아가기

확장 함수와 프로퍼티는 코틀린 언어에서 무명 영웅과 같은 존재다. 이들을 사용하는 표준적인 용례는 우리가 직접 변경할 수 없는 타입에 연산을 추가한다.

하지만, 코틀린 언어 기능과 도구의 조합은 우리 스스로 작성한 타입에 대한 확장을 우리가 작성하도록 강력하게 권장한다. 코틀린 안전한 호출 연산자를 사용하면 널이 될 가능성이 있는 참조를 파라미터로 넘길 때보다 확장 함수를 사용할 때 더 편리하게 호출할 수 있다. 독립적인 제네릭 함수의 타입은 상속 가능한(open인) 메서드로는 표현하지 못하는 수신 객체와 확장 함수의 결과 타입 사이의 관계를 표현할 수 있다. 인텔리J의 자동완성 기능은 어떤 값에 대해 호출할 수 있는 메서드는 물론 확장 함수도 제안해 준다. 하지만 그 값을 파라미터로 전달할 수 있는 함수를 보여 주지는 않는다.

결과적으로, 확장 함수를 사용하면 더 쉽게 발견할 수 있고, 더 잘 이해할 수 있으며, 더 잘 유지 보수할 수 있는 코드를 작성할 수 있다. 이 책에서 설명한 15장 '캡슐화한 컬렉션에서 타입 별명으로'나 18장 '열린 클래스를 봉인된 클래스로'에서 등의 여러 가지 다른 기법들이 확장 함수를 기반으로 이뤄진다.

CHAPTER 11

메서드에서
프로퍼티로

자바는 프로퍼티 접근 메서드와 다른 유형의 메서드를 구분하지 않는다. 반면 코틀린에서는 프로퍼티를 멤버 함수와 다르게 취급한다. 언제 결과를 반환하는 함수보다 계산된 프로퍼티를 더 선호해야 할까?

11.1 필드, 접근자, 프로퍼티

대부분 프로그래밍 언어는 데이터를 그룹으로 묶으면서, 합성한 프로퍼티에 이름을 (종종 타입과 함께) 부여하는 방법을 제공한다.

예를 들어, 다음은 세 가지 **필드**로 구성된 알골^{ALGOL} W **레코드**를 보여 준다. 알골 W는 레코드 타입을 지원하는 초기 범용 언어다(알골 W는 토니 호어가 널 참조를 최초로 도입한 언어이기도 하다).

```
RECORD PERSON (
    STRING(20) NAME;
    INTEGER AGE;
    LOGICAL MALE;
);
```

당시에는 모든 게 달랐었다. 실제 프로그래머들은 대문자만 사용하고 성별을 부울 값으로 표현했다.

알골 W에서 PERSON 레코드에 저장된 나이를 갱신할 수 있다.

```
AGE(WILMA) := AGE(WILMA) + 1;
```

이 경우 컴파일러는 레코드가 저장된 메모리에 도달해서, 윌마^{WILMA}의 나이를 표현하는 바이트를 찾고, 증가시키는 명령어를 생성한다. 레코드는, 다른 언어에서는 구조체(영어 structure를 줄인 struct로 알려짐)라고도 부르는데, 관련이 있는 데이터를 하나로 묶을 때 편리하다. 레코드는 정보 은닉information hiding을 제공하지 않고, 합성만 제공한다.

대부분 초기 객체 지향 시스템(특히 C++)은 이 레코드 메커니즘을 기반으로 되어있었다. 인스턴스 변수는 단순히 레코드 필드에 불과하며, 메서드(멤버 함수라고도 부름)는 함수를 가리키는 포인터를 저장하는 필드일 뿐이다. 스몰토크^{Smalltalk}는 달랐다. 스몰토크 객체는 인스턴스 변수를 포함할 수 있었지만, 객체에 인스턴스 변수의 값을 물어보는 메시지를 보내야만 그 상태에 접근할 수 있었다. 필드가 아니라 메시지가 (스몰토크의) 기본 추상화였다.

자바 구현자들은 각각의 접근 방식을 조금씩 가져왔다. 객체는 공개된 필드를 포함할 수 있지만, 클라이언트가 필드를 읽기 위해 직접 메모리에 접근할 수는 없다. 클라이언트는 필드의 값에 접근하는 바이트코드 명령어를 통해서만 필드 상태에 접근할 수 있다. 이로 인해 클래스를 레코드처럼 다루면서 런타임이 필드 접근을 전적으로 강제할 수 있다.

필드에 대한 직접 접근이 **허용되기는** 하지만, 클래스 밖에서 필드에 직접 접근하는 것은 권장하지 않는다. 클라이언트가 필드에 직접 접근한다면, 적어도 클라이언트 코드까지 변경하지 않고는 데이터의 내부 표현을 변경할 수 없다. 클라이언트가 직접 필드를 변경하면 필드 사이에 변해서는 안 되는 관계invariant relationship를 유지할 수 없다. 그리고 5장에서 본 것처럼, 과거에는 객체에서 상태 변경이 중요했다. 그리고 필드 접근은 다형적이지 않기 때문에 하위 클래스가 필드 구현을 변경할 수 없다. 과거에는 객체에서 하위 클래스 파생도 중요했다.

따라서 자바에서는 직접 필드에 접근하는 대신에 보통 **접근자**^{accessor} 메서드, 즉 게터와 (필요하다면) 세터를 작성한다. 게터는 보통 필드 값을 반환하기만 하지만, 다른 필드들로부터 값을 계산해 돌려주는 게터도 있다. 세터는 불변 조건을 유지하거나 이벤트를 발생시킬 수 있을 뿐만 아니라, 어쩌면 하나 이상 필드를 갱신할 수도 있다.

하지만 때로는 데이터는 데이터일 뿐이다. 데이터가 단순한 데이터일 때는 공개된 필드에 접근해도 문제가 없을 수도 있다. 특히 필드 값이 불변일 때(이 말은 필드가 불변 타입을 저장하는 final 필드라는 이야기다)는 더 그렇다. 더 복잡한 모델의 경우 필드나 계산값을 균일한 방식으로 접근할 수 있거나(있고), 다형적인 동작을 제공할 수 있으면 유용하다. 그리고 접근자 메서드가 이런 경우 제대로 역할을 할 수 있다.

코틀린 설계자들은 이런 결정을 개발자에게 맡기지 않고 접근자 메서드만 지원하기로 결정했다. 코틀린 언어는 필드 직접 접근을 지원하지 않는다. 코틀린은 자바 클래스의 공개 필드에 접근하는 코드를 생성하지만, 코틀린 컴파일러가 (바이트코드에서) 공개 필드를 직접 정의하는 경우는 없다. (정말 공개 필드가 필요하다면 @JvmField라는 특별한 애너테이션이 뒷문을 제공한다.) 코틀린 설계자들이 이렇게 결정한 이유는 클라이언트에 영향을 끼치지 않고 표현을 변경할 수 있도록 접근자 사용을 권장하기 위함이다.

접근자를 더 권장하기 위해 코틀린에서는 비공개 멤버 변수와 접근자를 한 **프로퍼티** 선언에 넣을 수 있게 해 준다.

따라서 자바에서는 필드에 직접 접근하게 허용할 수 있다.

```java
public class PersonWithPublicFields {
    public final String givenName;
    public final String familyName;
    public final LocalDate dateOfBirth;
    public PersonWithPublicFields(
    String givenName,
    String familyName,
    LocalDate dateOfBirth
    ) {
        this.givenName = givenName;
        this.familyName = familyName;
        this.dateOfBirth = dateOfBirth;
    }
}
```

또는 직접 접근자를 작성할 수 있다.

```java
public class PersonWithAccessors {
    private final String givenName;
    private final String familyName;
    private final LocalDate dateOfBirth;

    public PersonWithAccessors(
        ...
    }

    public String getGivenName() {
        return givenName;
    }

    public String getFamilyName() {
        return familyName;
    }
    ...
}
```

코틀린에서는 프로퍼티만 존재한다.

```kotlin
data class PersonWithProperties(
    val givenName: String,
    val familyName: String,
    val dateOfBirth: LocalDate
) {
}
```

이 선언은 givenName, familyName, dateOfBirth라는 비공개 필드를 생성하고 getGivenName() 등의 접근자 메서드도 생성하며, 모든 필드를 초기화하는 생성자도 생성한다.

자바에서는 직접 (클라이언트가 볼 수 있는) 필드에 접근하거나 접근자를 호출할 수 있다.

```java
public static String accessField(PersonWithPublicFields person) {
    return person.givenName;
}

public static String callAccessor(PersonWithAccessors person) {
    return person.getGivenName();
```

```
    }

    public static String callKotlinAccessor(PersonWithProperties person) {
        return person.getGivenName();
    }
}
```

코틀린에서는 클라이언트가 볼 수 있는 (자바 클래스가 제공하는) 필드에 접근하거나, 접근자를 필드인 것처럼 접근할 수 있다.

```
fun accessField(person: PersonWithPublicFields): String =
    person.givenName

fun callAccessor(person: PersonWithAccessors): String =
    person.givenName

fun callKotlinAccessor(person: PersonWithProperties): String =
    person.givenName
```

프로퍼티는 컴파일러의 마법에 따라 지원되는 편의 기능이다. 컴파일러가 자바에서 단순한 필드에 접근할 때처럼 쉽게 코틀린에서 필드와 접근자를 사용하도록 해 주기 때문에 우리는 이런 캡슐화의 이점을 취할 수 있는 코드를 자연스럽게 작성하게 된다. 예를 들어, 인터페이스에 프로퍼티를 정의하거나 이전에는 필드에 저장하던 프로퍼티를 계산하여 돌려주도록 작성하는 경우를 자주 보게 된다.

계산된 프로퍼티는 필드로 뒷받침되지 않는 프로퍼티를 말한다. 필드로 뒷받침되는 givenName과 familyName이 있다면 fullName을 별도로 저장할 필요는 없다. 필요할 때마다 그 값을 계산할 수 있기 때문이다.

```
public class PersonWithPublicFields {
    public final String givenName;
    public final String familyName;
    public final LocalDate dateOfBirth;

    public PersonWithPublicFields(
        ...
    }

    public String getFullName() {
```

```
        return givenName + " " + familyName;
    }
}
```

이제 자바에서 직접 필드에 접근하는 방식을 택하면, 저장된 필드에 접근하는 방식과 계산된
프로퍼티에 접근하는 방식이 달라진다.

```
public static String fieldAndAccessor(PersonWithPublicFields person) {
    return
        person.givenName + " " +
        person.getFullName();
}
```

코틀린에서는 이런 일이 생기지 않는다. 멋지게도 심지어 자바 필드와 계산된 프로퍼티 메서드
에 접근할 때도 접근 방식이 동일하다.

```
fun fieldAndAccessor(person: PersonWithPublicFields) =
    person.givenName + " " +
    person.fullName
```

코틀린에서는 생성자 밖에서 계산된 프로퍼티를 정의한다.

```
data class PersonWithProperties(
    val givenName: String,
    val familyName: String,
    val dateOfBirth: LocalDate
) {
    val fullName get() = "$givenName $familyName"
}
```

따라서 자바에서는 필드에 직접 접근하는 클래스를 정의할 수 **있지만**, 일반적으로는 접근자를
사용해야만 하며, 자바 접근자는 단순히 get이나 set이 맨 앞에 붙어있는 메서드일 뿐이다(이
는 관습일 뿐이며 항상 성립하지는 않는다). 코틀린에서는 필드와 접근자를 별도로 정의할 수
없다. 코틀린에서 프로퍼티를 정의하면 컴파일러가 자바의 명명 관습에 따라 필드와 접근자를
생성해 준다. 코틀린에서 프로퍼티를 참조하는 구문은 자바에서 필드에 접근하는 구문과 같지
만, 컴파일러는 접근자 호출을 생성해 준다. 이런 규칙이 자바와의 상호 작용 경계에서도 성립

한다. 자바 객체의 프로퍼티를 코틀린에서 참조하면, 적절한 접근자가 존재하고 자바의 관습에 맞게 접근자 이름이 붙어 있는 경우에는 컴파일러가 접근자 호출문을 생성해 준다.

11.2 어떻게 선택해야 할까?

이번 장 맨 앞에서 질문한 질문으로 돌아가보자. 계산된 프로퍼티가 단순히 설탕을 끼얹은 메서드일 뿐이라면 언제 계산된 프로퍼티를 선택해야만 하고 언제 메서드를 선택해야만 할까?

좋은 대략적인 규칙은 같은 타입에 속한 다른 프로퍼티에만 의존하고 계산 비용이 싼 경우에는 계산된 프로퍼티를 택하라는 것이다. 이 규칙은 fullName에 해당하므로 fullName은 계산된 프로퍼티로 처리하기 좋은 후보다. 사람의 나이는 어떨까?

dateOfBirth 프로퍼티로부터 (시간대 처리를 고려하지 않는다면) 나이를 쉽게 계산할 수 있다. 따라서 자바에서 fred.getAge()라고 작성하고 싶은 유혹을 받을 수 있다. 하지만 이 값은 다른 프로퍼티에만 의존하지 않고 언제 우리가 이 프로퍼티를 호출냐에 따라서도 달라진다. 그래서, 가능성은 거의 없기는 하지만 fred.age == fred.age가 false를 반환할 수 있다.

나이는 동작(7.3절 '동작'을 보라)이다. 호출된 시점에 따라 결과가 달라지기 때문이다. 프로퍼티는 시간과 무관하고 입력(이 예제에서는 dateOfBirth)에만 의존하는 계산이어야만 한다 (7.2절 '계산'을 보라). 따라서 age()는 프로퍼티가 아니라 함수여야 한다.

```
data class PersonWithProperties(
    val givenName: String,
    val familyName: String,
    val dateOfBirth: LocalDate
) {
    fun age() = Period.between(dateOfBirth, LocalDate.now()).years
}
```

객체의 모든 프로퍼티를 사용한 암호학적 해시[1]는 어떨까? 이런 해시는 계산(불변 객체의 경우)이다. 하지만 계산 비용이 많이 들기 때문에 hash라는 프로퍼티가 아니라 hash()라는 함수여야 한다. 저자들은 이름에 메서드의 계산 비용에 대한 힌트를 덧붙이기를 원한다.

```kotlin
data class PersonWithProperties(
    val givenName: String,
    val familyName: String,
    val dateOfBirth: LocalDate
) {
    fun computeHash(): ByteArray =
        someSlowHashOf(givenName, familyName, dateOfBirth.toString())
}
```

계산을 미리해서 필드에 저장하면 이 값을 프로퍼티로 만들 수 있다.

```kotlin
data class PersonWithProperties(
    val givenName: String,
    val familyName: String,
    val dateOfBirth: LocalDate
) {
    val hash: ByteArray =
        someSlowHashOf(givenName, familyName, dateOfBirth.toString())
}
```

이 구현은 hash 접근 여부와 관계없이 모든 인스턴스 생성이 느려진다는 단점이 있다. 지연 프로퍼티를 사용하면 hash를 사용하는 인스턴스와 그렇지 않은 인스턴스의 계산 비용을 다르게 할 수 있다.

```kotlin
data class PersonWithProperties(
    val givenName: String,
    val familyName: String,
    val dateOfBirth: LocalDate
) {
    val hash: ByteArray by lazy {
```

---

[1] 옮긴이_ 해시 함수는 더 큰 집합에 속한 값을 요약해서 더 작은 집합의 값으로 바꿔주는 함수다(예를 들어 32비트 정수를 8비트 바이트로 바꿔주는 함수라면 아무 함수나 다 해시 함수라고 부를 수 있다. 다만 좋은 해시 함수인지 나쁜 해시 함수인지만 차이가 있을 뿐이다). 안전하게 암호학에서 쓰일 수 있는 해시가 되려면 충돌 저항성(collision resistance), 역상저항성(preimage resistance), 제2역상저항성(second preimage resisitance)이 있어야 한다.

```
                someSlowHashOf(givenName, familyName, dateOfBirth.toString())
        }
    }
```

범위가 제한되면 이런 코드도 좋다. 하지만 이 클래스가 더 널리 쓰인다면, 적어도 계산된 프로퍼티를 함수 뒤로 감춰서 최초 호출 시 발생하는 잠재적인 계산 비용에 대한 힌트를 제공해야 한다.

```
data class PersonWithProperties(
    val givenName: String,
    val familyName: String,
    val dateOfBirth: LocalDate
) {
    private val hash: ByteArray by lazy {
        someSlowHashOf(givenName, familyName, dateOfBirth.toString())
    }
    fun hash() = hash
}
```

이 경우 확장 프로퍼티를 검토할 수도 있다. 하지만 10장에서 본 것처럼 확장 프로퍼티를 필드가 뒷받침할 수 없고, 그에 따라 지연 프로퍼티가 될 수 없다. 그 점을 제외하면 여기서 논의하는 내용 대부분은 확장 함수와 확장 프로퍼티를 비교할 때도 적용된다.

11.3 가변 프로퍼티

그렇다면 가변 프로퍼티는 어떨까? 코틀린은 가변 var 프로퍼티 선언을 허용한다.

지금까지 읽은 독자라면 저자들이 데이터(5장)와 컬렉션(6장)을 불변으로 유지하는 쪽을 좋아한다는 사실을 깨달았을 것이다. 우리는 가변 프로퍼티를 요구하는 자바 코드와 통합하기 위해 코틀린에서 가변 프로퍼티를 정의하는 상황을 **상상**할 수는 있지만, 실제로 가변 공개 프로퍼티를 사용하는 경우는 아주 드물다. 때로는 시간에 따라 달라지는 프로퍼티를 (예를 들면 카운터를 들 수 있다) 정의할 수도 있겠지만, 하지만 클라이언트가 설정할 수 있는 상태를 정의하는 일은 거의 없어야 한다. 실전에서 대부분은 복사copy 메서드가 있는 데이터 클래스가 을 설정하는 세터를 호출하는 것보다 더 잘 작동한다는 사실을 알게 된다. 실제로 우리는 데이터 클래스에서 var 프로퍼티를 허용하는 게 코틀린 언어 설계의 실수라고 말할 정도까지 불변 데이터 클래스를 더 선호한다.

11.4 프로퍼티로 리팩터링하기

인텔리J는 코틀린 메서드와 프로퍼티를 서로 변환하는 리팩터링을 훌륭히 지원한다. 어떤 면에서는 두 가지 모두 단순한 메서드 호출이기 때문에 이런 변환이 단순하지만, 자바 상호 운용성이 접근자를 식별하기 위해 명명(이름 붙이기) 관습에 의존하기 때문에 다른 면에서 이런 변환은 복잡하다. 트래블레이터에서 예제를 한 가지 살펴보자.

강인한 고객들은 캠핑을 좋아하기 때문에 애플리케이션에서 캠핑장 목록을 제공한다.

예제 11.1 [methods-to-properties.0:src/main/java/travelator/CampSite.java]

```java
public class CampSite {
    private final String id;
    private final String name;
    private final Address address;
    ...

    public CampSite(
        String id,
        String name,
        Address address
        ...
    ) {
        this.id = id;
        this.name = name;
        this.address = address;
        ...
    }

    public String getId() {
        return id;
    }
}
```

```
    public String getName() {
        return name;
    }

    public String getCountryCode() {
        return address.getCountryCode();
    }

    public String region() {
        return address.getRegion();
    }
    ...
}
```

이 클래스는 전형적으로 몇년간 커져온 도메인 클래스다. 이 클래스에는 id, name 등의 필드로 뒷받침되는 많은 프로퍼티가 있고, countryCode나 region 등의 계산된 프로퍼티도 있다. 누군가 명명 관습을 지키지 않고 getRegion 대신 region이라고 접근자 이름을 붙였지만 각각의 의미는 명확하다.

다음 예제는 이런 접근자를 사용하는 코드다.

예제 11.2 [methods-to-properties.0:src/main/java/travelator/CampSites.java]

```
public class CampSites {
    public static Set<CampSite> sitesInRegion(
        Set<CampSite> sites,
        String countryISO,
        String region
    ) {
        return sites.stream()
            .filter( campSite ->
                campSite.getCountryCode().equals(countryISO) &&
                    campSite.region().equalsIgnoreCase(region)
            )
            .collect(toUnmodifiableSet());
    }
}
```

❶ 이제 인텔리J를 사용해 Campsite를 코틀린으로 바꾸자(그 후 데이터 클래스로 변환하자).

예제 11.3 [methods-to-properties.1:src/main/java/travelator/CampSite.kt]

```kotlin
data class CampSite(
    val id: String,
    val name: String,
    val address: Address,
    ...
) {
    val countryCode: String
        get() = address.countryCode
    fun region(): String {
        return address.region
    }
    ...
}
```

필드가 뒷받침하는 프로퍼티는 생성자 프로퍼티가 됐고, 계산된 countryCode는 계산된 프로퍼티가 됐다. 하지만 인텔리J는 region이 프로퍼티라는 사실을 인식하지 못한다. region이 게터 명명 관습을 따르지 않기 때문에 이를 단순한 메서드로 취급해 변환한다. 그로 인한 순수한 효과는 클라이언트 코드를 변경하지 않아도 된다는 점이다. 하지만 인텔리J가 간과한 부분을 제대로 고치고 싶다면 region에서 Alt+Enter를 눌러서 'Convert function to property(함수를 프로퍼티로 변환)'를 실행하면 다음과 같이 바뀐다.

예제 11.4 [methods-to-properties.2:src/main/java/travelator/CampSite.kt]

```kotlin
val region: String
    get() {
        return address.region
    }
```

대부분 계산된 프로퍼티와 마찬가지로 이 코드는 단일식일때 더 낫다(9장을 보라).

예제 11.5 [methods-to-properties.3:src/main/java/travelator/CampSite.kt]

```kotlin
val region: String get() = address.region
```

코틀린 region 메서드를 프로퍼티로 변경한다는 것은 접근자 메서드 이름이 getRegion으로 바뀐다는 뜻이다. 다행히 인텔리J는 우리 대신 클라이언트를 수정해줄 정도로 똑똑하다.

```java
public static Set<CampSite> sitesInRegion(
    Set<CampSite> sites,
    String countryISO,
    String region
) {
    return sites.stream()
        .filter( campSite ->
            campSite.getCountryCode().equals(countryISO) &&
                campSite.getRegion().equalsIgnoreCase(region)    ❶
        )
        .collect(toUnmodifiableSet());
}
```

❶ campsite.region()이 campsite.getRegion()으로 변경됐다.

이제 siteInRegion을 코틀린으로 변환하면 다음 코드를 얻는다.

```kotlin
object CampSites {
    fun sitesInRegion(
        sites: Set<CampSite>,
        countryISO: String,
        region: String?
    ): Set<CampSite> {
        return sites.stream()
            .filter { campSite: CampSite ->
                campSite.countryCode == countryISO &&
                    campSite.region.equals(region, ignoreCase = true)   ❶
            }
            .collect(Collectors.toUnmodifiableSet())
    }
}
```

❶ 이제 campsite.region이라는 코드로 campsite.getRegion()를 호출할 수 있다.

8장에서 sitesInRegion을 최상위로 옮기는 방법을 살펴보고, 10장에서 최상위 함수를 확장 함수로 바꾸는 방법을 살펴봤다.

예제 11.8 [methods-to-properties.5:src/main/java/travelator/CampSites.kt]

```kotlin
fun Set<CampSite>.sitesInRegion(
    countryISO: String,
    region: String
): Set<CampSite> {
    return stream()
        .filter { campSite: CampSite ->
            campSite.countryCode == countryISO &&
                    campSite.region.equals(region, ignoreCase = true)
        }
        .collect(Collectors.toUnmodifiableSet())
}
```

13장 '스트림에서 이터러블이나 시퀀스로'와 9장 '다중식 함수에서 단일식 함수로'에서 다음과 같은 작업을 마치는 방법을 보여 준다.

예제 11.9 [methods-to-properties.6:src/main/java/travelator/CampSites.kt]

```kotlin
fun Iterable<CampSite>.sitesInRegion(
    countryISO: String,
    region: String
): Set<CampSite> =
    filter { site ->
        site.countryCode == countryISO &&
            site.region.equals(region, ignoreCase = true)
    }.toSet()
```

메서드, 접근자, 프로퍼티 사이의 훌륭한 상호 작용과 도구로 인해 이 코드는 아주 짧게 리팩터링됐다. 이제 한 가지만 더 변경할 수 있도록 허락기를 바란다.

sitesInRegion은 약간 이상한 메서드다. 이 메서드는 우리 모델링의 미흡한 부분, 즉 지역이 엔티티가 아니라 문자열일 뿐이라는 사실을 메워준다. 국가 코드가 없으면, 'Hampshire'라는 지역 이름으로 필터링하면 대부분은 영국 지방에 있지만 한 사이트는 캐나다 섬에 있는(월광 캠핑Moonlight Camping이라는 멋진 이름) 목록을 반환할 위험성이 있다. 이 문제를 수정하기 전에, 필터링에 사용하는 술어를 자체 메서드로 뽑아내면 어떤 일이 생길까?

예제 11.10 [methods-to-properties.7:src/main/java/travelator/CampSites.kt]

```kotlin
fun Iterable<CampSite>.sitesInRegion(
    countryISO: String,
    region: String
): Set<CampSite> =
    filter { site ->
        site.isIn(countryISO, region)
    }.toSet()

fun CampSite.isIn(countryISO: String, region: String) =
    countryCode == countryISO &&
            this.region.equals(region, ignoreCase = true)
```

Campsite.isIn(...)이 있으므로 이제 sitesInRegion을 함수를 호출한 위치에 인라이닝할 수 있을 것이다. 이제는 코드가 스스로 자신이 하는 일을 잘 설명해 주기 때문이다. 우리는 클라이언트를 구축할 수 있는 기초 연산을 함수 안에 감추기보다는 찾아서 공개하는 쪽을 선호한다. 이런 방향을 따르면 region을 선택적인 인자로 정의함으로써 isIn의 기능을 확장할 수 있다.

예제 11.11 [methods-to-properties.8:src/main/java/travelator/CampSites.kt]

```kotlin
fun CampSite.isIn(countryISO: String, region: String? = null) =
    when (region) {
        null -> countryCode == countryISO
        else -> countryCode == countryISO &&
                region.equals(this.region, ignoreCase = true)
    }
```

냇도 마찬가지 방향을 선호하지만, 엘비스 연산자를 사용한다.

예제 11.12 [methods-to-properties.9:src/main/java/travelator/CampSites.kt]

```kotlin
fun CampSite.isIn(countryISO: String, region: String? = null) =
    countryCode == countryISO &&
        region?.equals(this.region, ignoreCase = true) ?: true
```

덩컨은 멋진 엘비스 연산자를 좋아하지만 자신이 짠 방식의 코드가 더 명확하다고 생각한다. 아마 여러분의 팀에서도 이런 작은 전투가 있을 것이다.

이제 isIn 같은 기초적인 연산을 Campsite에 대한 (확장 함수의 반대인) 메서드로 진급시킬 수도 있다. 또는 Address의 메서드로 만들면 더 나을 것이다. 이런 식으로 처리하면 지역이 엔티티가 아니어서 생기는 문제는 문제에 가장 가까운 타입 안에 격리되며, 그 안에서 문제를 해결하면 코드 기반의 나머지 부분에 끼치는 영향을 최소화할 수 있다.

11.5 다음으로 나아가기

코틀린은 필드의 뒷받침을 받는 프로퍼티와 계산된 프로퍼티를 동시에 지원하는 편리한 문법을 제공하며, 이런 문법을 사용하면 내부적으로는 두 가지 모두 메시지를 전달하는 동일한 메커니즘이지만 함수 호출과 프로퍼티 접근을 서로 구분해 표현할 수 있다.

반환 값이 값 타입이고 같은 클래스 안의 다른 값에만 의존하며 계산 비용이 많이 들지 않으면 메서드보다 프로퍼티를 선호해야 한다. 이런 경우에는 메서드를 쉽게 프로퍼티로 리팩터링할 수 있고 우리 코드를 더 이해하기 쉽게 만들 수 있다.

CHAPTER 12

함수에서
연산자로

자바 코드 기반 크기가 크다면, 자바와 코틀린이 상당 기간 공존해야 한다. 시스템을 코틀린으로 점진적으로 변환해 나가는 과정에서 두 언어의 관습을 동시에 지원하려면 어떻게 해야 할까?

지금까지는 자바에서 코틀린으로 변환하는 과정이 한꺼번에 이뤄지는 모습만 살펴봤다. 우리는 자동 리팩터링을 사용해 변환을 안전하게 수행했고 마침내 변환 대상 코드를 전형적인 코틀린 코드로 변환했다.

큰 코드 기반에서 이런 변환이 항상 가능한 것은 아니다. 우리는 코틀린을 도입하는 동시에 자바의 기능을 진화시켜야 한다. 둘 사이에 경계가 있다면 한쪽에서는 전형적인 자바를 사용하고 반대쪽에서는 전형적인 코틀린을 사용하고 싶다. 이런 필요는 시스템의 기능 중 상당 부분을 지원하는 토대 역할을 하는 클래스를 변환할 때 특히 더 커진다.

12.1 토대가 되는 클래스: Money

모든 시스템에는 코드 기반의 여러 부분에서 사용하는, 토대가 되는 클래스가 있다. 트래블레이터에서 이런 클래스의 예로 Money 클래스를 들 수 있다. 3장에서 이 클래스를 처음 살펴봤다. 여행하는 고객은 여행 예산을 세워야 한다. 고객은 여러 가지 여행 선택지의 비용을 비교하기를 원하며, 자신들이 원하는 통화로 비용을 변환해 살펴보고, 예약하고, 결제하고 싶어한다. Money 클래스가 너무 널리 쓰이기 때문에 한 번에 이 클래스를 전형적인 코틀린 클래스로 변환하고 이 클래스에 의존하는 모든 클래스를 그에 맞춰 변경할 수는 없다. Money를 변환하는 동안에도 자바와 코틀린 양쪽에서 Money를 사용하는 기능을 변경할 수 있어야 한다.

이로 인해 진퇴양난의 상황에 빠진다. Money를 자바 클래스로 남겨두고 Money에 의존하는 클래스를 코틀린으로 변환할까? 하지만 그렇게 하면 Money에 의존하는 코드에서 사용할 수 있는 코틀린 기능을 제한해야 한다. 반대로 Money 클래스를 코틀린으로 변환하면서 자바 코드가 계속 (변환된) Money 클래스를 사용하게 할까? 이 경우에는 Money에 의존하는 코틀린 코드에서는 코틀린 기능을 마음대로 쓸 수 있지만, 기존 자바 코드의 일관성이 떨어지고 자바 코드가 전형적인 자바 코드에서 벗어나게 될 수 있다.

이렇게 두 가지 선택지가 있다는 사실은 실제로는 코틀린과 자바의 상호 운용이 양·향이라는 사실을 잘 보여 주는 증거다. 실전에서는 둘 중 하나를 선택할 필요가 없다. 영리한 리팩터링 전술과 코틀린이 JVM 코드를 생성하는 방법을 제어하는 몇 가지 애너테이션을 사용하면 자바와 코틀린 양쪽의 좋은 점을 함께 취할 수 있다. 우리는 코틀린에서 Money를 정의해서 코틀린의 기능이 제공하는 장점을 활용하는 동시에, 유지 보수해야 하는 자바 코드를 위해 전형적인 자바 스타일의 API를 계속 제공할 수 있다.

3장에서 Money 클래스를 코틀린으로 변환했다. 3장 끝의 코드에서 리팩터링을 끝냈기 때문에 우리는 Money에 의존하는 자바 코드에 영향을 끼치지 않으면서 코드를 더 간결하게 만들 수 있었다. 메서드 대부분을 단일식 형태(9장)로 변환했고, 코틀린이 제공하는 흐름에 민감한 타입 추론을 활용해 equals 메서드를 아주 간단하게 정리할 수 있었다.

다음은 현재의 Money 코드를 보여 준다. 자바 원본과 크게 차이가 있지는 않지만 구문적인 잡음은 훨씬 줄어들었다.

예제 12.1 [operators.0:src/main/java/travelator/money/Money.kt]

```
class Money private constructor(
    val amount: BigDecimal,
    val currency: Currency
) {
    override fun equals(other: Any?) =
        this === other ||
                other is Money &&
                amount == other.amount &&
                currency == other.currency
```

```
override fun hashCode() =
    Objects.hash(amount, currency)

override fun toString() =
    amount.toString() + " " + currency.currencyCode

fun add(that: Money): Money {
    require(currency == that.currency) {
        "cannot add Money values of different currencies"
    }
    return Money(amount.add(that.amount), currency)
}

companion object {
    @JvmStatic
    fun of(amount: BigDecimal, currency: Currency) = Money(
        amount.setScale(currency.defaultFractionDigits),
        currency
    )
    ... 오버로딩한 편의 함수
}
}
```

하지만 여전히 자바의 결이 남아있고, 이 클래스를 사용하는 코틀린 코드도 마찬가지다. Money 클래스는 현대 자바에서 흔히 사용되는 값 타입의 관습을 따르지만, 이 방법은 코틀린에서 값 타입을 사용하는 방법과는 다르다. 특히 값을 생성하기 위해 동반 객체에 있는 메서드를 사용하며, 산술 계산에 연산자 대신 메서드를 사용한다.

한 가지 언어만 사용하는 코드 기반이라면 이런 문제를 처리하는 게 상당히 단순한 일일 것이다. 하지만 Money 클래스를 사용하는 자바 코드가 아직도 많이 있다. 코틀린이 자바를 모두 몰아낼 때까지 자바와 코틀린을 계속 변경할 것이다. 그동안에는 Money를 사용하는 양 언어의 코드가 해당 언어의 결을 따르기를 바란다.

12.2 사용자 정의 연산자 추가

Money 값 계산을 수행하는 코틀린 코드가 어설퍼 보인다.

```
val grossPrice = netPrice.add(netPrice.mul(taxRate))
```

이 코드는 이와 동등한 자바 코드와 그다지 다르지 않다.

```
final var grossPrice = netPrice.add(netPrice.mul(taxRate));
```

산술 연산에 메서드를 사용하면 계산식을 읽기 어려워진다. 자바에서는 이 코드가 최선이지만 코틀린에서는 우리가 정의한 클래스에 사용할 산술 연산자를 정의할 수 있다. 산술 연산자를 정의하면 코드를 다음과 같이 작성할 수 있다.

```
val grossPrice = netPrice + netPrice * taxRate
```

덧셈을 예로 들어 Money 클래스에 산술 연산자를 추가하는 방법을 살펴보자.

클래스에 대해 plus라는 이름의 연산자 메서드나 연산자 확장 함수를 작성하면 + 연산자가 추가된다. Money 클래스에서는 기존 add 메서드 이름을 plus로 바꾸고 operator 변경자를 붙일 수 있다.

예제 12.2 [operators.2:src/main/java/travelator/money/Money.kt]

```
class Money private constructor(
    val amount: BigDecimal,
    val currency: Currency
) {
    ...
    operator fun plus(that: Money): Money {
        require(currency == that.currency) {
            "cannot add Money values of different currencies"
        }
        return Money(amount.add(that.amount), currency)
    }
    ...
}
```

이렇게 변경하고 나면 코틀린 코드에서는 + 연산자를 사용해 Money 값을 더할 수 있고, 자바에서는 plus를 메서드로 사용할 수 있다.

하지만 체크인하면 우리가 변경한 내용이 자바 관습을 따르지 않는 이름을 추가하면서 여파가 수백 가지 자바 코드 파일에 미친다는 사실을 발견하게 된다. 산술 연산을 제공하는 BigDecimal이나 BigInteger 등의 표준 라이브러리 자바 클래스는 모두 plus가 아니라 add 라는 이름을 사용한다.

@JvmName 애너테이션을 사용하면 코틀린과 자바에서 메서드가 다른 이름으로 불리게 할 수 있다. 방금 변경했던 내용을 원래대로 되돌리고 @JvmName("add")라는 애너테이션을 메서드에 추가하는 것부터 다시 해 보자.

예제 12.3 [operators.3:src/main/java/travelator/money/Money.kt]

```
@JvmName("add")
fun add(that: Money): Money {
    require(currency == that.currency) {
        "cannot add Money values of different currencies"
    }
    return Money(amount.add(that.amount), currency)
}
```

이제 이 메서드를 plus로 바꿔도 자바 코드를 바꿀 필요는 없고, 바꾼 plus 메서드를 연산자로 표시해도 코틀린과 자바 코드가 각 언어의 관습에 맞게 해당 메서드를 호출할 수 있다.

예제 12.4 [operators.4:src/main/java/travelator/money/Money.kt]

```
@JvmName("add")
operator fun plus(that: Money): Money {
    require(currency == that.currency) {
        "cannot add Money values of different currencies"
    }
    return Money(amount.add(that.amount), currency)
}
```

이런 구현이 바람직할까? 같은 메서드가 한 코드 기반에서 위치에 따라 다른 이름으로 나타나면 상당히 혼동스러울 수 있다. 반면 이 메서드가 연산자 메서드이기 때문에 메서드를 정의하는 부분에서는 plus라는 이름이 나타나야 하고, 코틀린에서 이 메서드를 호출하는 부분에서는 모두 + 연산자를 써야 한다. operator fun plus는 메서드 이름보다는 오히려 언어 키워드와 같다. 인텔리J는 자바의 **add** 호출과 코틀린의 **operator plus** 정의 사이를 매끄럽게 오갈 수 있다. 중립적으로, 저자들은 이런 경우 **@JvmName** 애너테이션을 사용할 가치가 있다고 생각하지만, 일반적으로는 코틀린 클래스를 자바 클라이언트에 맞춰 노출시키기 위해 **@JvmName** 애너테이션을 사용하는 방법에 대해 팀 안에서 합의를 도출할 필요가 있다.

12.3 기존 코틀린 코드에서 정의한 연산자 호출하기

작성한 코틀린 클라이언트 코드를 살펴보면 여전히 문제가 있다. 이 책을 쓴 현재, 인텔리J는 **operator**가 붙은 메서드 호출을 각 메서드에 해당하는 적절한 연산자 호출로 변환해 주는 기능을 제공하지 않는다. 그래서 이전에 **Money.add** 메서드를 호출하던 코드는 리팩터링 후 +가 아니라 **Money.plus**를 호출하는 상태로 남는다. 인텔리J가 이런 메서드 호출을 연산자로 자동으로 리팩터링할 수 있지만, 각 연산자에 해당하는 메서드를 하나씩 따로 리팩터링해야만 한다.

이런 문제를 해결하기 위해 일련의 리팩터링 단계를 사용해 **모든** 코틀린 코드가 + 연산자를 사용하도록 변경할 수 있고, 더 많은 자바 클래스를 코틀린으로 변경함에 따라 같은 단계들을 다시 재실행할 수 있는 능력을 갖출 수 있다. 따라서 변경 내용을 다시 원상복구하고 다른 변환을 수행하자.

이번에는 **add** 메서드의 전체 본문을 **plus**라는 이름의 메서드 호출로 추출하고 이 **plus** 메서드를 공개된 연산자 메서드로 만든다.

예제 12.5 [operators.6:src/main/java/travelator/money/Money.kt]

```
fun add(that: Money): Money {
    return plus(that)
}

operator fun plus(that: Money): Money {
    require(currency == that.currency) {
        "cannot add Money values of different currencies"
    }
    return Money(amount.add(that.amount), currency)
}
```

인텔리J의 자동 리팩터링을 사용해 plus 호출에서 this를 명시할 수 있다.

예제 12.6 [operators.7:src/main/java/travelator/money/Money.kt]

```
fun add(that: Money): Money {
    return this.plus(that)
}
```

인텔리J는 이 형태에 대해 자동으로 메서드 호출을 연산자 호출로 리팩터링해 준다.

예제 12.7 [operators.8:src/main/java/travelator/money/Money.kt]

```
fun add(that: Money): Money {
    return this + that
}
```

마지막으로 add 메서드를 단일식 형태로 바꿀 수 있다.

예제 12.8 [operators.9:src/main/java/travelator/money/Money.kt]

```
fun add(that: Money) = this + that

operator fun plus(that: Money): Money {
    require(currency == that.currency) {
        "cannot add Money values of different currencies"
    }
    return Money(amount.add(that.amount), currency)
}
```

이제 덧셈에 사용할 수 있는 메서드가 두 가지 생겼다. plus 연산자 메서드는 덧셈 로직을 구현하며 미래에 모든 코틀린 코드에서 사용할 메서드이다. 하지만 아직은 아무 코드도 이 plus를 직접 호출하지 않는다. add 메서드는 자바 코드에서 사용하기 위해 계속 남을 것이며, 이 메서드는 내부에서 코틀린 코드에서 사용하고 싶은 이상적인 구문을 사용한다.

Money.add 메서드를 인라이닝하면 Money 값을 더하는 모든 코틀린 코드가 연산자 구문을 사용하게 할 수 있다. 이런 인라이닝을 시도해 보면 인텔리J가 모든 add 사용을 인라이닝할 수는 없다고 보고한다. 바로 그게 정확히 우리가 원하는 바이다! 코틀린 코드를 자바에 인라이닝할 수 없으므로 인텔리J는 코틀린 호출 지점만 add 메서드 본문을 인라이닝해 주고 여전히 자바에서 add를 호출하기 때문에 Money 클래스 안에 add 메서드 정의를 남겨둔다. 이제 모든 코틀린 코드는 + 연산자를 사용하지만, 자바 코드는 바뀌지 않는다.

미래에 Money 값을 더하는 더 많은 자바 클래스를 코틀린으로 변환하고 나면, add 메서드를 다시 한 번 인라이닝해서 코틀린 클래스들이 add 대신 + 연산자를 사용하게 바꿀 수 있다. 우리 코드 기반에 남은 자바 코드가 add를 호출하는 동안 인텔리J는 add 메서드 정의를 보존해 준다. Money 값을 더하는 마지막 자바 클래스를 코틀린으로 변환하고 나면, 인텔리J가 인라이닝 리팩터링을 하는 과정에서 더 이상 사용되지 않게 된 add 메서드를 제거해 준다. 이때가 되면 우리 코드 기반은 + 연산자만 사용하게 된다.

12.4 기존 자바 클래스를 위한 연산자

plus 메서드를 다룰 때 메서드 **내부에서** + 연산자를 사용하는 기회를 가졌다. Money 클래스는 자신의 amount 프로퍼티를 자바 표준 라이브러리의 BigDecimal로 표현한다. 이제 BigDecimal.add 메서드를 + 연산자로 대치할 수 있다.

예제 12.9 [operators.11:src/main/java/travelator/money/Money.kt]

```
operator fun plus(that: Money): Money {
    require(currency == that.currency) {
        "cannot add Money values of different currencies"
    }
    return Money(this.amount + that.amount, currency)
}
```

코드는 계속 컴파일이 될 수 있다. 어떻게 그럴 수 있을까?

코틀린 표준 라이브러리에는 자바 표준 라이브러리가 제공하는 클래스에 대한 연산자를 정의하는 확장 함수가 들어있다. 이런 자바 표준 라이브러리 클래스에는 BigInteger, BigDecimal 등의 수학 클래스와 List<T>, Set<T> 등의 컬렉션이 포함된다. 이런 확장 함수가 kotlin 패키지 안에 들어있으므로 코틀린 코드에서 이런 연산자 정의를 자동으로 사용할 수 있게 된다. 굳이 이런 함수를 임포트할 필요가 없다.

12.5 값을 표현하는 관습

Money 값을 표현하기 위해 사용하는 동반 객체에 선언한 함수들이 정적 함수라는 점도 코틀린 규약을 깬다.

자바 문법은 new 생성자를 통한 클래스 인스턴스화와 메서드 호출 결과를 통한 객체 획득을 구분한다. 현대 자바에서는 정체성이 중요한 상태가 있는 객체를 생성할 때는 new 연산자를 사용하고, 값으로 사용하는 객체를 생성할때는 정적 팩토리 함수를 호출하는 관습이 있다. 예를 들어, new ArrayList<>()는 다른 가변 리스트와 구별되는 새로운 가변 리스트를 생성하지만, List.of("a","b","c")는 불변 리스트값을 표현한다.

코틀린 구문에서는 객체 생성과 함수 호출을 구분하지 않는다. 즉 클래스 생성자 호출과 함수 호출의 문법이 같다. 그리고 개별적인 정체성을 가지는 상태가 있는 객체를 새로 만드는 방법과 값을 표현하는 객체를 만드는 방법을 구분하는 코딩 관습도 없다.

> **WARNING_** 코틀린 코드에서 함수 호출과 클래스 인스턴스화는 똑같아 보이지만, JVM에서 서로 다른 바이트코드로 구현된다. 생성자 호출과 함수 호출은 소스 코드상으로는 서로 호환이 되지만 이진코드 상에서는 서로 호환되지 않는다.

Money 클래스처럼 클래스에 팩터리 메서드가 여러개 필요한 경우, 보통 클래스의 동반 객체가 아니라 최상위 수준의 함수로 이들을 정의한다. 인텔리J는 이런 스타일을 권장하는 약간의 넛지[nudge][1]를 제공한다. 즉, 동반 객체에 선언한 메서드보다 최상위 함수를 자동으로 권장하는 경우가 많다.

따라서, Money 인스턴스를 Money.of(...)가 아니라 Money(...)나 moneyOf(...) 같은 식으로 생성할 수 있다면 훨씬 더 코틀린 관습에 잘 들어맞을 것이다.

3장에서 본 것처럼 Money에는 amount와 통화 사이의 관계를 유지하기 위해 비공개 생성자가 있다(그리고 Money는 데이터 클래스가 아니다). 따라서 가장 쉬운 방법은 Money가 위치한 소스 코드 최상위에 moneyOf라는 함수를 정의한다. 하지만 이런 moneyOf() 함수는 Money 클래

---

1 옮긴이_ 넛지(nudge)의 사전적인 의미는 '팔꿈치로 슬쩍 찌른다'이다. 행동경제학에서 은연중에 사람들의 행동을 유도하는 기술을 사용해 대중의 반응을 좀 더 나은 쪽으로 이끄는 것을 뜻한다. 가장 유명한 예는 오줌이 덜 튀게 하려고 남자 화장실 소변기에 파리 그림을 표시한 것이다.

스 생성자를 호출해야 한다. 하지만 private로 선언된 생성자를 최상위 함수가 호출할 수는 없다. 반면 internal(내부)로 생성자 가시성을 바꾸면 이 함수를 호출할 수 있다.

생성자를 내부 가시성으로 지정하면 같은 컴파일 단위(그레이들 프로젝트나 인텔리J 모듈) 안에서 이 생성자를 호출할 수 있지만, 컴파일 단위 밖에서 생성자를 호출하는 것은 막는다. Money 클래스의 생성자를 부적절하게 호출하지 않음으로써 불변 조건을 유지해야 할 책임은 클래스가 아니라 컴파일 단위에 있게 된다. 시스템을 코틀린으로 변환하는 과정에서 계속 유지 보수해야 하는 자바 부분이 없다면 컴파일 단위가 불변 조건 유지 책임을 지는 것도 충분히 안 전하다고 할 수 있다.

자바와 JVM에는 내부 가시성이라는 개념이 없다. 코틀린 클래스로부터 생성된 JVM 클래스 파일에서는 코틀린의 내부 특성이 공개 특성으로 번역되며, 내부 가시성은 코틀린 컴파일러가 인식하지만 자바 컴파일러가 무시하는 별도의 메타데이터로 저장된다. 그 결과 내부 가시성으로 선언된 코틀린 특성이 자바 컴파일러와 JVM에는 공개 가시성으로 보이며, 이로 인해 프로젝트에서 자바 코드로 작업을 할 때 실수로 잘못된 Money 값을 생성하는 게 허용된다. 이로 인해 최상위 moneyOf 함수는 매력적이지 않은 선택지이다.

이 경우에도 우리는 코틀린 연산자 오버로딩에 기댈 수 있다. Money 클래스의 동반 객체에서 함수 호출 연산자를 정의하면 코틀린 코드는 직접 생성자를 호출하는 코드와 똑같은 문법을 사용해 Money 값을 생성할 수 있다.

```
val currently = Money.of(BigDecimal("9.99"), GBP))

val proposal = Money(BigDecimal("9.99"), GBP))
```

이 호출은 실제로는 생성자 호출이 아니다. 이 코드를 길게 쓰면 다음과 같다.

```
val proposal = Money.Companion.invoke(BigDecimal("9.99", GBP))
```

add 메서드 이름을 plus로 바꿨을 때 발견했던 것처럼, of의 이름을 invoke로 바꾸면 다른 자바 코드에 큰 영향이 생긴다. Money 값을 생성하는 자바 코드는 Money.of(BigDecimal(100), EUR)가 아니라 Money.invoke(BigDecimal(100), EUR)라고 읽힌다. of 메서드에는 **두 가지** 책임이 있다. 첫 번째 책임은 Money 값을 생성하면서 클래스의 불변조건을 강제하는 것이고, 두 번째 책임은 값을 표현하는 객체를 생성하는 현대 자바 관습을 따르는 설탕 문법 syntactic sugar 을 제공한다. of를 invoke로 바꿔도 첫 번째 책임에는 영향이 없지만 두 번째 책임을 망치게 된다.

메서드를 추출하고 추출한 메서드 코드를 리팩터링한 후 메서드 호출을 인라이닝하는 조합을 똑같이 사용해서 코틀린 코드를 코틀린 관습을 따르도록 리팩터링할 때 자바 코드에 부정적인 영향을 끼치는 일을 방지할 수 있다.

첫 번째로, 메서드 본문 전체를 invoke라는 이름의 함수로 추출한다.

예제 12.10 [operators.12:src/main/java/travelator/money/Money.kt]

```
class Money private constructor(
    val amount: BigDecimal,
    val currency: Currency
) {
    ...

    companion object {
        @JvmStatic
        fun of(amount: BigDecimal, currency: Currency) =
            invoke(amount, currency)

        private fun invoke(amount: BigDecimal, currency: Currency) =
            Money(
                amount.setScale(currency.defaultFractionDigits),
                currency
            )
        ... 오버로딩한 편의 함수
    }
}
```

이제 invoke를 공개 연산자 메서드로 바꿀 수 있다.

예제 12.11 [operators.13:src/main/java/travelator/money/Money.kt]

```kotlin
@JvmStatic
fun of(amount: BigDecimal, currency: Currency) =
    invoke(amount, currency)

operator fun invoke(amount: BigDecimal, currency: Currency) =
    Money(
        amount.setScale(currency.defaultFractionDigits),
        currency
    )
```

이제는 Money 동반 객체를 함수처럼 호출하는 코드가 생성자 호출처럼 보인다. 그렇다면 invoke 메서드의 Money(...) 호출이 스택 넘침stack overflow을 일으키지 않는 이유는 무엇일까? invoke 메서드 안에서 Money(...) 호출은 invoke를 재귀 호출하지 않고 비공개 Money 생성자를 호출한다. 반면 클래스 밖에서는 Money의 생성자를 볼 수 없으므로 Money(...)가 동반 객체의 invoke를 호출한다. 우리는 두 세계의 장점, 즉 클래스 인스턴스 생성을 편리하게 할 수 있는 구문과 클래스의 불변 조건을 보장하는 캡슐화 경계를 동시에 취할 수 있다.

기존 코틀린 코드가 새 문법을 사용하려면 먼저 동반 객체의 of 메서드 호출 자체를 함수로 만들어야 한다.

예제 12.12 [operators.14:src/main/java/travelator/money/Money.kt]

```kotlin
@JvmStatic
fun of(amount: BigDecimal, currency: Currency) =
    this(amount, currency)
```

이제 of 메서드를 코틀린 코드에서 인라이닝할 수 있다. 여기서도 자바 코드는 영향을 받지 않고, 나중에 of 메서드를 호출하는 메서드 자바 코드가 남지 않게 되면 IDE가 자동으로 of 메서드를 제거해 준다.

인라이닝 리팩터링을 하기 전에 Money 값을 만드는 코틀린 코드는 다음처럼 보였다.

예제 12.13 [operators.16:src/main/java/travelator/money/ExchangeRates.kt]

```kotlin
interface ExchangeRates {
    fun rate(fromCurrency: Currency, toCurrency: Currency): BigDecimal
    @JvmDefault
    fun convert(fromMoney: Money, toCurrency: Currency): CurrencyConversion {
        val rate = rate(fromMoney.currency, toCurrency)
        val toAmount = fromMoney.amount * rate
        val toMoney = Money.of(toAmount, toCurrency)
        return CurrencyConversion(fromMoney, toMoney)
    }
}
```

인라이닝 리팩터링을 끝내고 나면 코드가 다음처럼 바뀐다.

예제 12.14 [operators.17:src/main/java/travelator/money/ExchangeRates.kt]

```kotlin
interface ExchangeRates {
    fun rate(fromCurrency: Currency, toCurrency: Currency): BigDecimal
    @JvmDefault
    fun convert(fromMoney: Money, toCurrency: Currency): CurrencyConversion {
        val rate = rate(fromMoney.currency, toCurrency)
        val toAmount = fromMoney.amount * rate
        val toMoney = Money(toAmount, toCurrency)
        return CurrencyConversion(fromMoney, toMoney)
    }
}
```

이제는 코틀린을 사용하든 자바를 사용하든 관계없이 관습을 지키면서도 편리하게 사용할 수 있는 클래스가 남았다.

12.6 다음으로 나아가기

자바와 코틀린에서는 각자의 결에 따라 다른 관습이 쓰인다.

우리는 코틀린 코드 사용이 기존 자바 코드에 부정적 영향을 끼치기를 원하지 않고, 코틀린 코드가 단순히 코틀린 문법을 사용한 자바 코드로 남기를 원하지도 않는다.

애너테이션과 다른 메서드에 호출을 위임하는 중간 메서드를 사용하면 코틀린 전환 과정에서 코틀린과 자바 코드가 동시에 각 언어의 관습을 따르게 할 수 있다. 추출 후 인라이닝하는 리팩터링 조합을 사용하면 코드 기반에 코틀린과 자바 코드의 관습을 동시에 만족하는 코드를 쉽게 추가할 수 있고, 더 이상 필요하지 않을 때 불필요한 위임 메서드를 쉽게 제거할 수 있다.

스트림에서
이터러블이나 시퀀스로

자바와 코틀린은 모두 컬렉션을 변환하고 축약하도록 해 준다. 하지만 각각의 설계 목표와 구현은 서로 다르다. 코틀린이 자바 스트림 대신 무엇을 사용할까? 어떻게 하면 자바 스트림을 이런 코틀린 구조로 변환할 수 있고, 언제 이런 변환을 수행해야 할까?

13.1 자바 스트림

2014년 자바 8에 스트림이 도입됐고, 스트림은 (똑같이 자바 8에 도입된) 새로운 람다를 잘 활용한다. 몇몇 문자열의 평균 길이를 처리해야 하는데, 공백으로 이뤄진 문자열을 빈 문자열처럼 다뤄야 한다면 어떻게 해야 할까? 이전에는 다음과 같이 쓸 수 있었다.

```
public static double averageNonBlankLength(List<String> strings) {
    var sum = 0;
    for (var s : strings) {
        if (!s.isBlank())
            sum += s.length();
    }
    return sum / (double) strings.size();
}
```

자바 스트림을 사용하면, 먼저 List를 Stream으로 변환한 후 filter, map, reduce를 사용해 이 알고리즘을 표현할 수 있다.

```java
public static double averageNonBlankLength(List<String> strings) {
    return strings
        .stream()
        .filter(s -> !s.isBlank())
        .mapToInt(String::length)
        .sum()
        / (double) strings.size();
}
```

머릿속에서 for 루프를 실행하면서 이 코드가 하는 일을 생각하기보다 선언된 알고리즘의 각 단계를 한 줄한 줄 볼 수 있고, 런타임이 각 단계를 구현하는 데 의존할 수 있다.

결과를 빨리 얻어야 한다면 심지어 다음처럼 쓸 수도 있다.

```java
public static double averageNonBlankLength(List<String> strings) {
    return strings
        .parallelStream()          ❶
        .filter(s -> !s.isBlank())
        .mapToInt(String::length)
        .sum()
        / (double) strings.size();
}
```

❶ parallelStream은 작업을 여러 스레드에 나눠서 수행한다.

여기서 진행할 수 있는 여러 가지 유형의 기본 연산이 있다. map은 원소를 다른 타입으로(또는 같은 타입의 다른 값으로) 변경하지만 전체 원소 갯수를 변경하지는 않는다. filter는 조건에 따라 원소를 유지하거나 거부하지만 원소의 타입은 그대로 유지된다. sum은 컬렉션을 한 가지 값으로 축약한다. 이 예제에 없는 연산으로는 skip(n)이나 limit(n) 연산이 있다. 이들은 각각 맨 앞 n개와 맨 마지막 n개 원소를 제거한 스트림을 돌려준다.

자바 스트림은 지연 계산을 수행한다. strings.filter(...).mapToInt(...)은 아무 일도 하지 않고 sum 같은 최종 연산terminal operation이 값을 빨아낼 수 있는 파이프라인만 설치한다. 지연계산은 뒤쪽 파이프라인 단계가 앞쪽 단계에서 수행해야 하는 작업의 양을 제한한다는 뜻이다. STOP이라는 단어가 발견될 때까지 단어 목록을 변환하는 예를 생각해 보자. 루프로 이런 코드를 작성하면 다음과 같다.

```java
public static List<String> translatedWordsUntilSTOP(List<String> strings) {
    var result = new ArrayList<String>();
    for (var word: strings) {
        String translation = translate(word);
        if (translation.equalsIgnoreCase("STOP"))
            break;
        else
            result.add(translation);
    }
    return result;
}
```

루프를 중간에 끝냄으로써 모든 단어를 변환하지 않고 필요한 최소한의 단어만 변환한다. 자바 9에서는 dropWhile과 takeWhile이 도입됐다. 이들을 사용하면 다음 같이 코드를 작성할 수 있다.

```java
public static List<String> translatedWordsUntilSTOP(List<String> strings) {
    return strings
        .stream()
        .map(word -> translate(word))
        .takeWhile(translation -> !translation.equalsIgnoreCase("STOP"))
        .collect(toList());
}
```

이 코드는 collect가 파이프라인을 통해 값을 빨아들이고, takeWhile은 술어(조건식 람다) 가 false를 반환하면 이전 파이프라인 단계에서 값을 빨아들이는 일을 중단하기 때문에 이 코드가 작동한다.

값을 빨아들이는 연산에 대해 이야기하자면, 컬렉션이 작은 경우 스트림이 놀랍도록 느리다. 스트림은 모든 CPU 코어를 최대한 활용하고 싶을 정도로 대규모로 데이터를 처리하는 경우에 유용하다. 그래서 장바구니에 있는 다섯 가지 상품의 가격 합계를 계산할 때는 적당하지 않다. 문제는 자바 스트림이 일반적인 컬렉션 변환, 지연 계산, 병렬 처리 등의 작업을 모두 염두에 두고 설계됐는데 이런 작업의 요구 조건이 모두 다르다는 점에 있다. 코틀린은 병렬 연산을 구현하려고 시도하지 않고 두 가지 추상화만을 제공한다. 첫 번째는 컬렉션 변환과 축약에 유용한 이터러블^{iterable}이고, 두 번째는 지연 계산을 제공하는 시퀀스^{sequence}이다.

13.2 코틀린 이터러블

코틀린은 컬렉션 연산을 정의하기 위해 새로운 인터페이스를 정의하는 대신 `Iterable`에 대한 확장 함수를 제공한다. 앞에서 본 예제를 수행하는 가장 단순한 코틀린 식은 다음과 같다.

```
fun averageNonBlankLength(strings: List<String>): Double =
    (strings
        .filter { it.isNotBlank() }
        .map(String::length)
        .sum()
            / strings.size.toDouble())
```

여기 있는 `filter`는 `Iterable`에 대한 확장 함수다. 하지만 다른 `Stream`을 반환하는 `Stream.filter`와 달리 코틀린 `filter`는 `List`를 반환한다(`List`도 `Iterable`이기 때문에 함수 호출을 계속 연쇄할 수 있다). `map`도 `List`를 반환하므로 이 식은 메모리에 2개의 리스트를 추가로 만든다.

첫 번째는 비어있지 않은 문자열로 이뤄진 `List`이고, 두 번째는 이런 비어있지 않은 문자열들의 길이로 구성된 `List`다. 성능에 신경을 쓴다면 이렇게 많은 리스트가 생길 경우, 리스트를 채워넣기 위한 시간과 유지하기 위한 메모리가 필요하기 때문에 문제가 될 수 있다.

길이로 이뤄진 `List`가 특히 문제다. 정수를 리스트에 넣기 위해서는 **박싱**^{boxing}해야 하기 때문이다(정수를 `Integer` 객체로 감싸는 게 박싱이다). 자바 스트림 예제는 `mapToInt(STring::length)`를 사용해 이런 문제를 피했다. 박싱과 언박싱을 피하기 위해 자바는 `IntStream`을 제공하지만(마찬가지 이유로 `LongStream`이나 `DoubleStream`도 제공하지만 이유가 궁금하게도 `BooleanStream`과 `CharStream`은 제공하지 않는다), 이런 스트림의 존재와 `IntStream`은 `Stream<Integer>`이 아니라는 사실도 함께 인지하고 사용해야만 한다.

성능에 신경을 써야 할까? 대부분은 그렇지 않다. 이 코틀린 코드는 컬렉션 크기가 크지 **않다면**

빠르게 작동한다. 이런 성격은 컬렉션이 긴 **경우에만** 빨라지는 자바 스트림과는 반대다. 컬렉션이 크다면 코틀린에서는 시퀀스로 전환할 수 있다.

13.3 코틀린 시퀀스

코틀린 Sequence 추상화는 자바 스트림과 같은 지연 계산을 제공한다. Sequence에 대한 map 연산은 다른 Sequence를 반환한다. 시퀀스 연쇄의 연산은 어떤 최종 연산이 파이프라인 평가를 요구할 때 이뤄진다. Collection이나 Iterable 또는 심지어 Iterator에도 시퀀스 변환을 위한 asSequence() 확장 함수가 들어있다. asSequence() 이후로는 API가 의심스러울 정도로 낯익어 보인다.

```
fun averageNonBlankLength(strings: List<String>): Double =
    (strings
        .asSequence()
        .filter { it.isNotBlank() }
        .map(String::length)
        .sum()
            / strings.size.toDouble())
```

모든 연산(filter, map, sum)이 이제는 Iterable이 아니라 Sequence의 확장이며, 이 연산들이 List를 반환하지 않고 다른 Sequence를 반환하기 때문에 의심스러울 정도로 API가 비슷해 보인다. 다만 모든 데이터를 읽기 전에는 작업하는 흉내조차 낼 수 없어서 터미널 연산이 되어야 하는 sum 함수는 제외다. 이 averageNonBlankLength 코드는 이터러블 버전과 같아 보이지만 실제 각 함수는 서로 다르다.

averageNonBlankLength의 시퀀스 버전에서는 각 단계의 결과를 저장하기 위한 중간 리스트 생성 비용이 들지 않는다. 하지만 원소 갯수가 적다면 파이프라인을 만들고 실행하는 비용이 리스트를 생성하는 비용보다 더 비싸진다. 예제의 경우 Int 길이를 여전히 Integer로 박싱해야 하지만 모든 리스트의 원소를 박싱하지는 않고 한 번에 하나씩만 하게 된다. 게다가 API 설계자들은 박싱을 피하기 위해 더 영리한 해법을 제공한다. 이 예제의 경우 sumBy가 그런 영리한 해법이다.

```kotlin
fun averageNonBlankLength(strings: List<String>): Double =
    (strings
        .asSequence()
        .filter { it.isNotBlank() }
        .sumBy(String::length)
        / strings.size.toDouble())
```

sumBy는(Iterable에 대한 확장 함수인 sumBy도 있다) Int를 반환하는 함수를 파라미터로 받는 방식으로 박싱을 피한다. sumBy가 최종 연산이라서 다른 시퀀스나 컬렉션을 반환하지 않기 때문에 이런 식의 성능 향상이 가능하다.

13.4 다중 이터레이션

자바 스트림을 사용한다면 다음과 비슷한 코드를 작성해 본 적이 있을 것이다.

```java
public static double averageNonBlankLength(List<String> strings) {
    return averageNonBlankLength(strings.stream());
}

public static double averageNonBlankLength(Stream<String> strings) {
    return strings
        .filter(s -> !s.isBlank())
        .mapToInt(String::length)
        .sum()
        / (double) strings.count();
}
```

이 코드는 아주 바람직해 보인다. 우리는 단순히 함수를 추출해서 함수가 List 대신 Stream을 파라미터로 받게 했을 뿐이다. Stream에는 size 프로퍼티가 없지만 count()가 같은 결과를 돌려주기 때문에 count()를 사용한다. 이 코드를 실행하면 java.lang.IllegalStateException: stream has already been operated upon or closed라는 예외가 발생한다.

문제는 Stream에는 감춰진 상태가 있다는 점에 있다. 모든 원소를 소비하면(바로 sum이 모든 원소를 소비한다) 다시 처음으로 돌아가 count를 통해 원소 갯수를 셀 수는 없다. sum이 실제로는 IntStream의 메서드이지만 파이프라인의 각 스트림은 파이프라인에서 자기 바로 앞에 있는 다른 스트림을 소비하기 때문에, sum이 strings을 모두 소비한다.

자바에서는 이 정도만 설명해도 여러분이 Stream 연산들을 함수로 추출하지 못하게 경고하기에 충분하다. 이제 Sequence에 대해 같은 일을 진행해 보자.

```kotlin
fun averageNonBlankLength(strings: List<String>): Double =
    averageNonBlankLength(strings.asSequence())

fun averageNonBlankLength(strings: Sequence<String>): Double =
    (strings
        .filter { it.isNotBlank() }
        .sumBy(String::length)
        / strings.count().toDouble())
```

코틀린에서는 List 버전에서 Sequence 버전을 호출해도 모든 게 잘 된다. 적어도 아직까지는 그래 보인다.

하지만 실제 이 코드는 문제를 누적하고 있다. 왜 그런지 알기 위해 다른 계층을 빼내서 Iterator를 파라미터로 받는 함수를 추가하자.

```
fun averageNonBlankLength(strings: Iterator<String>): Double =
    averageNonBlankLength(strings.asSequence())
```

이 함수를 호출하면 이제는 java.lang.IllegalStateException: This sequence can be consumed only once가 발생한다(이 예외와 스트림 예외를 비교해 보면 코틀린 개발자가 자바 개발자보다 더 세세한 문법에 얽메이는 것 같아 보인다). 이 예제에서는 Sequence가 자바 Stream처럼 작동하지만 앞의 예제에서는 그렇지 않았다. 무엇이 달라졌을까?

몇몇 시퀀스는 여러 번 이터레이션해도 안전하다는 점이 드러난다. 예를 들어 메모리에 저장된 컬렉션에 따라 뒷받침되는 시퀀스의 경우 여러 번 이터레이션해도 안전하다. 하지만 이제는 Sequence가 Iterator에 따라 뒷받침되기 때문에 (sum에 의한) 첫 번째 실행은 Iterator.hasNext()가 false를 반환할 때까지 진행된다. 하지만 (count로 원소 갯수를 세기 위해) 이 Sequence를 다시 실행하려고 할 때 Iterator의 상태가 변경되지 않기 때문에 hasNext()가 바로 false를 반환한다. 이로 인해 strings.count()가 0을 반환하면 (초기에 이터레이터에 원소가 있었다면) averageNonBlankLength가 항상 Infinity를 반환하게 된다.

이런 동작은 **바람직하지 않기 때문에** 이터레이터를 둘러싸는 시퀀스는 의도적으로 Sequence.constrainOnce()로 제약해서 이런 동작을 막는다. constrainOnce()는 시퀀스를 두 번 소비하려고 시도하면 IllegalStateException을 던진다.

두 번 이상 소비할 수 없는 Sequence의 고전적인 예로 파일이나 네트워크 소켓 등의 외부 자원을 읽어서 처리해야 하는 경우를 들 수 있다. 이런 경우에는 입력을 처음부터 다시 이터레이션할 수 없는 것이 일반적이다.

불행히도 Sequence의 이런 두 유형의 차이가 타입 시스템에는 반영되지 않았기 때문에, 알고리즘과 입력 사이의 비호환성을 실행 시점이 되어야만 발견할 수 있다. 20장에서 보게 될 내용처럼, 이 상황은 sequenceOf(...)나 List.asSequence()를 테스트 데이터로 사용하는 일반적인 기법에 따라 악화된다. 이런 시퀀스는 여러 번의 이터레이션을 **지원하기** 때문에 테스트가 이런 문제를 우리에게 경고해 주지 못하기 때문이다.

실제로는 이런 문제는 가끔 시간을 낭비하고 작업을 다시 해야 해서 약간 성가실 뿐이다. 여러분이 스트림 코드를 변환했다면 처음부터 이런 문제가 없었을 것이기 때문에 이런 일이 잘 벌어지지 않는 경향이 있다. 하지만 맨 밑바닥부터 Sequence를 만들거나 Iterable을 시퀀스로 변환할 때 이런 문제가 발생하곤 한다.

여기서 설명한 예제에서는 맨 마지막에 count를 쓰는 대신, 첫 번째 이터레이션을 수행하면서 개수를 세는 방식으로 문제를 해결할 수 있다.

```kotlin
fun averageNonBlankLength(strings: Sequence<String>): Double {
    var count = 0
    return (strings
        .onEach { count++ }
        .filter { it.isNotBlank() }
        .sumBy(String::length)
        / count.toDouble())
```

이 문제가 이 책에서 지역 변수를 변이시키면서 문제를 해결한 첫 번째 경우다. 일반적으로 더 유용한 유틸리티 클래스인 CountingSequence에 우리의 부끄러움을 감출 수 있다.

```kotlin
class CountingSequence<T>(
    private val wrapped: Sequence<T>
) : Sequence<T> {
    var count = 0
    override fun iterator() =
        wrapped.onEach { count++ }.iterator()
}

fun averageNonBlankLength(strings: Sequence<String>): Double {
    val countingSequence = CountingSequence(strings)
    return (countingSequence
        .filter { it.isNotBlank() }
        .sumBy(String::length)
        / countingSequence.count.toDouble())
}
```

이 코드는 코틀린 알고리즘에 반복해 나타나는 주제를 보여 준다. 무언가를 더 타당하고 효율적인 방법으로 구현하기 위해 변이를 사용할 필요가 가끔 있다. 이런 경우 보통은 변이의 가시성을 줄이고 더 유용한 추상화를 제공할 수 있는 방향으로 변이를 사용하는 코드를 감춘다. 여기서는 Sequence가 실제로는 메서드가 단 하나만 정의된 인터페이스라서 직접 그 유일한 메서드를 구현하기 쉽다는 점으로부터 도움을 받는다. 자바 Stream도 인터페이스지만 42개나 되는 메서드가 들어있고 디폴트 구현을 제공할 만한 AbstractStream 클래스가 존재하지도 않는다!

이번 절을 끝내기 전에, 어쩌면 우리가 Stream.count()를 도입했을 때 조용히 화를 낸 독자도 있을 것이다. 화를 내지 않은 독자라면 문제가 무엇일까 생각해 보라.

Stream과 Sequence의 핵심은 이들이 크기가 정해져 있지 않은 큰 데이터집합을 다룰 수 있게 해 준다는 점에 있다. 그런데 이런 데이터 집합의 원소 개수를 하나하나 세서 전체 크기를 알아내는 과정은 그리 효율적이지 못하다. 게다가 항상 개수를 셀 수 있는 것도 아니다. 보통 Sequence를 한 번 이상 이터레이션할 수 있는 경우라 해도 실제로는 애초에 우리가 Sequence를 사용해야만 했던 이유로 인해 개수를 세는 과정이 비효율적일 가능성이 크다.

> **TIP** 시퀀스를 단 한 번만 이터레이션하라
>
> 대략적인 규칙으로, Sequence에 대해 작용하는 알고리즘은 단 한 번에 필요한 계산을 끝내야 한다. 이렇게 하면 여러 번 이터레이션하도록 지원하지 않는 시퀀스에 대해서도 알고리즘이 작동하며 원소 개수가 아주 많은 경우에도 알고리즘이 효율적으로 작동한다.

Sequence.constrainOnce()를 테스트에서 호출하면 테스크 코드에서 실수로 시퀀스 처음으로 돌아가서 이터레이션을 다시 하는 일을 방지할 수 있다.

13.5 스트림, 이터러블, 시퀀스 사이에 선택하기

자바 스트림을 사용하는 코드가 이미 있다면 JVM에서 그 코드를 그냥 사용해도 계속 잘 작동한다. 스트림을 사용하는 코드를 단순히 코틀린으로 변환만 하고 실행해도 역시 잘 작동한다. 코틀린은 메서드 인자 목록 밖으로 람다를 뺄 수 있고 it이라는 암시적 파라미터를 사용하도록 허용하기 때문에 코틀린으로 변환한 스트림 코드가 약간 더 멋져 보인다.

```
fun averageNonBlankLength(strings: List<String>): Double =
    (strings
        .stream()
        .filter { it.isNotBlank() }
        .mapToInt(String::length)
        .sum()
        / strings.size.toDouble())
```

추가로 확장 함수를 사용하면 코틀린이 Sequence 연산을 정의한 방식과 똑같은 방식으로 스트림에 연산을 **추가할** 수 있다.

코드가 큰 컬렉션을 처리하며, 특히 parallelStream()을 사용한다면 디폴트로 선택할 수 있는 방법은 스트림을 그대로 두는 것이다. 이런 경우 병렬 스트림을 JVM이 최적화해 주기 때문이다. 코틀린 표준 라이브러리에는 심지어 Stream<T>.asSequence()와 Sequence<T>.asStream() 확장 함수가 들어 있어서 일을 하는 도중에 말(스트림)을 바꿔탈 수 있게 해준다.

코틀린 추상화로 자바 코드를 변환하기로 결정했다면 스트림이 지연 계산의 이점을 활용하고 있느냐에 따라 Iterable과 Sequence 중에 선택할 수 있다.

아래와 같은 경우 지연 계산이 필요하다.

1 입력을 읽는 작업을 다 끝내기 전에 결과를 얻어야 할 필요가 있다.
2 (중간 결과를 포함했을 때) 메모리 용량보다 더 큰 데이터를 처리해야 할 필요가 있다.
3 지연 계산은 다음과 같은 경우 더 나은 성능을 보인다.
4 파이프라인 단계가 긴 큰 컬렉션, 이런 컬렉션에서는 중간 단계의 컬렉션을 만들어내는 과정이 느릴 수 있다.
5 파이프라인 뒤쪽 단계에서만 얻을 수 있는 정보를 활용해 파이프라인의 앞쪽 단계에서 원소 중 일부를 건너뛸 수 있는 경우.

마지막 이유를 스트림에서 봤던 변환 예제를 통해 보여줄 수 있다.

```
public static List<String> translatedWordsUntilSTOP(List<String> strings) {
    return strings
        .stream()
        .map(word -> translate(word))
```

```
        .takeWhile(translation -> !translation.equalsIgnoreCase("STOP"))
        .collect(toList());
}
```

이 코드를 이와 동등한 이터러블 식으로 바꿀 수 있다.

```
fun translatedWordsUntilSTOP(strings: List<String>): List<String> =
    strings
        .map { translate(it) }
        .takeWhile { !it.equals("STOP", ignoreCase = true) }
```

하지만 이렇게 바꾸면 입력 리스트의 **모든** 단어를 map을 사용해 다른 리스트로 바꿔야 한다. 심지어 STOP이라는 문자열 뒤에 있는 단어도 모두 map을 통해 변환된다. Sequence를 사용하면 반환할 필요가 없는 문자열은 변환하지 않는다.

```
fun translatedWordsUntilSTOP(strings: List<String>): List<String> =
    strings
        .asSequence()
        .map { translate(it) }
        .takeWhile { !it.equals("STOP", ignoreCase = true) }
        .toList()
```

지연 계산이 필요하지 않거나 컬렉션이 작거나 처음부터 코틀린으로 코드를 작성한다면, Iterable 파이프라인이 단순하고 일반적으로 더 빠르며 더 추론하기 쉬운 해법이다. 저자들이 코틀린이 제공하는 훨씬 더 풍부한 API의 이점을 누리기 위해 스트림을 이터러블로 변환하는 경우도 자주 있다. 만약 이터러블이 큰 컬렉션에 대해 너무 느리다는 사실이 판명되면(또는 메모리를 너무 많이 잡아먹는다는 사실이 판명되면) 이터러블을 시퀀스로 바꾼다. 시퀀스로 바꾸는 것만으로 충분하지 않다면 스트림으로 바꿔서 병렬성의 이점을 살리도록 시도해볼 수 있다.

13.6 대수적 변환

물론 지연 계산과 병렬성이 **언제** 파이프라인의 각 단계를 호출해야 할지에 대해 영향을 끼친다. 우리가 만든 알고리즘이 연산의 순서에 의존적이라면 스트림, 이터러블, 시퀀스를 오가면 문제가 생길 수 있다. 우리가 원하는 것은 예측할 수 있는 **대수**algebra, 즉 코드의 동작을 그대로 유지하면서 연산을 조작할 수 있는 규칙을 제공하는 코드다.

7장에서 실행되는 시점에 따라 결과가 달라지는지 여부에 따라 함수(실제로는 람다를 포함한 모든 종류의 코드)를 분류하는 방법을 살펴봤다. 계산(7.2절의 '계산'을 보라)의 경우 호출 위치를 변경해도 계산 자체의 결과나 그 계산을 사용하는 다른 코드의 결과에 영향을 끼치지 못하기 때문에 리팩터링을 해도 안전하다. 반대로 동작(7.3절 '동작'을 보라)을 이터러블에서 시퀀스로 옮기거나 반대 방향으로 옮기면 호출되는 순서가 달라질 수 있고 그에 따라 프로그램의 출력도 달라질 수 있다. 우리 코드에서 더 많은 부분이 계산으로 표현되면 될수록, 더 많은 코드 표현을 규칙에 따라 변환해도 되는 대상으로 취급할 수 있다.

그리고 다른 대수(산술)를 적용해 averageNonBlankLength 정의를 단순화할 수 있다. 다음은 현재 구현이다.

```
class CountingSequence<T>(
    private val wrapped: Sequence<T>
) : Sequence<T> {
    var count = 0
    override fun iterator() =
        wrapped.onEach { count++ }.iterator()
}

fun averageNonBlankLength(strings: Sequence<String>): Double {
    val countingSequence = CountingSequence(strings)
    return (countingSequence
        .filter { it.isNotBlank() }
        .sumBy(String::length)
        / countingSequence.count.toDouble())
}
```

단순한 평균이 아니라 공백으로 이뤄진 문자열을 빈 문자열로 취급하고 싶어했기 때문에 이 모든 복잡성이 생겼다. 공백으로만 이뤄진 문자열의 길이를 합계에서 제거하되 개수에는 포함시키는 방법도 평균을 계산하는 한 가지 방법이다. 하지만 이 방법은 수학적으로 다음과 같다.

```
fun averageNonBlankLength(strings: Sequence<String>): Double =
    strings
        .map { if (it.isBlank()) 0 else it.length }
        .average()
```

이런 변환은 수학적인 재배열이며 이번 장에서 본 다른 시퀀스/이터레이션 코드 리팩터링과 마찬가지로 모든 연산이 계산인 경우에만 제대로 작동한다. 그리고 이 구현이 우리를 끌어당기는 힘은 위험하다. 왜냐하면 이 코드는 다시 average에 전달하기 위해 정수를 박싱하는 코드로 되돌아가는 코드이기 때문이다.

필요한 함수는 sumBy와 비슷하게 작동하는 averageBy이다. 코틀린 Sequence.sumBy 정의를 Sequence.average의 정의와 맞춰보면 다음과 같은 코드를 얻을 수 있다.

```
inline fun <T> Sequence<T>.averageBy(selector: (T) -> Int): Double {
    var sum: Double = 0.0
    var count: Int = 0
    for (element in this) {
        sum += selector(element)
        checkCountOverflow(++count)
    }
    return if (count == 0) Double.NaN else sum / count
}
```

이 코드도 효율성이라는 미명하에 변이를 허용한다. 마침내 다음과 같은 코드를 작성할 수 있게 된다.

```
fun averageNonBlankLength(strings: Sequence<String>): Double =
    strings.averageBy {
        if (it.isBlank()) 0 else it.length
    }
```

왜 처음부터 이런 식으로 코드를 작성하지 않았을까? 경우에 따라서는 이런 유사성을 찾을 수 있지만 그렇지 않은 경우도 있기 때문이다! 다음과 같은 코드에서 시작했다는 사실을 기억하라.

```
public static double averageNonBlankLength(List<String> strings) {
    var sum = 0;
    for (var s : strings) {
        if (!s.isBlank())
            sum += s.length();
    }
    return sum / (double) strings.size();
}
```

이런 코드가 주어졌다면 if 문을 filter로 변환하는 게 자연스럽다.

```
public static double averageNonBlankLength(List<String> strings) {
    return strings
        .stream()
        .filter(s -> !s.isBlank())
        .mapToInt(String::length)
        .sum()
        / (double) strings.size();
}
```

원래 코드가 훨씬 함수적인 코드라면 어떤 일이 벌어졌을까? if 문을 사용해 덧셈을 **수행할지** 결정하기 전에 3항식을 사용해 더셈을 할 **값**을 계산했을 것이다.

```
public static double averageNonBlankLength(List<String> strings) {
    var sum = 0;
    for (var s : strings) {
        sum += s.isBlank() ? 0 : s.length();
    }
    return sum / (double) strings.size();
}
```

이제는 초기 스트림 변환을 거치고 나면 다음 코드가 생긴다.

```
public static double averageNonBlankLength(List<String> strings) {
    return strings
        .stream()
        .mapToInt(s -> s.isBlank() ? 0 : s.length())
        .average()
```

```
        .orElse(Double.NaN);
    }
```

이런 과정을 거쳤다면 이번 장의 길이는 훨씬 더 짧아졌겠지만, 배우는 내용도 훨씬 더 줄어들 었을 것이다.

13.7 스트림에서 이터러블이나 시퀀스로 리팩터링하기

트래블레이터는 실행되면서 운영 이벤트를 로그로 남긴다. 따라서 코드가 예상대로 작동하는 지 확인할 수 있다. 로그는 JSON 형식으로 인덱싱 서버에 전달되며, 인덱싱 서버는 멋진 그래 프를 생성해 주고 자체 질의 언어를 통해 지정된 경고를 생성한다. 하지만 어째서인지 마케팅 팀의 멋진 양반들은 항상 우리가 질의를 작성할 수 없는 질문을 던지는 재주가 있다.

그런 경우 우리는 서버에서 이벤트를 얻어와서 로컬 컴퓨터에서 처리한다. 이벤트를 질의하 고 마셜링marshalling[1]하고 페이징하는 과정은 간단한 EventStore 인터페이스 뒤에 감춰져 있 다. EventStore는 Iterator<Map<String, Object>>를 반환하며, 여기서 Map<String, Object>는 JSON 객체를 표현한다.

예제 13.1 [streams-to-sequences.0:src/main/java/travelator/analytics/EventStore.java]

```java
public interface EventStore {

    Iterator<Map<String, Object>> query(String query);

    default Stream<Map<String, Object>> queryAsStream(String query) {
        Iterable<Map<String, Object>> iterable = () -> query(query);
        return StreamSupport.stream(iterable.spliterator(), false);
    }
}
```

....

1 옮긴이_ 마셜링은 한 데이터를 다른 데이터 형식으로 변환하는 과정을, 언마셜링(unmarshalling)은 마셜링한 데이터를 사용해 원래의 데이터를 복구하는 과정을 뜻한다. 직렬화와 역직렬화는 이진 데이터로 마셜링하고 이진 데이터로부터 언마셜링하는, 특별한 유형의 마 셜링/언마셜링이라고 말할 수 있다.

이 인터페이스에는 우리의 편의를 위해 `Iterator`를 `Stream`으로 변환해 주는 기능도 포함되어 있다(놀랍게도 JDK에서 아무 변환 함수도 작성할 필요가 없었다).

다음 코드는 인덱싱 서버의 질의 언어로 작성할 수 없었던 유형의 코드다. 이 코드는 고객이 성공적으로 예약을 하기 위해 필요한 상호 작용의 평균 횟수를 계산한다.

예제 13.2 [streams-to-sequences.0:src/main/java/travelator/analytics/MarketingAnalytics.java]

```java
public double averageNumberOfEventsPerCompletedBooking(
    String timeRange
) {
    Stream<Map<String, Object>> eventsForSuccessfulBookings =
        eventStore
            .queryAsStream("type=CompletedBooking&timerange=" + timeRange)
            .flatMap(event -> {
                String interactionId = (String) event.get("interactionId");
                return eventStore.queryAsStream("interactionId=" + interactionId);
            });
    Map<String, List<Map<String, Object>>> bookingEventsByInteractionId =
        eventsForSuccessfulBookings.collect(groupingBy(
            event -> (String) event.get("interactionId"))
        );
    var averageNumberOfEventsPerCompletedBooking =
        bookingEventsByInteractionId
            .values()
            .stream()
            .mapToInt(List::size)
            .average();
    return averageNumberOfEventsPerCompletedBooking.orElse(Double.NaN);
}
```

이 코드를 이해하기 쉽게 작성하기 위해 최선을 다했다. 중간 변수에 이름을 붙이고, 도움이 되는 경우에만 변수 타입을 지정했고, 코드 형식을 주의 깊게 다듬었다. 그런데도 이 코드는 여전히 누군가 바닥에 흘린 다음에 아무도 모르게 주워 담아 둔 것처럼 보인다. 때로는 이런 전쟁에서 패배하고는 한다. 호출 지점을 단순화하기 위해 함수를 추출할 수 있겠지만 그 함수에 좋은 이름을 붙일 수 없어서 그냥 코드를 내버려 뒀다.

명시적 타입과 암시적 타입

때로 변수의 타입이 코드 동작을 이해할 때 필수적인 경우가 있다. 하지만 이미 너무 번잡한 코드 블록을 변수 타입 표기가 더 복잡하게 만드는 경우도 자주 있다. 이런 관점에서 보면 명시적인 타입은 주석과 같다. 하지만 주석과 달리 컴파일러에 따라 타입 검사가 이뤄지고 코드가 타입을 준수하도록 강제된다는 점이 다르다. 주석과 마찬가지로 명시적인 변수 타입 지정이 필요 없는 코드를 작성하도록 노력해야 한다. 변수 이름을 잘 붙이면 도움이 되며, 반환 타입을 볼 수 있게 중간 단계를 함수로 묶는 방식으로 리팩터링하는 것도 도움이 된다. 하지만 이런 시도가 실패한 경우, 코드 가독성을 향상할 수만 있다면 변수의 타입을 명시해도 부끄러운 일이 아니다. 그리고 우리는 코드 독자와 주석을 통해 의사소통하기보다는 타입을 통해 의사소통하는 쪽을 더 선호해야 한다.

우리가 가장 좋아하는 코틀린 언어가 이 처리를 더 잘해 주리라는 염원을 가지고 이 코드를 코틀린으로 변환할 것이다. 다음은 자동 변환을 수행한 결과다.

예제 13.3 [streams-to-sequences.1:src/main/java/travelator/analytics/MarketingAnalytics.kt]

```kotlin
fun averageNumberOfEventsPerCompletedBooking(
    timeRange: String
): Double {
    val eventsForSuccessfulBookings = eventStore
        .queryAsStream("type=CompletedBooking&timerange=$timeRange")
        .flatMap { event: Map<String?, Any?> ->
            val interactionId = event["interactionId"] as String?
            eventStore.queryAsStream("interactionId=$interactionId")
        }
    val bookingEventsByInteractionId = eventsForSuccessfulBookings.collect(
        Collectors.groupingBy(
            Function { event: Map<String, Any> ->
                event["interactionId"] as String?
            }
        )
    )
    val averageNumberOfEventsPerCompletedBooking = bookingEventsByInteractionId
        .values
        .stream()
        .mapToInt { obj: List<Map<String, Any>> -> obj.size }
        .average()
    return averageNumberOfEventsPerCompletedBooking.orElse(Double.NaN)
}
```

이 책을 쓰는 현재, 자바–코틀린 변환기는 두 언어의 람다를 서로 변환해줄 수 있을 정도로 영리하지는 않다. 특히 스트림 코드에서 이런 단점이 눈에 띈다. 왜냐하면 스트림 코드에서 대부분 자바 람다를 볼 수 있기 때문이다. 대부분 문제는 이상한 코드에서 **Alt+Enter**를 누르고 퀵 픽스quick fix를 받아들이는 것으로 고쳐질 수 있다. 널 가능성을 정리하면서 흔적 기관처럼 남아 있는 Function을 제거하고 못생긴 mapToInt 람다를 단순화하는 것부터 시작하자.

예제 13.4 [streams-to-sequences.2:src/main/java/travelator/analytics/MarketingAnalytics.kt]

```kotlin
fun averageNumberOfEventsPerCompletedBooking(
    timeRange: String
): Double {
    val eventsForSuccessfulBookings = eventStore
        .queryAsStream("type=CompletedBooking&timerange=$timeRange")
        .flatMap { event ->
            val interactionId = event["interactionId"] as String
            eventStore.queryAsStream("interactionId=$interactionId")
        }
    val bookingEventsByInteractionId = eventsForSuccessfulBookings.collect(
        groupingBy { event -> event["interactionId"] as String }
    )
    val averageNumberOfEventsPerCompletedBooking = bookingEventsByInteractionId
        .values
        .stream()
        .mapToInt { it.size }
        .average()
    return averageNumberOfEventsPerCompletedBooking.orElse(Double.NaN)
}
```

변환전 자바 코드는 오래된 스타일의 명시적으로 타입을 지정한 변수를 혼용했다. 예를 들어, 이 코드는 Stream<Map<String, Object>>와 암시적인 var averageNumberOfEventsPerCompletedBooking을 혼용했다. 하지만 변환은 명시적인 타입을 없애버린다. 이렇게 변환한 코드는 분명히 덜 무서워 보이지만, 변환된 코드가 작업을 어떻게 수행하는지 실제로 신경을 쓴다면 코드를 이해하기가 더 어렵다. 지금은 이 상태 그대로 두고 이번 장을 마치기 전에 우리 선택을 다시 평가할 것이다.

이제 자바 스트림을 사용하면서 잘 작동하는 코틀린 코드가 있다. 이렇게 코드를 남겨둘 수도 있다. 트래블레이터가 크게 성공하면서 하루에도 수천 건의 예약이 성공적으로 이뤄지기 때문에 스트림이 스루풋throughput을 위해서는 좋은 선택인 것처럼 보인다. 그렇다면 왜 스트림을 코틀린으로 변환해야 할까? 하지만 이런 태도를 바라고 이 책을 구입하지는 않았을 것이다. 따라서 리팩터링의 매 단계마다 성능을 측정하는 것으로 가정하면서 성능이 크게 저하되는 경우에만 리팩터링을 멈출 것이다.

13.7.1 이터러블을 먼저 고려하기

코드를 살펴보면 두 가지 단계를 볼 수 있다. 첫 단계는 길이가 정해지지 않은 입력을 처리해서 메모리상에 컬렉션을 만든다.

예제 13.5 [streams-to-sequences.2:src/main/java/travelator/analytics/MarketingAnalytics.kt]

```kotlin
val eventsForSuccessfulBookings = eventStore
    .queryAsStream("type=CompletedBooking&timerange=$timeRange")
    .flatMap { event ->
        val interactionId = event["interactionId"] as String
        eventStore.queryAsStream("interactionId=$interactionId")
    }
val bookingEventsByInteractionId = eventsForSuccessfulBookings.collect(
    groupingBy { event -> event["interactionId"] as String }
)
```

두 번째 단계는 첫 번째 단계가 만든 컬렉션을 처리한다.

예제 13.6 [streams-to-sequences.2:src/main/java/travelator/analytics/MarketingAnalytics.kt]

```kotlin
val averageNumberOfEventsPerCompletedBooking = bookingEventsByInteractionId
    .values
    .stream()
    .mapToInt { it.size }
    .average()
return averageNumberOfEventsPerCompletedBooking.orElse(Double.NaN)
```

앞에서 본 것처럼 자바는 이 두 가지 경우 모두 스트림을 사용하지만 코틀린에서는 길이를 알 수 없는 입력에 대해 Sequence를 사용하고 메모리상의 데이터에 대해 Iterable을 처리하려 한다. 인메모리 데이터를 다루는 동작에 대해 추론하는 게 더 쉽기 때문에 먼저 averageNumbe rOfEventsPerCompletedBooking을 변환한다.

인텔리J가 자동화된 리팩터링을 제공하기 전까지는 직접 손으로 이 리팩터링을 수행해야만 한다. 보통은 이런 과정을 더 안전하게 할 테스트를 작성할 것이다. 하지만 이 코드는 자주 변화되는 임의의 분석 코드이기 때문에 우리가 이 원칙을 무시한 것으로 드러났다(즉, 테스트가 없다). 리팩터링을 제대로 시작하기 전에 프로덕션 코드와 통신하는 간단한 테스트를 작성해서 어제 이 값을 계산한 결과가 7.44라는 점을 알 수 있다. 이제 간단한 테스트 코드를 실행하면서 리팩터링한 코드가 생성하는 값이 테스트 값과 달라지지 않는다는 점을 확인해 보자.

우리는 코틀린에서 Map.values에 직접 (Iterable 등이 제공하는 연산과 같은) 컬렉션 연산을 적용할 수 있다는 점을 안다. 따라서 .stream()을 제거할 수 있다. .average()는 자바에서 IntStream에 대해 제공하는 연산인데 코틀린은 편리하게도 Iterable<Int>.average() 선언을 제공한다. 따라서 mapToInt를 해야만 할 필요가 없고 map만 호출해도 된다. 마지막으로, IntStream.average()는 스트림에 원소가 없으면 빈 OptionalDouble을 반환하지만 코틀린의 Iterable<Int>.average()는 NaN[Not a Number]를 반환한다. 따라서 Iterable<Int>.average()의 반환 값을 직접 사용할 수 있다.

예제 13.7 [streams-to-sequences.3:src/main/java/travelator/analytics/MarketingAnalytics.kt]

```
val averageNumberOfEventsPerCompletedBooking = bookingEventsByInteractionId
    .values
    .map { it.size }
    .average()
return averageNumberOfEventsPerCompletedBooking
```

그렇지만 이렇게 변경하는 게 좋은 변경일까?

코드를 보면 이제 average()를 호출하기 위한 중간 List<Int>를 생성한다는 사실을 알 수 있다. 이로 인해 각 값을 박싱하게 되는데, 아직 이런 현상을 방지할 수 있는 averageBy()가 없다(averageBy()는 이전 예제의 sumBy()와 비슷하다).

이 코드가 스트림 버전보다 더 나은 성능을 보여줄지 여부는 Map에 들어있는 값의 개수, 우리가 선택한 구체적인 JVM이 박싱을 최적화하는 방식, 핫스폿이 이 연산 경로를 얼마나 강력하게 최적화하는가에 따라 달라진다. 실제 조건에서 측정을 해봐야 성능 차이를 알 수 있을 것이다. 더 일반적인 해법을 선택해야만 한다면, 직접 우리만의 Collection.averageBy를 작성해야 할 것이다. 그렇게 해야 Collection의 크기를 미리 알 수 있다는 사실을 활용할 수 있다. 우리는 이번 장 앞에서 준비한 함수를 (비록 Sequence에 대해 정의한 것이긴 하지만) 사용하거나, 여기 있는 코드에서부터 리팩터링을 시작할 수 있다. 여기서부터 리팩터링을 시작하기 위해서는 values를 추출하고 sumBy()를 사용해야 한다.

예제 13.8 [streams-to-sequences.4:src/main/java/travelator/analytics/MarketingAnalytics.kt]

```
val values = bookingEventsByInteractionId.values
return values.sumBy { it.size } / values.size.toDouble()
```

이제 리팩터링한 식에 대해 averageBy를 'Extract Function(함수 추출)'한다.

예제 13.9 [streams-to-sequences.5:src/main/java/travelator/analytics/MarketingAnalytics.kt]

```
val values = bookingEventsByInteractionId.values
return averageBy(values)
```

예제 13.10 [streams-to-sequences.5:src/main/java/travelator/analytics/MarketingAnalytics.kt]

```
private fun averageBy(
    values: MutableCollection<MutableList<MutableMap<String, Any>>>
): Double {
    return values.sumBy { it.size } / values.size.toDouble()
}
```

앗! bookingEventsByInteractionId의 타입이 우리가 원했던 것보다 훨씬 더 가변성을 활용하는 타입이 되버렸다. 이 타입은 Collectors.groupingBy로부터 비롯됐다. Collectors.groupingBy는 최종적으로 자바 컬렉션만 반환하는 스트림 연산이다. 지금은 MutableCollection 위치에 Collection을 사용하도록 코드를 변경하자. 그리고 'Introduce Parameter(파라미터 도입)'를 수행해서 람다에 selector라는 파라미터를 추가하자.

예제 13.11 [streams-to-sequences.6:src/main/java/travelator/analytics/MarketingAnalytics.kt]

```kotlin
private fun averageBy(
    values: Collection<MutableList<MutableMap<String, Any>>>,
    selector: (MutableList<MutableMap<String, Any>>) -> Int
): Double {
    return values.sumBy(selector) / values.size.toDouble()
}
```

이제는 Collection에 들어있는 원소의 실제 타입에 대해 신경을 쓰고 싶지 않다. MutableList
<MutableMap<String, Any>>를 선택하고 'Extract/Introduce Type Parameter(타입 파
라미터 추출/도입)' 리팩터링을 하면 다음과 같은 코드를 얻는다.

예제 13.12 [streams-to-sequences.7:src/main/java/travelator/analytics/MarketingAnalytics.kt]

```kotlin
private fun <T : MutableList<MutableMap<String, Any>>> averageBy(
    values: Collection<T>,
    selector: (T) -> Int
): Double {
    return values.sumBy(selector) / values.size.toDouble()
}
```

이 리팩터링은 인텔리J에 T가 (뒤에 붙은 MutableList<MutableMap<String, Any>> 바운드
를 제거함으로써) 아무 타입이나 될 수 있다고 할 정도로 충분히 똑똑하다.

예제 13.13 [streams-to-sequences.8:src/main/java/travelator/analytics/MarketingAnalytics.kt]

```kotlin
private fun <T> averageBy(
    values: Collection<T>,
    selector: (T) -> Int
): Double {
    return values.sumBy(selector) / values.size.toDouble()
}
```

그리고 인텔리J는 averageBy를 호출하는 지점에 어떤 이유에서인지 타입을 추가해 준다.

예제 13.14 [streams-to-sequences.7:src/main/java/travelator/analytics/MarketingAnalytics.kt]

```
val values = bookingEventsByInteractionId.values
return averageBy<MutableList<MutableMap<String, Any>>>(values) { it.size }
```

따라서 여기 있는 호출 코드에서도 `MutableList<MutableMap<String, Any>>`를 제거한다.

마지막으로, `averageBy`를 원래 그랬어야 하는 단일식 인라인 확장 함수로 정의한다(9장, 10장).

예제 13.15 [streams-to-sequences.9:src/main/java/travelator/analytics/MarketingAnalytics.kt]

```
inline fun <T> Collection<T>.averageBy(selector: (T) -> Int): Double =
    sumBy(selector) / size.toDouble()
```

이 버전은 정수를 박싱하지도 않고 이터레이션을 한 번 이상 수행하지도 않는다. 따라서 아마도 가장 효율적인 구현일 것이다. 하지만 이번에도 구체적인 상황에서 측정을 해봐야만 확실히 성능을 알 수 있다.

예전에 `Sequence.averageNonBlankLength`를 작성했을 때는 원소 개수를 세어야만 했다. `averageBy`를 `Iterable`이 아닌 `Collection`의 확장으로 정의함으로써, 귀찮은 원소 개수 처리를 하지 않고 인 메모리 컬렉션의 `size`를 물어봐 사용할 수 있다.

13.7.2 그 다음 시퀀스로 변환하기

지금까지는 인메모리 파이프라인을 변환해 왔다. 이제는 `eventStore`에서 얻은 개수를 알 수 없는 이벤트들을 읽어오는 코드가 남았다. 이 코드를 지연 계산으로 유지하고 싶다.

진입점을 보면 이제 다음과 같은 코드가 있다.

예제 13.16 [streams-to-sequences.9:src/main/java/travelator/analytics/MarketingAnalytics.kt]

```
fun averageNumberOfEventsPerCompletedBooking(
    timeRange: String
): Double {
    val eventsForSuccessfulBookings = eventStore
        .queryAsStream("type=CompletedBooking&timerange=$timeRange")
        .flatMap { event ->
```

```
            val interactionId = event["interactionId"] as String
            eventStore.queryAsStream("interactionId=$interactionId")
        }
    val bookingEventsByInteractionId = eventsForSuccessfulBookings.collect(
        groupingBy { event -> event["interactionId"] as String }
    )
    return bookingEventsByInteractionId.values.averageBy { it.size }
}
```

이제 bookingEventsByInteractionId 변수는 알고리즘에서 체크포인트 역할을 하기 위한 목적으로만 남아있다. 이 변수는 이해를 돕기 위해 중간 결과에 이름을 붙여 준다. 함수 앞으로 가보면 eventsForSuccessfulBookings는 Stream이기 때문에 collect(groupingBy(...))를 asSequence().groupBy {...}라는 코틀린 코드로 변환할 수 있다. 람다는 변경할 필요가 없다.

예제 13.17 [streams-to-sequences.10:src/main/java/travelator/analytics/MarketingAnalytics.kt]

```
val bookingEventsByInteractionId = eventsForSuccessfulBookings
    .asSequence()
    .groupBy { event ->
        event["interactionId"] as String
    }
```

람다를 인자로 받는 한 메서드를 똑같은 람다를 인자로 받을 수 있는 다른 메서드(또는 확장 함수)로 교체하는 것은 우리가 제대로 리팩터링을 하고 있다는 사실을 보여 주는 좋은 징조다.

이제는 예약 완료의 원인이 되는 상호 작용을 뜻하는 모든 이벤트를 가져오기 위해 사용한 flatMap을 리팩터링하자.

예제 13.18 [streams-to-sequences.10:src/main/java/travelator/analytics/MarketingAnalytics.kt]

```
val eventsForSuccessfulBookings = eventStore
    .queryAsStream("type=CompletedBooking&timerange=$timeRange")
    .flatMap { event ->
        val interactionId = event["interactionId"] as String
        eventStore.queryAsStream("interactionId=$interactionId")
    }
```

스트림 대신 시퀀스를 사용하더라도 이 코드가 **아마 그냥 동작할 것이다**. 우리는 Stream에서 Sequence로 변환하는 방법을 알고 있다. 바로 코틀린의 JDK 상호 운용성이 제공하는 `.asSequence()` 확장 함수를 사용하는 게 그 방법이다. 우리는 두 스트림 모두에 대해 이 함수를 적용해야 한다.

예제 13.19 [streams-to-sequences.11:src/main/java/travelator/analytics/MarketingAnalytics.kt]

```
val eventsForSuccessfulBookings = eventStore
    .queryAsStream("type=CompletedBooking&timerange=$timeRange")
    .asSequence()
    .flatMap { event ->
        val interactionId = event["interactionId"] as String
        eventStore
            .queryAsStream("interactionId=$interactionId")
            .asSequence()
    }
```

멋지게도 이 코드는 잘 컴파일되고 우리가 만든 (피상적인) 테스트를 통과한다! 컴파일이 되는 이유는 비록 eventsForSuccessfulBookings의 타입을 Stream에서 Sequence로 바꿨음에도 불구하고 eventsForSuccessfulBookings.asSequence()를 호출했기 때문이다.

예제 13.20 [streams-to-sequences.11:src/main/java/travelator/analytics/MarketingAnalytics.kt]

```
val bookingEventsByInteractionId = eventsForSuccessfulBookings
    .asSequence()
    .groupBy { event ->
        event["interactionId"] as String
    }
```

이 코드는 Sequence.asSequence()로 해소되는데 이 호출은 결국 아무 일도 하지 않는 연산 no-op이다. 이를 증명하기 위해 asSequence를 인라이닝[2]할 수 있다.

---

2 옮긴이_ .asSequence()가 아무 일도 하지 않는 연산이므로 인라이닝하면 아무것도 남지 않는다.

예제 13.21 [streams−to−sequences.12:src/main/java/travelator/analytics/MarketingAnalytics.kt]

```kotlin
val bookingEventsByInteractionId = eventsForSuccessfulBookings
    .groupBy { event ->
        event["interactionId"] as String
    }
```

eventsForSuccessfulBookings로 돌아와보면 코드가 다음과 같다.

예제 13.22 [streams−to−sequences.11:src/main/java/travelator/analytics/MarketingAnalytics.kt]

```kotlin
val eventsForSuccessfulBookings = eventStore
    .queryAsStream("type=CompletedBooking&timerange=$timeRange")
    .asSequence()
    .flatMap { event ->
        val interactionId = event["interactionId"] as String
        eventStore
            .queryAsStream("interactionId=$interactionId")
            .asSequence()
    }
```

우리가 정말 원하는 것은 EventStore가 queryAsSequence를 지원하는 것이었다. 확장 함수
를 도입하면 EventStore를 수정하지 않아도 queryAsSequence를 지원하게 할 수 있다.

예제 13.23 [streams−to−sequences.12:src/main/java/travelator/analytics/MarketingAnalytics.kt]

```kotlin
fun EventStore.queryAsSequence(query: String) =
    this.queryAsStream(query).asSequence()
```

이 정의를 추가하면 이벤트 스토어를 호출하는 함수에서 asSequence 호출을 제거할 수 있다.

예제 13.24 [streams−to−sequences.12:src/main/java/travelator/analytics/MarketingAnalytics.kt]

```kotlin
fun averageNumberOfEventsPerCompletedBooking(
    timeRange: String
): Double {
    val eventsForSuccessfulBookings = eventStore
        .queryAsSequence("type=CompletedBooking&timerange=$timeRange")
        .flatMap { event ->
```

```
                val interactionId = event["interactionId"] as String
                eventStore
                    .queryAsSequence("interactionId=$interactionId")
        }
    val bookingEventsByInteractionId = eventsForSuccessfulBookings
        .groupBy { event ->
            event["interactionId"] as String
        }
    return bookingEventsByInteractionId.values.averageBy { it.size }
}
```

좋다. 이제 평가해 보자. 우리는 자바 코드를 코틀린 코드로 변환했고, 이터러블을 사용해 인메모리 연산을 처리했으며, (EventStore에 있는 스트림에 따라 뒷받침되는) 시퀀스를 길이가 정해지지 않은 컬렉션에 대한 연산을 처리하기 위해 사용한다. 하지만 정말 알고리즘의 구조가 더 깔끔해졌다고 주장할 수는 없다. 그렇다. 약간 잡음은 줄어들었지만 코드의 표현력은 큰 차이가 없다.

함수는 현재 세 가지 부분으로 이뤄져 있다. 우리가 정직하다면 이 세 부분이 상당히 임의적이라는 점을 인정할 수 밖에 없다. 때로는 모든 것을 인라이닝하고 우리가 무엇을 가지고 있는지 살펴봄으로써 더 큰 통찰을 얻을 수 있다. 따라서 한번 전체를 다 인라이닝해 보자.

예제 13.25 [streams-to-sequences.13:src/main/java/travelator/analytics/MarketingAnalytics.kt]

```
fun averageNumberOfEventsPerCompletedBooking(
    timeRange: String
): Double {
    return eventStore
        .queryAsSequence("type=CompletedBooking&timerange=$timeRange")
        .flatMap { event ->
            val interactionId = event["interactionId"] as String
            eventStore
                .queryAsSequence("interactionId=$interactionId")
        }.groupBy { event ->
            event["interactionId"] as String
        }.values
        .averageBy { it.size }
}
```

flatMap부터 groupBy 바로 앞까지는 독립적인 부분처럼 보인다. 파이프라인 일부를 자체 함수로 분리하는 방법을 살펴보자.

13.7.3 파이프라인 일부를 추출하기

우선 파이프라인에서 우리가 포함시키고 싶은 일련의 단계들을 선택하자. 따라서 eventStore 부터 .groupBy 바로 앞까지를 선택한다. 'Extract Function(함수 추출)'을 해서 추출한 함수의 이름을 (여기서는) allEventsInSameInteractions라고 하자.

예제 13.26 [streams-to-sequences.14:src/main/java/travelator/analytics/MarketingAnalytics.kt]

```
fun averageNumberOfEventsPerCompletedBooking(
    timeRange: String
): Double {
    return allEventsInSameInteractions(timeRange)
        .groupBy { event ->
            event["interactionId"] as String
        }.values
        .averageBy { it.size }
}

private fun allEventsInSameInteractions(timeRange: String) = eventStore
    .queryAsSequence("type=CompletedBooking&timerange=$timeRange")
    .flatMap { event ->
        val interactionId = event["interactionId"] as String
        eventStore
            .queryAsSequence("interactionId=$interactionId")
    }
```

이제는 파이프라인에서 새 함수(allEventsInSameInteractions)에 넣고 싶지 않은 부분을 선택하자. eventStore부터 .flatMap 직전까지를 선택하고, 'Introduce Parameter(파라미터 도입)'를 실행하라. 파라미터를 오래 사용하지 않을 것이므로 인텔리J가 제안하는 이름을 그냥 받아들이자.

```kotlin
fun averageNumberOfEventsPerCompletedBooking(
    timeRange: String
): Double {
    return allEventsInSameInteractions(
        eventStore
            .queryAsSequence("type=CompletedBooking&timerange=$timeRange")
    )
        .groupBy { event ->
            event["interactionId"] as String
        }.values
        .averageBy { it.size }
}

private fun allEventsInSameInteractions(
    sequence: Sequence<MutableMap<String, Any?>>
) = sequence
    .flatMap { event ->
        val interactionId = event["interactionId"] as String
        eventStore
            .queryAsSequence("interactionId=$interactionId")
    }
```

이 코드는 정말 못생겼지만 allEventsInSameInteractions의 sequence 파라미터를 수신 객체로 만들고 코드 형식을 좀 다듬으면, 다음과 같은 코드를 얻는다.

```kotlin
fun averageNumberOfEventsPerCompletedBooking(
    timeRange: String
): Double {
    return eventStore
        .queryAsSequence("type=CompletedBooking&timerange=$timeRange")
        .allEventsInSameInteractions()
        .groupBy { event ->
            event["interactionId"] as String
        }.values
        .averageBy { it.size }
}

fun Sequence<Map<String, Any?>>.allEventsInSameInteractions() =
```

```
flatMap { event ->
    val interactionId = event["interactionId"] as String
    eventStore
        .queryAsSequence("interactionId=$interactionId")
}
```

10장에서 논의했던 것처럼, 연산을 연쇄시킬 때 확장 함수가 제 역할을 한다. 자바에서는 allEventsInSameInteractions()로 스트림 API를 확장할 수는 없으므로, 함수를 호출하는 방식이나 코드 역할을 설명하는 변수를 도입하는 형태로 연쇄를 깰 수 밖에 없다.

13.7.4 마지막 정리

코드가 아직도 약간 투박해 보인다. 그리고 그룹을 만들 때 리스트를 만들지 않으면 좀 더 효율적일 것 같다. 그리고 아주 작은 타입 별명과 확장 프로퍼티가 없으면 코드를 더 깔끔하게 할 수 없다.

예제 13.29 [streams-to-sequences.17:src/main/java/travelator/analytics/MarketingAnalytics.kt]

```
typealias Event = Map<String, Any?>

val Event.interactionId: String? get() =
    this["interactionId"] as? String
```

이런 타입 별명과 확장 프로퍼티가 있으면 (잡음이 줄어들어서) 코드를 읽을 때 어려운 부분에 집중할 수 있게 된다.

예제 13.30 [streams-to-sequences.17:src/main/java/travelator/analytics/MarketingAnalytics.kt]

```
class MarketingAnalytics(
    private val eventStore: EventStore
) {
    fun averageNumberOfEventsPerCompletedBooking(
        timeRange: String
    ): Double = eventStore
        .queryAsSequence("type=CompletedBooking&timerange=$timeRange")
        .allEventsInSameInteractions()
```

```
        .groupBy(Event::interactionId)
        .values
        .averageBy { it.size }

    private fun Sequence<Event>.allEventsInSameInteractions() =
        flatMap { event ->
            eventStore.queryAsSequence(
                "interactionId=${event.interactionId}"
            )
        }
}

inline fun <T> Collection<T>.averageBy(selector: (T) -> Int): Double =
    sumBy(selector) / size.toDouble()

fun EventStore.queryAsSequence(query: String) =
    this.queryAsStream(query).asSequence()
```

지나가는 말로, `allEventsInSameInteractions`는 10장에서 설명한 확장 함수인 메서드에 속한다. 그래서 `allEventsInSameInteractions`는 (`eventStore`에 접근할 때) `MarketingAnalytics`와 `Sequence<Event>`를 `this`로 접근할 수 있다.

13.8 다음으로 나아가기

이 예제에서 리팩터링한 코틀린 코드가 아름답다고 주장하지는 않겠다. 하지만 원래의 자바 코드보다는 훨씬 더 개선된 코드라고 생각한다. 확장 함수, 코틀린 람다 구문, 개선된 타입 추론이 서로 엮여서 자바 스트림과 관련 있는 잡음을 많이 줄여 준다. 인메모리 컬렉션이 있다면 스트림보다는 이터러블을 사용하면 훨씬 효율적이면서 깔끔할 수 있다.

누적시키는 객체에서 변환으로

자바 프로그램은 보통 가변 상태에 크게 의존한다. 왜냐하면 자바에서 값 타입을 정의하고 값을 변환하기가 아주 힘들기 때문이다. 스트림 API를 사용해도 자바에서 값 타입을 정의하고 변환하는 일은 쉽지 않다. 가변 객체와 부수 효과에 의존하는 자바 코드를 불변 값을 변환하는 코틀린 코드로 바꾸는 가장 좋은 방법이 무엇일까?

14.1 누적기 파라미터를 사용해 계산하기

여행 고객들이 알고 싶어 하는 것 중에 가장 중요한 것은 이들의 모험에 얼마나 많은 비용이 드는지다. 국제 여행은 비용 계산을 더 복잡하게 한다. 국경을 넘을 때마다 여행 비용이 다양한 통화로 발생한다. 하지만 고객은 여행 경로와 숙박 장소를 결정하기 위해 전체 비용을 비교하고 싶어한다. 따라서 트래블레이터는 지역 통화와 고객이 선호하는 통화로 비용을 합하고, 전체 비용을 고객이 선호하는 통화로 표시한다. 트래블레이터는 CostSummary와 CostSummaryCalculator 클래스를 사용해 합계를 계산한다. 이 두 클래스를 어떻게 사용하는지 살펴보고, 그 후 각각의 구현을 살펴본다.

Itinerary 클래스에는 여행 비용을 CostSummaryCalculator로 요약하는 연산이 들어있다. Itinerary 클래스는 CostSummaryCalculator 클래스를 다음과 같이 사용한다.

```kotlin
val fx: ExchangeRates = ...
val userCurrency = ...
val calculator = CostSummaryCalculator(userCurrency, fx)      ❶

fun costSummary(i: Itinerary): CostSummary {
    i.addCostsTo(calculator)                                  ❷
    return calculator.summarise()                             ❸
}
```

❶ 여기서 코드는 고객이 선호하는 통화와 환율 데이터 소스를 사용해 CostSummaryCalculator를 생성한다.

❷ 이 코드는 Itinerary가 비용을 계산기쪽에 더하도록 한다. 그 결과 Itinerary는 자신의 모든 구성요소의 비용을 합산한다. 이런 구성요소에는 경로를 따른 여행, 숙박, 기타 비용이 발생하는 서비스가 포함된다.

❸ 이 호출은 계산기의 summarise 메서드를 사용해 수집한 모든 비용의 CostSummary를 얻는다.

누군가 벌써 Itinerary 클래스를 코틀린으로 변환했다. 하지만 addCostsTo는 여전히 자바의 향기가 남아있다.

```kotlin
data class Itinerary(
    val id: Id<Itinerary>,
    val route: Route,
    val accommodations: List<Accommodation> = emptyList()
) {
    ...

    fun addCostsTo(calculator: CostSummaryCalculator) {
        route.addCostsTo(calculator)
        accommodations.addCostsTo(calculator)
    }

    ...
}

fun Iterable<Accommodation>.addCostsTo(calculator: CostSummaryCalculator) {
    forEach { a ->
```

```
        a.addCostsTo(calculator)
    }
}
```

이 로직은 CostSummaryCalculator에 있는 가변 상태에 비용을 누적하기 위해 부수 효과를 사용한다.

이 설계의 장점은 도메인 모델에 있는 어떤 객체나 이 계산기를 사용해 비용 합계를 구할 수 있다는 점에 있다. 이때 계산기는 모델 객체의 내부 구조를 알 필요가 없다. 계산기에 비용을 추가하고 자신의 자식에게 계산기를 넘겨서 자식들이 **자식 자신의** 비용을 추가할 수 있게 해 주는 책임이 모델 객체들에게 있다. 이 구조는 비용을 제공하는 코드와 비용을 필요로 하는 코드 사이의 결합을 없애서, 각각을 서로 독립적으로 진화시킬 수 있게 해 준다.

예를 들어, Route는 비용이 포함된 Journey의 리스트와 방의 숙박료, 숙박 기간, 식사와 호텔 서비스 등의 추가 비용이 포함된 Accommodataion을 포함한다. Itinerary는 이런 객체들이 어떻게 구성되어 있는지나 이런 객체들이 각각의 비용을 어떻게 수집하는지에 대해 알거나 신경 쓸 필요가 없다. 이런 지식은 Route와 Accommodation 클래스 안에 캡슐화되어 있다.

하지만 이런 식으로 가변 상태를 사용하는 방식에는 두 가지 큰 단점이 있다.

첫째, 에일리어싱 오류(*https://oreil.ly/PeqKs*)를 일으킬 가능성이 있다. 에일리어싱 오류는 소스 코드를 보고는 즉시 알기 어려운 '이상한 원격 반응 spooky action at a distance (아인슈타인이 양자 꼬임현상을 묘사하면서 유명해진 표현)'을 일으킬 수 있다. 이런 경우를 보여 주는 예로 함수가 자신에게 전달된 가변 리스트 파라미터를 정렬해서 호출한 쪽에 문제가 생겼던 경우를 6장에서 살펴봤다.

CostSummaryCalculator의 경우 여러 엔티티의 비용 합계를 계산할 때 계산기를 재사용하는 경우에는, 계산과 계산 중간에 계산기의 상태를 리셋해야 한다. 계산기 상태를 리셋하지 않으면 한 계산에서 수집된 비용이 다음 계산에 합산된다. 이런 유형의 실수를 방지하는 데는 타입 시스템이 전혀 도움이 되지 않는다.

이번 장 처음에 있는 예제도 이런 오류를 만들어 냈을 수 있다. 계산기가 costSummary 메서드에서 지역적으로 존재하는 객체가 아니고, costSummary가 계산을 시작하기 전에 계산기를 리셋하지 않기 때문이다. costSummary 메서드만 봐서는 이런 처리가 정말 문제가 될지를 알 수 없다. 더 넓은 문맥에서 이 함수가 어떻게 쓰이는지를 이해하고, 그 문맥을 변경할 때는 변경한 내용이 costSummary 메서드를 어떻게 사용할지에 대한 가정을 깨지는 않는지 확인해야 한다.

가변 상태의 두 번째 문제는 알고리즘 구현이 여기저기 흩어져 있다는 점이다. 이번 장의 뒷부분에서 이에 대해 다룬다.

CostSummaryCalculator를 훑어보기에 앞서, CostSummaryCalculator가 계산하는 CostSummary를 살펴보자. CostSummary는 CurrencyConversion을 사용한다(다행히 CurrencyConversion은 이미 코틀린으로 되어있다).

예제 14.3 [accumulator.0:src/main/java/travelator/money/CurrencyConversion.kt]

```kotlin
data class CurrencyConversion(
    val fromMoney: Money,
    val toMoney: Money
)
```

CostSummary는 지역 통화에서 고객이 선호하는 통화로 변환하는 CurrencyConversion 리스트를 저장하는 (5장에서 설명한 것처럼) 가변 POJO다.

예제 14.4 [accumulator.0:src/main/java/travelator/itinerary/CostSummary.java]

```java
public class CostSummary {
    private final List<CurrencyConversion> lines = new ArrayList<>();
    private Money total;

    public CostSummary(Currency userCurrency) {
        this.total = Money.of(0, userCurrency);
    }

    public void addLine(CurrencyConversion line) {
        lines.add(line);
        total = total.add(line.getToMoney());
    }

    public List<CurrencyConversion> getLines() {
        return List.copyOf(lines);
    }
```

```
    public Money getTotal() {
        return total;
    }
}
```

또 CostSummary는 합산한 비용을 선호하는 통화로 보고한다. CostSummary는 getTotal에서 비용 합계를 계산하는 대신, 비용 합계를 필드에 저장한다. 애플리케이션이 CostSummary.total에 따라 여행 요소를 정렬하는데 비교를 할 때마다 매번 다시 합계를 계산하는 것이 병목bottleneck이라는 사실이 드러났기 때문이다. 이 말은 CurrencyConversion이 추가될 때마다 CostSummary를 갱신해야 한다는 뜻이다.

결과적으로 CostSummary는 공유된 가변 컬렉션이다. 이는 6.1절에서 설명한 '공유된 컬렉션을 변경하지 말라'라는 규칙에 위배되기 때문에, 피해를 줄이기 위해 getLines에서 복사를 수행한다.

이제 CostSummaryCalculator를 살펴보자. CostSummaryCalculator는 addCost가 호출될 때 currencyTotal 안에 들어있는 각 Currency별로 현재까지의 합계를 유지한다. summarise 메서드는 지역 통화를 고객이 선호화는 통화로 변환하기 위한 환율 소스를 사용해 CostSummary를 구성한다.

예제 14.5 [accumulator.0:src/main/java/travelator/itinerary/CostSummaryCalculator.java]

```java
public class CostSummaryCalculator {
    private final Currency userCurrency;
    private final ExchangeRates exchangeRates;
    private final Map<Currency, Money> currencyTotals = new HashMap<>();

    public CostSummaryCalculator(
            Currency userCurrency,
            ExchangeRates exchangeRates
    ) {
        this.userCurrency = userCurrency;
        this.exchangeRates = exchangeRates;
    }

    public void addCost(Money cost) {
        currencyTotals.merge(cost.getCurrency(), cost, Money::add);
    }
```

```
    public CostSummary summarise() {
        var totals = new ArrayList<>(currencyTotals.values());
        totals.sort(comparing(m -> m.getCurrency().getCurrencyCode()));
        CostSummary summary = new CostSummary(userCurrency);
        for (var total : totals) {
            summary.addLine(exchangeRates.convert(total, userCurrency));
        }
        return summary;
    }

    public void reset() {
        currencyTotals.clear();
    }
}
```

따라서 CostSummary 계산은 다음과 같이 책임이 뒤섞여 있는 두 가지 클래스에 분산되어 있다.

- 합계를 계산하기 위해 필요한 계산 문맥에서 정보를 저장한다.
- 통화별 합계를 계산한다. 통화별로 합계를 계산하기 때문에 반올림 오류가 누적되지 않는다.
- 고객이 선호하는 통화로 비용을 변환한다.
- 고객이 선호하는 통화로 전체 합계를 계산한다.
- 환율을 원래의 환율 코드의 알파벳 순서를 기준으로 정렬한다.
- 고객에게 표시하기 위해 환율과 전체 합계를 저장한다.

가변 상태 공유해 계산을 수행하면 이런 식으로 책임이 여러 클래스에 지저분하게 분산되는 경우가 흔하다. 우리는 얽혀있는 책임을 풀어서 구현을 단순화하고 싶다. 우리가 목표로 하는 최종 구조가 무엇이어야 할까?

한 가지 힌트가 CostSummaryCalculator라는 클래스 이름에 들어있다. 언어학 용어로 말해 CostSummaryCalculator는 **동작주 명사**agent noun다. 동작주 명사는 동사에서 파생된 명사인데 단순히 그 동사가 뜻하는 동작을 수행하는 사람이나 물건을 뜻하는 단어다. 예를 들어 **driver**(운전사)나 **baker**(제빵사), **calculator**(계산기) 등이 동작주 명사다. CostSummaryCalculator는 소위 '행위자 클래스'이다.

클래스가 저장한 데이터로부터 다른 힌트를 얻을 수 있다. 고객이 선호하는 통화와 환율 소스가 계산의 문맥을 이룬다. 이 두 가지 정보는 애플리케이션의 다른 곳에서 관리되며, 계산을 수행할 때 즉시 사용할 수 있도록 CostCurrencyCalculator에 저장된다. 통화별 합계 currencyTotals에는 중간 임시 계산 결과가 저장되는데, 계산이 끝나고 나면 이 임시 결과가 필요하지 않고, 에일리어스 오류를 막기 위해 제거되어야 한다. CostCurrencyCalculator 클래스는 아무런 데이터도 **소유**하지 않으며, 동작에 필요해서 데이터를 임시로 저장할 뿐이다.

우리 애플리케이션 도메인 모델에서 CostCurrencyCalculator 클래스는 어떤 **개념**concept도 표현하지 않으며, 도메인 모델의 구성 요소에 대해 수행해야 하는 **기능**function을 표현할 뿐이다. 코틀린에서는 기능을 객체로 표현하지 않고 함수(영어에서는 함수와 기능이 모두 function이다)로 표현한다.

이 계산을 가변 클래스에서 불변 데이터에 대해 작용하는 함수로 리팩터링해 보자.

14.2 불변 데이터에 작용하는 함수로 리팩터링하기

CostSummary와 CostSummaryCalculator 클래스를 코틀린으로 변환하면 코틀린 문법으로 표현한 자바 코드가 생긴다. 다음은 코틀린 변환 후 약간의 정리와 재배치를 마친 CostSummary를 보여 준다.

예제 14.6 [accumulator.1:src/main/java/travelator/itinerary/CostSummary.kt]

```
class CostSummary(userCurrency: Currency) {
    private val _lines = mutableListOf<CurrencyConversion>()

    var total: Money = Money.of(0, userCurrency)
        private set

    val lines: List<CurrencyConversion>
        get() = _lines.toList()

    fun addLine(line: CurrencyConversion) {
        _lines.add(line)
        total += line.toMoney
    }
}
```

CostSummaryCalculator를 자동으로 변환한 결과는 덜 다듬어도 된다.

예제 14.7 [accumulator.1:src/main/java/travelator/itinerary/CostSummaryCalculator.kt]

```kotlin
class CostSummaryCalculator(
    private val userCurrency: Currency,
    private val exchangeRates: ExchangeRates
) {
    private val currencyTotals = mutableMapOf<Currency, Money>()

    fun addCost(cost: Money) {
        currencyTotals.merge(cost.currency, cost, Money::add)
    }

    fun summarise(): CostSummary {
        val totals = ArrayList(currencyTotals.values)
        totals.sortWith(comparing { m: Money -> m.currency.currencyCode })
        val summary = CostSummary(userCurrency)
        for (total in totals) {
            summary.addLine(exchangeRates.convert(total, userCurrency))
        }
        return summary
    }

    fun reset() {
        currencyTotals.clear()
    }
}
```

이 코드에서 시작해 리팩터링을 통해 가변성을 제거할 것이다. 우리는 내부에서 CostSummary를 불변 값 타입으로 만드는 것부터 시작해서, 점차 불변성을 밀어붙여서 CostSummaryCalculator까지 적용할 것이다. 하지만 이 과정을 시작하기 전에, 이미 자바의 제자리 컬렉션 정렬에 따라 한번 물린 적이 있으므로, 먼저 제자리 정렬부터 고치자.

예제 14.8 [accumulator.2:src/main/java/travelator/itinerary/CostSummaryCalculator.kt]

```kotlin
fun summarise(): CostSummary {
    val totals = currencyTotals.values.sortedBy {
        it.currency.currencyCode
    }
```

```
    val summary = CostSummary(userCurrency)
    for (total in totals) {
        summary.addLine(exchangeRates.convert(total, userCurrency))
    }
    return summary
}
```

이제는 상태를 변이하는 코드에서 흔히 볼 수 있는 패턴이 보인다. 객체를 생성하고(여기서는 CostSummary), 초기화 단계를 호출한 다음, 반환한다. 이같은 초기화 단계가 보일 때마다 apply에 도달하게 된다.

예제 14.9 [accumulator.3:src/main/java/travelator/itinerary/CostSummaryCalculator.kt]

```
fun summarise(): CostSummary {
    val totals = currencyTotals.values.sortedBy {
        it.currency.currencyCode
    }
    val summary = CostSummary(userCurrency).apply {
        for (total in totals) {
            addLine(exchangeRates.convert(total, userCurrency))
        }
    }
    return summary
}
```

apply를 사용하면 초기화 단계를 블록으로 묶어서 우리 의도를 더 잘 드러낼 수 있다. apply는 작은 빌더와도 같다. summarise 함수는 부분적으로 초기화된 CostSummary를 결코 볼 수 없고, 완전히 초기화된 후 반환되는 객체만 볼 수 있다.

이는 함수 내부에서까지 변이의 영역을 제한하는 소규모의 함수형 사고라 할 수 있다. 함수형 사고방식을 사용하면 totals에 대한 루프를 돌면서 각각의 CurrencyConversion을 생성하고, addLine을 호출하는 게 conversions 리스트를 만들고 그에 대해 루프를 도는 것과 동일하다는 사실을 알 수 있다.

```kotlin
fun summarise(): CostSummary {
    val conversions = currencyTotals.values.sortedBy {
        it.currency.currencyCode
    }.map { exchangeRates.convert(it, userCurrency) }

    return CostSummary(userCurrency).apply {
        conversions.forEach(this::addLine)
    }
}
```

이런 변경이 왜 필요할까? 우리는 CostSummary를 벗겨 내서 불변적인 핵심을 드러내고 싶다. CostSummary가 불변이면 클라이언트 코드가 addLine 메서드를 호출하는 대신 여러 line으로 이뤄진 리스트를 CostSummary 생성자에게 전달해야 한다. CostSummary는 통화 변환을 책임지지 않아야 한다. 따라서 우리가 만든 apply 블록은 CostSummary 생성자가 갖춰야 할 모습과 비슷하다. 여기서 초기화 로직을 반복하는 부생성자secondary constructor를 추가한다.

예제 14.11 [accumulator.5:src/main/java/travelator/itinerary/CostSummary.kt]

```kotlin
class CostSummary(userCurrency: Currency) {
    private val _lines = mutableListOf<CurrencyConversion>()

    var total: Money = Money.of(0, userCurrency)
        private set

    val lines: List<CurrencyConversion>
        get() = _lines.toList()

    constructor(
        userCurrency: Currency,
        lines: List<CurrencyConversion>
    ): this(userCurrency) {
        lines.forEach(::addLine)
    }

    fun addLine(line: CurrencyConversion) {
        _lines.add(line)
        total += line.toMoney
    }
}
```

이제 CostSummaryCalculator.summarise 메서드가 새 생성자를 호출하고, CostSummary 클래스를 불변 값 타입처럼 다루도록 변경하자.

예제 14.12 [accumulator.5:src/main/java/travelator/itinerary/CostSummaryCalculator.kt]

```kotlin
fun summarise(): CostSummary {
    val conversions = currencyTotals.values.sortedBy {
        it.currency.currencyCode
    }.map { exchangeRates.convert(it, userCurrency) }

    return CostSummary(userCurrency, conversions)
}
```

이 변경의 결과, CostSummary 클래스를 실제로(적어도 밖에서 볼 때는) 불변으로 보이게 할 수 있다.

예제 14.13 [accumulator.6:src/main/java/travelator/itinerary/CostSummary.kt]

```kotlin
class CostSummary(
    userCurrency: Currency,
    val lines: List<CurrencyConversion>
) {
    var total: Money = Money.of(0, userCurrency)
        private set

    init {
        lines.forEach {
            total += it.toMoney
        }
    }
}
```

끔찍한 var와 init을 보면 알 수 있는 것처럼, 일단 가변성을 넣고 나면 나중에 제거하기가 힘든 경우가 많다. 특히 이와 같은 누적기의 경우 더 그렇다. 이럴 때 fold가 도움이 될 수 있다. 가변 변수 total에 대해 일련의 동작(7.3절 '동작'을 보라)을 적용해야 하는데, fold는 이런 동작을 불변 변수를 초기화하기 위해 사용하는 계산(7.2절 '계산'을 보라)으로 변환해 준다.

```kotlin
class CostSummary(
    userCurrency: Currency,
    val lines: List<CurrencyConversion>
) {
    val total = lines
        .map { it.toMoney }
        .fold(Money.of(0, userCurrency), Money::add)
}
```

이 코드는 완전히 불변이다. **total**을 주 생성자 파라미터로 만들 수 있으면 **CostSummary**를 데이터 클래스로 만들 수 있다. 현재의 생성자를 부생성자로 바꾸는 방식으로 **CostSummary**를 데이터 클래스로 만들 수도 있지만, 대신에 모든 계산을 **CostSummaryCalculator** 안으로 옮기고 **CostSummary**가 단순히 계산 결과를 저장하도록 만들 것이다.

이를 위해, 먼저 **total** 프로퍼티의 정의에서 등호 오른쪽에 있는 식을 선택한다. 그리고 IDE의 'Introduce Parameter(파라미터 도입)' 리팩터링을 적용해서 식을 생성자 파라미터 밖으로 밀어낸다.

```kotlin
class CostSummary(
    val lines: List<CurrencyConversion>,
    total: Money
) {
    val total = total
}
```

이제는 **total** 프로퍼티 주변에 스타일 경고가 표시된다. IDE는 프로퍼티를 생성자 파라미터로 선언할 수 있다는 사실을 감지한다. 경고에서 **Alt+Enter**를 누르면 클래스 선언이 다음과 같이 바뀐다.

예제 **14.16** [accumulator.9:src/main/java/travelator/itinerary/CostSummary.kt]

```kotlin
class CostSummary(
    val lines: List<CurrencyConversion>,
    val total: Money
)
```

한편 CostSummaryCalculator를 살펴보면, 인텔리J가 계산을 summarise로 꺼내왔음을 알수 있다. summarise 메서드의 코드는 다음과 같다.

예제 **14.17** [accumulator.9:src/main/java/travelator/itinerary/CostSummaryCalculator.kt]

```kotlin
fun summarise(): CostSummary {
    val lines = currencyTotals.values
        .sortedBy { it.currency.currencyCode }
        .map { exchangeRates.convert(it, userCurrency) }

    val total = lines
        .map { it.toMoney }
        .fold(Money.of(0, userCurrency), Money::add)

    return CostSummary(lines, total)
}
```

이제 CostSummary를 데이터 클래스로 만들 수 있다. CostSummary의 유일한 책임은 걸러내거나, 정렬하거나, 표시하기 위한 계산 결과를 저장하는 것이다.

예제 **14.18** [accumulator.10:src/main/java/travelator/itinerary/CostSummary.kt]

```kotlin
data class CostSummary(
    val lines: List<CurrencyConversion>,
    val total: Money
)
```

앞에서 가변 상태를 사용하면 알고리즘이 여기저기 흩어져서 전체 알고리즘을 알아보기 힘들게한다고 설명했다. 이제 과거 코드를 살펴보면 CostSummary가 바로 그런 경우에 해당한다는 사실을 알 수 있다. 처음 시작할 때 전체 합계를 계산하는 알고리즘은 total이라는 가변 상태를초기화하는 로직과 addLine 메서드에서 이 상태를 변경하는 로직으로 나뉘어 들어가 있었다.

예제 14.19 [accumulator.1:src/main/java/travelator/itinerary/CostSummary.kt]

```kotlin
class CostSummary(userCurrency: Currency) {
    private val _lines = mutableListOf<CurrencyConversion>()

    var total: Money = Money.of(0, userCurrency)
        private set

    val lines: List<CurrencyConversion>
        get() = _lines.toList()

    fun addLine(line: CurrencyConversion) {
        _lines.add(line)
        total += line.toMoney
    }
}
```

이제는 계산이 **summarise**에서 한 식 안에 들어있다.

예제 14.20 [accumulator.9:src/main/java/travelator/itinerary/CostSummaryCalculator.kt]

```kotlin
val total = lines
    .map { it.toMoney }
    .fold(Money.of(0, userCurrency), Money::add)
```

14.3 한 번 더 해 보자

이와 비슷하게 통화와 관련된 처리가 모두 **CostSummaryCalculator**에 남아 있는 상태 변이에 감춰져 있다.

예제 14.21 [accumulator.9:src/main/java/travelator/itinerary/CostSummaryCalculator.kt]

```kotlin
class CostSummaryCalculator(
    private val userCurrency: Currency,
    private val exchangeRates: ExchangeRates
) {
    private val currencyTotals = mutableMapOf<Currency, Money>()
```

```
    fun addCost(cost: Money) {
        currencyTotals.merge(cost.currency, cost, Money::add)
    }

    fun summarise(): CostSummary {
        val lines = currencyTotals.values
            .sortedBy { it.currency.currencyCode }
            .map { exchangeRates.convert(it, userCurrency) }

        val total = lines
            .map { it.toMoney }
            .fold(Money.of(0, userCurrency), Money::add)

        return CostSummary(lines, total)
    }

    fun reset() {
        currencyTotals.clear()
    }
}
```

여기 감춰진 알고리즘을 없애기 위해 비슷한 절차를 적용할 수도 있다. 하지만 이번에는 부생성자를 추가하지 않을 것이다. 대신에 summarise 메서드를 오버로드해서 비용을 취하는 메서드를 추가하는 방식으로 4.2절 내 상자의 '확장과 축소 리팩터링'을 적용할 것이다.

예제 14.22 [accumulator.11:src/main/java/travelator/itinerary/CostSummaryCalculator.kt]

```
fun summarise(costs: Iterable<Money>): CostSummary {
    val delegate = CostSummaryCalculator(userCurrency, exchangeRates)
    costs.forEach(delegate::addCost)
    return delegate.summarise()
}
```

이 방식은 꽤 교묘하다. 예전 summarise 메서드는 그 결과가 addCost와 reset을 호출한 과거 이력에 따라 달라지기 때문에 동작이었다. 새 summarise는 계산이다. 즉, 결과가 입력(costs 파라미터와 이 메서드가 접근하는 userCurrency 및 exchangeRates 프로퍼티의 값)에만 의존하기 때문이다. 그리고 새 summarise는 아직 예전 summarise를 사용한다. 다만 변이 범위를 지역 변수로 한정해서 예전 summarise를 계산으로 둔갑시킬 뿐이다.

이 summarise 버전을 사용하면 비용 합계 계산과 계산의 **문맥**을 구분해 준다. 이때 생성자에게 userCurrency와 exchangeRates를 넘기고, **구체적인** 계산의 파라미터(summarise 메서드에 넘긴 costs)를 전달함으로써 각 문맥을 서로 구분한다. 이런 변경이 나중에 중요해진다 (14.4절 '발견한 추상화를 더 풍성하게 만들기').

이제 summarise 메서드가 둘 존재하므로, 기존 메서드 호출이 모두 새 메서드를 사용하게 변경할 수 있다. 새 summarise로 전환하기 위해서는 우리가 합계를 구하고 싶은 엔티티들에 우리가 전달하는 가변 계산기에 비용을 추가하라고 명령하는 대신, 엔티티들로부터 비용을 추출해야만 한다. 자식들에게 자신의 비용을 CostSummaryCalculator에 추가하라고 요청하는 대신에, 부모는 자식의 비용을 물어봐서 모두 합산한다.

이제는 다음과 같이 계산기를 사용해야 한다.

예제 14.23 [accumulator.12:src/test/java/travelator/itinerary/Itinerary_CostTest.kt]

```kotlin
val fx: ExchangeRates = ...
val userCurrency = ...
val calculator = CostSummaryCalculator(userCurrency, fx)

fun costSummary(i: Itinerary) =
    calculator.summarise(i.costs())
```

그리고 도메인 모델은 다음과 같이 비용을 보고하게 된다.

예제 14.24 [accumulator.12:src/main/java/travelator/itinerary/Itinerary.kt]

```kotlin
data class Itinerary(
    val id: Id<Itinerary>,
    val route: Route,
    val accommodations: List<Accommodation> = emptyList()
) {
    ...
    fun costs(): List<Money> = route.costs() + accommodations.costs()
    ...
}

fun Iterable<Accommodation>.costs(): List<Money> = flatMap { it.costs() }
```

애플리케이션의 모든 CostSummaryCalculator 사용이 새 summarise 메서드를 사용하게 되면, 지역 변수로 선언된 계산기를 사용해 값을 계산하는 아래 메서드 안에 currencyTotals 계산과 CostSummary 계산을 나란히 넣을 수 있다.

예제 14.25 [accumulator.11:src/main/java/travelator/itinerary/CostSummaryCalculator.kt]

```kotlin
fun summarise(costs: Iterable<Money>): CostSummary {
    val delegate = CostSummaryCalculator(userCurrency, exchangeRates)
    costs.forEach(delegate::addCost)
    return delegate.summarise()
}
```

지역 변수에 CostSummaryCalculator를 지정해 사용하는 대신 이 새로운 summarise 메서드 안에 전체 클래스를 인라이닝할 수 있다.

예제 14.26 [accumulator.13:src/main/java/travelator/itinerary/CostSummaryCalculator.kt]

```kotlin
fun summarise(costs: Iterable<Money>): CostSummary {
    val currencyTotals = mutableMapOf<Currency, Money>()
    costs.forEach {
        currencyTotals.merge(it.currency, it, Money::plus)
    }
    val lines = currencyTotals.values
        .sortedBy { it.currency.currencyCode }
        .map { exchangeRates.convert(it, userCurrency) }
    val total = lines
        .map { it.toMoney }
        .fold(Money(0, userCurrency), Money::add)
    return CostSummary(lines, total)
}
```

이 코드는 테스트를 여전히 통과하며, 인텔리J는 이제 CostSummaryCalculator에 있는 다른 메서드들과 currencyTotals 필드가 더 이상 쓰이지 않는다는 사실을 알려 준다. 따라서 이들을 지우면 마침내 이 클래스에서 모든 가변 상태를 제거하는 데 성공하게 된다. 하지만 이 메서드에서 가변 상태를 제거하지는 못했다. 아직도 가변 맵을 사용 중이다! 이 부분이 앞에서 언급했던 알고리즘이 여기저기 나뉘어 있던 문제의 마지막 흔적이다. 마침내 모든 로직을 한 메서드 안으로 몰아 넣었고, 모든 로직이 한 장소에 있으므로 이 로직이 단 한 번만 수행된다는 사실과 로직을 안전하게 그와 동등한 형태로 리팩터링한다는 사실을 알 수 있다.

동등한 형태는 무엇일까? 우리는 이에 대해 생각해봐야만 한다. 하지만 MutableMap.merge 가 통화별로 합계를 계산한다는 결론에 이른다. 일단 모든 데이터를 모으고 나면, 지금 우리 코드가 하는 것처럼 통화별로 그룹을 나누고 각 그룹에 속한 리스트의 합계를 구함으로써 똑같은 계산을 수행할 수 있다.

예제 14.27 [accumulator.14:src/main/java/travelator/itinerary/CostSummaryCalculator.kt]

```kotlin
class CostSummaryCalculator(
    private val userCurrency: Currency,
    private val exchangeRates: ExchangeRates
) {
    fun summarise(costs: Iterable<Money>): CostSummary {
        val currencyTotals: List<Money> = costs
            .groupBy { it.currency }
            .values
            .map { moneys -> moneys.reduce(Money::add) }
        val lines: List<CurrencyConversion> = currencyTotals
            .sortedBy { it.currency.currencyCode }
            .map { exchangeRates.convert(it, userCurrency) }
        val total = lines
            .map { it.toMoney }
            .fold(Money(0, userCurrency), Money::add)
        return CostSummary(lines, total)
    }
}
```

Iterable<Money>.sum() 확장 함수 대신 reduce를 사용해 통화별 합계를 구해야 한다는 사실이 약간 신경에 거슬린다. 아마도 이 문제를 해결해야만 할 것이다. 이제는 모든 계산이 한 장소에 있으므로 한 식에서는 reduce를 사용하고 다른 곳에서는 fold를 사용하는 사실의 의미를 생각해 봐야 한다. 하지만 이 모든 생각은 관련 코드가 모두 한 장소에 모여있기 때문에 생겨났다.

핵심은 이제는 summarise 계산의 모양을 더 명확히 볼 수 있다는 데 있다. 이 계산은 비용의 컬렉션에 대해 적용되는 순수 함수이며, 고객이 선호하는 통화와 통화간 환율이라는 문맥 안에서 평가가 이뤄진다. 이 함수는 도메인 모델에서 내포된 엔티티들을 비용의 컬렉션으로 펼치고, 이 비용들을 각 통화별 합계의 맵으로 변환한 후, 각 Currency별 합계를 CurrencyConversion의 리스트로 변환하고, 마지막으로 통화 변환^{CurrencyConversion}의 리스트를 CostSummary로 변환한다.

> **TIP 함수형 프로그램은 입력을 출력으로 변환한다**
>
> 한 단계로 이런 변환을 쉽게 작성할 수 없다면, 입력을 출력으로 더 쉽게 변환할 수 있는 어떤 중간 표현으로 변환하라.
>
> 중간 표현 사이의 간단한 변환을 파이프라이닝해서 가지고 있는 입력을 원하는 출력으로 변환하는 변환을 합성할 수 있게 될 때까지 필요한 중간 표현을 계속 도입하라.

16장에서 문맥에 따라 평가되는 순수 함수에 대해 더 자세히 살펴본다.

14.4 발견한 추상화를 더 풍성하게 만들기

트래블레이터는 환율과 고객이 선호하는 통화를 사용해 비용 합계를 계산하는 것 외에도 더 많은 일을 한다. 예를 들어, 사용자가 호텔 방을 살펴보는 동안 트래블레이터는 각 방의 숙박비를 지역 통화와 고객 선호 통화로 보여 준다. 이 말은 호텔 방 브라우저가 개별 가격에 대해 통화 변환을 실시한다는 뜻이다. CostSummaryCalculator도 합계를 계산하기 위해 개별 가격에 대해 통화 변환을 수행해야 한다. 통화 변환 기능을 공개 메서드로 추출하면 호텔 방 브라우저를 환율과 선호 통화를 넘겨서 초기화 하는 대신 CostSummaryCalculator를 넘겨서 초기화할 수 있다. 그 후, 이제는 환율 변환 계산 코드가 중복되므로, 호텔 방 브라우저에서 환율 변환 계산을 제거할 수 있다.

이제는 CostSummaryCalculator는 더 이상 비용 합계를 계산하는 계산기가 아니다. CostSummaryCalculator는 개별 고객을 위해 가격을 계산할 때 필요한 문맥을 저장한다. 따라서 새로 발견한 이 책임을 반영해 이름을 변경하자. 지금은 PricingContext보다 더 나은 이름을 생각할 수 없다. 따라서 이 클래스는 다음과 같은 모습이 된다.

```kotlin
class PricingContext(
    private val userCurrency: Currency,
    private val exchangeRates: ExchangeRates
) {
    fun toUserCurrency(money: Money) =
        exchangeRates.convert(money, userCurrency)

    fun summarise(costs: Iterable<Money>): CostSummary {
        val currencyTotals: List<Money> = costs
            .groupBy { it.currency }
            .values
            .map {
                it.sumOrNull() ?: error("Unexpected empty list")
            }
        val lines: List<CurrencyConversion> = currencyTotals
            .sortedBy { it.currency.currencyCode }
            .map(::toUserCurrency)
        val total = lines
            .map { it.toMoney }
            .sum(userCurrency)
        return CostSummary(lines, total)
    }
}
```

이름 붙이기

이 이름(PricingContext)은 너무 일반적인 것 같다. 하지만 더 나은 이름을 생각하기 전까지는 이 이름을 사용하자. 적어도 이 이름이 클래스에 대해 잘못된 인식을 가지게 하지는 않기 때문이다. 이름을 변경하는 비용은 싸다. 심지어 자바와 코틀린이 혼합된 코드 기반에서도 역시 이름 변경은 비용이 싼 편이다. 따라서 점진적으로 조금씩 개선하는 게 아무 개선도 하지 않는 것보다 더 낫다.

이 클래스를 도입하면 CostSummaryCalculator를 사용했던 코드가 다음과 같이 바뀐다.

```kotlin
val fx: ExchangeRates = ...
val userCurrency = ...
val pricing = PricingContext(userCurrency, fx)

fun costSummary(i: Itinerary) = pricing.summarise(i.costs())
```

이제 이 개념이 코드 기반에 들어왔으므로, 애플리케이션에서 이 개념을 사용할 수 있는 다른 부분을 찾을 수 있다. 이렇게 찾은 부분에서 로직을 PricingContext로 옮기면 PricingContext를 통화를 고객이 선호하는 통화로 변환하기 위해 필요한 모든 연산을 한 번에 찾을 수 있는 장소로 만들 수 있다. 그리고 이 클래스가 이질적인 유스 케이스를 지원하는 여러 메서드가 모인 클래스임이 판명된다면 각 연산을 메서드에서 확장 함수로 바꿔서 각각이 필요한 장소에 더 가깝게 유지할 수 있다(10장을 보라).

14.5 다음으로 나아가기

공유된 가변 상태에 의존하는 계산을 가지고 이번 장을 시작했다. 이 계산은 표준 라이브러리의 로직을 중복 정의했고 에일리어싱 오류가 발생할 가능성이 있었다. 이번 장의 끝에서는 같은 계산을 불변 데이터를 변환해 수행하는 계산으로 리팩터링할 수 있었다.

이 리팩터링을 하기 위해, 코드의 변이를 내부와 외부의 두 방향으로 옮겼다. 외부는 명확하다. CostSummaryCalculator가 CostSummary 클래스를 불변 값 타입으로 취급하고, 그런 다음 CostSummary를 불변 클래스로 바꿨다. 다음으로 CostSummaryCalculator를 사용하는 코드가 CostSummaryCalculator를 불변적인 계산 문맥으로 다루게 바꾸고, CostSummaryCalculator 자체를 불변으로 만들었다. 하지만 안쪽 방향은 어떤 방향일까? 우리는 컬렉션과 필드를 변이시키는 명령형 코드를 groupingBy, fold, reduce 등의 표준 고차 함수를 호출하는 코드로 바꿨다. 이런 함수들은 내부적으로는 상태를 바꿀 수도 있지만 호출하는 쪽에서는 그 상태 변이를 볼 수 없다. 외부에서 볼 때 이런 고차 함수들은 계산이다.

필요할 때 같은 접근 방법을 작성한 코드에 적용할 수 있다. 때로 컬렉션을 변이시키는 게 가장 쉬운 일일 수도 있다. 표준 라이브러리가 원하는 방식대로 데이터를 변환하는 고차 함수를 항상 제공하지는 않는다. 가변 컬렉션이 필요하다면, 상태 변이를 계산에 감춤으로써 잠재적인 에일리어싱 오류의 폭발 반경을 제한할 수 있다. 하지만 표준 라이브러리의 새 버전이 배포될 때마다 새 함수가 추가되고 있으므로, 직접 상태 변이 코드를 작성해야 할 필요성은 시간이 지남에 따라 점차 줄어들 것이다.

함수형 프로그래밍은 가변 상태를 제거하지 않는다. 대신에 가변 상태를 **런타임의 책임으로 만든다**. 함수형 프로그램은 런타임이 무엇을 계산해야 할지를 선언하고 런타임이 계산 수행을 책임지게 한다. 코틀린은 순수 함수형 언어가 아니지만, 우리가 함수형 언어의 원칙을 따를 수 있을 때 함수형 프로그래밍의 원칙을 따르면서 이익을 얻을 수 있게 해 준다.

캡슐화한 컬렉션에서
타입 별명으로

자바에서는 변이를 제어하고 연산을 추가하기 위해 클래스 안에 컬렉션을 캡슐화한다. 코틀린에서는 변이 제어에 신경을 덜 써도 되며, 연산을 추가하기 위해 확장 함수를 사용할 수 있다. 캡슐화를 사용하지 않고 어떻게 우리 설계가 더 나아질 수 있고, 어떻게 해야 현재 설계에서 더 나은 설계에 도달할 수 있을까?

6장에서 컬렉션을 다룰 때 코틀린과 자바의 결이 어떻게 다른지 살펴봤다. 자바 컬렉션 인터페이스는 객체 지향이라는 뿌리를 따라서 근본적으로 가변적이다. 반면 코틀린은 컬렉션을 값 타입으로 다룬다. 이미 살펴본 것처럼 공유된 컬렉션을 변경하면 온갖 문제에 직면하게 된다. 우리는 공유된 컬렉션을 변경하지 않음으로써 이 문제를 **해결할 수도 있지만**(6.1절에 있는 '공유된 컬렉션을 변경하지 말라'를 보라), 자바에서는 자동완성 한 번이면 add와 set 메서드를 얼마든지 쓸 수 있으므로 변경을 사용하지 않기가 어렵다. 분별력 있게도 대부분 자바 코드는 관습과 훈련 대신에 컬렉션을 그대로 공유하지 않는 더 안전한 접근 방법을 택한다.

예를 들어, 다음은 트래블레이터의 Route이다.

예제 15.1 [encapsulated-collections.0:src/main/java/travelator/itinerary/Route.java]

```
public class Route {
    private final List<Journey> journeys;        ❶

    public Route(List<Journey> journeys) {
        this.journeys = journeys;                ❷
```

```
    }

    public int size() {
        return journeys.size();
    }

    public Journey get(int index) {              ❸
        return journeys.get(index);
    }

    public Location getDepartsFrom() {           ❹
        return get(0).getDepartsFrom();
    }

    public Location getArrivesAt() {             ❹
        return get(size() - 1).getArrivesAt();
    }

    public Duration getDuration() {              ❹
        return Duration.between(
                get(0).getDepartureTime(),
                get(size() - 1).getArrivalTime());
    }

    ...
}
```

❶ Route는 Journey의 List를 캡슐화한다.

❷ 원 데이터가 생성자에 전달된다.

❸ UI 표시 등을 위한, 데이터에 대한 접근은 size와 get 메서드에 따라 제공된다.

❹ Route 클래스는 캡슐화한 리스트의 내용을 사용하는 애플리케이션 로직을 구현한다.

> **방어적 복사**
>
> 리스트를 완전히 캡슐화하기 위해 Route 생성자가 journeys 파라미터의 방어적 복사본을 만들어 저장할 수도 있다. 하지만 시스템은 JSON 역직렬화기나 테스트에서만 Route 객체를 생성하고 둘 중 어느 쪽도 journeys로 전달한 리스트를 사용하지 않는다는 사실을 '안다'. 따라서 이 경우 에일리어싱 오류(*https://oreil.ly/PeqKs*)가 생길 위험이 없으므로 Route를 생성할 때마다 여정 리스트를 복사하는 비용을 줄일 수 있다.
>
> 나중에 누군가 끼어들어 나중에 변경할 컬렉션을 가지고 Route를 만들면 이런 최적화를 후회하게 될 수도 있다. 이것이 타입 시스템에 따라 뒷받침되지 않는 관습의 문제점이다.

일단 Route 클래스를 정의하고 나면, 이 클래스가 getDepartsFrom이나 getDuration 등의 경로 관련 연산을 넣을 좋은 장소가 된다. 이 경우 모든 메서드가 다른 공개 메서드를 사용하고 있고 다형적인 동작도 없으므로 각 연산을 Route 파라미터를 받는 정적 메서드로 정의할 수도 있다. Route는 클래스라기 보다는 이름공간^{namespace}에 가깝다고 볼 수 있다. 그래서 연산이 꼭 메서드일 필요가 **없고**, 편의상 메서드로 정의했을 뿐이다. 자바에서는 정적 함수의 발견 가능성이 메서드보다 훨씬 좋지 않기 때문이다. 10장에서 본 것처럼 코틀린에서는 연산을 확장 함수로 정의하면 마치 메서드인 것처럼 발견하고 호출할 수 있게 된다. 그렇게 되면 클래스인 Route는 Journey의 List의 변경을 막는다는 점 외에는 아무 가치도 더해 주지 못한다. 그런데 코틀린으로만 작성된 코드 기반이라면 어쨌든 이 List를 실질적으로 불변 리스트로 만들 수 있다.

사실 Route는 List\<Journey\>에 아무 가치를 더하지 못하는 것보다 더 나쁘다. 오히려 가치를 떨어뜨린다. List\<Journey\>를 사용했다면 프런트엔드 코드가 리스트가 제공하는 Iterator를 사용해 화면을 렌더링할 수 있을 것이다.

예제 15.2 [encapsulated-collections.0:src/main/java/travelator/UI.java]

```java
public void render(Iterable<Journey> route) {
    for (var journey : route) {
        render(journey);
    }
}
```

Route를 사용하면 1980년대 프로그래밍 스타일로 다시 돌아가야 한다.

예제 15.3 [encapsulated-collections.0:src/main/java/travelator/UI.java]

```java
public void render(Route route) {
    for (int i = 0; i < route.size(); i++) {
        var journey = route.get(i);
        render(journey);
    }
}
```

컬렉션을 캡슐화하면, 캡슐화한 클래스 안에 컬렉션에 존재하는 연산을 정의해야만 해당 연산을 컬렉션의 내용에 적용할 수 있다. 새로운 방법으로 캡슐화한 컬렉션 데이터를 처리하고 싶다면, 저항이 가장 적은 경로는 캡슐화한 클래스 안에 메서드를 추가하면 된다. 이 클래스에 더많은 메서드를 추가하면 할수록 클래스가 애플리케이션의 다른 부분과 결합된 정도도 **커진다**. UI 기능을 새로 추가했는데 데이터 접근 계층을 재컴파일해야만 한다는 사실을 발견했을 때쯤에 이 문제를 깨닫게 된다.

15.1 도메인 컬렉션 합성하기

컬렉션을 캡슐화하지 않으면, 가령 다른 클래스 경계 안쪽에 도메인 모델의 데이터 구조를 감추는 대신에 도메인 모델이 적절한 데이터 구조가 **되도록** 한다면, 도메인 데이터에 사용할 수 있는 연산의 종류가 **확장**된다. 그렇게 하면 애플리케이션 전용 연산과 다른 모든 연산을 컬렉션을 사용해 정의할 수 있다. 클라이언트 코드는 컬렉션을 캡슐화한 도메인 클래스 안에 연산을 정의하지 않고 풍부한 컬렉션 API를 통해 필요한 연산을 정의할 수 있다.

Route 클래스가 모든 경로 기능을 제공하고 그에 따라 애플리케이션의 모든 부분을 서로 결합시키는 대신, 각 경로 기능을 확장 함수를 임포트해서 합성할 수 있는 연산으로 바라볼 수 있다. UI는 List<Journey>를 렌더링하는 함수를 정의할 수 있고, 이 렌더링 함수는 Iterable<Journey>을 변환하는 함수를 임포트할 수 있다. 영속성 계층은 데이터베이스 응답을 List<Journey>로 변환하고 '경로성'이라는 개념에 전혀 신경 쓰지 않아도 된다.

자바에서도 이런 식으로 프로그램을 짤 수 있지만, 정적 함수의 발견 가능성이 낮다는 점과 표준 라이브러리가 가변 컬렉션을 제공한다는 사실을 감안하면 이 방식은 자바의 결을 거스른다. 코틀린은 정적 함수를 더 쉽게 발견할 수 있게 도와주는 확장 함수와 불변 컬렉션을 제공하기 때문에, 도메인 모델을 컬렉션 타입으로 나누고 연산을 도메인 모델과 분리하는 쪽이 더 편한 경로가 된다.

당황스러운 상태 변경을 막기 위해 컬렉션에 대한 접근을 제어할 필요가 없고 어떤 타입의 객체를 모아둔 컬렉션에 대한 연산을 넣어둘 클래스를 작성할 필요가 없다면 Route 클래스가 우리에게 해 주는 다른 무언가가 있을까? Route 클래스는 List<Journey>에 이름을 부여하고, 여기서 사용하는 List<Journey>를 다른 List<Journey>와 구분할 수 있게 해 준다. 예를 들어, 이번주에 고객들이 예약한 모든 여행에 대한 보고서를 표시할 때 Route에 있는 리스트와 다른 List<Journey>를 사용해야 할 것이다. 이런 요소와 별개로, Route는 실제로는 어떤 면에서 우리의 진행을 방해하고 있다. 15.3.2절의 '타입 별명 치환'에서 이에 대해 설명한다.

여러 가지 List<Journey>의 유형을 구분하는 게 중요하지 **않은** 경우 코틀린은 클래스 대신 타입 별명을 사용해 Route라는 이름이 List<Journey>와 연관되게 해 준다.

```
typealias Route = List<Journey>
```

코틀린에서 이렇게 타입 별명을 정의하고 나면 컬렉션을 도메인 타입으로 사용하기 위한 장애물이 사라진다. 이제는 불변 컬렉션을 캡슐화하는 것이 규칙이 아니라 예외가 되어야만 한다.

15.2 다른 프로퍼티가 있는 컬렉션

물론 항상 타입 별명으로 클래스를 대신할 수 있는 것은 아니다. 예를 들어 Itinerary 클래스를 살펴보자.

예제 15.4 [encapsulated-collections.0:src/main/java/travelator/itinerary/Itinerary.kt]

```
class Itinerary(
    val id: Id<Itinerary>,
    val route: Route
) {
    ...
}
```

Itinerary에는 현재 route에 감춰져 있는 Journey들 외에도, Itinerary를 엔티티로 취급할 수 있게 해 주는 Id 타입의 프로퍼티가 들어있다. 이런 경우 이 클래스를 자신 내부에 있는 컬렉션으로 그냥 치환할 수는 없다.

이런 경우 Itinerary가 List<Journey>를 구현하면 캡슐화되지 않은 컬렉션의 장점을 취할 수 있다. 지금은 Route가 List<Journey> 인터페이스를 구현하지 않기 때문에 이렇게 하기 힘들지만, 더 많은 도메인 모델이 완전한 컬렉션으로 표현된다면 이 전략이 좋은 전략이다. 이에 대해서는 15.3.3절 '다른 프로퍼티와 함께 있는 컬렉션 리팩터링하기'에서 살펴본다.

15.3 캡슐화된 컬렉션 리팩터링하기

트래블레이터의 핵심 서비스 중에는 경로 계획 기능이 있다.

앞에서 본 Route는 고객이 한 위치에서 다른 위치로 이동하는 여정들의 시퀀스이다. Route가 여러 날짜에 걸쳐 있을 때 숙소를 판매하는 등의 다른 기능을 추가하고 싶지만, 핵심 도메인 추상화인 Route가 이미 추가한 모든 연산의 무게로 붕괴하고 있고 이런 연산들로 인해 Route가 코드 기반의 여러 부분을 서로 결합시켜주고 있다. 이제 Route를 리팩터링해서 새로운 기능을 추가할 수 있는지 살펴보자.

다음은 자바 Route 클래스를 다시 보여 준다.

예제 15.5 [encapsulated-collections.1:src/main/java/travelator/itinerary/Route.java]

```java
public class Route {
    private final List<Journey> journeys;

    public Route(List<Journey> journeys) {
        this.journeys = journeys;
    }

    public int size() {
        return journeys.size();
    }

    public Journey get(int index) {
        return journeys.get(index);
    }

    public Location getDepartsFrom() {
        return get(0).getDepartsFrom();
    }

    ... 여러 가지 메서드
}
```

15.3.1 연산을 확장으로 변환하기

Route에 있는 연산을 메서드에서 함수로 변환함으로써 Route가 너무 많은 기능을 내장하지 않게 만들 것이다. 확장 함수가 이런 경우, 타당한 전략이긴 하지만 오직 코틀린에서 함수를 사용할 때만 그렇다. 코틀린에서는 확장 함수도 메서드만큼 발견 가능성이 좋기 때문이다. 따라서 코드 중 다수가 코틀린으로 변환된 다음에 확장 함수 변환을 한 번만 수행할 것이다. 다행히 우리 팀은 자바를 코틀린으로 변환하기를 너무 좋아하고, 이 책의 각 장을 진행하면서 비버처럼 열심히 일했기 때문에 이 리팩터링을 시도할 준비가 됐다.

궁극적으로는 컬렉션 캡슐화를 없애서 클라이언트가 Route 대신 List<Journey>를 다루고 List<Journey>에 대해 정의된 확장 함수를 통해 제공되는 연산을 사용하게 만들고 싶다.

먼저 Route를 코틀린으로 변환하자. 코드를 다듬고 난 결과는 다음과 같다.

예제 15.6 [encapsulated-collections.2:src/main/java/travelator/itinerary/Route.kt]

```
class Route(
    private val journeys: List<Journey>
) {
    fun size(): Int = journeys.size

    operator fun get(index: Int) = journeys[index]

    val departsFrom: Location
        get() = get(0).departsFrom

    ... 여러 가지 메서드
}
```

늘 그렇듯이 리팩터링할 때마다 테스트를 실행해서 아무것도 깨지 않았음을 확인했다고 가정하자. 지금은 모든 게 잘 작동한다.

클래스를 코틀린으로 바꾸고 나면 인텔리J로 메서드를 확장으로 변환할 수 있다. departsFrom 프로퍼티에 대해 이 리팩터링을 적용하자. departsFrom을 선택하고 Alt+Enter를 누르고 'Convert member to extension(멤버를 확장으로 변환)'를 선택하라. 메서드가 사라지고 파일의 맨 앞에 다음과 같은 확장이 나타난다.

예제 15.7 [encapsulated-collections.3:src/main/java/travelator/itinerary/Route.kt]

```
val Route.departsFrom: Location
    get() = get(0).departsFrom
```

코틀린 코드는 계속 route.departsFrom을 프로퍼티로 접근할 수 있다. 하지만 자바 코드는 그렇지 못하다. 인텔리J는 자바에서 이 프로퍼티를 사용하는 부분에 대해 프로퍼티를 정적 메서드로 참조할 수 있다는 수정 사항을 제안해 준다.

예제 **15.8** [encapsulated-collections.3:src/main/java/travelator/UI.java]

```java
public void renderWithHeader(Route route) {
    renderHeader(
        RouteKt.getDepartsFrom(route),      ❶
        route.getArrivesAt(),
        route.getDuration()
    );
    for (int i = 0; i < route.size(); i++) {
        var journey = route.get(i);
        render(journey);
    }
}
```

❶ Route.kt에 정의된 정적 메서드를 호출한다.

'Convert member to extension(멤버를 확장으로 변환)'은 Route의 공개 API를 호출하는 메서드에서만 잘 작동한다. 예를 들어, withJourneyAt에 대해 이 리팩터링을 시도하면 실패한다.

예제 **15.9** [encapsulated-collections.3:src/main/java/travelator/itinerary/Route.kt]

```kotlin
fun withJourneyAt(index: Int, replacedBy: Journey): Route {
    val newJourneys = ArrayList(journeys)
    newJourneys[index] = replacedBy
    return Route(newJourneys)
}
```

이 코드는 journeys 프로퍼티를 참조하지만 현재는 비공개 프로퍼티이기 때문에 확장 함수에서 이를 볼 수 없다. 이 시점에 journeys 프로퍼티를 공개 프로퍼티로 바꿀 수 있다(자바 코드에서 이 List를 변화시키는 따위의 오남용이 없어야 한다). 이렇게 하면 확장 함수의 문제가 사라진다.

예제 **15.10** [encapsulated-collections.4:src/main/java/travelator/itinerary/Route.kt]

```kotlin
fun Route.withJourneyAt(index: Int, replacedBy: Journey): Route {
    val newJourneys = ArrayList(journeys)
    newJourneys[index] = replacedBy
```

```
        return Route(newJourneys)
    }
```

아무 멤버도 남지 않을 때까지 멤버를 확장 함수로 변환하는 과정을 계속 할 수 있다. 심지어 size와 get도 제거할 수 있다. 다만 남은 자바 클라이언트에서는 이들을 정적으로 임포트해 사용해야 한다.

예제 15.11 [encapsulated-collections.5:src/main/java/travelator/UI.java]

```java
public void render(Route route) {
    for (int i = 0; i < RouteKt.getSize(route); i++) {
        var journey = RouteKt.get(route, i);
        render(journey);
    }
}
```

(size 메서드를 size 확장 프로퍼티로 변환했기 때문에 자바에서는 getSize 함수를 사용한다는 점을 기억하라.)

이제 한때는 꽉 들어차 있던 Route 클래스에 남은 것은 아래와 같이 리스트 하나뿐이다.

예제 15.12 [encapsulated-collections.5:src/main/java/travelator/itinerary/Route.kt]

```kotlin
class Route(
    val journeys: List<Journey>
)

val Route.size: Int
    get() = journeys.size

operator fun Route.get(index: Int) = journeys[index]

...
```

이제 모든 Route 연산은 (journeys를 접근하는 연산을 제외하면), 비록 같은 파일 안에 있기는 하지만, 확장 함수가 됐다. 하지만 이제는 이들이 확장 함수이기 때문에 각 함수를 다른 파일로 이동해도 된다. 심지어 결합을 줄이기 위해 아예 다른 모듈로 이동시켜도 된다.

15.3.2 타입 별명 치환

이제 Route의 기능을 클래스와 분리하는 데 성공했으니 이 클래스가 불필요할까? 실제로 List를 감싸는 클래스는 불필요한 클래스가 아니라 나쁜 클래스다. 감싸는 클래스로 인해 경로를 생성하고 변환하고 처리할 때 코틀린 표준 라이브러리가 제공하는 기능을 사용할 수 없기 때문이다. 앨런 펄리스Alan Perlis의 프로그래밍 격언(*https://oreil.ly/QDOJz*)을 인용하자면, '한 가지 데이터 구조에 사용할 수 있는 함수 100개가 열 가지 데이터 구조에 사용할 수 있는 함수 10개보다 더 낫다'. Route가 Journey의 List를 **가지기를** 원하지 않는다. Route가 Journey의 List**이기를** 원한다. 코틀린에서는 위임을 통해 이를 쉽게 달성할 수 있다.

예제 15.13 [encapsulated-collections.6:src/main/java/travelator/itinerary/Route.kt]

```
class Route(
    val journeys: List<Journey>
) : List<Journey> by journeys
```

하지만 Route가 단지 Journey의 List인 것보다 더 많은 것을 바란다. 우리는 Journey의 List가 Route가 되기를 원할 수도 있다. 왜 그런지 보기 위해 앞에서 다듬은 withJourneyAt 함수를 보자.

고객이 낙타를 타는 여행을 하지 않겠다고 결정한 경우, Route가 불변이기 때문에 (낙타를 타고 이동하는) Journey를 다른 Journey로 바꿀 수는 없다. 대신에 원래의 journeys에서 낙타와 관련된 Journey를 다른 여정으로 바꾼 복사본을 반환해야 한다.

예제 15.14 [encapsulated-collections.5:src/test/java/travelator/itinerary/RouteTests.kt]

```
@Test
fun replaceJourney() {
    val journey1 = Journey(waterloo, alton, someTime(), someTime(), RAIL)
    val journey2 = Journey(alton, alresford, someTime(), someTime(), CAMEL)
    val journey3 = Journey(alresford, winchester, someTime(), someTime(), BUS)
    val route = Route(listOf(journey1, journey2, journey3))

    val replacement = Journey(alton, alresford, someTime(), someTime(), RAIL)
    val replaced = route.withJourneyAt(1, replacement)

    assertEquals(journey1, replaced.get(0))
```

```
        assertEquals(replacement, replaced.get(1))
        assertEquals(journey3, replaced.get(2))
    }
```

(덧붙이자면, route의 각 부분에 접근하기 위해 get을 사용해야 해서 이 테스트가 더 복잡해 졌다는 사실을 확인하라. 이제는 journeys 프로퍼티에 직접 접근할 수 있으므로 이 문제를 바로 해결할 수 있다.)

다음은 withJourneyAt 구현을 다시 보여 준다.

예제 15.15 [encapsulated-collections.4:src/main/java/travelator/itinerary/Route.kt]

```
fun Route.withJourneyAt(index: Int, replacedBy: Journey): Route {
    val newJourneys = ArrayList(journeys)
    newJourneys[index] = replacedBy
    return Route(newJourneys)
}
```

Route가 journeys를 감싸기 때문에 journey에 대해 직접 연산을 수행할 수가 없고, 감싼 클래스를 벗겨 낸 후 연산을 수행한 다음 다시 감싸야 한다. List<Journey>가 Route라면 다음 과 같이 멋진 제네릭 함수를 사용할 수 있었을 것이다.

예제 15.16 [encapsulated-collections.7:src/main/java/travelator/itinerary/Route.kt]

```
fun <T> Iterable<T>.withItemAt(index: Int, replacedBy: T): List<T> =
    this.toMutableList().apply {
        this[index] = replacedBy
    }
```

현재 상황에서는 withItemAt을 사용한다 하더라도 여전히 감싼 클래스를 처리해야만 한다.

예제 15.17 [encapsulated-collections.7:src/main/java/travelator/itinerary/Route.kt]

```
fun Route.withJourneyAt(index: Int, replacedBy: Journey): Route =
    Route(journeys.withItemAt(index, replacedBy))
```

Route를 변환하는 모든 연산에 똑같은 문제가 있다. 이 문제는 그냥 Route와 List<Journey>가 같은 타입이라고 선언하는 타입 별명을 사용하면 존재하지 않는 문제다.

타입 별명으로 가기 위해서는 Route 생성자 호출과 journeys 프로퍼티 접근을 모두 제거해야한다. 이는 결과적으로 주의 깊게 만들었던 캡슐화를 모두 벗기는 것과 같다. 이를 마법처럼 자동으로 수행하는 방법이 있다. 하지만 그 방법을 사용하려면 클라이언트를 모두 코틀린으로 변환해야만 한다. 타입 별명을 사용하려면 클라이언트 코드가 코틀린이어야 하므로, 자바 클라이언트 코드가 남아 있다면 일부 코드를 직접 수정해야 한다.

클래스를 타입 별명으로 치환하고 동시에 클래스의 API를 에뮬레이션하는 임시 정의를 추가하고자 한다. 클래스의 API는 현재 다음과 같다.

예제 15.18 [encapsulated-collections.6:src/main/java/travelator/itinerary/Route.kt]

```kotlin
class Route(
    val journeys: List<Journey>
) : List<Journey> by journeys
```

이 API를 다음과 같이 에뮬레이션한다.

예제 15.19 [encapsulated-collections.8:src/main/java/travelator/itinerary/Route.kt]

```kotlin
typealias Route = List<Journey>

fun Route(journeys: List<Journey>) = journeys

val Route.journeys get() = this
```

코틀린에는 new 키워드가 없으므로, 생성자 호출 Route(...)를 이름이 같은 함수를 사용해 에뮬레이션할 수 있다. 비슷하게, journeys 프로퍼티도 수신 객체 자신을 반환하는 확장 함수로 대신할 수 있다. 그 결과 기존 코틀린 클라이언트를 아무 변경 없이 새 API에서 컴파일할 수 있다.

예제 15.20 [encapsulated-collections.8:src/test/java/travelator/itinerary/RouteTests.kt]

```
val route = Route(listOf(journey1, journey2, journey3))          ❶
val replacement = Journey(alton, alresford, someTime(), someTime(), RAIL)

assertEquals(
    listOf(journey1, replacement, journey3),
    route.withJourneyAt(1, replacement).journeys                 ❷
)
```

❶ 생성자가 아니라 우리가 만든 새 함수를 호출한다.

❷ 클래스 프로퍼티가 아니라 확장 프로퍼티를 사용한다.

함수와 프로퍼티를 인라이닝하면 리팩터링이 끝난다. 이제는 캡슐화한 컬렉션이 단순한 컬렉션이 됐다.

예제 15.21 [encapsulated-collections.9:src/test/java/travelator/itinerary/RouteTests.kt]

```
val route = listOf(journey1, journey2, journey3)          ❶
val replacement = Journey(alton, alresford, someTime(), someTime(), RAIL)

assertEquals(
    listOf(journey1, replacement, journey3),
    route.withJourneyAt(1, replacement)                   ❷
)
```

❶ Route는 아무 일도 하지 않는 명령이었다.

❷ 원래는 journeys였다.

Route 클래스를 타입 별명으로 바꾸면 남은 자바 클라이언트가 깨진다. 자바는 타입 별명을 인식하지 못하기 때문이다. 이 문제를 Route를 List<Journey>로 직접 바꾸는 방식으로 해결했다.

예제 15.22 [encapsulated-collections.8:src/main/java/travelator/UI.java]

```
public void render(List<Journey> route) {
    for (int i = 0; i < RouteKt.getSize(route); i++) {
        var journey = RouteKt.get(route, i);
```

```
            render(journey);
        }
    }
```

변환이 거의 끝났지만 여전히 size와 get 함수가 남아있다.

예제 15.23 [encapsulated-collections.9:src/main/java/travelator/itinerary/Route.kt]

```
val Route.size: Int
    get() = this.size

operator fun Route.get(index: Int) = this[index]
```

이들의 시그니처가 List에 있는 같은 이름의 멤버의 시그니처와 같기 때문에, 컴파일러는 이 확장들이 가려진다고 경고한다. 코틀린 클라이언트는 확장이 아니라 메서드를 호출한다. 이 말은 이 확장들을 정적 메서드로 호출하는 자바 클라이언트가 없으면 안전하게 이들을 지울 수 있다는 뜻이다.

하지만 우리에게는 자바 클라이언트, 즉 RouteKt의 getSize와 get을 호출하는 렌더링 코드가 있다. 이들 확장은 사용하고자 하는 함수를 호출하지만 자바 코드에 코틀린 코드를 인라이닝할 수는 없다. 그래서 이를 아랑곳하지 않고 코틀린 확장을 지운다. 이제는 컴파일러가 자바에서 무엇을 고쳐야 할지 알려 주므로, 직접 그대로 자바 코드를 변경하면 된다.

예제 15.24 [encapsulated-collections.10:src/main/java/travelator/UI.java]

```
public void render(List<Journey> route) {
    for (int i = 0; i < route.size(); i++) {
        var journey = route.get(i);
        render(journey);
    }
}
```

물론 실제로는 이 코드를 다음으로 바꿔야 한다.

예제 15.25 [encapsulated-collections.10:src/main/java/travelator/UI.java]

```java
public void render(Iterable<Journey> route) {
    for (var journey : route) {
        render(journey);
    }
}
```

확장을 지워도 코틀린 클라이언트는 이미 **List**의 메서드를 호출하고 있으므로 아무 영향이 없다. 따라서 전체 변환이 거의 끝났다. 이제는 아무 일도 하지 않는 **withJourneyAt**을 인라이닝할 수 있다. 이렇게 하면 다음과 같은 **Route**가 남는다.

예제 15.26 [encapsulated-collections.10:src/main/java/travelator/itinerary/Route.kt]

```kotlin
typealias Route = List<Journey>

val Route.departsFrom: Location
    get() = first().departsFrom

val Route.arrivesAt: Location
    get() = last().arrivesAt

val Route.duration: Duration
    get() = Duration.between(
        first().departureTime,
        last().arrivalTime
    )

... 확장으로 옮겨진 다른 연산
```

코틀린에서 **Route**를 쓰는 코드는 그냥 **List**의 연산일 뿐이다.

예제 15.27 [encapsulated-collections.10:src/test/java/travelator/itinerary/RouteTests.kt]

```kotlin
val route = listOf(journey1, journey2, journey3)
assertEquals(
    listOf(journey1, replacement, journey3),
    route.withItemAt(1, replacement)
)
```

남은 자바 클라이언트 코드들도 약간 못생기긴 했지만 편하게 읽혀진다.

예제 15.28 [encapsulated-collections.10:src/main/java/travelator/UI.java]

```java
public void renderWithHeader(List<Journey> route) {
    renderHeader(
        RouteKt.getDepartsFrom(route),
        RouteKt.getArrivesAt(route),
        RouteKt.getDuration(route)
    );
    for (var journey : route) {
        render(journey);
    }
}
```

15.3.3 다른 프로퍼티와 함께 있는 컬렉션 리팩터링하기

앞에서 본 것처럼 타입에 컬렉션과 다른 프로퍼티가 함께 있으면 타입 별명을 쓸 수 없다. 예제로 id와 Route가 함께 있는 Itinerary를 살펴봤다.

예제 15.29 [encapsulated-collections.11:src/main/java/travelator/itinerary/Itinerary.kt]

```kotlin
class Itinerary(
    val id: Id<Itinerary>,
    val route: Route
) {
    fun hasJourneyLongerThan(duration: Duration) =
        route.any { it.duration > duration }
    ...
}
```

Route를 위임으로 구현해서 Journeys를 직접 질의할 수 있다는 이점을 얻을 수 있다.

예제 15.30 [encapsulated-collections.12:src/main/java/travelator/itinerary/Itinerary.kt]

```kotlin
class Itinerary(
    val id: Id<Itinerary>,
    val route: Route
```

```
) : Route by route {            ❶

    fun hasJourneyLongerThan(duration: Duration) =
        any { it.duration > duration }

    ...
}
```

❶ by route는 Itinerary 객체가 생성자 인자로 받은 route 객체에 Route 인터페이스의 모든 메서드를 전달한다고 선언한다. 클래스는 위임한 인터페이스의 메서드의 구현을 직접 제공함으로써 위임 객체의 동작을 오버라이드할 수도 있다. 하지만 Itinerary의 경우 이를 원하지는 않는다.

이제 Itinerary를 Route처럼 다룰 수 있으므로 hasJourneyLongerThan을 밖으로 빼내면서 확장으로 만들면서 Itinerary 뿐 아니라 모든 Route에서 사용할 수 있게 할 수 있다.

예제 15.31 [encapsulated-collections.13:src/main/java/travelator/itinerary/Itinerary.kt]

```
fun Route.hasJourneyLongerThan(duration: Duration) =
    any { it.duration > duration }
```

메서드에서 확장으로 옮긴 모든 Route(즉, List) 확장을 이제는 Itinerary에도 적용할 수 있다.

예제 15.32 [encapsulated-collections.13:src/main/java/travelator/itinerary/itineraries.kt]

```
fun Iterable<Itinerary>.shortest() =
    minByOrNull {
        it.duration       ❶
    }
```

❶ 이 확장 프로퍼티는 Route.duration, 즉 List<Journey>.duration이다.

하지만 기존 Itinerary에서 새 Itinerary를 생성하기는 쉽지 않다. 하지만 List<Journey>의 경우 쉽게 기존 객체에서 새 객체를 만들 수 있다. List<Journey>에 대한 표준 API 연산(실제로는 6장에서 본 것처럼 Iterable<Journey>에 대한 연산)은 List<Journey>를 반환하는데, 이 이름은 Route를 부르는 다른 이름이기 때문이다.

예제 15.33 [encapsulated-collections.13:src/main/java/travelator/itinerary/itineraries.kt]

```
fun Route.withoutJourneysBy(travelMethod: TravelMethod) =
    this.filterNot { it.method == travelMethod }
```

Itinerary의 경우에는 리스트 연산의 결과를 다시 감싸서 새 Itinerary를 만들어야만 한다.

예제 15.34 [encapsulated-collections.13:src/main/java/travelator/itinerary/itineraries.kt]

```
fun Itinerary.withoutJourneysBy(travelMethod: TravelMethod) =
    Itinerary(
        id,
        this.filterNot { it.method == travelMethod }
    )
```

여기서 데이터 클래스가 또 다시 도움이 된다.

예제 15.35 [encapsulated-collections.14:src/main/java/travelator/itinerary/Itinerary.kt]

```
data class Itinerary(
    val id: Id<Itinerary>,
    val route: Route
) : Route by route {
    ...
}
```

Itinerary를 데이터 클래스로 만들면 일부 여정이 변경된 경로 복사본을 쉽게 만들 수 있다. 여정 외의 다른 프로퍼티가 아무리 많아도 일부 이런 복사본을 만드는 데는 문제가 없다.

예제 15.36 [encapsulated-collections.14:src/main/java/travelator/itinerary/itineraries.kt]

```
fun Itinerary.withoutJourneysBy(travelMethod: TravelMethod) =
    copy(route = filterNot { it.method == travelMethod } )
```

게다가 데이터 클래스에도 withTransformedRoute 메서드를 추가할 수 있다.

```kotlin
data class Itinerary(
    val id: Id<Itinerary>,
    val route: Route
) : Route by route {
    fun withTransformedRoute(transform: (Route).() -> Route) =
        copy(route = transform(route))
    ...
}
```

결과적으로, 변환한 Route를 새로 만드는 것과 거의 비슷한 정도로 쉽게 변환된 Itinenary를 만들 수 있다.

```kotlin
fun Itinerary.withoutJourneysBy(travelMethod: TravelMethod) =
    withTransformedRoute {
        filterNot { it.method == travelMethod }
    }

fun Itinerary.withoutLastJourney() =
    withTransformedRoute { dropLast(1) }
```

15.4 다음으로 나아가기

값 의미를 지원하기 위해 가변 컬렉션을 캡슐화하는 클래스를 가지고 이번 장을 시작했다. 코드를 코틀린으로 더 많이 변환함에 따라, 컬렉션 변경을 방지하기 위해 코틀린 타입 시스템에 더 많이 의존할 수 있게 됐고, 더 이상 컬렉션을 클래스 안에 캡슐화할 필요가 없어졌다. 이로 인해 캡슐화하는 클래스의 메서드를 확장 함수로 옮기고, 확장 함수 정의를 그 확장 함수를 사용하는 장소에 더 가깝게 옮길 수 있었다. 이런 클래스가 한 컬렉션만 캡슐화하기 때문에, 클래스 자체를 없애고 타입 별명으로 대신할 수 있었다.

불변 컬렉션과 확장을 사용하면 자바에서는 사용할 수 없는 방식으로 코드를 조직할 수 있다. 애플리케이션의 특정 기능에 필요한 모든 로직을 그 로직이 적용되는 도메인 클래스와 별도로 하나로 묶어서 한 모듈 안에 넣을 수 있다. 하지만 이런 도메인 클래스의 메서드가 다형적인 메서드가 되어야 한다면, 기능 로직을 특성 모듈이 아니라 도메인 클래스 안에 정의해야 한다. 18장 '열린 클래스에서 봉인된 클래스로'에서 봉인된 클래스를 살펴본다. 봉인된 클래스는 객체 지향 다형성의 대안으로, 타입 계층을 코드의 한 부분에서 정의하고 이 타입 계층에 대한 연산을 코드의 다른 위치에서 정의해야 할 때 더 편리하게 써먹을 수 있다.

마지막으로, 구체적 타입 대신 List 같은 내장 타입을 재사용하는 게 아무 비용도 들지 않는 것은 아니라는 점을 알아두기 바란다. List에 원소를 저장하는 것이 모델링 선택이 아니라 구현 세부 사항일 수도 있다. 제네릭 타입을 특화한 타입을 사용한 코드 위치를 찾는 것보다 구체적인 캡슐 타입을 사용한 코드를 찾는 게 더 쉽다. 게다가 표준 컬렉션 타입은 아주 훌륭한 추상화여서 너무 많은 곳에 쓰인다. 너무 좋아서 특별한 경우를 제외하면 표준 컬렉션 타입을 감싸고 감춰서는 안 될 정도다. 22장 '클래스에서 함수로'에서는 이 아이디어를 선택해서 수행하면 어떤 일이 벌어지는지를 살펴본다.

CHAPTER 16

인터페이스에서
함수로

자바에서는 기능을 정의하는 코드와 기능이 필요한 코드 사이에 계약을 지정하기 위해 인터페이스를 사용한다. 인터페이스는 계약의 두 당사자를 서로 결합시키기 때문에 소프트웨어가 더 유지 보수하기 어려워진다. 함수 타입이 이 문제를 어떻게 해결할 수 있을까?

작성한 코드에서 전자 우편을 보내야 한다고 가정해 보자. 지금 당장은 전자 우편을 받거나, 받은 전자 우편 목록을 표시할 필요는 없고, 메시지를 보내고 결과에는 신경 쓰지 않아도 된다.

전자 우편을 기술하는 코드는 충분히 간단하다.

```kotlin
data class Email(
    val to: EmailAddress,
    val from: EmailAddress,
    val subject: String,
    val body: String
)
```

Email이 주어지면 클라이언트 코드에서는 전자 우편을 보내기 위해 가능하면 가장 간단한 함수를 정의하고 싶어 할 것이다. 이런 함수는 다음과 같을 것이다.

```kotlin
fun send(email: Email) {
    ...
}
```

물론 이 함수를 구현하는 시점이 되면 실제 전자 우편을 보내기 위해서는 온갖 종류의 정보가 더 필요하다는 사실을 발견하게 된다. 전자 우편 자체에 대한 정보가 아니라, 어떻게 전자 우편을 보낼지 설정하기 위한 여러 가지 정보가 필요하다. 송신 서버의 호스트 이름과 보안 크리덴셜과 같은 요소들, 즉 이과가 아닌 여러분의 친구는 모르지만 그들의 컴퓨터를 설정할 때 여러분은 알아야만 하는 정보가 필요하다. sendEmail에 세 가지 파라미터를 추가해서 이 모든 설정 정보를 처리한다.

```
fun sendEmail(
    email: Email,
    serverAddress: InetAddress,
    username: String,
    password: String
) {
    ...
}
```

클라이언트 입장에서 보면 조금 더 불편해졌다. 전자 우편을 보내는 모든 곳에서 이 설정을 알아야만 한다. 그래서 코드 기반의 맨 위부터 맨 밑바닥까지 이 정보를 여기저기에 넘겨야 한다. 전역 변수에 이런 자세한 사항을 감추면 이런 문제를 해결할 수 있을 것 같지만, 나중에 단위 테스트 스위트를 실행할 때마다 전자 우편을 50개씩 보낸다는 사실을 발견하게 될 수도 있다! 이런 사소한 세부 사항을 감추는 더 좋은 방법이 있음에 틀림없다.

16.1 객체 지향 캡슐화

객체 지향 언어object-oriented language는 이 문제에 대한 해법이 이미 포함되어 있다. 객체가 데이터를 캡슐화할 수 있다.

```
class EmailSender(
    private val serverAddress: InetAddress,
    private val username: String,
    private val password: String
) {
    fun send(email: Email) {
```

```
            sendEmail(
                email,
                serverAddress,
                username,
                password
            )
        }
    }
```

이제 전자 우편을 보낼 때마다 (정적 함수가 아니라) EmailSender에 접근할 필요가 있다. EmailSender가 있으면 함수를 호출하는 대신 메서드를 호출하는데, 이미 이 클래스의 필드가 여러 세부 사항을 저장하고 있으므로 별도로 사소한 세부 사항을 메서드에 전달할 필요가 없다.

```
// 설정을 알 수 있는 곳
val sender: EmailSender = EmailSender(
    inetAddress("smtp.travelator.com"),
    "username",
    "password"
)

// 메세지를 보내는 곳
fun sendThanks() {
    sender.send(
        Email(
            to = parse("support@internationalrescue.org"),
            from = parse("support@travelator.com"),
            subject = "Thanks for your help",
            body = "..."
        )
    )
}
```

일반적으로 코드에서 설정을 알 수 있는 장소와 전자 우편을 보내고 싶은 장소는 서로 분리(종종 많은 계층으로)되어 있다. 객체 지향에서는 보통 sender를 클래스의 프로퍼티에 저장한 후 메서드가 사용한다.

```
// 설정을 알 수 있는 곳
val subsystem = Rescuing(
```

```kotlin
    EmailSender(
        inetAddress("smtp.travelator.com"),
        "username",
        "password"
    )
)

// 메세지를 보내는 곳
class Rescuing(
    private val emailSender: EmailSender
) {
    fun sendThanks() {
        emailSender.send(
            Email(
                to = parse("support@internationalrescue.org"),
                from = parse("support@travelator.com"),
                subject = "Thanks for your help",
                body = "..."
            )
        )
    }
}
```

이로부터 인터페이스를 추출하는 경우도 자주 있다.

```kotlin
interface ISendEmail {
    fun send(email: Email)
}

class EmailSender(
    ...
) : ISendEmail {
    override fun send(email: Email) {
        sendEmail(
            email,
            serverAddress,
            username,
            password
        )
    }
}
```

클라이언트 코드가 EmailSender에 의존하지 않고 ISendEmail에 의존한다면 테스트가 가짜 ISendEmail을 사용하게 설정할 수 있다. 이 가짜 ISendEmail은 실제로는 전자 우편을 보내지 않고 마치 진짜로 전자 우편을 보낸 것처럼 테스트할 수 있게 해 준다. 전자 우편을 아예 보내지 않는 가짜를 제공할 수 있을 뿐 아니라, SmtpEmailSender나 X400EmailSender 같은 서로 다른 고유한 구현을 제공할 수도 있고, 각 구현은 클라이언트로부터 각자의 설정과 구현 내용을 감출 수 있다. 정보 은닉information hiding을 추구했지만 구현 은닉에 머문다.

은닉이라는 말은 뭔가 나쁜일을 하는 것처럼 들리지만, 숨김은 클라이언트와 구현자 모두에게 유용한다. 클라이언트는 사용 지점에서 세부 설정을 제공해야만 하는 문제로부터 자유로와지며, 구현자는 사용자와 별도로 구현을 개선할 수 있게 된다(인터페이스로 표현한 API를 변경하지 않는 경우에).

객체 지향 세계를 떠나기 전에, ISendEmail을 구현하기 위해 꼭 이름이 붙은 클래스를 작성할 필요는 없다는 사실을 일러둔다. 대신, 익명으로 구현을 제공할 수도 있다.

```
fun createEmailSender(
    serverAddress: InetAddress,
    username: String,
    password: String
): ISendEmail =
    object : ISendEmail {
        override fun send(email: Email) =
            sendEmail(
                email,
                serverAddress,
                username,
                password
            )
    }
```

왜 이런 식으로 처리하고 싶을까? 코드에서 모든 클라이언트를 제어할 수 없다면(예를 들어, 조직 외부에 라이브러리를 공개하는 경우), 이런 방식이 구현을 변경할 수 있는 유연성을 부여해 준다. 이렇게 처리하면 클라이언트가 특정 구현 클래스에 의존해서 ISendMail 객체를 그 클래스로 다운캐스팅한 후 다른 메서드를 호출하는 등의 조작이 불가능해진다. 여기서 반환한 객체를 **클로저**closure라고 부른다. 왜냐하면 이 객체는 나중에 참조하기 위해 주변 문맥(함수 호출에서 전달받은 파라미터들)에서 자신에게 필요한 값들을 모두 감싸서 유지하기 때문이다.

코틀린 1.4에서는 ISendEmail 인터페이스를 fun interface(추상 메서드가 단 하나뿐인 인터페이스)로 정의할 수 있다. fun interface로 정의하면 메서드가 하나뿐인 객체를 선언하는 대신에 람다를 사용해 인터페이스의 유일한 연산을 정의할 수 있다.

```kotlin
fun interface ISendEmail {
    fun send(email: Email)
}

fun createEmailSender(
    serverAddress: InetAddress,
    username: String,
    password: String
) = ISendEmail { email ->
    sendEmail(
        email,
        serverAddress,
        username,
        password
    )
}
```

여기서도 람다가 자신을 둘러싼 함수의 파라미터 값을 포획하는 클로저이다.

16.2 함수형 캡슐화

객체 지향 프로그래머가 어떤 기능의 성가신 세부 사항을 캡슐화해서 클라이언트가 그 기능을 사용할 때마다 세부 사항을 전달하지 않아도 되게 하는 문제를 어떻게 해결하는지 살펴봤다. 함수형 프로그래머는 같은 문제를 어떻게 접근할까?

이와 같은 시그니처의 함수를 얻으려고 시도했다는 사실을 기억하자.

```kotlin
fun send(email: Email) {
    ...
}
```

하지만 실제로는 메시지를 보내기 위해 다음과 같은 정보가 모두 필요하다.

```kotlin
fun sendEmail(
    email: Email,
    serverAddress: InetAddress,
    username: String,
    password: String
) {
    ...
}
```

함수형 용어로 이는 **부분 적용**partial application (*https://oreil.ly/V1KOm*)에 속한다. 부분 적용은 함수의 인자 중 일부를 고정시키면서 인자가 더 적은 새 함수를 만들어내는 기법이다. 일부 언어는 부분 적용을 기본 지원하지만, 코틀린에서 부분 적용을 사용하는 가장 쉬운 접근 방법은 설정 정보를 일부만 적용하는 함수를 작성하는 것이다.

우리는 설정 정보를 파라미터로 받아서 전자 우편을 보내는 방법을 알고 있는 함수를 반환하는 함수를 원한다.

```kotlin
fun createEmailSender(
    serverAddress: InetAddress,
    username: String,
    password: String
): (Email) -> Unit {    ❶
    ...
}
```

❶ 이 함수의 반환 타입이 Email을 받아서 Unit을 반환하는 함수라는 점에 유의하라.

따라서 createEmailSender는 생성자이다. 클래스 생성자는 아니지만, 생성자와 같은 역할을 하는 함수다. createEmailSender와 ::EmailSender는 모두 메시지를 보내는 방법을 아는 객체를 돌려주는 함수다.

이런 코드가 함수로 어떻게 작동하는지 보기 위해, 먼저 부모로부터 필요한 인자를 포획하는 내부 함수를 정의하는 방식으로 전체 코드를 길게 써보자.

```
fun createEmailSender(
    serverAddress: InetAddress,
    username: String,
    password: String
): (Email) -> Unit {
    fun result(email: Email) {
        sendEmail(
            email,
            serverAddress,
            username,
            password
        )
    }
    return ::result
}
```

그 후 결과를 람다 식으로 만들 수 있다.

```
fun createEmailSender(
    serverAddress: InetAddress,
    username: String,
    password: String
): (Email) -> Unit {
    val result: (Email) -> Unit =
        { email ->
            sendEmail(
                email,
                serverAddress,
                username,
                password
            )
        }
    return result
}
```

result를 인라이닝하고 전체 함수를 단일식 함수로 변환하면 다음 함수 정의가 남는다.

```
fun createEmailSender(
    serverAddress: InetAddress,
    username: String,
    password: String
```

```
): (Email) -> Unit =
    { email ->
        sendEmail(
            email,
            serverAddress,
            username,
            password
        )
    }
```

따라서 createEmailSender는 sendEmail을 호출하는 람다를 반환하는 함수다. 이 람다는 email을 유일한 인자로 받고, 다른 설정 정보를 createEmailSender의 파라미터로부터 가져와서 sendEmail에 설정한다. 함수형 세계에서는 이런 람다가 클로저다. 그리고 객체 지향 버전의 fun interface나 object 정의와 함수형 클로저가 아주 비슷한 것은 우연이 아니다.

createEmailSender가 만들어 주는 함수를 사용하려면 한 장소에서 함수를 만들어 내고, 다른 장소에서 그 함수를 사용해야 한다. 이 과정은 객체 지향 해법에서 했던 것과 상당히 비슷하다.

```
// 설정을 알 수 있는 곳
val sender: (Email) -> Unit = createEmailSender(
    inetAddress("smtp.travelator.com"),
    "username",
    "password"
)

// 메시지를 보내는 곳
fun sendThanks() {
    sender(                         ❶
        Email(
            to = parse("support@internationalrescue.org"),
            from = parse("support@travelator.com"),
            subject = "Thanks for your help",
            body = "..."
        )
    )
}
```

❶ 암시적 invoke 호출이 여기 감춰져 있다.

이 코드의 모양은 객체 지향 코드와 같다(감춰진 **invoke**를 send로 바꾸기면 된다).

```
fun sendThanks() {
    sender.send(
        Email(
            to = parse("support@internationalrescue.org"),
            from = parse("support@travelator.com"),
            subject = "Thanks for your help",
            body = "..."
        )
    )
}
```

아주 드물겠지만, 자바스크립트나 클로저를 사용하다 이 책을 집어 들었다면 함수형 형태가 더 익숙할 것이다. 하지만 자바에서 코틀린에 입문한 독자라면 이런 해법이 꽤 낯설어 보일 것이다.

16.3 자바의 함수 타입

객체 지향과 함수형 형태 모두 원하는 것을 그들이 알려진 장소로부터 그들을 사용하는 장소로 전달할 수 있도록 캡슐화할 수 있게 해 준다(방금 본 예제의 경우 설정 정보였지만, 서로 협력하기 위해 필요한 존재는 무엇이든 비슷하게 잘 캡슐화할 수 있다). 어떤 데이터 구조든 이런 일을 할 수 있지만, 객체와 함수는 실행될 수 있는 연산을 제공하기 때문에(순서대로 send, invoke), 클라이언트가 설정 상세 정보를 인식하지 않고 객체나 함수를 실행할 때마다 구체적인 최소한의 정보(**Email**)만 전달할 수 있다.

함수적 해법과 객체 지향 해법을 하나로 합치는 한 가지 방법은 함수를 오직 invoke라는 메서드만 제공하는 객체로 간주하는 것이다. 정확히 자바 8이 람다를 도입할 때 취한 전략이 바로 이 방법이다. 함수 타입을 가리키기 위해 자바는 원하는 시그니처의 **단일 추상 메서드**Single Abstract Method(SAM) 인터페이스를 사용한다. 자바 람다는 SAM 인터페이스를 구현하기 위해 허용되는 특별한 문법이다. 자바 런타임에는 **Consumer**, **Supplier**, **Function**, **BiFunction**, **Predicate** 등 역할에 따라 정의된 여러 SAM 인터페이스 정의가 있다. 그리고 박싱 문제를 해결하기 위해 원시 타입으로 특화된 **DoublePredicate** 같은 SAM 인터페이스도 제공한다.

자바로 표현하면 우리가 작성한 함수형 해법은 다음과 같아진다.

```java
// 설정을 알 수 있는 곳
Consumer<Email> sender = createEmailSender(
    inetAddress("example.com"),
    "username",
    "password"
);

// 메시지를 보내는 곳
public void sendThanks() {
    sender.accept(                    ❶
        new Email(
            parse("support@internationalrescue.org"),
            parse("support@travelator.com"),
            "Thanks for your help",
            "..."
        )
    );
}
```

❶ accept는 Consumer 인터페이스에 정의된 유일한 추상 메서드의 이름이다.

createEmailSender를 람다를 사용해 구현할 수도 있다.

```java
static Consumer<Email> createEmailSender(
    InetAddress serverAddress,
    String username,
    String password
) {
    return email -> sendEmail(
        email,
        serverAddress,
        username,
        password
    );
}
```

이 코드는 인터페이스의 익명 구현을 만드는 것과 동등하다. 자바 8 이전에 자바 프로그램을 짠 독자라면 익명 구현을 만드는 기법에 아주 익숙할 것이다.

```
static Consumer<Email> createEmailSender(
    InetAddress serverAddress,
    String username,
    String password
) {
    return new Consumer<Email>() {
        @Override
        public void accept(Email email) {
            sendEmail(
                email,
                serverAddress,
                username,
                password
            );
        }
    };
}
```

'인터페이스의 익명 구현을 만드는 것과 동등하다'라고 말했지만, 실제 람다 내부 구현은 불필요하게 클래스를 정의하고 객체를 인스턴스화하는 일을 피하기 위해 더 복잡하다.

createEmailSender가 반환하는 (Email) -> Unit 타입의 결과를 Consumer<Email> 타입의 변수에 대입할 수는 없다는 점에 주의하라. 이는 코틀린 런타임은 자체적인 함수 타입을 사용해서 컴파일러가 (Email) -> Unit을 Function1<Email, Unit> 타입으로 컴파일하기 때문이다. 파라미터 갯수에 따라 코틀린 FunctionN 인터페이스가 수없이 존재한다.

이 두 인터페이스가 서로 호환되지 않기 때문에 자바와 코틀린을 함수 수준에서 혼합해 사용하기 위해서는 때로 한쪽을 감싸야 한다. 다음을 보면, (Email) -> Unit 타입의 코틀린 함수가 있다.

```
// 코틀린 함수 타입
val sender: (Email) -> Unit = createEmailSender(
    inetAddress("smtp.travelator.com"),
    "username",
    "password"
)
```

이 sender를 Consumer<Email>에 그냥 대입할 수는 없다.

```
val consumer: Consumer<Email> = sender // 컴파일되지 않음 ❶
```

❶ Type mismatch. Required: Consumer<Email> Found:(Email) -> Unit (타입 불일치. 필요
한 타입: Consumer<Email> 찾은 타입: (Email) -> Unit이라는 뜻)

하지만 람다를 사용해 이를 변환할 수 있다.

```
val consumer: Consumer<Email> = Consumer<Email> { email ->
    sender(email)
}
```

변환하지 않아도 되는 상황이 있다. SAM 파라미터를 받는 자바 메서드를 코틀린에서 호출하
는 경우다. 예를 들어 다음 생성자의 경우 변환이 필요 없다.

```
class Rescuing {
    private final Consumer<Email> emailSender;

    Rescuing(Consumer<Email> emailSender) {
        this.emailSender = emailSender;
    }
    ...
}
```

이런 경우에는 컴파일러가 (Email) -> Unit 타입을 Consumer<Email>로 변환해 줄 수 있
다. 코틀린이 파라미터를 람다에서 자바 SAM 인터페이스로 자동 변환해 주므로 다음과 같이
적어도 된다.

```
Rescuing(sender)
```

16.4 믹스 앤드 매치

추상화에는 두 가지 측면이 있다. 클라이언트 코드와 구현 코드이다. 지금까지는 클라이언트와 구현 코드가 모두 객체 지향이었거나 모두 함수형이었다. 객체 지향인 경우 필드가 설정을 운반하고 클라이언트가 메서드를 호출한다. 함수형 방식에서는 함수가 설정을 클로저에 포획하고, 클라이언트는 함수(클로저)를 호출한다.

이런 접근 방법을 하나로 합쳐서, 함수를 받는 클라이언트에 객체 지향 구현을 넘기거나, 객체 지향 구현을 받는 클라이언트에게 함수를 넘길 수 있을까? 또는, 코틀린 용어로 말하자면, ISendEmail을 (Email) -> Unit 타입으로 변환하거나 역방향으로 변환할 수 있을까? 우리는 그렇게 할 수 있다!

자바와 코틀린에서 함수 타입은 인터페이스에 불과하다는 점을 기억하라. 이로 인해 EmailSender는 Consumer<Email>나 (Email) -> Unit 각 타입에 적절한 시그니처의 메서드를 정의함으로써 각각을 구현할 수 있다.

자바라면 다음과 같이 쓸 수 있다.

```java
public class EmailSender
    implements ISendEmail,
        Consumer<Email>                        ❶
{
    ...
    @Override
    public void accept(Email email) {          ❷
        send(email);
    }

    @Override
    public void send(Email email) {
        sendEmail(email, serverAddress, username, password);
    }
}
```

❶ 선언한다

❷ 구현한다

다음은 이와 동등한 코틀린 코드다.

```kotlin
class EmailSender(
    ...
) : ISendEmail,
    (Email) -> Unit                         ❶
{
    override operator fun invoke(email: Email) =
        send(email)                         ❷

    override fun send(email: Email) {
        sendEmail(
            email,
            serverAddress,
            username,
            password
        )
    }
}
```

❶ 선언한다

❷ 구현한다

이렇게 하면 함수가 필요한 위치에서 클래스 기반의 송신기를 사용할 수 있다. 이제는 코틀린만 살펴본다.

```kotlin
// 설정을 알 수 있는 곳
val sender: (Email) -> Unit = EmailSender(
    inetAddress("smtp.travelator.com"),
    "username",
    "password"
)

// 메시지를 보내는 곳
fun sendThanks() {
    sender(                                 ❶
        Email(
            to = parse("support@internationalrescue.org"),
            from = parse("support@travelator.com"),
            subject = "Thanks for your help",
            body = "..."
```

```
        )
    )
}
```

---

❶ 여기에 암시적인 invoke가 들어있다.

이제 객체 지향 구현에 함수형 접근 방식과 들어맞는 invoke 메서드가 추가됐다. 이 메서드는 ISendEmail 인터페이스의 유용성에 대한 의구심을 불러일으킨다. ISendEmail은 (Email) -> Unit 타입의 함수와 동등하다는 사실을 알 수 있다. ISendEmail이 하는 일은 이 함수를 호출할 때 send라는 이름을 부여하는 것뿐이다. 그냥 ISendEmail의 모든 위치에 (Email) -> Unit을 사용할 수 있지 않을까?

함수 타입이 충분히 표현력이 충분하지 않다고 느낀다면, 아마도 함수형 프로그래머는 아닐 것이다. 다행히도 둘 사이의 중간이 존재한다. 타입 별명을 사용해 함수형 타입에 이름을 붙임으로써 의도를 드러낼 수 있다.

```
typealias EmailSenderFunction = (Email) -> Unit

class EmailSender(
    ...
) : EmailSenderFunction {
    override fun invoke(email: Email) {
        sendEmail(
            email,
            serverAddress,
            username,
            password
        )
    }
}
```

실제로는 아마도 EmailSenderFunction을 EmailSender라는 이름으로 부를 것이다. 여기서는 객체 지향 버전과 혼동을 피하기 위해 다른 이름을 붙였다. 하지만 이들을 같은 이름으로 부른다는 사실이 클라이언트 관점에서 볼 때 이들이 같은 목적에 종사한다는 사실을 보여 준다.

클래스가 함수 타입을 구현하는 방법 말고도 객체 지향과 함수형 프로그래밍 사이의 간극을 이어줄 다른 방법이 있다. 변환 지점에서 함수 참조를 만드는 것이 바로 그 방법이다. 다음은 오래된 클래스 기반의 해법을 보여 준다.

```kotlin
class EmailSender(
    private val serverAddress: InetAddress,
    private val username: String,
    private val password: String
) {
    fun send(email: Email) {
        sendEmail(
            email,
            serverAddress,
            username,
            password
        )
    }
}
```

EmailSender의 인스턴스를 람다를 사용해 함수 타입으로 변환할 수 있다.

```kotlin
val instance = EmailSender(
    inetAddress("smtp.travelator.com"),
    "username",
    "password"
)

val sender: (Email) -> Unit = { instance.send(it) }
```

람다 대신 그냥 메서드 참조를 써도 된다.

```kotlin
val sender: (Email) -> Unit = instance::send
```

이런 변환을 코틀린에서 보여줬지만, 자바에서도 (약간 다른 문법을 사용해) 이 방법을 쓸 수 있다. ISendEmail 인터페이스의 send 메서드의 경우에도 메서드 참조를 사용할 수 있다. 다만 함수 타입을 사용하는 경우 인터페이스가 별로 하는 일이 없다는 사실이 그리 명확히 드러나지는 않는다.

이와 반대로 함수형 sender를 ISendEmail을 받는 위치에 넘길 수 있을까? 이렇게 하려면 람다를 감싸기 위한 익명 객체를 만들어야 하기 때문에, 약간의 의식이 더 필요하다.

```kotlin
val function: (Email) -> Unit = createEmailSender(
    inetAddress("smtp.travelator.com"),
    "username",
    "password"
)

val sender: ISendEmail = object : ISendEmail {
    override fun send(email: Email) {
        function(email)
    }
}
```

코틀린 1.4의 fun interface를 사용한다면 일부 준비 코드를 더 제거할 수 있다.

```
fun interface ISendEmail {
    fun send(email: Email)
}

val sender = ISendEmail { function(it) }
```

16.5 여러 접근 방법의 비교

객체 지향 접근 방법을 다시 살펴보자.

먼저 다음과 같은 타입을 정의한다.

```
class EmailSender(
    private val serverAddress: InetAddress,
    private val username: String,
    private val password: String
) {
    fun send(email: Email) {
        sendEmail(
            email,
            serverAddress,
            username,
            password
        )
    }
}
```

그리고 인스턴스와 호출하는 메서드를 정의한다.

```
// 설정을 알 수 있는 곳
val sender: EmailSender = EmailSender(
    inetAddress("smtp.travelator.com"),
    "username",
    "password"
)

// 메시지를 보내는 곳
```

```
fun sendThanks() {
    sender.send(
        Email(
            to = parse("support@internationalrescue.org"),
            from = parse("support@travelator.com"),
            subject = "Thanks for your help",
            body = "..."
        )
    )
}
```

함수형 세계에서는 (Email) -> Unit이 그냥 존재하기 때문에(이 말은 런타임이 이런 타입을 제공한다는 뜻이다), 타입을 정의할 필요가 없고 다음과 같이 바로 쓸 수 있다.

```
// 설정을 알 수 있는 곳
val sender: (Email) -> Unit = createEmailSender(
    inetAddress("smtp.travelator.com"),
    "username",
    "password"
)

// 메시지를 보내는 곳
fun sendThanks() {
    sender(                        ❶
        Email(
            to = parse("support@internationalrescue.org"),
            from = parse("support@travelator.com"),
            subject = "Thanks for your help",
            body = "..."
        )
    )
}
```

❶ invoke를 사용해도 되고 사용하지 않아도 된다.

이 **객체**를 사용하는 클라이언트는 전자 우편을 보내려면 send 메서드를 호출해야만 한다는 사실을 알고 있어야만 한다. 반대로 **함수**를 사용하는 클라이언트는 그냥 함수를 호출하기만 하면 된다. 하지만 이 클라이언트는 함수가 sender라는 변수에 대입되어 있으므로 이 함수가 전자 우편을 보내는 함수라는 사실을 알 뿐이다. 호출 계층에서 이름을 추적하지 못하면 함수 시그니처만 보고 함수가 무슨 일을 하는지 추측해야만 한다.

send 메서드를 호출하는 클라이언트가 알아야만 하는 객체 지향의 이점은 send, list, delete 등 몇 가지 전자 우편 관련 연산을 EmailSystem에 꾸려 넣을 수 있고, 이 모든 기능을 클라이언트에게 단 한 번에 전달할 수 있다는 점이다. EmailSystem을 받은 클라이언트는 자신이 어떤 문맥에서 어떤 기능을 사용할지를 결정한다.

```
interface EmailSystem {
    fun send(email: Email)
    fun delete(email: Email)
    fun list(folder: Folder): List<Email>
    fun move(email: Email, to: Folder)
}
```

이런 기능을 달성하기 위해서는 개별 함수를 여기저기 전달하거나 함수 이름으로 구성된 일종의 맵을 전달해야 한다. 아마도 다음과 같은 클래스의 인스턴스가 이런 맵의 역할을 할 수 있을 것이다.

```
class EmailSystem(
    val send: (Email) -> Unit,
    val delete: (Email) -> Unit,
    val list: (folder: Folder) -> List<Email>,
    val move: (email: Email, to: Folder) -> Unit
)
```

이런 객체가 있다면 클라이언트는 이 객체를 인터페이스를 구현한 객체와 거의 비슷하게 취급할 수 있을 것이다.

```
fun sendThanks(sender: EmailSystem) {
    sender.send(
        Email(
            to = parse("support@internationalrescue.org"),
            from = parse("support@travelator.com"),
            subject = "Thanks for your help",
            body = "..."
        )
    )
}
```

하지만 이 코드는 같은 객체 지향 코드가 아니다. 이 코드는 실제로 send **메서드**를 호출하는 대신에 함수 타입의 프로퍼티에 접근하기 위해 getSender를 호출한 다음, 프로퍼티로부터 얻어낸 함수에 대해 invoke를 호출한다.

```kotlin
fun sendThanks(sender: EmailSystem) {
    sender.send.invoke(
        Email(
            to = parse("support@internationalrescue.org"),
            from = parse("support@travelator.com"),
            subject = "Thanks for your help",
            body = "..."
        )
    )
}
```

(인터페이스를 사용하는 코드와 함수 맵을 사용하는 코드가) 같은 코드로 읽힐지라도 실제로는 아주 다른, 근본적으로 서로 호환될 수 없는 바이트 코드가 생긴다.

16.6 결합

의존 관계를 ISendEmail의 구현으로 표현하는 방법과 (Email) -> Unit 타입의 함수 구현으로 표현하는 것 사이의 미묘한 차이는 클라이언트와 구현 사이의 결합coupling에 있다. 특히 이들이 서로 다른 코드 모듈에 있는 경우 차이가 더 커진다.

ISendMail은 다른 어딘가에 정의되어 있어야 한다. 구현하는 쪽에서 이 인터페이스에 의존해야 하기 때문에 클라이언트가 이 인터페이스를 정의할 수는 없고, 클라이언트는 구현에도 의존하기 때문에 순환적인 의존성이 생긴다. 따라서 인터페이스는 구현과 함께 정의되거나 구현과 클라이언트가 동시에 의존하는 별도의 장소(패키지나 JAR 파일)에 정의되어야 한다. 이론적으로는 두 번째 방법(의존 관계 역전 원칙(*https://oreil.ly/AcrWj*)을 적용한 방법)이 더 바람직하지만 실제로는 해야하는 일이 더 많아져서 이 방법을 무시하는 경우가 자주 있다.

의존 관계 역전을 사용하든 사용하지 않든, 클라이언트와 구현이 인터페이스에 따라 결합되기 때문에 시스템에 대한 리팩터링과 추론이 더 힘들어진다는 결과는 같다. EmailSystem의 메서드를 변경하면 인터페이스에 의존하는 모든 코드에 영향이 생긴다.

반대로, 함수형 세계에서는 런타임이 모든 함수 타입을 정의하므로 클라이언트와 구현 사이에 컴파일 시점 의존성이 생기지 않는다. 어딘가 정의를 해야만 하는 ISendEmail과 달리 (Email) -> Unit(또는 자바의 Consumer<Email>)은 언어의 일부분이다. 물론 실행 시점 의존성은 존재한다. 의존 관계가 만들어지는 장소에서는 함수의 생성자 코드를 볼 수 있어야 하며, 클라이언트는 구현 코드를 호출할 수 있어야 한다. 예를 들어 의존 관계를 함수 타입으로 표현한 경우, EmailSystem.send의 이름을 바꿔도 클라이언트 코드에서 변경할 내용은 메서드 참조를 변경해야 한다는 것뿐이고, sendThanks의 내부는 아무 영향을 받지 않는다.

> **TIP** **소유한 타입이나 런타임이 정의하는 타입만 전달하라**
>
> 초기 시스템 내부에 있던 객체 지향 규칙으로 라이브러리가 제공하는 타입이 아니라 자신의 타입을 사용해 프로그램을 작성하라는 규칙이 있었다. 이렇게 함으로써 제어할 수 없는 변경을 시스템과 떼어놓을 수 있었고 다른 구현을 사용해 재사용할 수 있는 코드를 잘 작성할 수 있었다.
>
> 이 규칙의 예외는 런타임이 제공하는 타입에 대한 의존 관계를 취할때이다. 이런 타입은 변경될 가능성이 아주 낮다. 함수 타입을 사용하면 쉽게 불안정한 인터페이스를 안정한 인터페이스로 만들 수 있고, 시스템의 각 부분을 서로 다른 속도로 진화시킬 수 있다.

16.7 객체 지향인가 함수형인가?

객체 지향과 함수형 접근 방법 모두 같은 목적을 달성할 수 있고, 표현력도 비슷하다. 어떤 방법을 택해야만 할까?

이를 클라이언트 코드의 문맥에서 살펴보자. 클라이언트가 전자 우편의 목록을 표시하기만 하면 된다면, 이 클라이언트의 의존성은 (Folder) -> List<Email> 함수 하나뿐이어야 한다. 이런 방법을 사용하면 클라이언트가 특정 구현과 결합되지 않고, 다음과 같이 함수 타입을 만족하는 것이라면 무엇이든 이 의존성을 만족시켜줄 수 있다.

- 일반적인 함수
- 함수 타입을 구현한 객체
- 클라이언트가 요구하는 시그니처와 같은 타입의 메서드에 대한 참조
- 클라이언트가 요구하는 시그니처와 같은 타입의 람다

이미 send, move, delete 같은 메서드를 정의하는 EmailSytem 같은 인터페이스가 있는 경우라 하더라도,

```kotlin
interface EmailSystem {
    fun send(email: Email)
    fun delete(email: Email)
    fun list(folder: Folder): List<Email>
    fun move(email: Email, to: Folder)
}
```

함수 타입만으로 충분한 경우, 불필요하게 클라이언트와 이 인터페이스를 결합시켜서는 안 된다.

```kotlin
class Organiser(
    private val listing: (Folder) -> List<Email>
) {
    fun subjectsIn(folder: Folder): List<String> {
        return listing(folder).map { it.subject }
    }
}

val emailSystem: EmailSystem = ...
val organiser = Organiser(emailSystem::list)
```

더 큰 인터페이스에 의존하면 우리에게 필요한 연산이 무엇인지 명확히 의사소통할 수 있는 기회가 사라지고, 클라이언트가 어쩔 수 없이 모든 인터페이스를 구현하게 된다. 테스트 코드가 컴파일되기 충분한 가짜 객체를 도입하는 것만으로 충분한 테스트의 경우 특히 이런 문제가 귀찮은 문제가 된다.

의사소통을 잘 하고 커플링을 줄이려는 필요가 너무 강력하기 때문에, 클라이언트가 실제로 전자 우편을 삭제하고 보낼 필요가 있고 이 두 기능을 실제로 한 EmailSystem을 통해 제공할 수 있다고 할지라도, 클라이언트는 인터페이스에 의존하기보다는 두 가지 함수에 의존해야만 할 것이다.

```kotlin
class Organiser(
    private val listing: (Folder) -> List<Email>,
    private val deleting: (Email) -> Unit
```

```
    ) {
        fun deleteInternal(folder: Folder) {
            listing(rootFolder).forEach {
                if (it.to.isInternal()) {
                    deleting.invoke(it)
                }
            }
        }
    }

    val organiser = Organiser(
        emailSystem::list,
        emailSystem::delete
    )
```

오직 클라이언트가 서로 연관이 있어서 한 클래스의 세 메서드처럼 느껴지는 세 가지 연산을
요구할 때만 인터페이스를 디폴트로 사용해야 한다.

```
class Organiser(
    private val emails: EmailSystem
) {
    fun organise() {
        emails.list(rootFolder).forEach {
            if (it.to.isInternal()) {
                emails.delete(it)
            } else {
                emails.move(it, archiveFolder)
            }
        }
    }
}

val organiser = Organiser(emailSystem)
```

심지어 이런 경우에도, 클라이언트가 원하는 연산만 지원하는 객체를 받을 수 있으면 더 낫다.
우리는 새 인터페이스(여기서는 Dependencies)를 object로 구현함으로써 이런 객체를 제공
할 수 있다.

```kotlin
class Organiser(
    private val emails: Dependencies
) {
    interface Dependencies {
        fun delete(email: Email)
        fun list(folder: Folder): List<Email>
        fun move(email: Email, to: Folder)
    }

    fun organise() {
        emails.list(rootFolder).forEach {
            if (it.to.isInternal()) {
                emails.delete(it)
            } else {
                emails.move(it, archiveFolder)
            }
        }
    }
}

val organiser = Organiser(object : Organiser.Dependencies {
    override fun delete(email: Email) {
        emailSystem.delete(email)
    }

    override fun list(folder: Folder): List<Email> {
        return emailSystem.list(folder)
    }

    override fun move(email: Email, to: Folder) {
        emailSystem.move(email, to)
    }
})
```

하지만 상당히 성가시다. 이 경우는 어쩌면 함수들로 이뤄진 클래스가 더 알맞은 경우일 지도
모르겠다.

```kotlin
class Organiser(
    private val emails: Dependencies
) {
    class Dependencies(
        val delete: (Email) -> Unit,
```

```
        val list: (folder: Folder) -> List<Email>,
        val move: (email: Email, to: Folder) -> Unit
    )

    fun organise() {
        emails.list(rootFolder).forEach {
            if (it.to.isInternal()) {
                emails.delete(it)
            } else {
                emails.move(it, archiveFolder)
            }
        }
    }
}

val organiser = Organiser(
    Organiser.Dependencies(
        delete = emailSystem::delete,
        list = emailSystem::list,
        move = emailSystem::move
    )
)
```

따라서 우리는 고객의 필요를 함수 타입으로 표현하는 쪽을 디폴트로 택하고, 함수를 사용하는 게 너무 힘들어지면 그때 클래스로 전환해야 한다. 함수 타입으로 고객의 필요를 표현하면, 구현으로 그냥 함수나 함수 타입을 구현하는 어떤 존재나, 메서드 참조를 통해 함수 타입으로 변환된 메서드나, 람다 중에서 가장 문맥에 알맞은 쪽을 사용할 수 있다.

16.8 자바의 레거시

앞에서 '런타임이 모든 함수 타입을 정의한다'라고 이야기했지만, 자바 8에 Supplier, Consumer, Predicate 등과 이들을 메서드 참조나 람다로 구현할 수 있는 능력이 도입되기 전까지 이 명제는 사실이 아니었다.

이로 인해 레거시 자바 코드는 보통 하위시스템으로 의존 관계를 묶고 싶을 때 사용하는 다중 메서드 인터페이스(EmailSystem과 비슷한)를 사용해 의존 관계를 표현했다. 심지어 이런 메서드 중 단 하나만 기능을 구현하는 경우에도 다중 메서드 인터페이스를 사용하는 경우가 있었다. 이로 인해 앞에서 설명했던 결합 문제가 발생한다. 그리고 목(또는 더 엄밀히 말해 가짜) 프레임워크는 실제로는 단 하나의 메서드만 호출되는 경우에도 더 넓은 인터페이스의 테스트 구현을 만들어야만 했다. 이런 가짜 구현은 여러분이 호출하기로 되어있지 않은 메서드를 호출할 경우 (실행 시점에) 빨리 오류를 내며 끝나는데, 만약 이런 의존 관계를 함수 하나로 표현한다면 아예 컴파일 시점에 이런 문제가 해결될 수 있었을 것이다.

코드 기반에 목mock 프레임워크를 하나(더 일반적으로, 취향에 따라 두세 가지 목 프레임워크를) 도입하고 나면, 이들이 사용하지 않는 메서드의 구현을 생성하거나 외부 시스템과의 상호 작용을 흉내내는 스텁을 생성하는 문제를 우리 대신 해결해 준다. 하지만, 목의 필요성을 없애면 코드가 더 개선되는 게 일반적이다. 의존 관계를 함수 타입으로 표현하는 것이 한 가지 예이고, 20장에서 설명하는 것처럼 외부 시스템과의 상호 작용을 코드의 밖으로 옮기는 것이 또 다른 예이다. 17장에서는 테스트를 보다 함수형 형태로 리팩터링함으로써 목 사용을 줄이는 방법을 살펴본다.

16.9 추적 가능성

의존 관계를 함수 타입으로 표현하는 데 따른 단점도 있다. 이 단점은 간접 계층을 추가할 때 흔히 발생하는 문제이기도 하다. 인텔리J를 사용해 EmailSystem.send를 호출한 코드를 추적하면, EmailSystem::send가 (Email) -> Unit이 된 순간 자취가 추적하기 어렵게 바뀐다. IDE는 함수 호출이 실제로는 EmailSystem.send 메서드를 호출한다는 사실을 알지 못한다. 이는 마치 영웅이 강에 들어가 자취를 감춰서, 영웅을 쫓던 추격자들이 강의 양쪽 기슭을 상류와 하류쪽으로 오가면서 영웅이 빠져 나오는 지점을 찾아야 하는 상황과 비슷하다.

메서드 호출을 사용한 간접 계층에 대해서도 마찬가지 비용을 지불해야 한다. 하지만 사용하는 도구는 충분히 똑똑해서 최소한 메서드가 어디에 구현되어 있는지를 찾을 수 있고, 인터페이스를 통해 구현이 호출되는 위치도 찾을 수 있다. 캡슐화하지 않은 해법을 사용하는 것과 같이 (15장), 결합을 없애고 일반성을 얻기 위해서는 도구와 개발자들이 분석할 만한 문맥이 줄어든다는 비용을 지불해야 한다. 함수적인 분석에 대한 IDE 지원이 개선되리라 예상하며, 그 동안에는 함수 타입을 초기화한 위치에서 너무 먼 곳까지 전달하지 않음으로써 도움을 제공할 수 있다.

16.10 인터페이스에서 함수로 리팩터링하기

트래블레이터는 자바 방식으로 꽤 잘 설계된 코드로, 인터페이스가 구성요소간의 관계를 표현해준다. 예를 들어, Recommendations 엔진은 FeaturedDestinations와 DistanceCalculator에 의존한다.

예제 16.1 [interfaces-to-funs.0:src/main/java/travelator/recommendations/Recommendations.java]

```java
public class Recommendations {
    private final FeaturedDestinations featuredDestinations;
    private final DistanceCalculator distanceCalculator;

    public Recommendations(
        FeaturedDestinations featuredDestinations,
        DistanceCalculator distanceCalculator
    ) {
        this.featuredDestinations = featuredDestinations;
        this.distanceCalculator = distanceCalculator;
    }
    ...
}
```

FeaturedDestinations 인터페이스에는 원격 서비스에 대한 접근 기능을 한데 모아둔 메서드가 몇 가지 들어있다.

예제 16.2 [interfaces-to-funs.0:src/main/java/travelator/destinations/FeaturedDestinations.java]

```java
public interface FeaturedDestinations {
    List<FeaturedDestination> findCloseTo(Location location);
    FeaturedDestination findClosest(Location location);

    FeaturedDestination add(FeaturedDestinationData destination);
    void remove(FeaturedDestination destination);
    void update(FeaturedDestination destination);
}
```

이미 DistanceCalculator 인터페이스를 코틀린으로 변환했다. 이 인터페이스에도 메서드가 2개 이상 들어있으며 이들도 다른 외부 서비스를 감춰준다.

예제 16.3 [interfaces-to-funs.0:src/main/java/travelator/domain/DistanceCalculator.kt]

```kotlin
interface DistanceCalculator {
    fun distanceInMetersBetween(
        start: Location,
        end: Location
    ): Int

    fun travelTimeInSecondsBetween(
        start: Location,
        end: Location
    ): Int
}
```

7개의 모든 메서드에 대한 의존 관계를 취함에도 불구하고 Recommendations는 실제로는 그 메서드의 구현 중 두 가지만을 사용한다.

예제 16.4 [interfaces-to-funs.0:src/main/java/travelator/recommendations/Recommendations.java]

```java
public List<FeaturedDestinationSuggestion> recommendationsFor(
        Set<Location> journey
) {
    var results = removeDuplicates(
        journey.stream()
            .flatMap(location ->
                recommendationsFor(location).stream()
            )
    );
    results.sort(distanceComparator);
    return results;
}

public List<FeaturedDestinationSuggestion> recommendationsFor(
    Location location
) {
    return featuredDestinations
        .findCloseTo(location)                 ❶
        .stream()
        .map(featuredDestination ->
            new FeaturedDestinationSuggestion(
                location,
                featuredDestination,
```

```
                distanceCalculator.distanceInMetersBetween(     ❷
                    location,
                    featuredDestination.getLocation()
                )
            )
        ).collect(toList());
    }
```

❶ FeaturedDestinations에 정의된 메서드

❷ DistanceCalculator에 정의된 메서드

RecommendationsTests는 목을 사용해 DistanceCalculator와 FeaturedDestinations 구현을 제공한다. 목은 테스트 대상 Recommendations에 전달된다.

예제 16.5 [interfaces-to-funs.0:src/test/java/travelator/recommendations/RecommendationsTests.
        java]

```
public class RecommendationsTests {
    private final DistanceCalculator distanceCalculator =
        mock(DistanceCalculator.class);
    private final FeaturedDestinations featuredDestinations =
        mock(FeaturedDestinations.class);
    private final Recommendations recommendations = new Recommendations(
        featuredDestinations,
        distanceCalculator
    );
    ...
}
```

이 테스트는 목과의 예상되는 상호 작용을 givenFeaturedDestinationsFor와 given ADistanceBetween라는 두 메서드를 사용해 지정한다. 이 코드를 가지고 여러분을 괴롭히지 는 않을 것이다.

예제 16.6 [interfaces-to-funs.0:src/test/java/travelator/recommendations/RecommendationsTests.
        java]

```
@Test
public void returns_recommendations_for_multi_location() {
    givenFeaturedDestinationsFor(paris,
```

```
        List.of(
            eiffelTower,
            louvre
        ));
    givenADistanceBetween(paris, eiffelTower, 5000);
    givenADistanceBetween(paris, louvre, 1000);

    givenFeaturedDestinationsFor(alton,
        List.of(
            flowerFarm,
            watercressLine
        ));
    givenADistanceBetween(alton, flowerFarm, 5300);
    givenADistanceBetween(alton, watercressLine, 320);

    assertEquals(
        List.of(
            new FeaturedDestinationSuggestion(alton, watercressLine, 320),
            new FeaturedDestinationSuggestion(paris, louvre, 1000),
            new FeaturedDestinationSuggestion(paris, eiffelTower, 5000),
            new FeaturedDestinationSuggestion(alton, flowerFarm, 5300)
        ),
        recommendations.recommendationsFor(Set.of(paris, alton))
    );
}
```

16.10.1 함수 도입하기

인터페이스를 함수로 옮기기 전에, Recommendations를 코틀린으로 변환할 것이다. 변환을 하는 이유는 이 클래스가 현재 인터페이스와의 모든 의존성을 표현하는 클래스이며, 코틀린 함수 타입은 자바의 함수 타입보다 덜 투박하기 때문이다.

코틀린으로 변환하고 10장부터 13장까지 설명한 리팩터링을 적용하면 다음과 같은 코드가 남는다.

예제 16.7 [interfaces-to-funs.3:src/main/java/travelator/recommendations/Recommendations.kt]

```
class Recommendations(
    private val featuredDestinations: FeaturedDestinations,
```

```
        private val distanceCalculator: DistanceCalculator
) {
    fun recommendationsFor(
        journey: Set<Location>
    ): List<FeaturedDestinationSuggestion> =
        journey
            .flatMap { location -> recommendationsFor(location) }
            .deduplicated()
            .sortedBy { it.distanceMeters }

    fun recommendationsFor(
        location: Location
    ): List<FeaturedDestinationSuggestion> =
        featuredDestinations.findCloseTo(location)
            .map { featuredDestination ->
                FeaturedDestinationSuggestion(
                    location,
                    featuredDestination,
                    distanceCalculator.distanceInMetersBetween(
                        location,
                        featuredDestination.location
                    )
                )
            }
}

private fun List<FeaturedDestinationSuggestion>.deduplicated() =
    groupBy { it.suggestion }
        .values
        .map { suggestionsWithSameDestination ->
            suggestionsWithSameDestination.closestToJourneyLocation()
        }

private fun List<FeaturedDestinationSuggestion>.closestToJourneyLocation() =
    minByOrNull { it.distanceMeters } ?: error("Unexpected empty group")
```

아직 인터페이스를 변경하지 않은 상태에서, **Recommendations**의 내부에서 인터페이스 대신 함수를 어떻게 사용할지 살펴보기 위해, 인터페이스 메서드로 초기화한 프로퍼티를 추가할 수 있다. `featuredDestinations::findCloseTo`를 가리키는 인터페이스를 추가하고 `destinationFinder`라고 부르자.

```kotlin
class Recommendations(
    private val featuredDestinations: FeaturedDestinations,
    private val distanceCalculator: DistanceCalculator
) {
    private val destinationFinder:                        ❶
                (Location) -> List<FeaturedDestination> =
        featuredDestinations::findCloseTo

    ...

    fun recommendationsFor(
        location: Location
    ): List<FeaturedDestinationSuggestion> =
        destinationFinder(location)                        ❷
            .map { featuredDestination ->
                FeaturedDestinationSuggestion(
                    location,
                    featuredDestination,
                    distanceCalculator.distanceInMetersBetween(
                        location,
                        featuredDestination.location
                    )
                )
            }
}
```

❶ 인터페이스에서 함수를 추출한다.

❷ 메서드 대신 추출한 함수를 사용한다.

이 코드는 테스트를 통과한다. 따라서 정상적으로 작업이 이뤄지고 있다. destinationFinder 를 생성자로 옮기는 리팩터링이 있어야 할것 같지만, 정의를 잘라내서 원하는 위치에 붙이는 방법보다 더 나은 리팩터링 방법을 찾지는 못했다.

```kotlin
class Recommendations(
    private val featuredDestinations: FeaturedDestinations,
    private val distanceCalculator: DistanceCalculator,
    private val destinationFinder:
```

```
    (Location) -> List<FeaturedDestination> =
    featuredDestinations::findCloseTo
) {
```

이 과정은 다시 한 번 4.2절 내 상자의 '확장과 축소 리팩터링'에서 확장에 속한다. 불행히 자바는 디폴트 파라미터를 이해하지 못하므로, 호출 지점을 함수 인자를 지정하도록 변경해야 한다. 어차피 함수 인자를 추가할 생각이었으므로 이는 별다른 문제가 되지는 못한다.

예제 16.10 [interfaces-to-funs.5:src/test/java/travelator/recommendations/RecommendationsTests.
        java]

```
private final Recommendations recommendations = new Recommendations(
    featuredDestinations,
    distanceCalculator,
    featuredDestinations::findCloseTo
);
```

이제 Recommendations에서 featuredDestinations 프로퍼티를 쓰는 부분이 없어졌으므로, 생성자에서 파라미터를 제거할 수 있다.

예제 16.11 [interfaces-to-funs.6:src/main/java/travelator/recommendations/Recommendations.kt]

```
class Recommendations(
    private val distanceCalculator: DistanceCalculator,
    private val destinationFinder: (Location) -> List<FeaturedDestination>
) {
```

코드에서 Recommendations를 만들어내는 부분은 이제 다음과 같다.

예제 16.12 [interfaces-to-funs.6:src/test/java/travelator/recommendations/RecommendationsTests.
        java]

```
private final Recommendations recommendations = new Recommendations(
    distanceCalculator,
    featuredDestinations::findCloseTo
);
```

테스트를 목을 사용해 리팩터링하는 데 익숙하다면, 이런 리팩터링에도 불구하고 테스트를 계속 통과할 수 있다는 사실에 놀랄 수도 있다. 하지만 이 경우 테스트가 성공해야만 한다고 추론할 수 있다. featuredDestinations::findCloseTo에 연결된 함수는 여전히 목 인터페이스의 메서드를 호출하기 때문이다. 하지만 실제로 테스트를 실행해 보면 이런 추론이 틀렸음이 판명되는 경우도 자주 있으므로 섣부른 판단은 금물이다.

하지만 모든 걸 같은 방식으로 처리하는 쪽을 선호하므로, distanceCalculator에 대해서도 같은 변경을 적용하자. 이번에는 뭐가 됐든 한꺼번에 해버리자.

예제 16.13 [interfaces-to-funs.7:src/main/java/travelator/recommendations/Recommendations.kt]

```kotlin
class Recommendations(
    private val destinationFinder: (Location) -> List<FeaturedDestination>,
    private val distanceInMetersBetween: (Location, Location) -> Int
) {
    ...
    fun recommendationsFor(
        location: Location
    ): List<FeaturedDestinationSuggestion> =
        destinationFinder(location)
            .map { featuredDestination ->
                FeaturedDestinationSuggestion(
                    location,
                    featuredDestination,
                    distanceInMetersBetween(                    ❶
                        location,
                        featuredDestination.location
                    )
                )
            }
}
```

❶ 새 함수를 호출한다.

생상자 호출은 다음 코드처럼 바뀐다.

예제 16.14 [interfaces-to-funs.7:src/test/java/travelator/recommendations/RecommendationsTests.
　　　　java]

```java
private final Recommendations recommendations = new Recommendations(
    featuredDestinations::findCloseTo,
    distanceCalculator::distanceInMetersBetween
);
```

함수형 변수를 어떤 이름으로 부르면 함수 호출시 더 자연스럽게 보일지 생각하려면 시간이 오래 걸릴 수도 있다. 다만 경우에 따라 함수 이름이 정의된 위치에서는 이름이 약간 암호처럼 보일 수도 있다.

이번에도 코드가 테스트를 통과하며, 우리 프로덕션 코드가 변환된 코드를 계속 같은 방식으로 보리라고 자신할 수 있다. 우리가 메서드/함수 경계와 자바/코틀린 경계를 동시에 넘나들 수 있다는 사실을 보여줬다는 점이 특히 멋지다. 아마 이런 상호 운용은 잘 작동할 것이다!

16.11 다음으로 나아가기

우리는 코드가 단순하면서 유연하기를 바란다. 이런 면에서, 라이브러리는 구현 세부 사항을 클라이언트 코드에 감춰야 할 필요가 있고, 어떤 기능의 한 가지 구현을 다른 구현으로 바꿀 수 있기를 바란다.

객체 지향에서, 설정과 구현을 클래스 안에 감추고 치환할 수 있는 기능을 인터페이스로 표현한다. 함수형 프로그래밍에서는 함수가 두 역할을 한꺼번에 담당한다. 함수를 더 근본적인 존재로 생각할 수도 있다. 하지만 객체를 함수의 컬렉션으로 볼 수 있고, 함수를 메서드가 하나뿐인 객체로 볼 수도 있다. 코틀린과 자바는 구현과 클라이언트의 경계에서 양쪽을 오갈 수 있게 해 준다. 하지만 코틀린의 네이티브 함수 타입 문법은 인터페이스보다 함수 타입 활용을 더 장려한다. 코틀린 함수를 사용하면 자체 인터페이스를 사용하는 것보다 결합을 더 줄일 수 있으므로, 함수를 디폴트 접근 방법으로 택해야 한다.

이 예제를 계속 리팩터링할 것이며, 함수와 인터페이스 사이의 관계를 17장 '목을 맵으로'에서 살펴볼 것이다.

목에서
맵으로

목은 객체 지향 코드와 프로덕션 의존 관계의 결합을 떼어놓는 일반적인 기법이다. 코틀린에는 더 나은 기법이 있을까?

이번 장은 16장에 대한 짧은 보너스다. 16장에서는 테스트가 두 가지 다중 메서드 인터페이스를 구현해야만 하기 때문에 목을 사용하는 모습을 봤다. 앞에서 다중 메서드의 의존 관계를 실제로 실행해야만 하는 두 가지 연산에 대한 의존 관계로 치환한 상태로 리팩터링을 끝냈다. 하지만 테스트는 여전히 전체 인터페이스를 모킹하며, 필요한 메서드를 가리키는 참조를 테스트 대상(Recommendations)에 전달한다.

예제 17.1 [interfaces-to-funs.7:src/test/java/travelator/recommendations/RecommendationsTests.java]

```java
public class RecommendationsTests {

    private final DistanceCalculator distanceCalculator =
        mock(DistanceCalculator.class);
    private final FeaturedDestinations featuredDestinations =
        mock(FeaturedDestinations.class);
    private final Recommendations recommendations = new Recommendations(
        featuredDestinations::findCloseTo,
        distanceCalculator::distanceInMetersBetween
    );
    ...
}
```

테스트는 모킹을 givenFeaturedDestinationsFor와 givenADistanceBetween 메서드 뒤에 추상화한다.

예제 17.2 [interfaces-to-funs.7:src/test/java/travelator/recommendations/RecommendationsTests.
    java]

```java
@Test
public void returns_recommendations_for_single_location() {
    givenFeaturedDestinationsFor(paris,
        List.of(
            eiffelTower,
            louvre
        ));
    givenADistanceBetween(paris, eiffelTower, 5000);
    givenADistanceBetween(paris, louvre, 1000);

    assertEquals(
        List.of(
            new FeaturedDestinationSuggestion(paris, louvre, 1000),
            new FeaturedDestinationSuggestion(paris, eiffelTower, 5000)
        ),
        recommendations.recommendationsFor(Set.of(paris))
    );
}
```

다음은 givenADistanceBetween 구현이다.

예제 17.3 [interfaces-to-funs.7:src/test/java/travelator/recommendations/RecommendationsTests.
    java]

```java
private void givenADistanceBetween(
    Location location,
    FeaturedDestination destination,
    int result
) {
    when(
        distanceCalculator.distanceInMetersBetween(
            location,
            destination.getLocation())
    ).thenReturn(result);
}
```

목이 야기한 테스트의 손상

데이비드 하이네마이어 핸슨David Heinemeier Hansson(루비온레일스 창시자)은 테스트 가능성을 높인다는 명목하에 시스템에 야기된 손상을 언급하기 위해 테스트가 야기한 설계 손상(*https://oreil.ly/8vgJU*)이라는 용어를 만들어냈다. 실제로 저자들은 이를 큰 문제로 인식하지 않는다. 시스템을 더 효율적으로 테스트하기 위한 결합도를 낮추는 과정에서 보통 시스템이 개선된다는 점을 발견했다. 하지만 목은 테스트를 망친다고 생각한다. 망치는 정도가 너무 크기 때문에, 목은 관심에서 멀어졌다.

문제는 목 프레임워크가 인터페이스 구현뿐만 아니라, 예상되는 메서드 호출과 호출시 반환해야하는 내용을 기술하게 해 준다는 점이다. 하지만 마지막 예상 반환 값을 인라이닝한 경우 볼 수있는 것처럼, 목으로 기술한 메서드 호출과 예상 반환 값을 이해하기 어려울 때가 자주 있다.

예제 17.4 [interfaces-to-funs.1:src/test/java/travelator/recommendations/
RecommendationsTests.java]

```
when(featuredDestinations.findCloseTo(paris))
    .thenReturn(List.of(
        eiffelTower,
        louvre
    ));
when(distanceCalculator.distanceInMetersBetween(
    paris, eiffelTower.getLocation())
).thenReturn(5000);
when(distanceCalculator.distanceInMetersBetween(
    paris, louvre.getLocation())
).thenReturn(1000);

when(featuredDestinations.findCloseTo(alton))
    .thenReturn(List.of(
        flowerFarm,
        watercressLine
    ));
when(distanceCalculator.distanceInMetersBetween(
    alton, flowerFarm.getLocation())
).thenReturn(5300);
when(distanceCalculator.distanceInMetersBetween(
    alton, watercressLine.getLocation())
).thenReturn(320);
```

givenADistanceBetween 같은 메서드를 정의할 수 있으면 목의 예상과 테스트 사이의 관계를 표현할 수 있다. 이런 메서드는 왜 노출시키고 어떻게를 감출까. 하지만 실제로는 이런 단계를 밟는 개발자는 극히 드물며, 그로 인해 모킹 사용을 비난하게 만드는 암호처럼 느껴지는 테스트가 생겨나게 된다.

냇은 자신과 스티브 프리먼이 '테스트 주도 개발로 배우는 객체 지향 설계와 실천'에서 쓴 목이 결코 findCloseTo나 distanceInMetersBetween 같은 질의 기능을 구현하는 데 쓰이려는 목적이 아니라고 하면서, 상태를 변경하는 메서드를 대신하기 위한 목적이라는 점을 지적했다. 덩컨은 이런 문제점을 느낀 기억이 없으며, 개인적으로는 목을 이런 방식(질의 기능 구현)으로 사용하는 데 반대하지 않는다. 왜냐하면 이 방법은 아웃사이드인outside-in[1] 테스트 주도 개발 test-driven development(TDD)을 진행할 때 협력자들에게 바라는 내용을 지정하는 좋은 방법이기 때문이다. 결국 경험에서 볼 때, 대부분 자바 코드 기반에는 이런 식으로 사용되는 목이 있고, 대부분 코틀린 코드 기반에서는 목이 없는 경우가 더 낫기 때문에, 아마도 이는 별로 문제가 되지 않을지 모른다.

하지만 아직은 여전히 목을 사용하며, 지금까지 수행했던 리팩터링은 좁은 인터페이스(함수 타입)를 테스트 대상 코드에 전달하는 방식의 코드를 만들어냈다. 이제는 호출되지 않은 메서드를 구현할 필요가 없는데, 아직도 목이 필요할까? 이 실타래를 풀다 보면 어디로 갈지 살펴보자.

17.1 목을 맵으로 대체하기

더 진행하기 전에, 테스트를 코틀린으로 변환할 것이다. 왜냐하면 코틀린이 함수 타입을 더 잘 지원하기 때문이다. 자바를 계속 쓸 수도 있지만, 그럴 경우 연산을 표현하는 자바 함수 타입(Function, BiFunction 등)을 사용해야 하며, 계속 자바 코드를 유지해야 한다.

자동화한 변환은 아주 부드럽지만 어떤 이유에서인지 Recommendations 생성자 호출에서 메

---

1 옮긴이_ 아웃사이드인 TDD는 사용자에 가까운 위치(웹 앱이라면 웹 프런트엔드)를 테스트하는 코드를 작성하는 것부터 개발을 시작하고 점차 시스템 내부(웹 앱이라면 영속성 계층/데이터베이스) 방향으로 들어가면서 TDD로 시스템을 개발해 나가는 방법이다.

서드 참조 대신 람다를 만들어내기 때문에, 람다를 직접 손으로 변경해야 한다. 변환한 코드는 다음과 같다.

예제 **17.5** [mocks-to-maps.0:src/test/java/travelator/recommendations/RecommendationsTests.kt]

```kotlin
class RecommendationsTests {
    private val distanceCalculator = mock(DistanceCalculator::class.java)
    private val featuredDestinations = mock(FeaturedDestinations::class.java)

    private val recommendations = Recommendations(
        featuredDestinations::findCloseTo,
        distanceCalculator::distanceInMetersBetween
    )
    ...
```

코틀린의 실체화한reified 타입을 사용해 `::class.java` 인자를 피할 수도 있지만, 목을 피하는 게 목적이지 목을 더 사용하는 게 목적이 아니므로 이런 생각을 지양하도록 하자.

when은 코틀린에서 키워드지만 변환기는 필요할 때 키워드를 역작은따옴표로 감쌀 정도로 충분히 똑똑하다.

예제 **17.6** [mocks-to-maps.0:src/test/java/travelator/recommendations/RecommendationsTests.kt]

```kotlin
private fun givenFeaturedDestinationsFor(
    location: Location,
    result: List<FeaturedDestination>
) {
    Mockito.`when`(featuredDestinations.findCloseTo(location))
        .thenReturn(result)
}
```

목을 제거하는 방법을 보기 위해서는 함수 타입을 입력 파라미터(이를 튜플로 생각한다)와 결과를 연관시켜주는 매핑이라고 생각하면 도움이 된다. 따라서 destinationFinder는 Location과 List<FeaturedDestination> 사이를 매핑해 주고, distanceInMetersBetween은 Pair<Location, Location>와 Int 사이를 매핑해 준다. Map 데이터 구조는 일련의 매핑(연관관계)을 표현하는 방법이다(이 데이터 구조를 'Map'이라고 부르는 게 우연이 아니다). 따라서 Map에 파라미터 키와 결과 값을 채워 넣고, 공급받은 파라미터를 맵에서 검색하는 연산으로 함수 호출을 대신하게 함으로써 함수를 흉내낸다. 비용이 많이 드는 계산의 결과를 캐싱하기 위해 이런 트릭을 써본 독자도 있을 것이다. 여기서는 캐시를 제공하려는 목적은 아니고 Map 안에 우리가 바라는 파라미터와 결괏값을 채워 넣으려는 목적이다.

destinationFinder의 경우를 먼저 살펴보자. Map을 저장하기 위해 featuredDestinations 프로퍼티를 만든다.

예제 17.7 [mocks-to-maps.1:src/test/java/travelator/recommendations/RecommendationsTests.kt]

```kotlin
private val featuredDestinations =
    mutableMapOf<Location, List<FeaturedDestination>>()
        .withDefault { emptyList() }
```

givenFeaturedDestinationsFor는 목 대신 destinationLookup Map에 예상값을 넣을 수 있다.

예제 17.8 [mocks-to-maps.1:src/test/java/travelator/recommendations/RecommendationsTests.kt]

```kotlin
private fun givenFeaturedDestinationsFor(
    location: Location,
    destinations: List<FeaturedDestination>
) {
    featuredDestinations[location] = destinations.toList()
}
```

Recommendations이 featuredDestinations Map을 읽게 만들면 테스트를 통과할 수 있다.

예제 17.9 [mocks-to-maps.1:src/test/java/travelator/recommendations/RecommendationsTests.kt]

```kotlin
private val recommendations =
    Recommendations(
        featuredDestinations::getValue,
        distanceCalculator::distanceInMetersBetween
    )
```

getValue는 Map에 대한 확장이다. 이 확장은 get과 비슷하지만 널이 될 수 있는 결과를 돌려주는 대신 Map.withDefault에 따라 설정된 디폴트 설정을 준수한다(여기서는 디폴트로 emptyList()를 반환한다).

이제 같은 리팩터링을 distanceInMetersBetween에 적용하고 모키토Mockito에 대한 의존 관계를 모두 제거해도 놀랍지 않을 것이다.

예제 17.10 [mocks-to-maps.2:src/test/java/travelator/recommendations/RecommendationsTests.kt]

```kotlin
class RecommendationsTests {
    private val featuredDestinations =
        mutableMapOf<Location, List<FeaturedDestination>>()
            .withDefault { emptyList() }
    private val distanceInMetersBetween =
        mutableMapOf<Pair<Location, Location>, Int>()
            .withDefault { -1 }
    private val recommendations =
        Recommendations(
            featuredDestinations::getValue,
            { l1, l2 -> distanceInMetersBetween.getValue(l1 to l2) }
        )
    ...
}
```

예제 17.11 [mocks-to-maps.2:src/test/java/travelator/recommendations/RecommendationsTests.kt]

```kotlin
private fun givenADistanceFrom(
    location: Location,
    destination: FeaturedDestination,
    distanceInMeters: Int
) {
    distanceInMetersBetween[location to destination.location] =
        distanceInMeters
}
```

이 코드가 어떻게 작동하는지 보려면 몇 단계를 거쳐야 한다. 이런 단계들은 목 프레임워크가 우리에게 감춰주는 세부 사항이다. 이 모든 사항을 무시하고, 직접 이런 리팩터링을 실행하게 될 때 나중에 다시 여기로 돌아와도 된다.

Recommendations 생성자 호출에서 메서드 참조 대신 람다를 사용하는 것은 약간 성가시다. 우리는 지역 getValue 확장 함수를 사용해 코드를 다듬을 수 있다. 우리가 얼마나 확장 함수를 좋아하는지 언급한 적이 있던가?

예제 17.12 [mocks-to-maps.3:src/test/java/travelator/recommendations/RecommendationsTests.kt]

```kotlin
private fun <K1, K2, V> Map<Pair<K1, K2>, V>.getValue(k1: K1, k2: K2) =
    getValue(k1 to k2)
```

이 코드를 사용하면 다음과 같이 적을 수 있다.

예제 17.13 [mocks-to-maps.3:src/test/java/travelator/recommendations/RecommendationsTests.kt]

```kotlin
private val recommendations =
    Recommendations(
        featuredDestinations::getValue,
        distanceInMetersBetween::getValue
    )
```

멋지다. 파라미터 이름을 붙이고 도우미 메서드를 활용하여 테스트 메서드의 가독성을 향상시킬 수 있다. 예전에는 다음과 같이 평범한 함수 호출을 사용했다.

예제 17.14 [mocks-to-maps.3:src/test/java/travelator/recommendations/RecommendationsTests.kt]

```kotlin
@Test
fun deduplicates_using_smallest_distance() {
    givenFeaturedDestinationsFor(
        alton,
        flowerFarm, watercressLine
    )
    givenFeaturedDestinationsFor(
        froyle,
        flowerFarm, watercressLine
    )
    givenADistanceFrom(alton, flowerFarm, 5300)
    givenADistanceFrom(alton, watercressLine, 320)
    givenADistanceFrom(froyle, flowerFarm, 0)
    givenADistanceFrom(froyle, watercressLine, 6300)
    assertEquals(
```

```
        listOf(
            FeaturedDestinationSuggestion(froyle, flowerFarm, 0),
            FeaturedDestinationSuggestion(alton, watercressLine, 320)
        ),
        recommendations.recommendationsFor(setOf(alton, froyle))
    )
}
```

약간의 노력을 기울이면 다음과 같이 코드를 바꿀 수 있다.

예제 17.15 [mocks-to-maps.4:src/test/java/travelator/recommendations/RecommendationsTests.kt]

```
@Test
fun deduplicates_using_smallest_distance() {
    givenFeaturedDestinationsFor(alton, of(flowerFarm, watercressLine))
    givenADistanceFrom(alton, to = flowerFarm, of = 5300)
    givenADistanceFrom(alton, to = watercressLine, of = 320)

    givenFeaturedDestinationsFor(froyle, of(flowerFarm, watercressLine))
    givenADistanceFrom(froyle, to = flowerFarm, of = 0)
    givenADistanceFrom(froyle, to = watercressLine, of = 6300)

    assertEquals(
        listOf(
            FeaturedDestinationSuggestion(froyle, flowerFarm, 0),
            FeaturedDestinationSuggestion(alton, watercressLine, 320)
        ),
        recommendations.recommendationsFor(setOf(alton, froyle))
    )
}
```

때로는 of 같이 작은 지역 함수를 정의하면 두뇌가 코드를 해석하려고 노력할 필요 없이 읽기
만 하면 되는 편익을 오랫동안 누릴 수 있다.

예제 17.16 [mocks-to-maps.4:src/test/java/travelator/recommendations/RecommendationsTests.kt]

```
private fun of(vararg destination: FeaturedDestination)
        = destination.toList()
```

TIP **코틀린에서 가짜 객체 도입하기**

단순히 테스트를 위해 인터페이스의 메서드 중 일부를 구현하고 싶어했던 시절이 있었다. 심지어 코틀린에서도 그랬다. JVM에서 동적 프락시와 익명 객체, 위임, 선택적인 오버라이딩을 조합해서 다음과 같이 코드를 작성했다.

```kotlin
inline fun <reified T> fake(): T =
    Proxy.newProxyInstance(
        T::class.java.classLoader,
        arrayOf(T::class.java)
    ) { _, _, _ ->
        TODO("not implemented")
    } as T

val sentEmails = mutableListOf<Email>()
val testCollaborator: EmailSystem =
    object : EmailSystem by fake() {
        override fun send(email: Email) {
            sentEmails.add(email)
        }
    }
```

17.2 그렇지만 실제 목에서 벗어났는가?

이 질문은 좋은 질문이다!

어떤 면에서 이제 막 목 프레임워크를 조악하게 본딴 물건을 만들었다. 파라미터 매처도 없고 메서드를 호출할 수 없을 때, 테스트를 실패시킬 방법도 없으며 실행 순서를 표현할 수 있는 방법도 없다.

하지만 다른 방법을 살펴보면서, 우리는 추천 엔진의 의존 관계를 두 맵으로 구현했다. Recommendations.recommendationsFor는 단순한 계산처럼 보인다(7.2절의 '계산' 참조). 그 결과의 계산은 journey 파라미터와 특징별 목적지와 거리를 검색할 수 있게 해 주는 맵에 들어있는 내용물에 따라 달라진다. 실제로 **언제** recommendationsFor를 호출하는가가 문제라는 사실을 안다. 따라서 recommendationsFor는 실제로 동작(7.3절 '동작' 참조)이다. 지역 사이 거리는 시간이 달려져도 아마 달라지지 않을 것이다. 하지만 어떤 지역 주변에서 찾을 수 있는 목적지는 우리가 목적지 정보가 들어있는 데이터베이스에서 목적지를 넣고 뺌에 따라 달라질 것이다. 하지만 테스트에서 목적지는 모의이므로 7장에서 InMemoryTrips를 통해 살펴본 것처럼 recommendationsFor를 계산으로 취급할 수 있다. 계산은 동작보다 테스트하기 편하므로(단순히 주어진 입력에 대해 주어진 출력을 돌려주는지 검사하면 된다) 이제 이런 맥락을 따라가보자.

지금은 우리가 테스트에서 언제 recommendationsFor를 호출하느냐도 문제다. 결과가 featuredDestinations와 distanceInMetersBetween 맵의 내용에 따라 달라지기 때문이다. 이들은 최초에 비어있고 givenFeaturedDestinationsFor와 givenADistanceFrom을 호출함에 따라 채워 넣어진다. 바로 이 부분에 시간 민감성이 존재한다. 우리에게 필요한 것은 동작을 계산으로 변환할 수 있는 어떤 방법이다. 그리고 영역을 조작하면 동작을 계산으로 바꿀 수 있다.

16장에서 인자 중 일부를 부분 적용해 필드로 포획한 함수로 메서드를 볼 수도 있다는 점을 살펴봤다. 테스트에서는 이 과정을 역방향으로 수행할 수 있다. 우리는 호출될 때마다 의존 관계로부터 객체를 생성하는 함수를 작성할 수 있다. 이런 식으로 채워넣어진 객체를 테스트의 **주제**subject라고 부른다면, 테스트로부터 다음처럼 주제를 생성할 수 있다.

예제 17.17 [mocks-to-maps.5:src/test/java/travelator/recommendations/RecommendationsTests.kt]

```kotlin
private fun subjectFor(
    featuredDestinations: Map<Location, List<FeaturedDestination>>,
    distances: Map<Pair<Location, Location>, Int>
): Recommendations {
    val destinationsLookup = featuredDestinations.withDefault { emptyList() }
    val distanceLookup = distances.withDefault { -1 }
    return Recommendations(destinationsLookup::getValue, distanceLookup::getValue)
}
```

여기서는 호출이 될 때마다 새로운 Recommendations 인스턴스를 만들고, 이 인스턴스는 시스템의 상태를 표현하는 불변 맵을 포획한다.

이제 subjectFor를 사용하는 resultFor 함수를 작성할 수 있다.

```kotlin
private fun resultFor(
    featuredDestinations: Map<Location, List<FeaturedDestination>>,
    distances: Map<Pair<Location, Location>, Int>,
    locations: Set<Location>
): List<FeaturedDestinationSuggestion> {
    val subject = subjectFor(featuredDestinations, distances)
    return subject.recommendationsFor(locations)
}
```

resultFor 함수 영역 밖에서는 시간 민감성이 없으므로 결과적으로 이 함수는 계산이다.

이제 입력을 출력으로 연관시켜주는 간단한 매핑이(resultFor) 있으므로 이 매핑을 호출하는 단순한 테스트를 작성할 수 있다. 각 테스트는 단지 입력 파라미터를 지정하고 결과가 예상 값과 같은지 검사한다. 테스트 내부에서는 상태가 전혀 필요 없다.

이렇게 하면 모든 테스트가 다음과 같은 형태가 된다.

예제 17.19 [mocks-to-maps.5:src/test/java/travelator/recommendations/RecommendationsTests.kt]

```kotlin
private fun check(
    featuredDestinations: Map<Location, List<FeaturedDestination>>,
    distances: Map<Pair<Location, Location>, Int>,
    recommendations: Set<Location>,
    shouldReturn: List<FeaturedDestinationSuggestion>
) {
    assertEquals(
        shouldReturn,
        resultFor(featuredDestinations, distances, recommendations)
    )
}
```

이전에 있던 혼동을 일으키는 테스트 코드와 달리 이 테스트 코드는 즐거움을 느낄 정도로 단순하다.

예제 17.20 [mocks-to-maps.5:src/test/java/travelator/recommendations/RecommendationsTests.kt]

```kotlin
class RecommendationsTests {
    companion object {
```

```
        val distances = mapOf(
            (paris to eiffelTower.location) to 5000,
            (paris to louvre.location) to 1000,
            (alton to flowerFarm.location) to 5300,
            (alton to watercressLine.location) to 320,
            (froyle to flowerFarm.location) to 0,
            (froyle to watercressLine.location) to 6300
        )
    }

    ...

    @Test
    fun returns_no_recommendations_when_no_featured() {
        check(
            featuredDestinations = emptyMap(),
            distances = distances,
            recommendations = setOf(paris),
            shouldReturn = emptyList()
        )
    }

    ...

    @Test
    fun returns_recommendations_for_multi_location() {
        check(
            featuredDestinations = mapOf(
                paris to listOf(eiffelTower, louvre),
                alton to listOf(flowerFarm, watercressLine),
            ),
            distances = distances,
            recommendations = setOf(paris, alton),
            shouldReturn = listOf(
                FeaturedDestinationSuggestion(alton, watercressLine, 320),
                FeaturedDestinationSuggestion(paris, louvre, 1000),
                FeaturedDestinationSuggestion(paris, eiffelTower, 5000),
                FeaturedDestinationSuggestion(alton, flowerFarm, 5300)
            )
        )
    }
    ...
}
```

이 코드를 원래 코드와 비교하는 것도 학습에 도움이 된다.

예제 17.21 [interfaces-to-funs.0:src/test/java/travelator/recommendations/RecommendationsTests.java]

```java
@Test
public void returns_recommendations_for_multi_location() {
    givenFeaturedDestinationsFor(paris,
        List.of(
            eiffelTower,
            louvre
        ));
    givenADistanceBetween(paris, eiffelTower, 5000);
    givenADistanceBetween(paris, louvre, 1000);

    givenFeaturedDestinationsFor(alton,
        List.of(
            flowerFarm,
            watercressLine
        ));
    givenADistanceBetween(alton, flowerFarm, 5300);
    givenADistanceBetween(alton, watercressLine, 320);

    assertEquals(
        List.of(
            new FeaturedDestinationSuggestion(alton, watercressLine, 320),
            new FeaturedDestinationSuggestion(paris, louvre, 1000),
        new FeaturedDestinationSuggestion(paris, eiffelTower, 5000),
        new FeaturedDestinationSuggestion(alton, flowerFarm, 5300)
        ),
        recommendations.recommendationsFor(Set.of(paris, alton))
        );
}
```

물론, 이 코드는 자바 코드고 givenADistanceBetween 호출에 따라 약간 망가졌다. 하지만 여러분도 이 리팩터링이 어떻게 공통 구조가 있거나 없는 함수들을 입력과 출력을 명확히 대조하는 테스트로 바꿔주는지를 볼 수 있다.

17.3 다음으로 나아가기

목은 소프트웨어에서 자리를 잡고 있다. 그리고 아웃사이드인 TDD를 사용하면 완전한 구현을 커밋할 필요 없이 서로 협력하는 객체들 사이에 기능을 분산하는 방법의 프로토타입을 만들어 내면서 설계를 확실히 개선할 수 있다. 하지만 아웃사이드인 TDD는 데이터 흐름으로 살펴보면 더 나았을 수도 있는 설계를 객체 간의 상호 작용으로 표현함으로써 설계상의 문제를 가리게 되는 경향이 있다.

이 예에서 데이터에 집중하면 테스트가 단순해진다는 사실을 살펴봤다. 특히 값을 읽기만 하는 경우 이런 사실이 더 잘 성립한다. 20장 'I/O 수행에서 데이터 전달로'에서 이 기법을 데이터를 쓰는 경우에 대해 적용하는 방법을 알아본다.

CHAPTER 18

열린 클래스에서
봉인된 클래스로

우리 시스템은 타입과 연산, 즉 명사와 동사로 이뤄진다. 자바에서 명사는 클래스와 인터페이스로 표현되고, 동사는 메서드로 표현된다. 하지만 코틀린은 봉인된 클래스 계층과 독립적인 함수를 추가했다. 이들이 명사와 동사들의 협력에 어떤 가능성을 가져왔을까?

소프트웨어를 설계할 때 변경을 어떻게 잘 처리하느냐는 항상 어려운 문제이다. 소프트웨어를 사용하는 사람이 늘어나면 사용자들이 소프트웨어에 바라는 요구사항도 더 늘어난다. 새로운 사용을 지원하기 위해서는 기존 데이터 타입에 작용할 수 있는 새로운 기능을 추가할 필요가 있고, 기존 함수에서 다룰 수 있는 새로운 타입을 추가할 필요도 생긴다. 설계가 소프트웨어의 진화 방향과 같은 방향으로 잘 정렬되어 있다면 새 코드를 추가하고, 기존 코드에 약간의 여파가 한정된 변화를 가함으로써 새 기능을 추가할 수 있다. 하지만 정렬이 잘 되어있지 않다면 새 데이터타입을 추가할 때 많은 코드를 변경해야만 하거나, 새 함수를 추가할 때 많은 데이터 타입을 변경해야만 한다.

이런 데이터 타입과 함수의 변경 가능성 사이의 긴장을 가장 가깝게 느낄 수 있는 부분은 도메인 모델의 핵심 엔티티이다. 예를 들어, 고객의 여정은 트래블레이터 애플리케이션의 핵심 엔티티이다. 애플리케이션에서 다양한 기능이 여정에 대한 뷰를 제공하거나, 여정의 내용을 변경하거나, 여정에 대한 정보를 계산한다. 사용자들에게서 오는 다양한 요구 사항이 이 Itinerary 타입에 영향을 끼치게 되는 것도 놀랄만한 일이 아니다. 고객들은 자신의 여정에 온갖 종류의 정보를 끼워 넣고 싶어한다. 예를 들면, 이제는 10장에서 살펴본 여정과 숙박 시설뿐 아니라 식당 예약과 관광 명소도 넣고 싶어한다. 고객은 여정을 사용해 더 많은 일을 하고 싶어한다. 14장에서는 전체 비용을 추산하는 방법을 살펴봤지만, 이에 그치지 않는다. 각 여정의 비용, 길이, 안락성 등을 비교해 보거나 지도에서 여정을 살펴보거나, 달력 앱에서 여정을 임포트 하거나, 친구들과 공유하는 등 고객의 상상력은 끝이 없다.

14장에서 마지막으로 Itinerary 클래스를 살펴봤을 때 이 클래스를 경로를 저장하는 프로퍼티와 경로상에 필요한 숙박 시설을 저장하는 다른 프로퍼티가 들어있는 데이터 클래스로 모델링했다.

예제 18.1 [accumulator.17:src/main/java/travelator/itinerary/Itinerary.kt]

```
data class Itinerary(
    val id: Id<Itinerary>,
    val route: Route,
    val accommodations: List<Accommodation> = emptyList()
) {
    ...
}
```

그 이후, 애플리케이션에 더 많은 기능을 추가했고 그로 인해 여정에 더 많은 유형의 아이템이 추가됐다. 별도의 컬렉션에 여정 아이템을 추가하는 게 점점 귀찮아진다는 사실을 알았다. 코드에서 이런 컬렉션을 조합하는 데 연관된 코드나 별도의 컬렉션에 대해 같은 필터와 변환을 적용해야 하는 부분이 너무 많기 때문이다. 따라서 Itinerary가 각 아이템을 별도의 컬렉션에 저장하는 대신 ItineraryItem을 한 컬렉션으로 유지하기로 결정했다.

예제 18.2 [open-to-sealed.0:src/main/java/travelator/itinerary/Itinerary.kt]

```
data class Itinerary(
    val id: Id<Itinerary>,
    val items: List<ItineraryItem>
) : Iterable<ItineraryItem> by items
```

ItineraryItem은 인터페이스다. 이 인터페이스를 예전에 봤던 Journey와 Accommodation이 상속하고 새 타입인 RestaurantBooking와 Attraction도 상속한다.

예제 18.3 [open-to-sealed.0:src/main/java/travelator/itinerary/ItineraryItem.kt]

```kotlin
interface ItineraryItem {
    val id: Id<ItineraryItem>
    val description: String
    val costs: List<Money>
    val mapOverlay: MapOverlay
    ... 그 외 다른 메서드
}
```

Itinerary에 대한 연산은 이 아이템의 구체적 타입에 의존하지 않는다. 예를 들어 지도에 여정을 표시하기 위해서는 프런트엔드에서 지도 타일 위에 렌더링하기 위한 MapOverlay를 생성한다. Itinerary를 렌더링하기 위한 이 오버레이는 여정에 포함된 모든 원소를 표시하는 오버레이의 그룹이다. Itinerary 클래스와 이 클래스의 클라이언트는 각각의 아이템이 지도 오버레이상에서 자신을 어떻게 표현할지에 대해 알 필요도 없고 알지도 못한다.

예제 18.4 [open-to-sealed.0:src/main/java/travelator/itinerary/Itinerary.kt]

```kotlin
val Itinerary.mapOverlay
    get() = OverlayGroup(
        id = id,
        elements = items.map { it.mapOverlay })
```

이런 다형성으로 인해 Itinerary 타입을 사용하는 애플리케이션의 각 부분을 변경하지 않고도 쉽게 ItineraryItem에 새로운 타입을 추가할 수 있다.

하지만 지금까지는 이런 식으로 처리할 필요가 없었다. 최근 우리는 트래블레이터에 추가하는 새 기능중 대부분이 ItineraryItem에 새 타입을 추가하기보다는 Itinerary와 ItineraryItem에 새 연산을 추가하는 것과 관련있다는 점을 알았다. ItineraryItem 인터페이스와 그 구현을 변경한 내용이 서로 다른 기능을 개발하는 팀원들 사이에 병합 충돌^{merge} conflict을 자주 일으키는 원인이었다. 새로운 기능이 추가될 때마다 ItineraryItem이 커진다. ItineraryItem은 시스템에서 서로 멀리 떨어져 있지만 연관이 있는 부분을 지원하고, 렌더링이나 비용 추정을 지원하는 프로퍼티를 추가하고, 안락도에 따라 순위를 부여하고, 지도를 그리고 '... 그 외 다른 메서드'에 감춰진 다양한 내용을 지원하기 위해 동작을 계속 끌어당기는 경향이 있다. 역설적으로, 애플리케이션의 핵심 부분에서 객체 지향 다형성이 결합을 **증가**

시키고 있다!

객체 지향 다형성은 연산이 가끔 변경되는 데이터 타입의 변경 가능성을 가능하게 해 준다. 잠시동안은 이런 변경 가능성이 우리 코드 기반에 필요한 것이었지만, 이제는 코드 기반이 안정화되면서 반대쪽 방향이 필요하다. 즉, 가끔 변경되는 데이터 타입들에 대해 적용될 수 있는 연산의 변경 가능성이 필요하다.

자바를 썼다면 (최소한 자바 16까지는) 이런 차원의 변경 가능성을 다루기에 적합한 언어 기능이 없었다. 변경 가능성을 지원하는 자바의 주 기능은 객체 지향 다형성인데, 이는 데이터 타입보다 연산이 자주 바뀔 때는 도움이 별로 되지 않는다.

예제 18.5 [open-to-sealed.0:src/main/java/travelator/itinerary/ItineraryItems.java]

```
if (item instanceof Journey) {
    var journey = (Journey) item;
    return ...
} else if (item instanceof Accommodation) {
    var accommodation = (Accommodation) item;
    return ...
} else if (item instanceof RestaurantBooking) {
    var restaurant = (RestaurantBooking) item;
    return ...
} else {
    throw new IllegalStateException("should never happen");
}
```

IllegalStateException은 이 접근 방법이 위험하다는 사실을 보여 준다. 컴파일러가 다형적 메서드의 타입을 검사할 수는 있지만, 우리가 직접 작성한 런타임 타입 검사나 타입 변환이 컴파일 시점의 검사를 명시적으로 우회할 수 있다. 타입 검사기는 우리가 작성한 타입 변환이나 조건식이 완전한 지, 즉 타입 변환이나 조건식이 모든 가능한 하위 클래스를 제대로 검사하는지 검증하지 못한다. 이때문에 메서드가 값을 반환한다면 더미 값을 반환하기 위해 else 절을 작성하거나 예외를 던져야만 한다. 심지어 ItineraryItem의 모든 하위 클래스를 처리하는 조건문 가지가 있고, else 절이 '호출될 가능성이 실질적으로는 없어도' 그렇다.

우리가 코드를 작성할 때 ItineraryItem의 모든 하위 타입을 처리하더라도, 나중에 새 타입을 추가하면 ItineraryItem의 하위 타입에 따라 분기하는 모든 코드를 찾아서 변경해야 한다. 여기서는 우리가 새 타입을 처리하는 코드를 처리하지 않았기 때문에 Itinerary에 Attraction을 추가하면 코드가 IllegalArgumentException을 던지며 실패한다. 객체 지향은 이 문제를 해결하지만, 우리가 연산을 추가할 때 수많은 클래스를 변경하는 게 지겨워서 이 해법을 우회했버렸다.

코틀린에서도 타입 검사와 다운캐스팅이 가능하며, 위험과 부가비용도 똑같다. 하지만 코틀린에는 클래스를 조직화하고 런타임 타입 검사를 더 안전하고 편리하게 해 주는 기능인 **봉인된 클래스**가 있다. 봉인된 클래스는 직접적인 하위 클래스가 고정되어 있는 추상 클래스다. 우리는 봉인된 클래스 하위 클래스를 같은 컴파일 유닛과 패키지 안에 정의해야 한다. 이런 제한으로 인해 코틀린 봉인된 클래스에 대한 실행 시점 타입 검사에는 자바의 실행 시점 타입 검사과 같은 문제가 없다. 정적 타입 검사기는 when 식이 수행하는 봉인된 클래스의 하위 타입에 대한 실행 시점 타입 검사가 모든 경우를 처리하고 그외의 경우를 처리하지 않는다는 점을 보장한다.

WARNING_ when 문은 모든 경우를 처리하는지 검사하진 않는다

컴파일러는 when 식이 모든 경우를 검토하는지 검사하지만 when 문을 검사하지는 않는다. when 전체의 값을 사용하지 않을 때 when이 식이 아니라 문이 된다. 여러분은 when의 결과를 사용함으로써 컴파일러가 when 식이 모든 경우를 처리하는지 검사하도록 강제할 수 있다. 심지어 when이 돌려주는 결과가 Unit 타입이라 할지라도 그렇다.

when이 함수 본문의 유일한 문장이라면 함수를 단일식 형태로 리팩터링할 수 있다. when이 여러 문장으로 이뤄진 함수의 마지막 문장이라면 명시적으로 return 키워드를 사용해 when의 결괏값을 사용할 수 있다. when이 함수 본문 중간에 있으면 when을 별도의 함수로 추출할 수도 있다.

이런 선택지 중 어느 쪽도 적용할 수 없는 경우라면 다음 유틸리티 함수를 사용해 강제로 모든 경우를 처리하는지 검사할 수 있다.

```
val <T> T.exhaustive get() = this
```

다음 코드처럼 사용하면 when이 모든 경우를 처리하지 않을 때 컴파일을 막을 수 있다.

```
when (instanceOfSealedClass) {
    is SubclassA -> println("A")
    is SubclassB -> println("B")
}.exhaustive
```

다형성 메서드와 비교할 때, 봉인된 클래스와 when 식은 고정된 타입 계층에 적용할 새 연산을 쉽게 추가할 수 있게 해 준다. 다만 여전히 이 타입 계층에 새 타입을 추가할 때는 모든 연산을 다 변경해야만 한다. 새 타입을 추가하는 경우에는 컴파일러가 각각의 모든 연산이 타입 계층의 모든 타입을 제대로 처리하는지 검사해 준다.

18.1 다형성을 쓸까 봉인된 클래스를 쓸까?

어떤 언어는 기존 코드를 변경하지 않고도 타입과 연산을 변경할 수 있게 해 준다. 하스켈에는 타입 클래스가 있고, 스칼라에는 암시적 파라미터가 있고, 러스트에는 트레이트, 스위프트에는 프로토콜, 클로저와 커먼 리스프에는 인자가 여럿인 클래스에 따라 디스패치되는 다형적 함수가 있다.

코틀린에는 이와 동등한 기능이 없다. 코틀린을 사용해 설계할 때 우리는 프로그램이 진화하는 과정에서 가장 자주 변경되리라 예상하는 차원(타입이나 연산)에 따라 객체 지향 다형성과 봉인된 클래스 중 하나를 선택해야 한다. 데이터 타입에 적용할 수 있는 연산보다 데이터 타입이 더 자주 변경될 때 객체 지향 다형성이 더 적합하며, 데이터 타입보다 데이터 타입에 적용할 수 있는 연산이 더 자주 변경될 때 봉인된 클래스 계층이 더 적합하다.

> TIP 봉인된 클래스 계층에서는 다운캐스트만 사용하라
>
> when 식에서는 봉인된 클래스 계층의 루트로부터 자식 방향으로만 타입캐스트를 하라. 그렇지 않고 정적 타입에서 먼 방향으로 타입을 변환하면 위험하다. 값을 구현하기 위해 사용한 실제 클래스에는 정적 타입에 따라 표현된 제약에 위배되는 연산이 있을 수 있다.
>
> 6장에서 본 것처럼, List의 정적 타입은 상태 변경을 막는다. 하지만 코틀린의 고차 함수는 MutableList로 다운캐스트하면 변경할 수 있는 List 타입의 리스트를 반환한다. List 타입으로 받은 인자를 MutableList로 다운캐스트해서 변경하는 함수는 호출하는 쪽의 예상을 위배하기 때문에 버그를 일으킬 가능성이 있다. 이런 함수는 아주 찾기 어려운 에일리어싱 오류를 일으킬 수 있는데, 함수 시그니처만 봐서는 이 함수가 이상한 원격 반응을 일으킬 수 있다고 명시적으로 알 수 없기 때문이다. 코틀린 표준 라이브러리의 미래 버전에서 고차 함수가 불변 리스트를 반환하게 된다면, 이 함수는 성공적으로 컴파일이 되지만 실행 시점에 오류가 나면서 프로그램이 종료될 수 있다.
>
> 상위 타입을 하위 타입으로 타입 변환할 수 있다는 사실이 그런 의도를 가져도 된다는 뜻은 아니다. 이런 타입 변환 가능성은 단순히 구현상의 세부 사항일 뿐이다. 봉인된 클래스 계층은 다운캐스트가 목적이고, 다운캐스트를 지원하며, 컴파일러의 완전성 검사에 따라 안전하다는 사실을 알려 준다.

18.2 인터페이스를 봉인된 클래스로 변환하기

우리는 여정과 여정 아이템과 관련 있는 특징을 더 추가하려 한다. 이 특징은 Itinerary가 고객의 캘린더 앱에 나타나게 하는 것이다. 이미 너무 많은 메서드가 들어있는 ItineraryItem 인터페이스에 메서드를 더 추가해서 애플리케이션 도메인의 핵심 클래스와 외부 모듈 사이의 필요 사이의 결합을 야기하고 싶지는 않다. 이제는 이를 악물고 봉인된 클래스 계층과 독립적인 함수를 처리하는 다형적 메서드의 인터페이스로 만들고, 독립적인 함수를 해당 함수를 사용하는 모듈로 옮기려 한다.

이 코드를 쓸 때는 코틀린 1.4가 최신 버전이어서 봉인된 클래스와 직접적인 하위 클래스를 같은 파일 안에 정의해야 했다. 그때 첫 번째 단계는 IDE의 '클래스 이동' 리팩터링을 사용해 ItineraryItem의 구현을 인터페이스와 같은 파일 안으로 옮기는 것이다. 일단 구현 클래스를 옮기고 나면 인터페이스와 구현을 봉인된 클래스 계층으로 만들 수 있다. 인텔리J가 이런 목적에 대한 자동화한 리팩터링을 제공하지 않기 때문에, 우리가 직접 클래스 정의를 변경해야 한다. 최소한 모든 클래스를 한 파일 안에 모아두면 이런 작업이 쉬워질 수 있다.

예제 18.6 [open-to-sealed.2:src/main/java/travelator/itinerary/ItineraryItem.kt]

```
sealed class ItineraryItem {                    ❶
    abstract val id: Id<ItineraryItem>          ❷
    abstract val description: String
    abstract val costs: List<Money>
    abstract val mapOverlay: MapOverlay
    ... 그 외 다른 메서드
}

data class Accommodation(
    override val id: Id<Accommodation>,
    val location: Location,
    val checkInFrom: ZonedDateTime,
    val checkOutBefore: ZonedDateTime,
    val pricePerNight: Money
) : ItineraryItem() {                           ❸
    val nights = Period.between(
        checkInFrom.toLocalDate(),
        checkOutBefore.toLocalDate()
    ).days
    val totalPrice: Money = pricePerNight * nights
```

```
    override val description
        get() = "$nights nights at ${location.userReadableName}"
    override val costs
        get() = listOf(totalPrice)
    override val mapOverlay
        get() = PointOverlay(
            id = id,
            position = location.position,
            text = location.userReadableName,
            icon = StandardIcons.HOTEL
        )
    ... 그 외 다른 메서드
}
... 그 외 다른 하위 클래스
```

❶ ItineraryItem을 인터페이스가 아니라 sealed class로 선언한다.

❷ ItineraryItem가 이제는 클래스이기 때문에 메서드를 abstract로 명시해야 한다. 원래의 인터페이스에 디폴트 구현이 있는 메서드가 있었다면 open으로 선언해서 하위 클래스가 오버라이드할 수 있게 해야 한다.

❸ 구체적인 아이템 클래스에 대한 인터페이스 선언을 상위 클래스 생성자에 대한 호출로 치환한다.

> **NOTE_** 코틀린 1.5부터 봉인된 인터페이스를 지원한다. 봉인된 인터페이스를 사용하면 본문의 리팩터링을 더 쉽게 할 수 있다. 봉인된 인터페이스를 사용할 경우 하위 클래스를 같은 파일에 정의하거나 생성자를 호출할 필요가 없다(하지만 컴파일 시점에 완전성 검사를 할 수 있어야 하므로 봉인된 인터페이스(봉인된 클래스도 마찬가지)와 하위 타입들은 같은 모듈 안에 들어있어야만 한다).

ItineraryItem은 이제 봉인된 클래스다. ItineraryItem의 연산은 여전히 다형적 메서드이지만 ItineraryItem 클래스를 변경하지 않고도 **새로운** 연산을 추가할 수 있다. when 식을 사용해 구체적인 아이템의 타입에 따라 안전하게 디스패치하는 확장 함수를 사용하면 된다.

먼저, Itinerary를 캘린더로 변환해 주는 확장 함수를 작성한다. 작성이 끝나면 다른 ItineraryItem에 대한 연산도 마찬가지 방식으로 작동하게 리팩터링을 계속할 것이다.

예제 18.7 [open-to-sealed.3:src/main/java/travelator/calendar/ItineraryToCalendar.kt]

```
fun ItineraryItem.toCalendarEvent(): CalendarEvent? = when (this) {
    is Accommodation -> CalendarEvent(
```

```
        start = checkInFrom,
        end = checkOutBefore,
        description = description,
        alarms = listOf(
            Alarm(checkInFrom, "Check in open"),
            Alarm(checkOutBefore.minusHours(1), "Check out")
        )
    )
    is Attraction -> null
    is Journey -> CalendarEvent(
        start = departureTime,
        end = arrivalTime,
        description = description,
        location = departsFrom,
        alarms = listOf(
            Alarm(departureTime.minusHours(1)))
    )
    is RestaurantBooking -> CalendarEvent(
        start = time,
        description= description,
        location = location,
        alarms = listOf(
            Alarm(time.minusHours(1)))
    )
}
```

이제 `ItineraryItem`의 나머지 메서드를 새 (이제는 봉인된) 클래스에 대해 정의된 다형적 메서드로부터 `when` 식을 사용해 아이템 타입에 따라 작동하는 확장 함수로 리팩터링하자. `mapOverlay` 프로퍼티를 통해 이 과정을 살펴볼 것이다.

`InineraryItem`에 있는 `mapOverlay` 정의에서 **Alt+Enter**를 누르면, 컨텍스트 메뉴가 'Convert member to extension(멤버를 확장으로 변환)' 기능을 표시해 준다. 정말 이렇게 쉬울까? 불행히도 그렇지 않다. 이 책을 쓰는 현재, IDE의 동작이 아직 불완전해서 컴파일되지 않는 코드가 생긴다.

예제 18.8 [open-to-sealed.4:src/main/java/travelator/itinerary/ItineraryItem.kt]

```
sealed class ItineraryItem {
    abstract val id: Id<ItineraryItem>
    abstract val description: String
```

```kotlin
    abstract val costs: List<Money>        ❶
    ... 그 외 다른 메서드
}

val ItineraryItem.mapOverlay: MapOverlay   ❷
    get() = TODO("Not yet implemented")

data class Accommodation(
    override val id: Id<Accommodation>,
    val location: Location,
    val checkInFrom: ZonedDateTime,
    val checkOutBefore: ZonedDateTime,
    val pricePerNight: Money
) : ItineraryItem() {
    val nights = Period.between(
        checkInFrom.toLocalDate(),
        checkOutBefore.toLocalDate()
    ).days
    val totalPrice: Money = pricePerNight * nights

    override val description
        get() = "$nights nights at ${location.userReadableName}"
    override val costs
        get() = listOf(totalPrice)
    override val mapOverlay                 ❸
        get() = PointOverlay(
            id = id,
            position = location.position,
            text = location.userReadableName,
            icon = StandardIcons.HOTEL
        )
    ... 그 외 다른 메서드
}
```

---

❶ IDE가 ItineraryItem 클래스에서 mapOverlay 메서드를 제거했다.

❷ mapOverlay를 확장 함수로 치환했다. 확장 함수에는 UnsupportedOperationException을 던지는 TODO만 들어있다.

❸ IDE는 하위 클래스의 mapOverlay 프로퍼티에 대해 override 변경자를 남겨지만, 상위 클래스에는 오버라이드할 메서드가 남아있지 않다.

하위 클래스의 override를 제거하면 이 코드를 다시 컴파일 할 수 있다. 그리고 확장 함수의 본문을 ItineraryItem의 타입에 따라 이제는 단형적monomorphic으로 바뀐 구체적 하위 클래스 별 mapOverlay 게터를 호출하는 when 식으로 구현해 주면 이 코드가 작동하게 할 수 있다.

예제 18.9 [open-to-sealed.5:src/main/java/travelator/itinerary/ItineraryItem.kt]

```
val ItineraryItem.mapOverlay: MapOverlay get() = when (this) {
    is Accommodation -> mapOverlay
    is Attraction -> mapOverlay
    is Journey -> mapOverlay
    is RestaurantBooking -> mapOverlay
}
```

when 식은 ItineraryItem의 모든 하위 클래스를 검사해야만 컴파일이 된다. 그리고 인텔리J 는 하위 클래스의 mapOverlay 프로퍼티를 읽는 코드를 강조하면서 컴파일러가 제공하는 흐름에 민감한 스마트 캐스팅smart casting이 암시적인 this 참조의 타입을 ItineraryItem에서 각각의 적절한 하위 클래스 타입으로 변경해 준다는 사실을 알려 준다.

지금 이 리팩터링을 하는 이유는 ItineraryItem의 모든 구현이 맵 오버레이에 대해 알아야만 하는 필요성을 없애기 위해서다. 현재는 모든 ItineraryItem 하위 클래스마다 mapOverlay 자체 프로퍼티를 가지고 있어서 맵 오버레이를 알고 있다. 이 프로퍼티는 원래의 인터페이스에 있던 프로퍼티를 오버라이드했던 프로퍼티에서 비롯됐다.

예제 18.10 [open-to-sealed.5:src/main/java/travelator/itinerary/ItineraryItem.kt]

```
data class Accommodation(
    ...
) : ItineraryItem() {
    ...
    val mapOverlay
        get() = PointOverlay(
            id = id,
            position = location.position,
            text = location.userReadableName,
            icon = StandardIcons.HOTEL
        )
    ...
```

mapOverlay 프로퍼티들에 대해 'Convert member to extension(멤버를 확장으로 변환)'
을 실행하면 이 문제를 해결할 수 있다.

예제 18.11 [open-to-sealed.6:src/main/java/travelator/itinerary/ItineraryItem.kt]

```
data class Accommodation(
    ...
) : ItineraryItem() {
    ...
}

val Accommodation.mapOverlay
    get() = PointOverlay(
        id = id,
        position = location.position,
        text = location.userReadableName,
        icon = StandardIcons.HOTEL
    )
```

지금도 ItineraryItem.mapOverlay는 변경된 부분이 전혀 없어 보인다.

예제 18.12 [open-to-sealed.6:src/main/java/travelator/itinerary/ItineraryItem.kt]

```
val ItineraryItem.mapOverlay: MapOverlay get() = when (this) {
    is Accommodation -> mapOverlay
    is Attraction -> mapOverlay
    is Journey -> mapOverlay
    is RestaurantBooking -> mapOverlay
}
```

하지만 자세히 살펴보면 이제 이런 프로퍼티 접근이 메서드 호출이 아니라 확장 프로퍼티 호출
이라는 사실을 알 수 있다. Accommodation 등이 더 이상 MapOverlay에 의존하지 않는다. 그
리고 이제는 ItineraryItem.mapOverlay와 모든 하위 클래스 프로퍼티가 확장이므로, 봉인
된 클래스와 똑같은 위치에 정의될 필요가 없어진다. 이들을 사용하는 모듈이나 패키지쪽으로
각 프로퍼티를 이동시키면, 이들이 핵심 도메인 추상화를 더 이상 더럽히지 않게 된다.

예제 18.13 [open-to-sealed.7:src/main/java/travelator/geo/ItineraryToMapOverlay.kt]

```kotlin
package travelator.geo
import travelator.itinerary.*

val ItineraryItem.mapOverlay: MapOverlay get() = when (this) {
    is Accommodation -> mapOverlay
    is Attraction -> mapOverlay
    is Journey -> mapOverlay
    is RestaurantBooking -> mapOverlay
}

private val Accommodation.mapOverlay
    get() = PointOverlay(
        id = id,
        position = location.position,
        text = location.userReadableName,
        icon = StandardIcons.HOTEL
    )

... Attraction.mapOverlay 등
```

봉인된 ItineraryItem 클래스 안에 해당 타입의 핵심 프로퍼티만 남을 때까지 다른 멤버에 대해서도 마찬가지 리팩터링을 적용할 수 있다. 현재는 ItineraryItem에서 id만 진짜 핵심 프로퍼티다. id를 봉인된 클래스의 추상 프로퍼티로 선언하면 모든 하위 클래스가 식별자를 포함하게 강제 할 수 있다.

다른 프로퍼티의 경우 mapOverlay, toCalendar 등은 애플리케이션의 어느 한 기능을 지원하기 위해 존재하고, description 등은 회색 영역, 즉 애플리케이션의 다양한 기능을 지원하기는 하지만 ItineraryItem의 핵심 프로퍼티는 아닌 프로퍼티이다. 예를 들어, 각각의 하위 타입은 핵심 프로퍼티로부터 자신에 대한 설명을 파생해낸다. 냇은 이와 비슷한 성격의 프로퍼티를 확장으로 정의하는 쪽을 선호하지만, 덩컨은 클래스 멤버로 선언하는 쪽을 선호한다. 냇은 본 예제를 작성했기 때문에, 이 책에서는 description도 확장으로 정의한다.

예제 18.14 [open-to-sealed.8:src/main/java/travelator/itinerary/ItineraryDescription.kt]

```kotlin
val ItineraryItem.description: String
    get() = when (this) {
        is Accommodation ->
```

```
                "$nights nights at ${location.userReadableName}"
        is Attraction ->
            location.userReadableName
        is Journey ->
            "${departsFrom.userReadableName} " +
                "to ${arrivesAt.userReadableName} " +
                "by ${travelMethod.userReadableName}"
        is RestaurantBooking -> location.userReadableName
    }
```

자신의 코드를 작성할 때 스스로 기준을 세워야 한다. 이 예제에서는 `ItineraryItem` 안에는 `id` 프로퍼티만 남고 각각의 하위 클래스가 자신들의 핵심 프로퍼티를 선언한다. 전체 봉인된 클래스 계층은 다음과 같다.

예제 18.15 [open-to-sealed.8:src/main/java/travelator/itinerary/ItineraryItem.kt]

```
sealed class ItineraryItem {
    abstract val id: Id<ItineraryItem>
}

data class Accommodation(
    override val id: Id<Accommodation>,
    val location: Location,
    val checkInFrom: ZonedDateTime,
    val checkOutBefore: ZonedDateTime,
    val pricePerNight: Money
) : ItineraryItem() {
    val nights = Period.between(
        checkInFrom.toLocalDate(),
        checkOutBefore.toLocalDate()
    ).days
    val totalPrice: Money = pricePerNight * nights
}

data class Attraction(
    override val id: Id<Attraction>,
    val location: Location,
    val notes: String
) : ItineraryItem()

data class Journey(
```

```
        override val id: Id<Journey>,
        val travelMethod: TravelMethod,
        val departsFrom: Location,
        val departureTime: ZonedDateTime,
        val arrivesAt: Location,
        val arrivalTime: ZonedDateTime,
        val price: Money,
        val path: List<Position>,
        ... 그 외 다른 필드
    ) : ItineraryItem()

    data class RestaurantBooking(
        override val id: Id<RestaurantBooking>,
        val location: Location,
        val time: ZonedDateTime
    ) : ItineraryItem()
```

ItineraryItem 모델은 이제 순수한 데이터 클래스들로 이뤄진 봉인된 클래스 계층이다. 애플리케이션 특징에 필요한 연산은 각 특징에 대한 모듈에 속한 확장 함수가 된다. 오직 id 프로퍼티만 다형적인 val로 남는다. 이 id는 애플리케이션의 구체적 특성과 관계없이 모든 타입에서 핵심 프로퍼티이기 때문이다.

18.3 다음으로 나아가기

소프트웨어가 진화하면 시스템에 새로운 데이터 타입이나 연산을 추가해야만 한다. 코틀린은 자바와 마찬가지로 객체 지향 다형성을 활용해서 기존 함수의 코드를 변경하지 않고도 쉽게 새로운 데이터 타입을 추가할 수 있다. 그리고 봉인된 클래스와 안전한 실행 시점 타입 검사를 활용하면 기존 데이터 타입의 코드를 변경하지 않고도 기존 데이터 타입에 대해 적용할 수 있는 새로운 함수를 쉽게 추가할 수 있다. 어느 쪽을 택할지는 코드가 진화하는 과정에서 데이터 타입과 연산 중에 더 자주 변경될 부분이 무엇이냐에 따라 달려있다. 코틀린에서 변경 가능성을 관리하는 것은 도메인 모델에 이 두 가지 메커니즘 중에 어느 쪽을 적용할지에 대해 통달하는 것과 관련이 있다.

이런 선택이 틀렸음이 판명난다면, 한쪽 형식에서 다른쪽 형식으로 리팩터링을 할 수 있어야만 한다. 모든 코드가 단일 코드 기반에 들어있다면 코틀린과 인텔리J가 두 형식 사이의 리팩터링을 간단하게 해 준다. 이번 장은 자바로 작성했을 법한 객체 지향 다형성에서 코틀린의 봉인된 클래스로 리팩터링하는 방법을 설명했다. 다른 방향으로 가는 리팩터링은 마틴 파울러의 책[1]에 있는 '조건부 로직을 다형성으로 바꾸기'에 설명되어 있는 방법과 관련 있으므로 이 책에서는 별도로 다루지 않는다.

---

1 『리팩터링(2판): 코드 구조를 체계적으로 개선하여 효율적인 리팩터링 구현하기』(한빛미디어, 2020)

CHAPTER 19

예외 던지기에서
값 반환으로

자바는 체크 예외와 언체크 예외를 사용해 오류를 표현하고 처리한다. 코틀린도 예외를 지원하지만, 체크 예외를 자바와 마찬가지 방식으로 언어 안에 넣지는 않는다. 왜 코틀린이 자바의 접근 방법을 거부했으며, 그 방법 대신 어떤 방법을 써야만 할까?

프로그래밍 경력이 그리 길지 않아도 컴퓨터 프로그램이 **얼마나 다양한 방법으로** 잘못될 수 있는지 알게 된다.

저자들은 프로그래밍 경력 초기에 (프로그램의) 오류를 얼버무리려는 경향이 있었다. 요즘도 최소한 프로젝트의 초기 단계에서만큼은 여전히 그렇게 한다. 하지만 시스템이 자람에 따라 실패가 애플리케이션에 어떻게 영향을 끼치는지 배우고 이런 오류를 다루는 코드를 추가하기 시작한다. 처음에는 단편적인 오류 처리 코드를 추가하지만, 나중에는 경험으로부터 비롯된 어떤 오류 처리 전략을 코드에 추가한다. 이런 점에서 오류 처리도 소프트웨어 설계의 다른 측면이 진화하는 방식과 마찬가지 방식으로 진화한다. 때로 우리는 비슷한 시스템의 경험을 살려 미리 설계를 수립한다. 때로는 작성한 소프트웨어를 실행하면서 발생하는 현상을 살펴보면서 어떤 처리가 필요한지를 배운다.

더 신중한 전략이 없다면, 대부분 시스템의 디폴트 오류 처리 방법은 무언가 잘못됐을 때 예외를 발생시키는 것이다. 그리고 이런 예외를 바깥쪽에서 잡아내고 로그에 남긴다. 명령줄 유틸리티라면 이런 경우 사용자가 문제를 해결하고 프로그램을 다시 실행하기에 충분한 정보를 제공할 수 있기를 바라면서 실행을 끝낸다. 이벤트 루프를 도는 서버 앱이나 GUI에서는 보통 현재의 상호 작용을 끝내고 다음 상호 작용을 시작한다.

오류 발생이 단순히 나쁜 사용자 경험으로 끝날 수도 있지만, 때로는 오류가 시스템의 영속적인 상태를 오염시키기 때문에 그로 인해 발생한 최초의 문제를 해결하고 오류가 발생했던 동작을 재시도하는 것만으로 문제가 해결되지 않을 때가 있다. '다 끄고 처음부터 다시 시작해봐'라는 현명한 조언이 타당한 이유가 바로 이것이다. 재시작 후 재시도하는 경우 성공할 수 있도록 시스템들은 보통 실행 시 안전한 상태에서 시작한다. 그렇지 않다면 아마도 운영 체제를 다시 설치하는 것만이 해법인 상황이 생길 것이다. 운영 체제를 다시 설치하는 것이 오염된 상태를 제거하는 궁극적인 방법이기 때문이다.

인터넷 리부팅하기

덩컨은 네스트 온도조절기와 IFTTT^{If This Then That}의 통합이 제대로 동작하지 않는 문제가 겪었다. IFTTT는 네스트가 홈^{Home} 모드에 진입할 때 통지받지만 어웨이^{away} 모드에 진입할 때는 통지를 받지 못했다. 2017년 2월 28일 AWS에 발생한 큰 장애가 신비롭게도 이 문제를 해결해줬다. 덩컨의 문제를 해결하는 데 필요한 것은 인터넷을 리부팅하는 것이라는 사실이 드러났다.

오류를 잘 관리하지 않았음에도 불구하고 시스템이 성공하면 오류로 인한 오염을 진단하고 수정하는 데 드는 시간이 팀의 시간을 모두 잡아먹을 수 있을 정도로 커질 수도 있다. 이런 상황은 소프트웨어 프로젝트에 있어 바람직한 상황이 아니다. 어떻게 우리가 이런 사실을 아는지 물어보라!

오류는 사용자를 화나게 하고, 해결할 수 있을지 모르지만 혹시 해결할 수 있더라도 상당한 노력이 필요한 오염을 일으킬 수 있다. 우리는 오류를 원하지 않는다. 어떤 종류의 오류를 볼 수 있을까?

프로그램은 여러 가지 이유로 잘못될 수 있다. **프로그램**이라는 말은 함수, 메서드, 프로시저 등 호출할 수 있는 모든 코드를 의미한다. 그리고 **잘못됐다**는 말은 프로그램이 하리라 예상한 것을 만족하지 못했을 때를 말한다.

실패는 다음과 같은 원인을 포함한다.

- 때로는 프로그램이 다른 시스템과 이야기를 해야 하는데 어떤 이유로 통신이 실패할 수가 있다.
- 소프트웨어가 일을 하는데 필요로 하는 올바른 입력을 제공하지 않는 경우도 자주 있다.

- 분명히 프로그래머가 만들어내는 오류도 있다. 예를 들어, 컴퓨터에 널 참조를 역참조하라고 명령하거나 컬렉션 원소를 올바른 범위를 넘어서는 정수 인덱스 값을 사용해 접근할 때도 있다.
- 어떤 이유로 프로그램을 실행하는 환경이 실패하는 경우도 있다. 예를 들어, 메모리가 부족하거나 클래스를 적재하지 못하는 경우가 있다.

이런 분류에 속하지 않는 실패도 있지만 대부분은 이 네 가지 분류에 속한다.

오류 목록이 그렇게 길어 보이지 않는데, 소프트웨어 산업계 전체는 그다지 신뢰성 평판이 좋지 못하다. 오류 처리는 그냥 어려운 일처럼 보인다. 왜 그럴까?

우선은 어떤 연산이 실패할지를 알지 못하고, 실패할 때 어떤 식으로 실패할 수 있는지에 대해서도 알지 못한다. 실패를 아는 경우라 해도, 오류를 처리하는 방법에 대한 지식이 들어있는 코드와 문제를 감지하는 코드가 아주 멀리 떨어져 있을 수도 있다. 이런 경우, 오류를 감지한 코드와 오류를 복구하는 코드 사이의 행복한 경로happy path[1]를 격려하기 힘들어서 테스트하기도 어렵다. 이런 여러 가지 이유와 오류가 시스템을 복구 불가능한 상태로 만드는 경향이 합쳐지면, 대부분 개발자들이 최선의 상황을 바라면서 열심히 일하지만, 여전히 프로그램을 잘못 작성하는 상황에 이르게 된다.

열심히 일하면서 실수하기 쉽다고? 컴퓨터가 이런 작업에서 해방시키고 힘들고 단조로운 일을 대신 해줌으로써 우리가 좀 더 창조적인 일을 할 수 있게 돕기 위해 만들어진 도구가 아니었던가? 컴퓨터는 그런 존재다. 따라서 사용하는 프로그래밍 언어가 모든 것을 어떻게 더 안전하고 쉽게 만들어 주느냐는 렌즈를 통해 오류 처리에 초점을 맞출 것이다.

19.1 예외 이전의 오류 처리

요즘 대부분 오류 처리는 예외에 기반해 이뤄진다. 하지만 과거에는 다른 기법을 사용했으며, 이런 기법을 여전히 사용할 수 있는 상황도 있다. 이런 기법의 장단점을 먼저 살펴보자. 단점을 살펴봄으로써 오늘날 왜 예외가 대세가 됐는지 알 수 있고, 장점을 살펴봄으로써 예외가 적합하지 않은 상황에 우리가 선택할 수 있는 대안이 무엇인지를 알 수 있다.

....

1 옮긴이_ 행복한 경로는 개발자가 생각하는 정상적인 경우를 따라 흘러가는 프로그램 경로를 뜻한다. 본문에서 행복한 경로를 격려해야 하는 이유는 오류가 발생했음에도 계속 정상 경로를 따라가면 엉뚱한 결과가 발생하거나 프로그램이 망가질 수 있기 때문이다. 오류가 발생한 순간 프로그램은 행복한 경로를 실행하지 않고 오류를 복구할 수 있는 지점으로 최대한 빨리 옮겨가야 한다.

| 오류 무시하기 |

오류를 무시할 수도 있다. 실패하는 루틴이 자신을 호출한 쪽의 주의를 끌기 위해 그 어떤 일도 하지 않거나, 호출하는 쪽에서 오류 여부를 검사하지 않을 수 있다.

이렇게 하면 영속적인 데이터를 오염시키거나 작업을 조용히 실패하게 되기 때문에, 우리는 이보다는 더 높은 수준을 겨냥해야 한다.

| 그냥 프로그램 종료하기 |

일부 프로그램은 오류를 감지하면 그냥 프로그램을 끝낸다.

오류 발생 시 재시작을 시켜주는 수퍼바이저와 영속적인 데이터의 오염을 방지하기 위해 주의 깊게 작성한 코드를 조합하는 방식은 이미 전투를 통해 검증된 적절한 전략이다. 연산을 중단하기 위해 예외를 던지는 것은 이런 기법을 전체 프로그램 대신 프로시저에 적용한 전략이다.

| 특별한 값 반환하기 |

오류를 표현하는 특별한 값을 반환하는 것도 유용한 기법일 수 있다. 예를 들어 함수가 리스트에서 원소를 찾지 못하면 원소의 인덱스 대신 -1을 반환할 수 있다.

어떤 함수의 반환 값이 모두 다 올바른 값일 경우 이 기법을 사용할 수 없다. 함수를 호출하는 쪽에서도 특별한 값을 반환하는 관습을 알아야(그리고 기억해야) 하기 때문에 이 전략은 위험할 수도 있다. 만약 리스트에 포함된 두 원소의 인덱스를 (조금 전에 이야기한 함수를 통해 찾아서) 서로 빼는 방식으로 두 원소 사이의 거리를 계산하는데, 둘 중 한 원소를 찾지 못해서 인덱스로 -1이 반환된다면, 이 특별한 경우를 명시적으로 처리하지 않는 한 계산이 틀린 결과를 내게 된다. 그리고 이런 기법을 쓰면 오류를 방지하기 위해 타입 검사에 의존하는 것이 불가능하다.

특별한 값을 반환하는 전략의 특별한 경우로 오류 시 널을 반환하는 방식이 있다. 대부분 언어에서 이런 방식은 아주 위험하다. 호출하는 쪽이 널 가능성을 명시적으로 검사하지 않고 결과를 사용하면 `NullPointerException`이 던져질 수 있는데, 이 예외가 원래의 오류보다 더 나쁠 수도 있다. 하지만 코틀린에서는 타입 검사기가 호출자가 널 가능성을 처리하도록 강제하기 때문에, 이런 기법이 안전하고 효과적인 기법이 될 수 있다.

| 전역 플래그 설정하기 |

특별한 값을 반환하는 방식에는 발생할 수 있는 오류 중 어떤 오류가 발생했는지를 알리기가 어렵다는 문제가 있다. 이를 해결하기 위해 특별한 반환 값을 돌려주는 방법과 전역 변수에 오류의 종류를 설정하는 방법을 조합해 사용할 수도 있다. 예를 들어 특별한 값을 감지하면 호출자 쪽에서 errno를 검사해서 문제가 무엇인지 알 수 있다.

이 기법은 C에서 유명했지만 대부분은 예외 기반의 오류 처리로 대체됐다.

| 상태 코드 반환하기 |

예외를 사용하기 전에 쓰이던 또 다른 기법으로 상태 코드를 반환하는 방법이 있다. 함수가 아무 값도 반환하지 않거나(함수가 오직 부수 효과만을 위해 존재함), 값을 다른 방식으로 반환할 때(참조로 전달된 파라미터를 변경하는 방식을 자주 쓴다) 이런 방식을 쓸 수 있다.

| 특별한 함수 호출하기 |

오류가 발생하면 특별한 함수를 호출하는 방식도 때로 좋은 전략이 될 수 있다. 보통은 호출되는 함수의 파라미터로 오류 함수가 전달된다. 문제가 감지되면 오류 함수를 호출하면서 오류를 표현하는 값을 파라미터로 전달한다. 때로는 오류 함수가 자신의 반환 값을 통해 실패한 연산을 재시도하거나 중단할지를 전달할 수도 있다. 다른 기법으로는 호출되는 함수가 반환해야만하는 값을 오류 함수가 제공하는 방법이 있다.

이 기법은 전략 패턴을 오류 처리에 적용한 예다. 예외를 사용할 수 있다고 할지라도, 몇몇 틈새 상황에서는 이 기법이 유용한 도구이다.

19.2 예외를 사용한 오류 처리

앞 절에서 살펴본 모든 기법에는 호출하는 코드가 발생한 예외를 무시할 수 있는 여지가 어느 정도 있다는 단점이 있다.

예외는 이 문제를 해결한다. 연산을 수행하다 오류가 발생하면 자동으로 중단되고, 호출자가 예외를 명시적으로 처리한다. 호출자가 예외를 처리하지 않으면 호출 스택을 따라 내려가면서 누군가 예외를 처리할 때까지 예외가 전달된다. 아무도 예외를 처리하지 않으면 호출 스레드가 종료된다.

19.3 자바와 체크 예외

자바가 처음 나왔을 때는 예외가 상대적으로 새로운 개념이었고, 자바 언어 설계자들은 이 분야를 혁신하기로 결정했다. 자바 설계자들은 메서드가 던질 수 있는 예외들을 메서드 시그니처에 포함시켰다. 예를 들어, 이런 방식을 통해 호출자는 자신이 호출하는 메서드가 네트워크 자원을 더 이상 사용할 수 없으므로 실패할 수도 있다는 사실을 알게 된다. 메서드가 자신이 이런 방식으로 실패할 수도 있다고 선언하면, 이 메서드를 호출하는 모든 호출자는 이 실패를 처리하거나(catch 블록을 통해 예외를 어떻게 처리해야 하는지 기술), 호출자 자신도 같은 예외를 발생시키면서 실패할 수 있다고 다시 선언해야만 한다. 이를 통해 프로그래머가 이런 오류의 가능성을 확실히 처리하도록 할 수 있다. 컴파일러가 예외가 처리되는지(또는 호출하는 메서드에 따라 다시 던져질 수 있다고 선언되어 있는지) 검사해 주기 때문에, 이런 예외를 **체크 예외**checked exception라고 부른다.

검사 예외는 프로그래머가 합리적으로 실패에서 복구하는 방법을 아는 경우를 위해 설계됐다. 데이터베이스를 재시도해 보거나 소켓을 다시 여는 등의 경우를 이런 예로 들 수 있다. 자바 설계자는 검사 예외 외에 두 가지 예외 타입을 구별했다. 바로 오류와 런타임 예외runtime exception가 그 둘이다.

| 오류 |

java.lang.Error의 하위 클래스는 실행 시점에 JVM의 올바른 동작을 보장할 수 없는 심각한 실패를 위해 예약되어 있다. 클래스를 적재할 수 없거나, 시스템의 메모리를 소진한 경우 그럴 수 있다. 프로그램을 실행하는 도중 아무 때나 이런 조건이 발생할 수 있으므로 어떤 함수나 이런 이유로 실패할 수 있다. 아무 메서드나 이런 식으로 실패할 수 있으므로 이런 예외를 모든 함수 시그니처에 추가하는 것은 아무 가치가 없다. 따라서 Error는 별도로 선언해야만 할 필요가 없다.

| 런타임 예외 |

RuntimeException의 하위 클래스들은 다른 유형의 오류를 표현한다. 의도는 프로그래머의 실수에 따라 야기된 문제에 대해서만 이런 예외를 사용하는 것이었다. 예를 들어 널 참조에 접근하거나, 컬렉션의 경계를 벗어난 위치를 읽으려고 시도하는 등이 이에 해당한다. 두 경우 모두 프로그래머가 좀 더 신중하다면 이런 문제가 발생하지 않을 수 있다. 하지만 코드 대부분에서 프로그래머의 실수에 따라 문제가 발생할 수 있으므로 RuntimeException도 꼭 선언해야만 하는 대상에서 제외됐다.

이 방법은 개발자들이 I/O 오류나 개발자 자신이 제어할 수 없는 요소에 따라 실패할 수 있는 연산을 처리하도록 강제하며(체크 예외), 방어적 프로그래밍이 더 경제적인 경우 프로그래머가 방어적 프로그래밍을 할 수 있게 해 준다. 반대쪽 극단으로 Error가 발생하면 취할 수 있는 최선의 디폴트 접근 방법은 영속적인 상태에 더 큰 피해가 가기 전에 가능한 한 빨리 프로세스를 끝내는 것이다.

RuntimeException들은 그 중간 있다. 이들이 프로그래머의 실수를 표현한다면, 이런 예외가 발생했다는 사실은 우리 프로그램 안에서 어떤 일이 벌어지는지를 우리가 이해하지 못했다는 점을 증명했다고 가정하고, 현재 연산을 중단하거나 전체 프로그램을 끝낸다. 또는, 복구를 시도할 수도 있다. 특히 시스템이 영속적인 상태에 미칠 수 있는 손상을 제한하는 방식으로 설계되면 복구를 시도해볼 만하다.

우리는 모두 체크 예외를 좋아했다. 하지만 체크 예외를 좋아하는 사람은 소수인 것 같다. 세월이 지남에 따라 자바에서 체크 예외에 대한 호감이 사라졌기 때문이다. 체크 예외는 처음부터 체크 예외인 Exception의 하위 클래스로 RuntimeException을 지정한 이상한 설계에 따라 방해받았다. 모든 체크 예외를 처리하기를 원하는 코드가 언체크 예외까지 처리하게 된다는 사실을 알게 되기 때문이다. 게다가 자바 API가 예외를 일관성 있게 처리하지 않는다는 사실 때문에 체크 예외의 사용이 방해받았다. 예를 들어 문자열에서 데이터를 추출하는 경우를 살펴보자. URL 생성자인 URL(String)은 **체크** 예외인 MalformedURLException을 던지지만, Integer.parseInt(String)은 **언체크** 예외인 NumberFormatException을 던진다.

parseInt가 어떻게 실패해야만 할까?

이 문제는 흥미로운 사례로, 오류 처리가 왜 그렇게 어려운지를 보여 준다.

우리가 설명한 전략을 살펴보면 parseInt는 특별한 정숫값을 반환할 수가 없다. 이 함수의 경우 모든 정수가 올바른 반환 값이기 때문이다. 박싱한 Integer를 돌려주면서 null을 반환할 수도 있겠지만 성능이 필수적인 코드에 자주 쓰일 수 있는 정말로 근본적인 이런 저수준 연산을 위해 박싱과 언박싱을 수행하는 것은 바람직하지 않다. 특히 1990년대 중반의 JVM에서는 더더욱 그랬다.

오류 함수를 호출하는 것도 역시 불필요한 의식을 거쳐야 하기 때문에 부적합하다. 따라서 남는 것은 예외를 던지는 것뿐이다. 그렇다면 이 예외는 체크 예외여야 할까 언체크 예외여야 할까?

언어 설계자들은 parseInt가 NumberFormatException을 던져야 하고, NumberFormatException은 IllegalArgumentException의 하위 타입이어야 한다고 결정했다. IllegalArgumentException이 언체크 예외였기 때문에 NumberFormatException도 언체크 예외가 된다.

이 두 결정(예외를 던지고, 그 예외가 IllegalArgumentException을 상속한 언체크 예외라는 점)은 독립적으로 생각하면 정당한 결정이다. 하지만 둘을 조합하면 parseInt가 자신을 호출하는 코드에게 자신이 실패할 수 있다는 점을 고려하도록 강제하지 않는 결과를 낳는다. 체크 예외를 썼다면 결과가 달라졌을 것이다.

우리는 JVM 프로그래머들이 C에서 파싱에 실패하면 0을 돌려주는 atoi 함수를 사용해 문자열을 정수로 파싱하는 데 너무 익숙해서(C에는 예외가 없다) 이런 설계를 한것이 아닌가 의심한다. JVM 프로그래머들은 이런 오류에 대해 대비하지 않는 것을 함수 자체의 실패로 보기보다는 프로그래머의 실패로 생각했던 것 같다. 하지만 저자들은 실패 가능성을 상기시켜주는 쪽을 더 고마워하며, 이런 실패를 검증 예외로 지정했으면 한다.

어떤 종류의 예외를 사용해야 하는가에 대한 혼동이 늘어났고, 얼마 지나지 않아 대부분 자바 라이브러리에서 선언되는 유일한 예외가 IOException인 지경에 이르렀다. 그 당시에도 하이버네이트^{Hibernate}와 같은 데이터베이스 라이브러리는 분명히 네트워크를 통해 데이터베이스와 통신하며 IOException을 발생시켜야 했음에도 불구하고 RuntimeException을 발생시켰다.

일단 여러분이 호출하는 코드 중 상당부분이 언체크 예외만 사용하기 시작하면 게임은 끝난다. 여러분은 함수 실패의 원인을 경고해 주는 체크 예외에 기댈 수 없다. 대신 전술적인 방어적 프로그래밍으로 돌아가서, 프로덕션 코드에 방어적 코드를 넣고 로그에 기록된 오류를 살펴보고,

발생하는 모습을 보고 싶지 않은 예외를 처리하는 코드를 추가하는 방식의 예전 기법을 사용해야 한다.

체크 예외가 들어있는 관에 박힌 마지막 못은 자바 8에 도입된 람다였다. 람다를 지원하기 위해 도입된 함수형 인터페이스(Producer, Consumer 등)의 시그니처에 예외를 선언하지 않기도 결정했고, 그에 따라 람다나 함수형 인터페이스는 체크 예외를 전파할 수 없게 됐다. 이 문제는 극복할 수 없는 문제는 아니었지만, 공정하게 말하자면, 저자들도 여기서 체크 예외 사용을 포기했다. 하지만 그로 인해 예전 표준 자바 API는 체크 예외를 선언하지만(특히 IOException), 새로운 표준 API(특히 스트림)는 개발자들이 예전 API에 정의된 체크 예외를 무시하도록 강제하는 효과가 나타났다.

19.4 코틀린과 예외

JVM에서 실행되기 때문에, 코틀린에도 예외가 있고 언어 플랫폼에 예외가 내장되어 있다. 하지만 코틀린은 체크 예외를 특별하게 취급하지는 않는다. 자바도 거의 체크 예외 사용과 관련한 싸움에서 패배했고, 자바의 경우와 마찬가지로 체크 예외를 고차 함수와 함께 사용하기는 어렵기 때문이다. 체크 예외가 JVM의 특성이 아니고 자바 컴파일러의 특성이기 때문에, 코틀린은 상당수의 체크 예외를 무시할 수 있다. 컴파일러는 바이트코드에 메서드가 발생시킬 수 있는 체크 예외를 기록하지 않을 수 있는데, JVM 자체는 이에 대해 신경 쓰지 않는다.

결과적으로 코틀린 프로그램은 예외 처리라는 측면에서는 기본적으로 자바 프로그램보다 더 낫거나 더 나쁘지 않다.

이런 경향의 유일한 예외는 앞에서 관찰한 바와 같이, 코틀린에서는 함수를 호출하는 쪽에서 null이 발생할 가능성을 제대로 처리할 것을 알고 오류를 표현하기 위해 null을 사용할 수 있다는 점이다. 이런 예로 런타임이 제공하는 `<T> Iterable<T>.firstOrNull(): T?`를 들 수 있다. 부연하자면, 런타임은 컬렉션이 비어있을 때 `NoSuchElementException` 예외를 던지는 `first()`도 함께 제공한다.

19.5 예외를 넘어서: 함수형 오류 처리

정적 타입 함수형 프로그래밍 언어는 이더 타입Either type에 기반한 다른 오류 처리 방식을 선호하며 예외를 거부하는 경우가 있다. 우리는 이더 타입이 무엇인지 잠시 후 살펴볼 것이다. 하지만 왜 함수형 프로그래머들이 예외를 좋아하지 않을까?

함수형 프로그래밍만의 특색있는 기능으로 **참조 투명성**이 있다. 어떤 식이 참조 투명하면, 그식을 그 식을 계산한 결과로 안전하게 치환할 수 있다. 따라서 다음과 같이 작성해 보자.

```
val secondsIn24hours = 60 * 60 * 24
```

결과에 영향을 끼치지 않고 60 * 60을 3600으로 치환하거나, 60 * 24를 1440으로 치환할수 있다. 사실은, 컴파일러가 전체 식을 86400으로 치환할 지 결정할 수 있고, (바이트코드를 살펴보거나 디버거를 사용하지 않는다면) 우리는 컴파일러보다 더 현명하지 않다.

```
secondsIn(today())
```

반면에 이 코드는 참조 투명하지 않다. 왜냐하면 today()가 오늘 실행한 때와 어제 실행했을때 서로 다른 결과를 내놓는데, 날에 따라서는 윤초leap second[2]가 적용된 날도 있기 때문이다. 그결과 secondsIn(today())은 언제 이 코드를 호출하느냐에 따라 결과가 달라질 수 있고, 그래서 이 식을 사용하는 모든 위치를 똑같은 값으로 대치할 수 없다.

7.2절 '계산'에서 살펴본 개념이 참조 투명하며, 7.3절 '동작'은 그렇지 않다.

왜 참조 투명성에 관심을 가져야 할까? 참조 투명성이 있으면 프로그램의 행동 방식에 대해 추론하기가 훨씬 더 쉽다. 그에 따라 오류가 더 적어지고 리팩터링하고 최적화할 기회도 더 많다. 이를 원한다면(적어도 우리가 오류가 더 많이 발생하고 최적화 및 리팩터링 기회가 더 적어지기를 바라지는 않을 것이다) 참조 투명성을 위해 노력해야 한다.

오류 처리를 해야 하는 경우 어떻게 해야 참조 투명성을 달성할 수 있을까? Integer. parseInt(String) 예제로 돌아가 살펴보자. 올바른 입력에 대해 parseInt는 항상 같은 값

---

2 옮긴이_ 지구 자전 속도는 약간 불규칙하고 점점 느려지고 있으므로 6월 30일이나 12월 31일의 마지막 초 다음에 1초를 더 추가하는경우가 있는데 이를 윤초라 한다. 하루는 보통 86,400초이지만 윤초가 추가된 날은 86,401초다.

을 반환한다. 따라서 이 함수는 참조 투명할 수 있다. 하지만 String이 정수를 표현하지 않는 경우 parseInt는 결과를 반환하는 대신 예외를 던진다. 우리는 이 호출의 결과를 예외로 대신할 수는 없다. 왜냐하면 함수의 반환 타입은 Int인데 예외의 타입은 Exception이라서 Int가 아니기 때문이다. 예외는 참조 투명성을 깬다.

예외 대신에 오류를 표현하는 특별한 값을 반환하는 오래된 기법으로 돌아간다면, 참조 투명성을 회복할 수 있다. 왜냐하면 식을 오류 값으로 치환해도 되기 때문이다. 코틀린에서는 null이 오류를 표현할 때 좋은 값이므로, parseInt의 반환 타입을 Int?로 정의할 수 있다. 하지만 문자열에서 숫자가 아닌 (그래서 오류의 원인이 된) 첫 번째 문자가 무엇인지 알고 싶다면 어떻게 해야 할까? 예외에는 이런 정보를 실을 수 있지만 반환 타입인 Int?에는 실을 수 없다.

우리가 함수가 Int를 반환하거나 또는 실패한 이유를 돌려주게 할 수 있을까?

정답은 질문 안에 있다. Either라는 타입을 정의한다. Either는 두 타입을 저장할 수 있지만, 어느 한 순간에는 한 가지 값만 저장할 수 있다.

```
sealed class Either<out L, out R>

data class Left<out L>(val l: L) : Either<L, Nothing>()

data class Right<out R>(val r: R) : Either<Nothing, R>()
```

코틀린에서는 봉인된 클래스(18장)가 이런 경우 잘 어울린다. 우리 자신만 하위 타입을 정의할 수 있고 아무도 다른 하위 타입을 추가할 수 없기 때문이다.

Either를 오류 처리에 사용하는 경우, 관습적으로 Right를 결과를 반환하는 데 사용하고 Left를 오류를 반환하는 데 사용한다. 이런 관습을 지킨다면 다음과 같이 정의할 수 있다.

```
fun parseInt(s: String): Either<String, Int> = try {
    Right(Integer.parseInt(s))
} catch (exception: Exception) {
    Left(exception.message ?: "No message")
}
```

어떻게 이 값을 사용할 수 있을까? 18장에서 본 것처럼, 이런 코드를 작성하는 경우 when 식과 스마트 캐스트가 아주 멋지게 작동한다.

```
val result: Either<String, Int> = parseInt(readLine() ?: "")
when (result) {
    is Right -> println("Your number was ${result.r}")
    is Left -> println("I couldn't read your number because ${result.l}")
}
```

Either를 반환함으로써, 우리는 클라이언트에게 우리가 실패하는 경우를 반드시 처리하도록 할 수 있다. 이를 통해 함수형 형태로 검사 예외의 몇몇 장점을 살릴 수 있다. 이런 스타일을 품기 위해 우리는 자바에서 검사 예외를 던지도록 선언했던 모든 메서드가 Either를 반환하게 만든다. 그렇게 하고 나면 호출자는 성공 값을 벗겨 내 사용하거나, 실패를 전달할 수 있다.

```
fun doubleString(s: String): Either<String, Int> {
    val result: Either<String, Int> = parseInt(s)
    return when (result) {
        is Right -> Right(2 * result.r)
        is Left -> result
    }
}
```

when을 사용해 Either를 벗겨 내는 것이 논리적이긴 하지만 너무 번잡하다. 이런 식의 값을 벗겨 내는 패턴은 너무 자주 일어나기 때문에 map을 다음과 같이 정의할 수 있다.

```
inline fun <L, R1, R2> Either<L, R1>.map(f: (R1) -> R2): Either<L, R2> =
    when (this) {
        is Right -> Right(f(this.r))
        is Left -> this
    }
```

이 함수를 사용하면 doubleString 함수를 다음과 같이 작성할 수 있다.

```
fun doubleString(s: String): Either<String, Int> = parseInt(s).map { 2 * it }
```

왜 이 함수형 호출을 invokeUnlessLeft이라고 부르지 않고 map이라고 부를까? 눈을 가늘게 뜨고 코드를 살펴보면 이 코드가 List.map과 같은 종류의 연산이라는 사실을 알 수 있다. 이 함수는 주어진 함수를 컨테이너의 내용물에 적용하며 결과로 다른 컨테이너를 반환한다.

Either의 경우 map은 Right에 대해서만(즉 오류가 아닌 경우에만) 함수를 적용해 준다. 그렇지 않은 경우, map은 Left를 변경하지 않고 그대로 전달한다.

아직 눈을 풀지 말라. 왜냐하면 비슷한 함수를 하나 더 정의할 것이기 때문이다.

```
inline fun <L, R1, R2> Either<L, R1>.flatMap(
    f: (R1) -> Either<L, R2>
): Either<L, R2> =
    when (this) {
        is Right -> f(this.r)
        is Left -> this
    }
```

이 함수는 값을 푼 다음 그 값을 사용해 실패할 가능성이 있는 함수(그래서 Either를 반환한다)를 호출한다. 이런 함수를 사용해 무슨 일을 할 수 있을까? 예를 들어 Reader에서 값을 읽고 그 값에 2를 곱한 결과를 출력하고 싶다고 하자. 우리는 예외를 던지는 대신 Either를 반환하는 readLine 래퍼 함수를 정의할 수 있다.

```
fun BufferedReader.eitherReadLine(): Either<String, String> =
    try {
        val line = this.readLine()
        if (line == null)
            Left("No more lines")
        else
            Right(line)
    } catch (x: IOException) {
        Left(x.message ?: "No message")
    }
```

이제 eitherReadLine과 doubleString을 flatMap으로 조합할 수 있다.

```
fun doubleNextLine(reader: BufferedReader): Either<String, Int> =
    reader.eitherReadLine().flatMap { doubleString(it) }
```

이 코드는 eitherReadLine이 실패 시 그 실패 내용이 들어있는 Left를 반환한다. 그렇지 않으면 doubleString의 결과를 반환한다. doubleString의 결과는 다시 실패를 표현하는 Left이거나 최종 결과인 Int 값이 들어있는 Right이다. 이런 방식으로 map과 flatMap을 연쇄적으로 호출하는 과정이 마치 예외를 덜질 수 있는 연쇄적인 식처럼 작동한다. 즉, 예외를 던지는 경우와 마찬가지로 처음 실패한 부분에서 나머지 계산을 포기하고 전체 식이 끝난다.

여러분이 객체 지향 배경인 개발자라면, 이런 스타일에 익숙해지려면 시간이 약간 걸릴 것이다. 우리가 경험한 바로, 아무리 많이 이러한 코드를 읽어도 그리 도움이 되지 않는다. 단지 익숙해질 때까지 열심히 이런 스타일의 코드를 작성해야만 한다. 나중에 잘 작동하는 예제를 보면서 고통을 함께 나누자.

19.6 코틀린의 오류 처리

사용할 수 있는 오류 처리 방법들이 무엇인지 알았다. 그렇다면 코틀린 프로젝트에서는 어떤 방법을 사용해야 할까? 그리고 자바 코드를 어떻게 코틀린으로 마이그레이션할 수 있을까?

언제나 그렇듯이, 상황에 따라 달라진다.

실패 이유와 관련한 정보를 전달할 필요가 없는 경우, 널이 될 수 있는 타입을 사용해 실패를 표현하는 방법이 매우 효과적이다.

디폴트 전략으로 예외를 사용한다고 해고되는 일은 없다. 하지만 타입 검사가 부족하므로 예외를 사용하면 어떤 코드로 어떤 실패가 발생할지에 대해 서로 의사소통하기 어려워지고, 그로 인해 신뢰할 수 있는 시스템을 구축하기 어려워진다. 설상가상으로 참조 투명성이 주는 이점도 사라지기 때문에 신뢰하기 어려운 여러분의 시스템을 리팩터링하거나 수정하기도 더 어려워진다.

선호하는 방법은 자바에서 I/O 문제 등으로 검사 예외를 던졌을 법한 연산이거나 parseInt 처럼 모든 입력에 대해 결괏값을 제공할 수 없는 연산의 경우 Either를 반환하는 것이다. 이 방법을 사용하면 예외를 더 치명적인 오류를 위해 남겨둘 수 있다. Error는 여전히 복구 불가능한 프로그램의 오류에 사용하기 적합하다. 이런 경우에는 프로그램이 중단되고 다른 프로세스에 따라 재시작될 수 있게 시스템을 설계해야만 한다. IndexOutOfBounds 등의 경우처럼 RuntimeException들도 여전히 프로그래머의 오류를 표시하기에 적합하다. 주의 깊게 시스템을 설계한 시스템은 이런 문제를 견디고 살아남아서 다른 입력을 처리하고 같은 문제에 다시 부딪치지 않아야 한다.

어떤 Either 타입을 선택해야 할까? 내장 코틀린 Result 타입은 귀찮고 방해만 되는 불만족스러운 플레이스홀더placeholder에 지나지 않는다. 코루틴을 위해 Result가 설계됐고, 실패 값으로 Exception(실제로는 Throwable)만 사용할 수 있으므로 이 타입을 프로퍼티 타입으로 사용하면 인텔리J가 신음하는 소리를 들을 수 있다. 이 타입이 kotlin 패키지에 공개 멤버로 들어가지 않았더라면 더 좋았을 것이다. 하지만 실제로는 kotlin에 들어있기 때문에, 더 나은 Result 타입을 사용하기로 결정한 경우, 이 Result를 컴파일러는 kotlin.Result 타입으로 간주한다는 사실을 기억할 때까지 이상한 컴파일 오류 메시지를 계속 보게 된다.

다른 결과 타입이 많이 존재한다. 하지만 이 책에서는 Result4k(*https://oreil.ly/F5Y4M*)를 사용한다. 우연이 아니지만 냇이 Result4k를 작성했다. 앞에서 살펴본 제네릭 Either 타입과 비교하면 Result4는 Result<SuccessType, FailureType>를 정의하고, Left와 Right 대신 Success와 Failure라는 하위 타입을 정의한다. 이 타입은 오류를 표현하는 데 특화되어 있으므로 Result4k는 Either의 관습을 뒤집어서 성공 타입을 첫 번째 제네릭 타입 파라미터로 받고 실패 타입을 두 번째 제네릭 타입 파라미터로 받는다. Result4k의 Result는 Either에서는 의미가 없는 onFailure와 recover 등의 연산도 제공한다. 이런 연산에 대해서는 나중에 리팩터링을 진행하면서 살펴본다.

19.7 예외를 오류로 리팩터링하기

이제 쓸 수 있는 오류 처리 방법을 이해했으므로, 자바 코드를 코틀린으로 리팩터링하면서 그 과정에서 오류 처리를 원하는 방식으로 변환하자.

트래블레이터에는 클라이언트 앱이 Customer를 등록할 수 있게 허용하는 HTTP 종단점endpoint이 있다.

예제 19.1 [errors.0:src/main/java/travelator/handlers/CustomerRegistrationHandler.java]

```java
public class CustomerRegistrationHandler {

    private final IRegisterCustomers registration;
    private final ObjectMapper objectMapper = new ObjectMapper();
```

```java
    public CustomerRegistrationHandler(IRegisterCustomers registration) {
        this.registration = registration;
    }

    public Response handle(Request request) {
        try {
            RegistrationData data = objectMapper.readValue(
                    request.getBody(),
                    RegistrationData.class
            );
            Customer customer = registration.register(data);
            return new Response(HTTP_CREATED,
                    objectMapper.writeValueAsString(customer)
            );
        } catch (JsonProcessingException x) {
            return new Response(HTTP_BAD_REQUEST);
        } catch (ExcludedException x) {
            return new Response(HTTP_FORBIDDEN);
        } catch (DuplicateException x) {
            return new Response(HTTP_CONFLICT);
        } catch (Exception x) {
            return new Response(HTTP_INTERNAL_ERROR);
        }
    }
}
```

CustomerRegistrationHandler가 하는 일은 요청 본문에서 데이터를 추출하고, 그 데이터를 registration에 전달해 처리한 후, Customer의 JSON 표현을 응답으로 반환하거나 적절한 오류 상태 코드를 반환하는 것이다.

HTTP

예제 코드를 특정 자바 HTTP 프레임워크와 엮지 않았다. 따라서 종단점에서 들어오는 호출을 Request를 파라미터로 받고 Response를 반환하는 간단한 함수 뒤에 추상화시켰다.

HTTP 상태 코드는 결과 타입의 또 다른 예이다. HTTP 프로토콜은 요청이 어떤 방식으로든 잘못된 경우 4xx 오류를 돌려주고, 서버와 관련된 이유로 요청을 처리할 수 없는 경우 5xx 오류를 돌려주며, 2xx 코드는 성공한 경우, 3xx 코드는 계속 진행해야 하는 상호 작용을 표현한다.

서로 다른 유형의 오류를 제대로 처리하는 능력에 가치를 부여한다면, HTTP를 통해 의사소통하는 시스템을 설계할 때, 애플리케이션에서 사용하는 오류 타입을 적절한 상태 코드로 변환하고 상태 코드를 적절한 오류 타입으로 변환하기 위해 주의를 기울여야 한다.

CustomerRegistration은 잠재적인 고객을 ExclusionList와 비교해 검증해야 한다는 비즈니스 규칙을 구현한다. 우리는 알려진 악성 고객이 등록되도록 허용해서 시스템을 악용하게끔 두고 싶지 않다. 따라서 현재는 이런 고객을 거절한다.

예제 19.2 [errors.0:src/main/java/travelator/CustomerRegistration.java]

```java
public class CustomerRegistration implements IRegisterCustomers {

    private final ExclusionList exclusionList;
    private final Customers customers;

    public CustomerRegistration(
            Customers customers,
            ExclusionList exclusionList
    ) {
        this.exclusionList = exclusionList;
        this.customers = customers;
    }

    public Customer register(RegistrationData data)
            throws ExcludedException, DuplicateException {
        if (exclusionList.exclude(data)) {
            throw new ExcludedException();
        } else {
            return customers.add(data.name, data.email);
        }
    }
}
```

register 메서드의 throw 절을 보라. 이 부분은 register 메서드가 명시적인 예외 목록에 따라 실패할 수 있다는 사실을 알려 주며, 추가로 customers.add가 DuplicateException과 함께 실패할 수 있다는 사실도 알려 준다. 다음은 Customers 인터페이스다.

예제 19.3 [errors.0:src/main/java/travelator/Customers.java]

```java
public interface Customers {

    Customer add(String name, String email) throws DuplicateException;

    Optional<Customer> find(String id);
}
```

마지막으로 Customer도 값 타입이다. 다음은 이 타입을 코틀린으로 변환한 모습이다.

예제 19.4 [errors.1:src/main/java/travelator/Customer.kt]

```kotlin
data class Customer(
    val id: String,
    val name: String,
    val email: String
)
```

지금 본 각 코드는 저자들이 작성한 전형적인 자바 코드 스타일로 되어있다. 이 코드는 체크 예외인 ExcludedException이나 DuplicateException으로 실패할 가능성이 있다는 사실을 보여 주며, 이런 예외는 모두 최상위 handle에서 처리된다. 최상위 handle은 예외를 호출한 쪽에 보고하는데, 이 예제에서는 HTTP 코드를 통해 오류를 보고한다.

여러분의 스타일은 어쩌면 언체크 예외를 사용할 수도 있다. 그런 경우에도 코드는 이 코드와 비슷하지만 메서드 시그니처의 throws 절에 예외를 적을 필요는 없다.

우리가 볼 수 없는 것으로, Customer를 Customers::add로 영속화할 때 발생할 수 있는 실패와 관련 있는 체크 예외가 있다. 이 메서드는 네트워크를 통해 데이터베이스와 이야기하지만, 우리의 질의 코드는 분명히 IOException을 조용히 삼켜 버리고 그 대신 나중에 RuntimeException을 발생시킨다. 이 예외는 CustomerRegistration::register 밖으로 전파되어 최상위 CustomerRegistrationHandler에서 처리되어 HTTP_INTERNAL_

ERROR(500) 오류 코드로 고객에게 전달된다. 우리가 이 정처 없는 RuntimeExceptions에 대해 아무 로그도 남기지 않는 것은 부끄러운 일이다. 이 예외가 체계적인 연결 문제를 드러내거나 저수준 코드에서 자주 NullPointerException이 발생한다는 사실을 감출 수도 있기 때문이다. 누군가는 이런 문제에 대해 언급해야 하는데, 이 책에는 적어도 이런 문제를 알려줄 더 짧은 예제가 있다.

19.7.1 변환 전략

코드를 그냥 코틀린으로 변환하면, 무엇이 잘못될 수 있고 발생한 문제를 해결할 때 어느 코드를 봐야 하는지 알려줄 수 있는 체크 예외의 장점을 잃어버리게 된다. 따라서 예외 기반의 오류 처리를 Result4k를 사용한 함수형 대안으로 치환할 것이다.

이 예제에서 저수준에서 시작해 더 이상 체크 예외를 사용하지 않게 될 때까지 점차 고수준으로 올라가면서 코드를 변환한다. 이때 (현재는 자바에서 체크 예외로 표현된) 예상할 수 있는 오류가 발생하는 경우에도 현재 변환 중인 수준보다 더 높은 수준의 코드가 제대로 작동하게 유지하면서 변환을 진행할 것이다. 이와 동시에 JVM에서 거의 대부분 명령어가 실패할 수도 있음을 염두에 두고 이런 런타임 오류를 방어할 필요가 있다.

19.7.2 맨 밑에서 시작하기

Customers를 코틀린으로 변환하면 다음과 같다.

예제 19.5 [errors.3:src/main/java/travelator/Customers.kt]

```
interface Customers {
    @Throws(DuplicateException::class)              ❶
    fun add(name: String, email: String): Customer

    fun find(id: String): Optional<Customer>
}
```

❶ 코틀린은 체크 예외를 제공하지 않지만, @Throws 애너테이션을 사용하면 바이트 코드로 생성되는 메서드 시그니처에 예외를 추가해서 자바와의 상호 운용할 수 있다. 이 애너테이션이 없으면 자바 구현

중에 DuplicateException을 던지는 메서드가 있는 구현은 Customers를 구현할 수 없다. 설상가상으로, 이 인터페이스에 있는 메서드를 호출하는 자바 코드는 DuplicateException을 잡아내거나 메서드 시그니처에 이 예외를 선언할 수 없게 된다. 왜냐하면 자바 코드에서는 컴파일러가 볼 수 없는 체크 예외를 사용하면 컴파일 오류가 나기 때문이다.

우리 전략은 인터페이스에 Customers::add의 새 버전을 추가하는 것이다. 추가할 메서드는 예외를 던지는 대신 Result<Customer, DuplicateException>를 반환한다. 우리가 아무것도 없는 상태에서 시작한다면 오류 타입으로 DuplicateException을 사용하지는 않겠지만, 여기서 이 타입을 사용하면 자바와 더 쉽게 상호 운용이 가능해질 것이다. 우리는 오류를 던지는 현재 버전도 유지해서 기존에 메서드를 호출하던 코드가 깨지지 않게 할 것이다. 그리고 이런 호출 코드가 Result 버전을 사용하게 변환하고 기존 버전을 제거할 수 있게 되면 기존 버전을 제거할 것이다. 맞다. 이 전략은 4.2절에서 배워서 잘 알고 있는 '확장과 축소 리팩터링' 방식이다.

Customers::add처럼 작동하지만 Result를 반환하는 메서드를 무슨 이름으로 불러야 할까? 이 메서드의 이름을 add로 붙일 수는 없다. 두 메서드의 파라미터가 같기 때문이다. 따라서 새 메서드를 일단 addToo라고 부르자. 새 메서드가 add에 동작을 위임한다면 이 메서드를 디폴트 메서드로 정의해서 모든 Customers 구현이 이 메서드 구현을 자동으로 포함시키게 할 수 있다.

예제 19.6 [errors.5:src/main/java/travelator/Customers.kt]

```
interface Customers {
    @Throws(DuplicateException::class)
    fun add(name: String, email: String): Customer
    fun addToo(name:String, email:String)
            : Result<Customer, DuplicateException> =
        try {
            Success(add(name, email))
        } catch (x: DuplicateException) {
            Failure(x)
        }
    fun find(id: String): Optional<Customer>
}
```

이제 예외를 발생하는 버전과 결과를 돌려주는 버전의 메서드가 존재하므로, 예외 버전을 호출하는 코드를 마이그레이션할 수 있다. 자바에서도 Result4k를 쓸 수 있기는 하지만, 코틀린에서 사용하면 훨씬 더 편리하다. 따라서 (add를 호출하는) CustomerRegistration을 먼저 살펴보자.

예제 19.7 [errors.5:src/main/java/travelator/CustomerRegistration.java]

```java
public class CustomerRegistration implements IRegisterCustomers {

    private final ExclusionList exclusionList;
    private final Customers customers;

    public CustomerRegistration(
            Customers customers,
            ExclusionList exclusionList
    ) {
        this.exclusionList = exclusionList;
        this.customers = customers;
    }

    public Customer register(RegistrationData data)
            throws ExcludedException, DuplicateException {
        if (exclusionList.exclude(data)) {
            throw new ExcludedException();
        } else {
            return customers.add(data.name, data.email);
        }
    }
}
```

이 코드를 코틀린으로 변환한 코드는 다음과 같다.

예제 19.8 [errors.6:src/main/java/travelator/CustomerRegistration.kt]

```kotlin
class CustomerRegistration(
    private val customers: Customers,
    private val exclusionList: ExclusionList
) : IRegisterCustomers {

    @Throws(ExcludedException::class, DuplicateException::class)
    override fun register(data: RegistrationData): Customer {
        return if (exclusionList.exclude(data)) {
            throw ExcludedException()
        } else {
            customers.add(data.name, data.email)
        }
    }

}
```

customers.add라는 식은 DuplicateException을 던질 수 있다. 우리는 이 식을 addTo0 호출로 변경하되 동작은 똑같이 유지하고 싶다. 따라서 result를 지역 변수에 넣는다.

예제 19.9 [errors.7:src/main/java/travelator/CustomerRegistration.kt]

```kotlin
@Throws(ExcludedException::class, DuplicateException::class)
override fun register(data: RegistrationData): Customer {
    return if (exclusionList.exclude(data)) {
        throw ExcludedException()
    } else {
        val result = customers.add(data.name, data.email)
        result
    }
}
```

이제는 addTo0를 호출할 수 있다. 이 함수는 더 이상 예외를 던지지 않지만 Result 안에 예외가 들어있다. 아직 이 코드는 컴파일되지 않는다.

예제 19.10 [errors.8:src/main/java/travelator/CustomerRegistration.kt]

```
@Throws(ExcludedException::class, DuplicateException::class)
override fun register(data: RegistrationData): Customer {
    return if (exclusionList.exclude(data)) {
        throw ExcludedException()
    } else {
        val result: Result<Customer, DuplicateException> =
            customers.addToo(data.name, data.email)
        result                  ❶
    }
}
```

❶ Type mismatch. Required: Customer Found: Result<Customer, DuplicateException>
   ('타입 불일치. Customer가 필요하지만 Result<Customer, DuplicateException>를 찾음'이라는
   컴파일 오류)

Result가 있으므로 내용을 풀어야 한다. 결과가 Success면 안에 감싸져 있는 값을 반환하고
싶고, Failure면 안에 감싸져 있는 DuplicateException을 (register의 행동 방식을 그대
로 유지하기 위해) 다시 던지고 싶다.

예제 19.11 [errors.9:src/main/java/travelator/CustomerRegistration.kt]

```
@Throws(ExcludedException::class, DuplicateException::class)
override fun register(data: RegistrationData): Customer {
    return if (exclusionList.exclude(data)) {
        throw ExcludedException()
    } else {
        val result: Result<Customer, DuplicateException> =
            customers.addToo(data.name, data.email)
        when (result) {
            is Success<Customer> ->
                result.value
            is Failure<DuplicateException> ->
                throw result.reason
        }
    }
}
```

이럴 때 오류 타입이 Exception이라면 Result4k는 Result::orThrow라는 지름길을 제공한다.

예제 19.12 [errors.10:src/main/java/travelator/CustomerRegistration.kt]

```kotlin
@Throws(ExcludedException::class, DuplicateException::class)
override fun register(data: RegistrationData): Customer {
    return if (exclusionList.exclude(data)) {
        throw ExcludedException()
    } else {
        val result: Result<Customer, DuplicateException> =
            customers.addToo(data.name, data.email)
        result.orThrow()
    }
}
```

이제 더 짧은 형태로 만들기 위해 변수를 인라이닝할 수 있다.

예제 19.13 [errors.11:src/main/java/travelator/CustomerRegistration.kt]

```kotlin
@Throws(ExcludedException::class, DuplicateException::class)
override fun register(data: RegistrationData): Customer {
    return if (exclusionList.exclude(data)) {
        throw ExcludedException()
    } else {
        customers.addToo(data.name, data.email).orThrow()
    }
}
```

마지막으로, 내포된 if는 편리함보다 혼동을 더 야기하므로 'Replace if with when(if를 when으로 치환하기)', 'Replace return with when expression(반환문을 when 식으로 치환하기)', 'Remove braces from all when entries(모든 when 가지에서 중괄호 제거하기)'를 수행해 식을 단순하게 정리하자. Alt+Enter로 세 가지 리팩터링을 모두 적용할 수 있다!

예제 19.14 [errors.12:src/main/java/travelator/CustomerRegistration.kt]

```kotlin
@Throws(ExcludedException::class, DuplicateException::class)
override fun register(data: RegistrationData): Customer {
    when {
        exclusionList.exclude(data) -> throw ExcludedException()
```

```
        else -> return customers.addToo(data.name, data.email).orThrow()
    }
}
```

멋지다. 우리는 예외를 사용하던 코드를 결과 타입을 사용하는 코드로 변경했다. 이제 잠시 쉬자.

19.7.3 축소

정말로 이 과정을 또 보고 싶은가? 좋다.

이제는 리팩터링을 깊이 우선이나 너비 우선 중 어느 방식으로 진행할지 결정해야 한다. 깊이 우선으로 진행하면 CustomerRegistration::register를 호출하는 코드를 처리해야 하고, 너비 우선으로 진행하면 Customers::add를 호출하는 다른 코드를 찾아서 처리하고 더 이상 Customers::add를 사용하는 코드가 없으면 Customers::add를 삭제할 수 있다. 우리 예제 코드에는 Customers::add를 호출하는 다른 코드가 없으므로 너비 우선을 선택할 수는 없고, 확장 및 축소 리팩터링의 축소 단계로 들어갈 수 있다.

현재는 Customers::add 구현이 두 가지(add와 addToo) 존재한다. 한 가지는 데이터베이스와 이야기하는 프로덕션 구현이고 다른 하나는 테스트 구현이다. 우리 코드는 이제 인터페이스에 추가한 Customers::addToo의 디폴트 구현을 통해 이 두 구현을 호출한다. add 구현을 제거하고 싶기 때문에 addToo를 직접 구현해야 할 필요가 있다. 다음 테스트 버전(스레드 안전하지 않음)을 살펴보자.

예제 19.15 [errors.12:src/test/java/travelator/InMemoryCustomers.java]

```java
public class InMemoryCustomers implements Customers {

    private final List<Customer> list = new ArrayList<>();
    private int id = 0;

    @Override
    public Customer add(String name, String email) throws DuplicateException {
        if (list.stream().anyMatch( item -> item.getEmail().equals(email)))
            throw new DuplicateException(
                    "customer with email " + email + " already exists"
            );
```

```
        int newId = id++;
        Customer result = new Customer(Integer.toString(newId), name, email);
        list.add(result);
        return result;
    }

    @Override
    public Optional<Customer> find(String id) {
        return list.stream()
                .filter(customer -> customer.getId().equals(id))
                .findFirst();
    }

    // 테스트용
    public void add(Customer customer) {
        list.add(customer);
    }

    public int size() {
        return list.size();
    }
}
```

여기서 addToo를 구현하는 가장 쉬운 방법은 아마도 add를 그대로 복제한 다음에 실패하면 Failure를 반환하고 성공하면 Success를 반환하게 수정하는 것이다.

예제 19.16 [errors.13:src/test/java/travelator/InMemoryCustomers.java]

```
@SuppressWarnings("unchecked")
@Override
public Result<Customer, DuplicateException> addToo(
    String name, String email
) {
    if (list.stream().anyMatch( item -> item.getEmail().equals(email)))
        return new Failure<>(
            new DuplicateException(
                "customer with email " + email + " already exists"
            )
        );
    int newId = id++;
    Customer result = new Customer(Integer.toString(newId), name, email);
    list.add(result);
```

```
        return new Success<Customer>(result);
    }
```

addToo를 Customer의 프로덕션 구현에 추가할 때도 이 전략을 사용할 수 있다. 다만 자세한 내용은 생략한다. 모든 구현이 끝나면 사용하지 않는 **add**를 구현과 인터페이스에서 제거하고 **addTo**의 이름을 **add**로 변경할 수 있다. 결과는 다음과 같다.

예제 19.17 [errors.14:src/main/java/travelator/Customers.kt]

```
interface Customers {

    fun add(name:String, email:String): Result<Customer, DuplicateException>

    fun find(id: String): Optional<Customer>
}
```

Customers의 고객은 이제 다시 **add**를 호출하게 된다. 다만 호출되는 버전은 체크 예외를 선언한 버전이 아니라 **Result**를 반환하는 버전이다.

예제 19.18 [errors.14:src/main/java/travelator/CustomerRegistration.kt]

```
class CustomerRegistration(
    private val customers: Customers,
    private val exclusionList: ExclusionList
) : IRegisterCustomers {

    @Throws(ExcludedException::class, DuplicateException::class)
    override fun register(data: RegistrationData): Customer {
        when {
            exclusionList.exclude(data) -> throw ExcludedException()
            else -> return customers.add(data.name, data.email).orThrow()
        }
    }
}
```

예전 코드에서 Result4k 타입을 반환할 수 있다는 사실을 보여 주기 위해 **InMemoryCustomers**를 자바 코드로 남겨뒀다. 하지만 이 코드로 인해 Not annotated [X] overrides @NotNull [X]라는 경고가 계속 표시되기 때문에 변환을 하고 싶은 욕구를 참기는 어렵다.

이 변환과 스트림을 코틀린 컬렉션 연산으로 바꾸는 리팩터링(13장)이 끝나면 다음 코드가 남는다.

예제 19.19 [errors.15:src/test/java/travelator/InMemoryCustomers.kt]

```kotlin
class InMemoryCustomers : Customers {

    private val list: MutableList<Customer> = ArrayList()
    private var id = 0

    override fun add(name: String, email: String)
        : Result<Customer, DuplicateException> =
        when {
            list.any { it.email == email } -> Failure(
                DuplicateException(
                    "customer with email $email already exists"
                )
            )
            else -> {
                val result = Customer(id++.toString(), name, email)
                list.add(result)
                Success(result)
            }
        }

    override fun find(id: String): Optional<Customer> =
        list.firstOrNull { it.id == id }.toOptional()

    // 테스트용
    fun add(customer: Customer) {
        list.add(customer)
    }

    fun size(): Int = list.size
}
```

이제 위치를 다시 살펴보자. Customers는 이제 코틀린 코드이며 add는 DuplicateException을 던지는 대신 Result를 반환한다.

예제 19.20 [errors.15:src/main/java/travelator/Customers.kt]

```kotlin
interface Customers {

    fun add(name:String, email:String): Result<Customer, DuplicateException>

    fun find(id: String): Optional<Customer>
}
```

IRegisterCustomers는 여전히 자바 코드이며 여전히 두 가지 예외를 던진다.

예제 19.21 [errors.15:src/main/java/travelator/IRegisterCustomers.java]

```java
public interface IRegisterCustomers {
    Customer register(RegistrationData data)
        throws ExcludedException, DuplicateException;
}
```

CustomerRegistration은 이제 코틀린 코드이며, 이제는 Result.Error를 throw를 사용해 DuplicateException로 연결해 준다.

예제 19.22 [errors.15:src/main/java/travelator/CustomerRegistration.kt]

```kotlin
class CustomerRegistration(
    private val customers: Customers,
    private val exclusionList: ExclusionList
) : IRegisterCustomers {

    @Throws(ExcludedException::class, DuplicateException::class)
    override fun register(data: RegistrationData): Customer {
        when {
            exclusionList.exclude(data) -> throw ExcludedException()
            else -> return customers.add(data.name, data.email).orThrow()
        }
    }
}
```

이제 상호 작용의 모든 계층을 결과 타입으로 변환했으므로, 다음 단계로 다 밖으로 나가서 리팩터링을 진행할 수 있다.

19.7.4 밖으로 나가기

Customers에 적용한 패턴을 IRegisterCustomers::register에도 똑같이 적용하려고 하면(예외를 던지는 코드와 결과를 반환하는 코드 사이에 어댑터의 디폴트 구현을 추가하려 하면) 두 가지 이유로 실패할 수 있는 함수의 결과를 어떻게 표현해야 하느냐는 문제를 해결해야 한다. 그것이 바로 register가 ExcludedException과 DuplicateException이라는 두 체크 예외를 throws 절에 선언해둔 이유이다. 코드로 설명하면, 우리는 Result<Customer, Either<ExcludedException, DuplicateException>>와 비슷한 무언가를 원한다.

일반적인 Either 타입을 사용할 수도 있겠지만, 전략으로 채택하기에는 조금 너무 멀리 나간 감이 있다. 예외를 선언하는 순서가 중요하지 않은 자바와 달리 Either<ExcludedException, DuplicateException>는 Either<DuplicateException, ExcludedException>과 같지 않다. Either는 기껏해야 혼동이나 야기하고 예외가 셋 이상인 경우에는 문제를 더 악화시키기까지 한다. OneOf<ExcludedException, DuplicateException, SomeOtherProblem>라는 타입은 공포스럽기까지 하다.

또 다른 방법으로 두 예외의 공통 상위 클래스를 찾아서 결과 타입을 Result<Customer, Exception>로 선언하는 방법이 있다. 이 방법은 의사소통 면에서 검증을 통과하지 못한다. 시그니처를 보는 것만으로는 어떤 오류가 발생할지 알 수 없기 때문이다.

여기서 최선의 전략은 오류를 기존 타입을 사용해 표현하지 않고 새 타입에 대한 맵으로 표현하는 것이다.

예외와 **오류**는 모두 여러 가지 의미가 있는 용어다. 그래서 우리는 RegistrationProblem을 만들고 하위 타입으로 Excluded(추가 정보가 없으므로 object여도 된다)와 Duplicate(원래의 DuplicateException에 있던 메시지를 저장한다)를 정의한다.

예제 19.23 [errors.16:src/main/java/travelator/IRegisterCustomers.kt]

```kotlin
sealed class RegistrationProblem

object Excluded : RegistrationProblem()

data class Duplicate(
    val message: String?
) : RegistrationProblem()
```

RegistrationProblem을 봉인된 클래스로 만들면 컴파일 시점에 어떤 하위 타입이 존재하는
지 알고 우리가 어떤 오류를 처리해야 하는지에 대해서도 알 수 있다. 이런 면은 메서드의 검사
예외 시그니처와 상당히 비슷하다.

이제 앞에서 수행했던 리팩터링 패턴을 따르면서 RegistrationProblem을 사용한다. 우리는
Result<Customer, RegistrationProblem>를 반환하는 registerToo 메서드의 기본 구현
을 인터페이스에 추가한다.

예제 19.24 [errors.16:src/main/java/travelator/IRegisterCustomers.kt]

```kotlin
interface IRegisterCustomers {
    @Throws(ExcludedException::class, DuplicateException::class)
    fun register(data: RegistrationData): Customer
    fun registerToo(data: RegistrationData):
            Result<Customer, RegistrationProblem> =
        try {
            Success(register(data))
        } catch (x: ExcludedException) {
            Failure(Excluded)
        } catch (x: DuplicateException) {
            Failure(Duplicate(x.message))
        }
}
```

이제 register를 호출하는 코드를 registerToo로 마이그레이션할 수 있다. Customer
RegistrationHandler를 코틀린으로 변경하는 것부터 시작하자.

예제 19.25 [errors.17:src/main/java/travelator/handlers/CustomerRegistrationHandler.kt]

```kotlin
class CustomerRegistrationHandler(
    private val registration: IRegisterCustomers
) {
    private val objectMapper = ObjectMapper()

    fun handle(request: Request): Response {
        return try {
            val data = objectMapper.readValue(
                request.body,
                RegistrationData::class.java
```

```
            )
            val customer = registration.register(data)
            Response(
                HTTP_CREATED,
                objectMapper.writeValueAsString(customer)
            )
        } catch (x: JsonProcessingException) {
            Response(HTTP_BAD_REQUEST)
        } catch (x: ExcludedException) {
            Response(HTTP_FORBIDDEN)
        } catch (x: DuplicateException) {
            Response(HTTP_CONFLICT)
        } catch (x: Exception) {
            Response(HTTP_INTERNAL_ERROR)
        }
    }
}
```

이제 예전에 했던 방식과 마찬가지로 예전 메서드(`register`)를 호출하는 코드를 새 메서드를 호출하게 변경하고, 반환 타입을 변경하고 when 식으로 반환 값을 돌려주는 코드를 바꾼다.

예제 19.26 [errors.18:src/main/java/travelator/handlers/CustomerRegistrationHandler.kt]

```
class CustomerRegistrationHandler(
    private val registration: IRegisterCustomers
) {
    private val objectMapper = ObjectMapper()

    fun handle(request: Request): Response {
        return try {
            val data = objectMapper.readValue(
                request.body,
                RegistrationData::class.java
            )
            val customerResult = registration.registerToo(data)
            when (customerResult) {
                is Success -> Response(
                    HTTP_CREATED,
                    objectMapper.writeValueAsString(customerResult.value)
                )
                is Failure -> customerResult.reason.toResponse()
            }
```

```
            } catch (x: JsonProcessingException) {
                Response(HTTP_BAD_REQUEST)
            } catch (x: ExcludedException) {
                Response(HTTP_FORBIDDEN)
            } catch (x: DuplicateException) {
                Response(HTTP_CONFLICT)
            } catch (x: Exception) {
                Response(HTTP_INTERNAL_ERROR)
            }
        }
    }

    private fun RegistrationProblem.toResponse() = when (this) {
        is Duplicate -> Response(HTTP_CONFLICT)
        is Excluded -> Response(HTTP_FORBIDDEN)
    }
```

마지막으로 불필요한 예외 처리 부분을 제거하고 **map**과 **recover**를 사용해 오류 처리를 단순화한다. Result::recover는 Result4k의 확장 함수로, 결과가 Success면 안에 들어있는 값을 돌려주고, 그렇지 않으면 실패의 **reason**을 매핑한 결과를 돌려준다.

예제 19.27 [errors.19:src/main/java/travelator/handlers/CustomerRegistrationHandler.kt]

```
fun handle(request: Request): Response =
    try {
        val data = objectMapper.readValue(
            request.body,
            RegistrationData::class.java
        )
        registration.registerToo(data)
            .map { value ->
                Response(
                    HTTP_CREATED,
                    objectMapper.writeValueAsString(value)
                )
            }
            .recover { reason -> reason.toResponse() }
    } catch (x: JsonProcessingException) {
        Response(HTTP_BAD_REQUEST)
    } catch (x: Exception) {
        Response(HTTP_INTERNAL_ERROR)
    }
```

이 코드는 아직도 예외를 사용한다는 점에 유의하라. 우선 `ObjectMapper`가 여전히 `JSONProcessingException`을 던질 수 있다. 이것이 자바(그리고 대부분 코틀린) API의 현실이다. 하지만 이 코드는 같은 메서드 안에서 예외를 던지고 잡기 때문에 더 안전하며 의도를 더 잘 보여 준다. 둘째로, 여전히 아무 곳에서나 발생할 수 있는 `NullPointerException` 등의 `RuntimeException`에 신경을 써야 한다. 이런 예외가 함수 경계를 넘어서 이 메서드까지 도달할 수도 있는데, 이 메서드의 최상위에 있는 모든 예외를 잡아내는 catch-all 구문이 예외 전파를 끝내고 `HTTP_INTERNAL_ERROR`를 돌려준다. 실제로는 여전히 **예상하지 못하는** 예외가 발생할 수 있지만, 이제 **예상되는** 예외들은 `Result`에 따라 표현되고 코드에서 그런 예외가 있다는 사실이 전달된다.

19.8 더 수정하기

이제는 몇 단계 전의 `RegistrationHandlerTests`에는 고장난 부분이 있었다고 말할 수 있다. 보통은 이런 문제를 즉시 수정하지만, 그랬다면 설명을 잠시 중단해야만 했을 것이다.

문제는 테스트가 `IRegister.register` 호출을 예상하는 모의 테스트인데 바뀐 코드는 `registerToo`를 호출한다는 데 있다.

예제 19.28 [errors.20:src/test/java/travelator/handlers/CustomerRegistrationHandlerTests.java]

```java
public class CustomerRegistrationHandlerTests {

    final IRegisterCustomers registration =
        mock(IRegisterCustomers.class);
    final CustomerRegistrationHandler handler =
        new CustomerRegistrationHandler(registration);

    final String fredBody = toJson(
        "{ 'name' : 'fred', 'email' : 'fred@bedrock.com' }"
    );
    final RegistrationData fredData =
        new RegistrationData("fred", "fred@bedrock.com");

    @Test
```

```
    public void returns_Created_with_body_on_success()
        throws DuplicateException, ExcludedException {
        when(registration.register(fredData))
            .thenReturn(
                new Customer("0", fredData.name, fredData.email)
            );
        String expectedBody = toJson(
            "{'id':'0','name':'fred','email':'fred@bedrock.com'}"
        );
        assertEquals(
            new Response(HTTP_CREATED, expectedBody),
            handler.handle(new Request(fredBody))
        );
    }

    @Test
    public void returns_Conflict_for_duplicate()
        throws DuplicateException, ExcludedException {
        when(registration.register(fredData))
            .thenThrow(
                new DuplicateException("deliberate")
            );
        assertEquals(
            new Response(HTTP_CONFLICT),
            handler.handle(new Request(fredBody))
        );
    }
    ...

    private String toJson(String jsonIsh) {
        return jsonIsh.replace('\'', '"');
    }
}
```

이 테스트를 수정하려면 Customer를 돌려주는 register 호출을 Result<Customer,
RegistrationProblem>를 돌려주는 registerToo 호출로 바꿔야 한다.

예제 19.29 [errors.21:src/test/java/travelator/handlers/CustomerRegistrationHandlerTests.java]

```
public void returns_Created_with_body_on_success() {

    when(registration.registerToo(fredData))
```

```java
        .thenReturn(new Success<>(
            new Customer("0", fredData.name, fredData.email)
    ));

    String expectedBody = toJson(
        "{'id':'0','name':'fred','email':'fred@bedrock.com'}"
    );
    assertEquals(
        new Response(HTTP_CREATED, expectedBody),
        handler.handle(new Request(fredBody))
    );
}

@Test
public void returns_Conflict_for_duplicate() {
    when(registration.registerToo(fredData))
        .thenReturn(new Failure<>(
            new Duplicate("deliberate")
    ));

    assertEquals(
        new Response(HTTP_CONFLICT),
        handler.handle(new Request(fredBody))
    );
}
```

실제로는 테스트가 더 단순해졌다. 이유는 thenReturn이나 thenThrow를 선택하는 대신 항상 Success나 Failure를 사용하는 thenReturn으로 모킹이 가능하기 때문이다.

이제 코드가 테스트를 다시 통과하므로, 프로덕션 코드로 돌아가 CustomerRegistration ::registerToo를 직접 구현할 수 있다. 어떤 영리한 아이디어 대신, 우리는 register 메서드를 복사해서 오류 처리를 다듬는 방식으로 코드를 변환한다. DuplicateException을 Duplicate로 바꾸기 위해 Result::mapFailure(Result4k에 들어 있음)를 사용한다.

예제 19.30 [errors.22:src/main/java/travelator/CustomerRegistration.kt]

```kotlin
class CustomerRegistration(
    private val customers: Customers,
    private val exclusionList: ExclusionList
) : IRegisterCustomers {
    @Throws(ExcludedException::class, DuplicateException::class)
```

```
    override fun register(data: RegistrationData): Customer {
        when {
            exclusionList.exclude(data) -> throw ExcludedException()
            else -> return customers.add(data.name, data.email).orThrow()
        }
    }


    override fun registerToo(
        data: RegistrationData
    ): Result<Customer, RegistrationProblem> {
        return when {
            exclusionList.exclude(data) -> Failure(Excluded)
            else -> customers.add(data.name, data.email)
                .mapFailure { exception: DuplicateException ->   ❶
                    Duplicate(exception.message)
                }
        }
    }
}
```

❶ mapFailure 안에서 람다 파라미터의 타입을 명시했다는 사실에 유의하라. 나중에 보겠지만 이런 식으로 람다 파라미터 타입을 명시하면 add의 반환 타입이 이와 다른 실패 타입을 돌려주는 경우 컴파일러가 코드를 어떻게 수정해야 할지 알려 주게 된다.

이 방법에는 두 가지 문제가 있다. 첫째로 registerToo에는 테스트 코드가 없다. 둘째로, registerToo를 생성하기 위해 reigster를 하나 더 만들어 수정했기 때문에, 로직이 중복된다. register가 registerToo를 사용하도록(Customers에서 했던 것과 정확히 반대 방향) 하면 이 문제를 해결할 수 있다.

예제 **19.31** [errors.23:src/main/java/travelator/CustomerRegistration.kt]

```
class CustomerRegistration(
    private val customers: Customers,
    private val exclusionList: ExclusionList
) : IRegisterCustomers {

    @Throws(ExcludedException::class, DuplicateException::class)
    override fun register(data: RegistrationData): Customer =
        registerToo(data).recover { error ->                    ❶
            when (error) {
```

```
                is Excluded -> throw ExcludedException()
                is Duplicate -> throw DuplicateException(error.message)
            }
        }
    }

    override fun registerToo(
        data: RegistrationData
    ): Result<Customer, RegistrationProblem> {
        return when {
            exclusionList.exclude(data) -> Failure(Excluded)
            else -> customers.add(data.name, data.email)
                .mapFailure { exception: DuplicateException ->
                    Duplicate(exception.message)
                }
        }
    }
}
```

❶ registerToo에 위임하고, 반환받은 error의 타입에 따라 처리한다.

이제 CustomerRegistrationTests는 register를 사용하지만 registerToo도 테스트해
준다.

예제 19.32 [errors.23:src/test/java/travelator/CustomerRegistrationTests.java]

```java
public class CustomerRegistrationTests {

    InMemoryCustomers customers = new InMemoryCustomers();
    Set<String> excluded = Set.of(
        "cruella@hellhall.co.uk"
    );
    CustomerRegistration registration = new CustomerRegistration(customers,
        (registrationData) -> excluded.contains(registrationData.email)
    );

    @Test
    public void adds_a_customer_when_not_excluded()
        throws DuplicateException, ExcludedException {
        assertEquals(Optional.empty(), customers.find("0"));

        Customer added = registration.register(
                new RegistrationData("fred flintstone", "fred@bedrock.com")
```

```
        );
        assertEquals(
                new Customer("0", "fred flintstone", "fred@bedrock.com"),
                added
        );
        assertEquals(added, customers.find("0").orElseThrow());
    }

    @Test
    public void throws_DuplicateException_when_email_address_exists() {
        customers.add(new Customer("0", "fred flintstone", "fred@bedrock.com"));
        assertEquals(1, customers.size());

        assertThrows(DuplicateException.class,
                () -> registration.register(
                        new RegistrationData("another name", "fred@bedrock.com")
                )
        );
        assertEquals(1, customers.size());
    }
    ...
}
```

이런 방식이 register와 registerToo를 둘 다 유지하면서 자바와 예외로부터 코틀린과 오류를 표현하는 타입으로 마이그레이션을 수행하는 좋은 방법일 것이다. 하지만 여기서는 테스트가 register를 호출하는 마지막 코드이기 때문에, 이를 registerToo로 변환하자. 시간을 들여서 자바에서 Result4k를 어떻게 사용하는지를 보여줄 수도 있지만 이 예제에 이미 질렸기 때문에 테스트를 코틀린으로 변환하고 코틀린 테스트가 registerToo를 호출하고 그 결과를 적절한 값이나 오류로 변환하자.

예제 19.33 [errors.24:src/test/java/travelator/CustomerRegistrationTests.kt]

```
@Test
fun `adds a customer when not excluded`() {
    assertEquals(Optional.empty<Any>(), customers.find("0"))
    val added = registration.registerToo(
        RegistrationData("fred flintstone", "fred@bedrock.com")
    ).valueOrNull()
    assertEquals(
        Customer("0", "fred flintstone", "fred@bedrock.com"),
```

```
        added
    )
    assertEquals(added, customers.find("0").orElseThrow())
}

@Test
fun `returns Duplicate when email address exists`() {
    customers.add(Customer("0", "fred flintstone", "fred@bedrock.com"))
    assertEquals(1, customers.size())
    val failure = registration.registerToo(
        RegistrationData("another name", "fred@bedrock.com")
    ).failureOrNull()
    assertEquals(
        Duplicate("customer with email fred@bedrock.com already exists"),
        failure
    )
    assertEquals(1, customers.size())
}
    ...
```

이제 register를 호출하는 코드가 없으므로 이를 제거하고 registerToo의 이름을 register로 바꾸자. 그 결과 예외를 사용하지 않는 코틀린 코드를 얻을 수 있다.

예제 19.34 [errors.25:src/main/java/travelator/IRegisterCustomers.kt]

```
interface IRegisterCustomers {
    fun register(data: RegistrationData):
            Result<Customer, RegistrationProblem>
}

sealed class RegistrationProblem

object Excluded : RegistrationProblem()

data class Duplicate(
    val message: String?
) : RegistrationProblem()
```

예제 19.35 [errors.25:src/main/java/travelator/Customers.kt]

```kotlin
interface Customers {
    fun add(name:String, email:String): Result<Customer, DuplicateException>
    fun find(id: String): Optional<Customer>
}
```

DuplicateException 때문에 완전히 예외가 없다고 하기는 어렵다. 하지만 DuplicateException이 그 어느 곳에서도 더 이상 던져지지 않고, 단순히 생성된 후 Failure 값 안에 들어가게 된다. DuplicateException을 DuplicateCustomerProblem이라고 변경한 후 더 이상 Exception을 확장하지 않게 함으로써 이 문제를 해결할 수도 있고, 이미 존재하는 Duplicate 클래스(RegistrationProblem의 하위 클래스)를 사용할 수도 있다. 어느 쪽이 더 나을까?

19.9 계층

계층이라는 관점에서 생각해 보면 Customers는 자신에 대해 의존하는 Registration보다 더 낮은 계층이다. 따라서 Customers는 자신보다 더 높은 수준의 RegistrationProblem에 의존하지 말아야 한다. 이 의존 관계를 뒤집어서 RegistrationProblem의 하위 타입인 Duplicate가 리포지터리 계층에 선언된 DuplicateCustomerProblem의 하위 타입(또는 그냥 같은 타입)이 되게 할 수도 있다. 이렇게 해도 여기서는 잘 작동하지만 Customers::add가 실패할 수 있는 다른 방법을 추가로 선언해야 할 필요가 생긴다면 더 이상 어쩔 방법이 없다. 예를 들어, 데이터베이스 통신이 실패할 수 있다는 사실을 결과에 보여 주고 싶다면 이를 DuplicateCustomerProblem의 하위 타입으로 만들 수는 없다(실제로는 만들어서는 안 된다). 따라서 우리는 한 결과 안에 오류 타입을 여럿 표현하는 최초의 문제로 다시 돌아오게 된다.

이제 이 문제를 파고들어 보자. Customers::add가 자신이 실패할 수 있는 방식을 둘 이상 선언(이전의 DuplicateCustomerProblem과 새 DatabaseCustomerProblem)해야 한다면 오류 타입으로 봉인된 CustomersProblem을 도입하고 알려 준 두 가지 문제를 CustomersProblem의 유이한 하위 클래스로 정의할 수 있다.

예제 19.36 [errors.27:src/main/java/travelator/Customers.kt]

```kotlin
interface Customers {
    fun add(name:String, email:String): Result<Customer, CustomersProblem>
    fun find(id: String): Optional<Customer>
}

sealed class CustomersProblem

data class DuplicateCustomerProblem(val message: String): CustomersProblem()

data class DatabaseCustomerProblem(val message: String): CustomersProblem()
```

CustomerRegistration은 Customers::add를 호출하며 mapFailure 안에서 Duplicate CustomerProblem을 처리한다.

예제 19.37 [errors.26:src/main/java/travelator/CustomerRegistration.kt]

```kotlin
class CustomerRegistration(
    private val customers: Customers,
    private val exclusionList: ExclusionList
) : IRegisterCustomers {

    override fun register(
        data: RegistrationData
    ): Result<Customer, RegistrationProblem> {
        return when {
            exclusionList.exclude(data) -> Failure(Excluded)
            else -> customers.add(data.name, data.email)
                .mapFailure { duplicate: DuplicateCustomerProblem ->
                    Duplicate(duplicate.message)
                }
        }
    }
}
```

실패 타입이 이제는 CustomerProblem 기반 클래스이기 때문에, 이 코드는 더 이상 컴파일이 되지 않는다. 여러분은 여기서 체크 예외와 동일한 이점을 얻고 있음을 알아볼 수 있다. 코드가 자신이 실패할 수 있는 방법을 알려 주며, 실패가 발생하는 경우를 처리하게 강제한다.

이제 `Customers::add`는 새롭고 흥미로운 방식을 통해 자신이 실패할 수 있다고 인정한다. `register`도 실패 가능성을 강제로 처리하게 만든다. `register`는 기존의 봉인된 `RegistrationProblem` 클래스의 하위 타입으로 새로운 `DatabaseCustomerProblem`을 추가해서 실패에 대한 지식을 자신을 호출하는 쪽으로 전달하기로 결정한다(물론 함수가 아니라 우리가 결정했다).

예제 19.38 [errors.27:src/main/java/travelator/IRegisterCustomers.kt]

```
sealed class RegistrationProblem

object Excluded : RegistrationProblem()

data class Duplicate(val message: String) : RegistrationProblem()

data class DatabaseProblem(val message: String) : RegistrationProblem()
```

이제 `add`가 실패할 수 있는 방식(`DuplicateCustomerProblem`과 `DatabaseCustomerProblem`)을 `register`가 실패할 수 있는 방식(`Duplicate`과 `DatabaseProblem`)으로 변환함으로써 `register`를 수정할 수 있다. 이로 인해 `mapFailure`의 선택이 명확해진다.

예제 19.39 [errors.27:src/main/java/travelator/CustomerRegistration.kt]

```
override fun register(
    data: RegistrationData
): Result<Customer, RegistrationProblem> {
    return when {
        exclusionList.exclude(data) -> Failure(Excluded)
        else -> customers.add(data.name, data.email)
            .mapFailure { problem: CustomersProblem ->
                when (problem) {
                    is DuplicateCustomerProblem ->
                        Duplicate(problem.message)
                    is DatabaseCustomerProblem ->
                        DatabaseProblem(problem.message)
                }
            }
    }
}
```

마지막으로 우리가 RegistrationProblem이라는 봉인된 클래스 계층을 추가했으므로 컴파일러는 이제 CustomerRegistrationHandler를 컴파일할 때 오류를 냄으로써 다음 계층에서 우리가 DatabaseProblem을 고려하도록 강제한다.

예제 19.40 [errors.27:src/main/java/travelator/handlers/CustomerRegistrationHandler.kt]

```kotlin
private fun RegistrationProblem.toResponse() = when (this) {
    is Duplicate -> Response(HTTP_CONFLICT)
    is Excluded -> Response(HTTP_FORBIDDEN)
    is DatabaseProblem -> Response(HTTP_INTERNAL_ERROR)          ❶
}
```

❶ 이 when 식이 컴파일되게 하려면 DatabaseProblem인 경우를 추가해야만 한다.

CustomerRegistrationHandler가 우리가 리팩터링한 상호 작용의 진입점이므로, 이제 모든 작업이 끝났다.

19.10 다음으로 나아가기

이번 장은 길이가 길었다. 이 길이는 이번 장의 중요도에 비례한다.

자바 프로젝트가 이미 예외 처리에서 파산을 선언해서, 체크 예외를 체계적으로 사용하지도 않을 수도 있다. 이런 경우 코틀린처럼 모든 예외를 언체크 예외로 처리하는 정책도 괜찮을 것이다.

체크 예외에 의존하는 자바 코드를 코틀린으로 변환하고 싶거나, 자바 코드를 코틀린으로 변환하는 과정에 오류 처리를 더 얹고 싶다면 결과 타입을 사용하는 것이 가장 나은 전략이다. 연산이 여러 가지 방식으로 실패할 수 있다면 봉인된 클래스를 사용해 실패 모드를 열거할 수 있지만, 그 대가로 여러 계층에 같은 오류 타입을 전파할 수는 없게 된다. 계층이 여럿인 경우엔 실패를 나타내는 봉인된 클래스를 다시 변환해 전파하는 과정이 지겨워지지만, 적어도 이 방법을 사용하면 오류가 발생할 여지는 거의 없다.

실패할 수 있는 함수의 수를 줄이는 것은 중요하다. 오류가 발생할 수 있는 코드는 7장 '동작에서 계산으로'에서 본 동작과 아주 비슷하기 때문이다. 동작은 호출자를 오염시킨다. 디폴트로, 동작을 호출하는 코드도 동작이 되어 버린다. 비슷하게, 실패할 가능성이 있는 코드를 호출하는 코드도 실패할 수 있게 된다. 동작과 오류를 시스템 진입점에 가까운 위치로 이동시켜서 최소한의 코드만 오염시키게 함으로써 이들의 영향을 완화할 수 있다.

이번 장에서는 오류가 발생할 수 있는 코드를 강건하게 만드는 방법을 간략히 살펴봤다. 이 경우에도 동작이 문제가 된다. 동작은 시스템의 상태에 영향을 끼치기 때문이다. 두 요소를 갱신해야 하는데 첫 번째 동작이 결과를 썼지만 두 번째 동작이 자신이 실행되기 전에 발생한 오류로 인해 결과를 쓰지 않은 경우, 상태가 오염될 수 있다. 동작과 계산의 차이에 엄밀하게 초점을 맞추는 것이 강건한 소프트웨어를 만드는 핵심이다.

21장 '예외에서 값으로'에서 다시 오류 처리로 돌아올 것이다.

CHAPTER 20

I/O 수행에서
데이터 전달로

코드에서 입출력은 문제가 많다. 외부와 대화하는 프로그램은 파일이 사라지거나 네트워크 소켓이 실패할 때 오류가 발생할 수 있다. I/O는 동작이기 때문에 이에 대해 추론하거나 코드를 리팩터링하는 능력을 제한한다. 어떻게 하면 이런 문제의 영향이 미치는 영역을 제한할 수 있을까?

앞에서 기초적인 내용을 다뤘으므로, 이제는 좀 더 페이스를 높여서 직접 리팩터링을 살펴보자. 이 과정에서 배울 수 있는 내용을 설명할 것이다.

20.1 테스트에 귀 기울이기

10장에서 마케팅 팀을 위한 보고서를 작성하는 자바 코드를 살펴봤다. 코드를 남겨두고 10장을 마칠 때, 우리는 확장 함수를 HighValueCustomersReport에 도입했었다.

예제 20.1 [io-to-data.0:src/main/java/travelator/marketing/HighValueCustomersReport.kt]

```
@Throws(IOException::class)
fun generate(reader: Reader, writer: Writer) {
    val valuableCustomers = reader
        .readLines()
        .toValuableCustomers()
        .sortedBy(CustomerData::score)
    writer.appendLine("ID\tName\tSpend")
```

```kotlin
    for (customerData in valuableCustomers) {
        writer.appendLine(customerData.outputLine)
    }
    writer.append(valuableCustomers.summarised())
}

private fun List<String>.toValuableCustomers() = withoutHeader()
    .map(String::toCustomerData)
    .filter { it.score >= 10 }

private fun List<String>.withoutHeader() = drop(1)

private fun List<CustomerData>.summarised(): String =
    sumByDouble { it.spend }.let { total ->
        "\tTOTAL\t${total.toMoneyString()}"
    }
```

다음은 코틀린으로 변환한 테스트 코드다.

예제 20.2 [io-to-data.1:src/test/java/travelator/marketing/HighValueCustomersReportTests.kt]

```kotlin
class HighValueCustomersReportTests {

    @Test
    fun test() {
        check(
            inputLines = listOf(
                "ID\tFirstName\tLastName\tScore\tSpend",
                "1\tFred\tFlintstone\t11\t1000.00",
                "4\tBetty\tRubble\t10\t2000.00",
                "2\tBarney\tRubble\t0\t20.00",
                "3\tWilma\tFlintstone\t9\t0.00"
            ),
            expectedLines = listOf(
                "ID\tName\tSpend",
                "4\tRUBBLE, Betty\t2000.00",
                "1\tFLINTSTONE, Fred\t1000.00",
                "\tTOTAL\t3000.00"
            )
        )
    }
    ...
```

```
    private fun check(
        inputLines: List<String>,
        expectedLines: List<String>
    ) {
        val output = StringWriter()
        generate(
            StringReader(inputLines.joinToString("\n")),
            output
        )
        assertEquals(expectedLines.joinToString("\n"), output.toString())
    }
}
```

10장에서는 사실 테스트를 살펴보지는 않았다. 하지만 이제 이 코드를 저자들의 동작과 계산(7장)에 대한 집착에 비추어 살펴보면 어떤 부분이 눈에 띄는가? 특히 **check** 함수를 살펴보라.

반환되는 값 대신 I/O에 의존하기 때문에 **check**는 분명히 계산이 아니다(7.2절 '계산' 참조). 하지만 이 코드를 다음과 같이 바꾸고 살펴보면 어떨까?

예제 20.3 [io-to-data.2:src/test/java/travelator/marketing/HighValueCustomersReportTests.kt]

```
private fun check(
    inputLines: List<String>,
    expectedLines: List<String>
) {
    val output = StringWriter()
    val reader = StringReader(inputLines.joinToString("\n"))
    generate(reader, output)
    val outputLines = output.toString().lines()

    assertEquals(expectedLines, outputLines)
}
```

이 코드는 의도와 목적이 원래 코드와 똑같은 코드다. 하지만 이제는 단언문에 이르기 전에 **inputLines**를 가져와서 **outputLines**를 만들어내는 계산을 볼 수 있다. 비록 **generate**는 자신의 파라미터를 읽고 쓰는데 의존하는 동작이지만, 이 동작의 부수 효과가 미치는 영역을 지역 변수로 제한함으로써 이를 계산으로 변환할 수 있다.

잠시 멈춰서서 귀를 기울이면, 테스트가 우리에게 말하는 소리를 들을 수 있다. "이봐, 보고서 생성은 계산이 근본이야. 보고서 생성은 List<String>를 List<String>로 변환하거든. 검사 대상이 두 리스트이기 때문에 우린 그 사실을 알아."

테스트가 우리에게 이야기하는 내용은 generate의 근본적인 시그니처가 generate(lines: List<String>): List<String>라는 것이다. 만약 이것이 진짜 시그니처라면, 여기서 IOException을 던진다고 선언해서도 안 된다. 함수 밖에서 모든 I/O가 일어날 것이기 때문이다. I/O는 다른 곳에서 발생해야만 하는데, 다른 모든 동작과 마찬가지로, I/O 발생 장소를 프로그램 진입점에 가깝게 옮기면 옮길수록 쉽고 멋진 계산으로 처리할 수 있는 부분이 더 많아진다.

이런 코드를 목표로 리팩터링을 해야 할까? 그렇다. 이 질문은 답을 구하는 것이 아닌 수사적인 질문일 뿐이다.

20.2 I/O에서 데이터로

리팩터링의 첫 단계에서는 generate에서 reader 파라미터를 없애자. 코드는 현재 다음과 같다.

예제 20.4 [io-to-data.3:src/main/java/travelator/marketing/HighValueCustomersReport.kt]

```kotlin
@Throws(IOException::class)
fun generate(reader: Reader, writer: Writer) {
    val valuableCustomers = reader
        .readLines()
        .toValuableCustomers()
        .sortedBy(CustomerData::score)
    writer.appendLine("ID\tName\tSpend")
    for (customerData in valuableCustomers) {
        writer.appendLine(customerData.outputLine)
    }
    writer.append(valuableCustomers.summarised())
}
```

reader.readLines()에서 'Introduce parameter(파라미터 도입)'를 실행하면서 파라미터 이름을 lines로 지정하면 generate가 List를 읽게 바꿀 수 있다. 이 식이 reader 파라미터를 사용하는 유일한 부분이기 때문에 인텔리J가 우리 대신 reader를 없애준다.

예제 20.5 [io-to-data.4:src/main/java/travelator/marketing/HighValueCustomersReport.kt]

```kotlin
@Throws(IOException::class)
fun generate(writer: Writer, lines: List<String>) {
    val valuableCustomers = lines
        .toValuableCustomers()
        .sortedBy(CustomerData::score)
    writer.appendLine("ID\tName\tSpend")
    for (customerData in valuableCustomers) {
        writer.appendLine(customerData.outputLine)
    }
    writer.append(valuableCustomers.summarised())
}
```

이 리팩터링은 readLines()를 호출하는 쪽으로 이동시킨다. 다음은 이 리팩터링이 변경한 테스트 코드이다.

예제 20.6 [io-to-data.4:src/test/java/travelator/marketing/HighValueCustomersReportTests.kt]

```kotlin
private fun check(
    inputLines: List<String>,
    expectedLines: List<String>
) {
    val output = StringWriter()
    val reader = StringReader(inputLines.joinToString("\n"))
    generate(output, reader.readLines())
    val outputLines = output.toString().lines()
    assertEquals(expectedLines, outputLines)
}
```

이 코드는 테스트가 속삭였던 내용을 온몸으로 소리친다. 우리는 단지 generate에 다시 전달하려는 목적으로 여러 줄의 텍스트가 들어있는 리스트로부터 StringReader를 생성했다. 이제 각 단계가 테스트의 같은 위치에 있으므로 각 단계를 생략하면서 Reader를 없앨 수 있다.

예제 20.7 [io-to-data.5:src/test/java/travelator/marketing/HighValueCustomersReportTests.kt]

```kotlin
private fun check(
    inputLines: List<String>,
    expectedLines: List<String>
) {
    val output = StringWriter()
    generate(output, inputLines)
    val outputLines = output.toString().lines()
    assertEquals(expectedLines, outputLines)
}
```

이제는 list를 읽는다. 다시 돌아가서 Writer의 상태를 변경하는 대신 List를 반환하는 방법은 없을지 생각해 보자. 다음은 코드를 보여 준다.

예제 20.8 [io-to-data.5:src/main/java/travelator/marketing/HighValueCustomersReport.kt]

```kotlin
writer.appendLine("ID\tName\tSpend")
for (customerData in valuableCustomers) {
    writer.appendLine(customerData.outputLine)
}
writer.append(valuableCustomers.summarised())
```

Writer를 변경하는 방법을 명령형으로 생각하는 대신, 기록하고 싶은 데이터 측면에서 생각하여 원하는 데이터를 만들어 보자.

예제 20.9 [io-to-data.6:src/main/java/travelator/marketing/HighValueCustomersReport.kt]

```kotlin
val resultLines = listOf("ID\tName\tSpend") +
    valuableCustomers.map(CustomerData::outputLine) +
    valuableCustomers.summarised()
```

이제는 전체를 한꺼번에 writer에 기록할 수 있다.

예제 20.10 [io-to-data.6:src/main/java/travelator/marketing/HighValueCustomersReport.kt]

```kotlin
@Throws(IOException::class)
fun generate(writer: Writer, lines: List<String>) {
    val valuableCustomers = lines
```

```
        .toValuableCustomers()
        .sortedBy(CustomerData::score)
    val resultLines = listOf("ID\tName\tSpend") +
        valuableCustomers.map(CustomerData::outputLine) +
        valuableCustomers.summarised()
    writer.append(resultLines.joinToString("\n"))
}
```

이 함수는 이제 계산을 이루는 두 문장과, 계산 결과를 취하는 마지막 동작으로 이뤄진다. 계산 부분에 'Extract Function(함수 추출)'을 적용하면서 generate라는 이름을 붙인 결과는 다음과 같다.

예제 20.11 [io-to-data.7:src/main/java/travelator/marketing/HighValueCustomersReport.kt]

```
@Throws(IOException::class)
fun generate(writer: Writer, lines: List<String>) {
    val resultLines = generate(lines)
    writer.append(resultLines.joinToString("\n"))
}

fun generate(lines: List<String>): List<String> {
    val valuableCustomers = lines
        .toValuableCustomers()
        .sortedBy(CustomerData::score)
    val resultLines = listOf("ID\tName\tSpend") +
        valuableCustomers.map(CustomerData::outputLine) +
        valuableCustomers.summarised()
    return resultLines
}
```

흔적만 남은 두 resultLines를 인라이닝하면 다음과 같다.

예제 20.12 [io-to-data.8:src/main/java/travelator/marketing/HighValueCustomersReport.kt]

```
@Throws(IOException::class)
fun generate(writer: Writer, lines: List<String>) {
    writer.append(generate(lines).joinToString("\n"))
}

fun generate(lines: List<String>): List<String> {
```

```
    val valuableCustomers = lines
        .toValuableCustomers()
        .sortedBy(CustomerData::score)
    return listOf("ID\tName\tSpend") +
        valuableCustomers.map(CustomerData::outputLine) +
        valuableCustomers.summarised()
}
```

한 번 더 인라이닝을 하자. 이번에는 오래된 generate 함수를 인라이닝한다. 그 결과 클라이언트 코드의 호출 부분이 바뀌면서 다음과 같은 테스트 코드가 남는다.

예제 20.13 [io-to-data.9:src/test/java/travelator/marketing/HighValueCustomersReportTests.kt]

```
private fun check(
    inputLines: List<String>,
    expectedLines: List<String>
) {
    val output = StringWriter()
    output.append(generate(inputLines).joinToString("\n"))
    val outputLines = output.toString().lines()
    assertEquals(expectedLines, outputLines)
}
```

이 리팩터링은 generate의 동작 부분을 한 단계 밖으로 옮기면서 멋진 순수 계산만 원래 장소에 남긴다. 원래의 Writer를 누적시키는 객체로 간주하면, 14장에서 본 것처럼 이 누적시키는 객체를 변환으로 리팩터링한 것처럼 생각할 수도 있다. 어쨌든 우리 테스트가 동작을 테스트하기를 바라지는 않기 때문에, 이를 더 단순하게 정리해서 원하는 형태로 만들 수 있다.

예제 20.14 [io-to-data.10:src/test/java/travelator/marketing/HighValueCustomersReportTests.kt]

```
private fun check(
    inputLines: List<String>,
    expectedLines: List<String>
) {
    assertEquals(expectedLines, generate(inputLines))
}
```

새 generate를 살펴보자.

예제 20.15 [io-to-data.11:src/main/java/travelator/marketing/HighValueCustomersReport.kt]

```kotlin
fun generate(lines: List<String>): List<String> {
    val valuableCustomers = lines
        .toValuableCustomers()
        .sortedBy(CustomerData::score)
    return listOf("ID\tName\tSpend") +
        valuableCustomers.map(CustomerData::outputLine) +
        valuableCustomers.summarised()
}

private fun List<String>.toValuableCustomers() = withoutHeader()
    .map(String::toCustomerData)
    .filter { it.score >= 10 }

private fun List<String>.withoutHeader() = drop(1)
```

이제는 generate가 훨씬 적은 일을 하므로, toValuableCustomers() 함수가 가치가 있는지
명확하지 않다. 다시 살펴보면 이 함수가 걸러내는 단계와 변환하는 단계가 뒤섞인 작업을 수
행하고 있음을 알 수 있다. 이 함수도 인라이닝해 보자.

예제 20.16 [io-to-data.12:src/main/java/travelator/marketing/HighValueCustomersReport.kt]

```kotlin
fun generate(lines: List<String>): List<String> {
    val valuableCustomers = lines
        .withoutHeader()
        .map(String::toCustomerData)
        .filter { it.score >= 10 }
        .sortedBy(CustomerData::score)
    return listOf("ID\tName\tSpend") +
        valuableCustomers.map(CustomerData::outputLine) +
        valuableCustomers.summarised()
}
```

더 낫다. 지역 변수 valuableCustomers는 이 식이 어떤 뜻인지를 잘 보여 주며, 리스트 연산
은 구현을 잘 보여 준다. 이 함수는 단일식 함수(9장) 형태가 상황을 더 악화시킬 수도 있는 사
례다. 따라서 이 코드를 두 부분 그대로 두자. 그리고 List<String>.toReport() 같은 확장

함수를 만들고 싶은 유혹에, 최소한 지금만이라도 저항하도록 하자.

가독성을 위해 리팩터링하기

가독성을 위해 리팩터링하면 이런 식으로 이뤄지곤 한다. 우리는 코드를 문맥 안에서 더 읽기 쉽게 만들기 위해 함수를 추출하지만, 문맥이 바뀌면 추출한 함수가 상황을 더 악화시킨다. 시간도 문맥이다. 때로는 코드를 작성할 당시에는 아주 표현력이 좋다고 생각한 것이 나중에 다시 읽어보면 표현력이 나쁘게 느껴지는 경우도 있고, 새로운 숙어에 익숙해지면서 더 개선할 여지가 보이게 되는 경우도 있다.

20.3 효율적인 쓰기

우리는 이 리팩터링에 아주 만족했다. 이 리팩터링은 테스트와 프로덕션 코드를 단순화시켜줬고, I/O와 논리가 섞인 코드를 더 단순한 부수 효과가 없는 계산으로 옮길 수 있었다.

잠시동안은 프로덕션에서도 모든 것이 잘 작동했다. 하지만 COVID-19 여행 제한이 풀리면서 트래블레이터가 우리 예상대로 성공으로 포효하기 시작했다. 하지만 사랑스러운 마케팅 팀원들이 보고서 생성이 OutOfMemoryError를 내면서 실패한다고 불평하기 시작했다. 이 문제를 살펴볼 수 있을까?

메모리 부족 외에도 우리 기억에 이 코드에서 발생한 오류가 두 가지 더 있었다. 두 경우 모두 입력 파일 형식이 잘못됐다는 사실이 밝혀졌지만, 옆 방에 있는 마케팅 팀원들은 오류가 발생할 때마다 입력 파일을 살펴보지 않고 그냥 우리에게 도움을 요청했다. 마케팅 팀에서는 이런 경우 우리에게 케이크를 제공하기 때문에, 우리는 현재 오류 처리를 더 잘해야 한다는 동기부여를 거의 받지 못하고 있다(하지만 21장을 보라). 우리가 OutOfMemoryError를 빨리 해결할 수 있다면 아마 크럼펫(펜케이크의 일종)을 맛보게 될거라 생각한다.

지금까지는 세부 사항으로 여러분을 성가시게 하지 않았지만, 보고서 생성을 호출하는 main 메서드가 존재한다. 이 메서드는 셸 리디렉션^{shell redirection}을 사용해 호출하도록 고안됐으며, 표준 입력을 통해 파이프로 연결된 파일을 읽어서 표준 출력에 쓰면 표준 출력을 모아서 파일에 쓰게 되어 있다. 이런 방식을 사용하면 우리 프로세스가 명령줄에서 파일 이름을 읽을 필요가 없다.

예제 20.17 [io-to-data.0:src/main/java/travelator/marketing/HighValueCustomersMain.kt]

```kotlin
fun main() {
    InputStreamReader(System.`in`).use { reader ->
        OutputStreamWriter(System.out).use { writer ->
            generate(reader, writer)
        }
    }
}
```

generate가 Reader와 Writer 대신 List를 사용하게 리팩터링할 때, 인텔리J는 자동으로 main을 다음과 같이 변경했다.

예제 20.18 [io-to-data.9:src/main/java/travelator/marketing/HighValueCustomersMain.kt]

```kotlin
fun main() {
    System.`in`.reader().use { reader ->
        System.out.writer().use { writer ->
            writer.append(
                generate(
                    reader.readLines()
                ).joinToString("\n")
            )
        }
    }
}
```

이것이 문제였다. 전체 입력을 메모리에 읽어오고(readLines()), 처리한 후, 전체 출력을 메모리에 만들어서(joinToString()) 표준 출력에 기록했다.

함수형 분해를 할 때 이런 문제가 생기는 경우가 가끔 있다. 이 경우, 원래의 Reader와 Writer 코드에는 이런 문제가 없었지만 좋은 스타일이라는 핑계로 우리가 직접 이 문제를 코드에 넣었다. 변경한 내용을 빨리 되돌리고 돌아가서 그럼펫이 남아있는지 살펴볼 수도 있지만, 보다 함수적인 해법을 찾을 수도 있다.

generate로 돌아가서 우리가 마음대로 할 수 있는 게 무엇인지 살펴보자.

예제 20.19 [io-to-data.12:src/main/java/travelator/marketing/HighValueCustomersReport.kt]

```kotlin
fun generate(lines: List<String>): List<String> {
    val valuableCustomers = lines
        .withoutHeader()
        .map(String::toCustomerData)
        .filter { it.score >= 10 }
        .sortedBy(CustomerData::score)
    return listOf("ID\tName\tSpend") +
        valuableCustomers.map(CustomerData::outputLine) +
        valuableCustomers.summarised()
}
```

일단은 출력에만 집중하면서 출력해야 할 여러 줄의 문자열을 List로 만들었다. 그 후 main은 이 결과에서 각 줄을 취해서 joinToString()을 사용해 거대한 문자열을 만들어냈다. 이 시점에 출력의 각 줄과 이들을 합친 문자열이 동시에 메모리를 차지한다. 메모리 부족을 피하려면 중간 컬렉션 생성을 연기해야만 하는데, 13장에서 본 것처럼 Sequence가 바로 그런 목적을 위해 설계된 클래스이다.

generate가 Sequence를 반환하도록 체계적이고 기계적으로 변환할 것이다. 처음 한 번은 빠르게 변환하기로 하고 그냥 return 식에 있는 listOf를 sequenceOf로 치환한다.

예제 20.20 [io-to-data.13:src/main/java/travelator/marketing/HighValueCustomersReport.kt]

```kotlin
fun generate(lines: List<String>): Sequence<String> {
    val valuableCustomers = lines
        .withoutHeader()
        .map(String::toCustomerData)
        .filter { it.score >= 10 }
        .sortedBy(CustomerData::score)
    return sequenceOf("ID\tName\tSpend") +
        valuableCustomers.map(CustomerData::outputLine) +
        valuableCustomers.summarised()
}
```

이제는 Sequence가 이터레이션될 때마다 한 번에 한 줄씩 출력을 만들게 된다. 그리고 전체 파일을 다 쓸 때까지 각 줄의 내용을 메모리에 유지하는 대신 빠르게 폐기할 수 있다.

테스트는 반환받은 Sequence를 List로 변환하게 변경해야만 한다.

예제 20.21 [io-to-data.13:src/test/java/travelator/marketing/HighValueCustomersReportTests.kt]

```
private fun check(
    inputLines: List<String>,
    expectedLines: List<String>
) {
    assertEquals(
        expectedLines,
        generate(inputLines).toList()
    )
}
```

흥미롭게도, main은 그렇게 하지 않는다.

예제 20.22 [io-to-data.13:src/main/java/travelator/marketing/HighValueCustomersMain.kt]

```
fun main() {
    System.`in`.reader().use { reader ->
        System.out.writer().use { writer ->
            writer.append(
                generate(
                    reader.readLines()
                ).joinToString("\n")
            )
        }
    }
}
```

이제는 generate가 List 대신 Sequence를 내놓기 때문에, main을 **재컴파일**해야만 한다. 하지만 main의 **소스 코드**를 변경할 필요는 없다. 왜냐하면 Iterable과 Sequence에 모두 joinToString 확장 함수가 정의되어 있기 때문이다.

꼭 변경할 **필요는** 없을 수도 있지만, main을 **변경하지** 않는 한, 여전히 출력을 한 번에 기록하기 위해 모든 출력이 담긴 큰 문자열을 만들게 된다. 이런 현상을 피하려면 원래 generate가 하던 대로 다시 명령형으로 돌아가 각 출력을 따로따로 기록해야 한다.

예제 20.23 [io-to-data.14:src/main/java/travelator/marketing/HighValueCustomersMain.kt]

```kotlin
fun main() {
    System.`in`.reader().use { reader ->
        System.out.writer().use { writer ->
            generate(
                reader.readLines()
            ).forEach { line ->
                writer.appendLine(line)
            }
        }
    }
}
```

현학적인 독자는 이 동작이 jointToString("\n")과 미묘하게 다르다는 점을 지적할 것이다. 하지만 새 줄 문자가 줄 끝에 있건 없건 아무 문제가 없다고 자신하기 때문에 조용히 이대로 계속 진행한다.

코틀린 표준 라이브러리에 정의되었어야 한다고 생각하지만 들어있지는 않은 Writer::appendLines 확장 함수 안에 이터레이션을 감추면, 마치 루프를 돌지 않는 척 할 수 있다.

예제 20.24 [io-to-data.15:src/main/java/travelator/marketing/HighValueCustomersMain.kt]

```kotlin
fun main() {
    System.`in`.reader().use { reader ->
        System.out.writer().use { writer ->
            writer.appendLines(
                generate(reader.readLines())
            )
        }
    }
}

fun Writer.appendLines(lines: Sequence<CharSequence>): Writer {
    return this.also {
        lines.forEach(this::appendLine)
    }
}
```

Writer::appendLines의 본문에는 식이 하나뿐이지만, 9장에서 함수가 동작인 경우에 블록을 사용하는 긴 형태를 사용하기로 동의했는데, appendLines는 분명히 동작이라서 블록 형태의 함수로 표현했다.

이제서야 Sequence에서 하던 것처럼 main에서 원래의 결과 List를 이터레이션하면서 각 줄을 따로따로 기록했더라면 메모리 위기가 오지 않았을 걸 깨달았다. 변경한 내용이 거의 없음에도 불구하고 메모리를 훨씬 적게 사용해서 메모리 여유 공간을 더 많이 제공하고 크럼펫도 부상으로 얻을 수 있으므로, 이 해법을 커밋할 것이다.

20.4 효과적인 읽기

여기서 작업을 끝내고 읽기에서도 메모리를 절약할 필요가 있음을 인정하지 않는다면 일을 소홀히 하는 것이다. generate를 다시 보자.

예제 20.25 [io-to-data.15:src/main/java/travelator/marketing/HighValueCustomersReport.kt]

```kotlin
fun generate(lines: List<String>): Sequence<String> {
    val valuableCustomers = lines
        .withoutHeader()
        .map(String::toCustomerData)
        .filter { it.score >= 10 }
        .sortedBy(CustomerData::score)
    return sequenceOf("ID\tName\tSpend") +
        valuableCustomers.map(CustomerData::outputLine) +
        valuableCustomers.summarised()
}
```

valuableCustomers를 만드는 연산 파이프라인은 한 단계마다 하나씩 메모리를 차지하는 중간 List를 만들어 낸다. 입력의 각 줄이 각 줄에 대한 CustomerData 객체와 함께 전부 다 메모리에 들어간다.

Sequence를 읽으면 중간 컬렉션을 쓰지 않을 수 있다. 하지만 시퀀스를 사용하는 데 따른 문제가 있다. generate의 코드에서 lines를 Sequence로 바꾸고 List를 파라미터로 받던 메서드를 수정하면 이 문제를 볼 수 있다.

```kotlin
fun generate(lines: List<String>): Sequence<String> {
    val valuableCustomers: Sequence<CustomerData> = lines
        .asSequence()
        .withoutHeader()
        .map(String::toCustomerData)
        .filter { it.score >= 10 }
        .sortedBy(CustomerData::score)
    return sequenceOf("ID\tName\tSpend") +
        valuableCustomers.map(CustomerData::outputLine) +
        valuableCustomers.summarised()
}

private fun Sequence<String>.withoutHeader() = drop(1)

private fun Sequence<CustomerData>.summarised(): String =
    sumByDouble { it.spend }.let { total ->
        "\tTOTAL\t${total.toMoneyString()}"
    }
```

이 코드는 단위 테스트를 통과한다. 다 끝났을까? 이 질문도 또 다른 수사학적 질문일까?

결론만 말하자면, 여기서 문제는 valuableCustomers를 두 번 이터레이션하게 된다는 점이다. 한 번은 generate에 있는 return 문 바로 **앞** sumByDouble에서 이뤄지고, 다른 한 번은 반환한 **다음**에 호출하는 쪽에서 반환받은 Sequence를 이터레이션하면서 보고서를 출력할 때 이뤄진다. Sequence를 두 번 이터레이션하면 Sequence를 만들기 위해 수행해야 하는 작업을 두 번 하게 된다. 여기서는 헤더를 없애고 매핑하고 걸러내고 정렬하는 과정을 두 번 하게 된다. 더 나쁜 것은 프로덕션에서 이 코드를 사용하면서 표준 입력을 읽는 Sequence를 전달하는 경우, 이 시퀀스를 두 번 이터레이션할 수 없어서 IllegalStateException이 발생한다는 점이다. 13장에서 본 것처럼, Sequence의 인스턴스 사이에는 타입 시스템으로 기술하지 못하는 차이가 있을 수 있고, 감춰진 상태를 유지할 수도 있다. Sequence를 이터레이션하는 것이 List를 이터레이션 하는 것과 비슷해 보이지만, Sequence의 내용을 소비하면 Sequence 자체가 변경될 수도 있다.

우리는 .constrainOnce()를 호출해서 우리가 이 Sequence를 잘못 사용하고 있음을 볼 수 있다.

예제 20.27 [io-to-data.17:src/main/java/travelator/marketing/HighValueCustomersReport.kt]

```kotlin
val valuableCustomers: Sequence<CustomerData> = lines
    .asSequence()
    .constrainOnce()
    .withoutHeader()
    .map(String::toCustomerData)
    .filter { it.score >= 10 }
    .sortedBy(CustomerData::score)
```

이렇게 변경하면 테스트가 IllegalStateException과 함께 실패한다. 가장 단순한 해결 방법은 Sequence에 .toList() 호출을 추가하는 것이다.

예제 20.28 [io-to-data.18:src/main/java/travelator/marketing/HighValueCustomersReport.kt]

```kotlin
val valuableCustomers: List<CustomerData> = lines
    .asSequence()
    .constrainOnce()
    .withoutHeader()
    .map(String::toCustomerData)
    .filter { it.score >= 10 }
    .sortedBy(CustomerData::score)
    .toList()
```

이렇게 하면 시퀀스를 이 문장 안에서 끝낸다(따라서 결국에는 전체 파일을 다 읽는다). 하지만 적어도 파이프라인을 단 한 번만 수행하며, 각 줄을 처리하는 데 사용한 메모리를 toCustomerData로 파싱을 마치자마자 제거할 수 있다. 사실, Sequence.sortedBy를 처리하려면 정렬 대상 원소를 모두 읽어야만 하기 때문에 어쨌든 파일 전체를 이 함수 안에서 읽어야만 한다. Sequence.sortedBy는 Sequence를 돌려주기는 하지만 지연 계산은 아니다.

이제 이번 장을 맨 앞에서 했던 'Introduce parameter(파라미터 도입)'를 다시 해 보자. 처음에 우리는 Reader 파라미터를 List로 변환했지만, 이제는 List가 아니라 Sequence로 변환한다. 우리가 도입하는 파라미터는 lines.asSequence().constrainOnce() 식을 대신한다.

예제 20.29 [io-to-data.19:src/main/java/travelator/marketing/HighValueCustomersReport.kt]

```kotlin
fun generate(lines: Sequence<String>): Sequence<String> {
    val valuableCustomers = lines
        .withoutHeader()
        .map(String::toCustomerData)
        .filter { it.score >= 10 }
        .sortedBy(CustomerData::score)
        .toList()
    return sequenceOf("ID\tName\tSpend") +
        valuableCustomers.map(CustomerData::outputLine) +
        valuableCustomers.summarised()
}

private fun List<CustomerData>.summarised(): String =
    sumByDouble { it.spend }.let { total ->
        "\tTOTAL\t${total.toMoneyString()}"
    }
```

이 리팩터링은 List를 Sequence로 변환하는 부분을 테스트로 가져온다.

예제 20.30 [io-to-data.19:src/test/java/travelator/marketing/HighValueCustomersReportTests.kt]

```kotlin
private fun check(
    inputLines: List<String>,
    expectedLines: List<String>
) {
    assertEquals(
        expectedLines,
        generate(
            inputLines.asSequence().constrainOnce()
        ).toList()
    )
}
```

그리고 main 함수에도 리스트 변환 부분이 들어간다.

예제 20.31 [io-to-data.19:src/main/java/travelator/marketing/HighValueCustomersMain.kt]

```kotlin
fun main() {
    System.`in`.reader().use { reader ->
```

```
System.out.writer().use { writer ->
    writer.appendLines(
        generate(
            reader.readLines().asSequence().constrainOnce()
        )
    )
}
}
}
```

여기가 진짜 메모리를 절약할 수 있는 부분이다. 한 번에 모든 줄을 다 읽고 Sequence로 바꾸는 대신, Reader에서 buffered().lineSequence()를 통해 Sequence를 얻는다.

예제 20.32 [io-to-data.20:src/main/java/travelator/marketing/HighValueCustomersMain.kt]

```
fun main() {
    System.`in`.reader().use { reader ->
        System.out.writer().use { writer ->
            writer.appendLines(
                generate(
                    reader.buffered().lineSequence()
                )
            )
        }
    }
}
```

generate는 파이프라인을 실행하면서 한 번에 한 줄씩 입력을 받아 메모리에 넣을 것이다. 이제는 꽤 효율적으로 메모리를 사용하고 기분 좋을 정도로 프로그램이 빠르게 실행된다. 마지막으로 한 번 더 뚝딱뚝딱 고치고 싶은 본능을 참을 수 있을까? main이 확장 함수를 사용해 입력을 읽으면 코드가 얼마나 더 멋져질까?

예제 20.33 [io-to-data.21:src/main/java/travelator/marketing/HighValueCustomersMain.kt]

```
fun main() {
    System.`in`.reader().use { reader ->
        System.out.writer().use { writer ->
            reader
                .asLineSequence()
```

```
                    .toHighValueCustomerReport()
                    .writeTo(writer)
            }
        }
    }
```

이 코드는 10장 끝에서 우리가 질문했던 내용에 대한 답이다. 그렇다. 우리는 확장 함수로 보고서 작성을 끝낼 수 있다. 우리는 계획이 이뤄지는 것을 좋아한다.

예제 20.34 [io-to-data.21:src/main/java/travelator/marketing/HighValueCustomersReport.kt]

```
fun Sequence<String>.toHighValueCustomerReport(): Sequence<String> {
    val valuableCustomers = this
        .withoutHeader()
        .map(String::toCustomerData)
        .filter { it.score >= 10 }
        .sortedBy(CustomerData::score)
        .toList()
    return sequenceOf("ID\tName\tSpend") +
            valuableCustomers.map(CustomerData::outputLine) +
            valuableCustomers.summarised()
}
```

20.5 다음으로 나아가기

이 리팩터링은 코드를 단순화하려는 욕구로 인해 시작됐다. I/O를 프로그램 진입점으로 옮겨서 내부 처리를 동작이 아닌 연산으로 만들 수 있고, 내부 처리가 더 이상 I/O를 책임지지 않아도 된다. 이 모든 것이 잘 작동하고 바람직하지만, 값을 인자로 받고 반환하는 계산과 전체 파일의 내용을 한 값으로 만들어내는 작업은 심지어 오늘날의 컴퓨터에서도 너무 많은 자원을 잡아먹을 수 있다.

이 문제를 해결하기 위해 List를 Sequence로 바꾸는 수단에 의지한다. 시퀀스에는 상태가 들어있기 때문에 값이 아니지만, 주의를 기울이면 시퀀스를 지연 계산(모든 내용을 한꺼번에 미리 반환하지 않고 요청이 있을 때마다 데이터를 읽고 제공한다는 의미에서) 값처럼 취급할 수 있다. 시퀀스는 리스트처럼 간단하지는 않지만 시퀀스와 리스트의 코틀린 API가 서로 호환되기 때문에 양쪽의 장점을 취해 활용할 수 있다.

원래의 Reader와 Writer를 사용하는 generate 버전은 I/O 오류를 염두에 둬야만 했다. 반면 List를 받고 List를 돌려주는 버전은 모든 I/O를 호출자에 넘긴다. Sequence를 사용하는 버전은 그 둘의 중간에 있다. Sequence 추상화가 Reader와 Writer를 감싸 주기 때문에 Sequence를 사용하는 generate 버전은 I/O 오류에 대해 신경 쓰지 않는다. 이 말은 I/O 오류가 발생할 수 없다는 말이 아니라 generate가 I/O 오류를 책임지지 않는다는 뜻이다. 잠시 휴식을 취하면서 마케팅 팀의 동료들이 문제를 처리한데 대한 보상을 더 제공하는지 살펴본 다음 21장 '예외에서 값으로'라는 주제를 논의하자.

예외에서
값으로

19장에서 우리는 코틀린을 위한 오류 처리 전략을 살펴봤고, 자바 예외를 보다 함수적인 기법으로 리팩터링하는 방법도 살펴봤다. 대부분 코드 오류가 발생하지 않으리라는 희망을 품고 오류를 무시하고 있다는 것이 진실이다. 이보다 더 잘할 수는 없을까?

마케팅 팀의 새로운 누군가가 20장에서 마지막으로 살펴본 고가치 고객 점수를 생성하는 스프레드시트를 변경하기 시작했다. 자세한 사항을 알지는 못하지만, 마케팅 팀에서 계속해서 기존 파싱 규칙을 깨는 파일을 내보낸 후 스택 트레이스가 무슨 뜻인지 설명해달라고 물어보고 있다. 관련 있는 당사자들이 모두 약간씩 난처해하면서 (문제 해결 시 주는) 케이크가 더 이상 들어오지 않기 시작했다. 더 나은 인센티브가 있을까?

그렇다. 추가로 마케팅 팀원이 서버에 파일을 저장하면 자동으로 요약본을 만드는 무인 작업을 작성해달라는 요청을 마케팅 팀으로부터 받았다. 스택 트레이스가 발생할 때 이를 가로채는 사람이 없으므로, 오류를 제대로 보고하는 방법을 찾아야만 할 것 같다.

21.1 잘못된 원인 파악하기

다음은 최종 코드다.

예제 21.1 [exceptions-to-values.0:src/main/java/travelator/marketing/HighValueCustomersReport.
kt]

```kotlin
fun Sequence<String>.toHighValueCustomerReport(): Sequence<String> {
    val valuableCustomers = this
        .withoutHeader()
        .map(String::toCustomerData)
        .filter { it.score >= 10 }
        .sortedBy(CustomerData::score)
        .toList()
    return sequenceOf("ID\tName\tSpend") +
        valuableCustomers.map(CustomerData::outputLine) +
        valuableCustomers.summarised()
}

private fun List<CustomerData>.summarised(): String =
    sumByDouble { it.spend }.let { total ->
        "\tTOTAL\t${total.toMoneyString()}"
    }

private fun Sequence<String>.withoutHeader() = drop(1)

internal fun String.toCustomerData(): CustomerData =
    split("\t").let { parts ->
        CustomerData(
            id = parts[0],
            givenName = parts[1],
            familyName = parts[2],
            score = parts[3].toInt(),
            spend = if (parts.size == 4) 0.0 else parts[4].toDouble()
        )
    }

private val CustomerData.outputLine: String
    get() = "$id\t$marketingName\t${spend.toMoneyString()}"

private fun Double.toMoneyString() = this.formattedAs("%#.2f")

private fun Any?.formattedAs(format: String) = String.format(format, this)
```

```
private val CustomerData.marketingName: String
    get() = "${familyName.toUpperCase()}, $givenName"
```

오류를 완벽하게 처리하고 싶다면, 맨 처음 해야 할 일은 잘못될 수 있는 요소가 무엇인지 알아내는 것이다. 19장에서 본 것처럼, 코틀린에서는 힌트를 제공하는 체크 예외가 없고, 자바에는 체크 예외가 있기는 하지만 대부분 자바 코드가 체크 예외를 사용하는 방식이 몹시 나쁘므로, 체크 예외와 관련해서는 두 언어가 그다지 다르지 않다. 코드가 자신이 실패할 방법을 외부에 알려 주는 형태로 작성되지 않았다면, 우리가 코드를 관찰하고 직관과 경험에 의지해 어떤 오류가 발생할 수 있을지 알아내야 한다. 이 프로그램에서는 실제로 우리가 볼 수 있었던 오류가 빠뜨린 필드에 의한 것임을 알고 있으므로 이 문제에 집중할 수 있다. 하지만 여전히 코드의 모든 측면을 주의 깊게 처리해야 한다. 예제 코드의 맨 아래 있는 함수로부터 시작해서 위로 올라가면서 잠재적인 오류를 찾아보자.

`CustomerData.marketingName`은 문제가 없어 보인다.

예제 21.2 [exceptions-to-values.0:src/main/java/travelator/marketing/HighValueCustomersReport.kt]

```
private val CustomerData.marketingName: String
    get() = "${familyName.toUpperCase()}, $givenName"
```

`CustomerData`가 자바로 구현됐다면 `familyName`이 `null`일 수도 있다고 생각해서 `toUpperCase()`에서 널 참조 예외가 발생할 수 있다고 생각해야 할지도 모른다. 하지만 코틀린에서는 그럴 수 없으므로 이 코드엔 널 참조 문제가 없다. 다른 모든 코드와 마찬가지로 이 함수에서도 `Error`의 하위 클래스(`OutOfMemory` 등) 예외가 발생할 수 있지만, 일반적으로는 안전하다. 지금부터는 `Error`가 발생하는 상황은 특이한 상황이며 분석 대상이 아닌 것으로 간주한다.

이제 `formattedAs`를 보자.

예제 21.3 [exceptions-to-values.0:src/main/java/travelator/marketing/HighValueCustomersReport.kt]

```
private fun Any?.formattedAs(format: String) = String.format(format, this)
```

String.format(format, this)는 java.lang.String::format로 구현했으며, 문서를 보면 format이 다른 입력과 맞아 떨어지지 않으면 IllegalFormatException을 던진다고 되어 있다. 이 함수는 부분함수(*https://oreil.ly/ErpGo*), 즉 파라미터가 취할 수 있는 값 중 일부에 대해서만 결과를 돌려주는 함수다. format 함수는 모든 Double 타입 값에 대해 정상적인 출력을 돌려주지만 format 문자열이 정해진 어떤 값인 경우에만 그렇다. 다행히, 이 코드에서는 %#.2f라는 한 가지 값만 foramt으로 지정하고, 이 값은 Double에 대해 잘 작동한다는 사실을 우리가 알기 때문에, 이 확장 함수와 이 확장 함수를 호출하는 유일한 코드인 Double.toMoneyString()는 실패할 수 없다. 이들이 실패한다면 우리 분석이 잘못된 것이므로(또는 분석에 쓴 가정이 더 이상 참이 아니므로) 런타임 오류를 발생해서 프로그래머가 실수를 했다는 신호를 보내주는 게 타당한 접근 방법이다.

다음으로 살펴볼 코드는 아래와 같다.

예제 21.4 [exceptions-to-values.0:src/main/java/travelator/marketing/HighValueCustomersReport.kt]

```
private val CustomerData.outputLine: String
    get() = "$id\t$marketingName\t${spend.toMoneyString()}"
```

이 코드는 우리가 방금 실패할 가능성이 없다고 추론한 코드만을 호출한다. 따라서 실패의 전파성transitive[1] property에 따라 이 코드도 안전할 것임에 틀림없다.

지금까지는 모든 함수가 계산(7.2절의 '계산')이었기 때문에 분석이 쉬웠다는 점에 유의하라. 계산은 다른 외부 상태에 의존하지 않으므로 코드만 살펴보고 분석할 수 있다.

아직까지는 너무 좋다. 이제 String.toCustomerData()을 보자.

예제 21.5 [exceptions-to-values.0:src/main/java/travelator/marketing/HighValueCustomersReport.kt]

```
internal fun String.toCustomerData(): CustomerData =
    split("\t").let { parts ->
        CustomerData(
            id = parts[0],
```

---

1 옮긴이_ 전산에서 transitive라는 영어는 보통 수학 용어인 추이성이라는 말로 번역되지만 여기서는 그런 이항관계를 정의하기가 애매하다. 이 문장의 transitive property는 f가 오류를 발생시킬 수 있고, g가 f를 호출하면 g도 f가 발생시키는 오류를 발생시킬 수 있다는 말일것이므로 전파가능성이라는 말로 번역했다.

```
            givenName = parts[1],
            familyName = parts[2],
            score = parts[3].toInt(),
            spend = if (parts.size == 4) 0.0 else parts[4].toDouble()
        )
    }
```

좋다. 이 함수도 부분함수다. 이 함수는 String 수신 객체 중 대부분 값에서 결과를 반환하지 못한다. 다행히 우리가 실제로 사용할 값들은 거의 대부분 문제가 없다. 지금까지 이 부분에서 오류 처리에 신경을 그리 쓰지 않았던 이유가 바로 그것이다. 그렇다면 무엇이 잘못될 수 있을까?

함수 맨 앞부터 시작하자. 빈 문자열을 구분자로 넘기면 String.split이 이상하게 작동할 수 있지만 여기서는 아니다. 그 다음으로, split으로 분리한 조각이 충분히 많은지 살펴봐야 한다. 조각 갯수가 모자라면 parts[n]이 IndexOutOfBoundsException을 던질 수 있기 때문이다. 마지막으로 parts[3]이 Int를 표현하지 않거나, parts[4]가 Double을 표현하지 않을 수도 있다. 두 경우 모두 NumberFormatException을 던진다.

우리가 정한 형식 지정자와 호환되지 않는 String을 전달받으면 toCustomerData가 실패할 수 있다는 사실을 알게 되는데, 이에 어떤 조치를 취해야 할까? 현재는 toCustomerData가 실패할 수 있는 모든 경우 예외를 던지게 되어있으므로 프로그램은 불친절한 오류 메시지와 함께 중단되며, 마케팅 팀에서 전화가 오게 된다. 따라서 두 가지 질문이 뒤따른다. "프로그램을 중단시켜야 할까?", "오류 메시지를 어떻게 개선해야 마케팅 팀원들도 그 메시지를 이해할 수 있을까?"

19장에서 본 것처럼, 예측할 수 있는 오류가 발생했을 때 프로그램을 중단하기 위해 예외를 써서는 안 된다. 코틀린에서는 체크 예외가 없으므로(그리고 자바에서는 체크 예외를 제대로 사용하지 않기 때문에), 예측할 수 있는 오류 발생 시 프로그램을 중단시키기 위해 예외를 사용하면 코드가 실패할 수 있다고 알려줄 기회가 사라진다. 코드가 이런 예외를 던지면 코드를 호출하는 쪽에서는 지금 하는 중인 일, 즉 구현 코드를 한 줄씩 살펴보면서 오류 원인을 추론해야 한다. 혹시 추론했다 하더라도 구현이 바뀌면 발견했던 내용이 쓸모없는 내용이 되지만 상대방은 이 사실을 알 수 없다.

예외를 던지지 않기로 하면 가장 값싼 변경(우리 코드를 호출하는 쪽이 모두 코틀린이라면)은 실패 시 null을 반환하는 것이다. 그러면 클라이언트 코드가 강제로 null이 발생하는 경우를 고려해 적절히 처리하도록 할 수 있다.

예제 21.6 [exceptions-to-values.1:src/main/java/travelator/marketing/HighValueCustomersReport.kt]

```kotlin
internal fun String.toCustomerData(): CustomerData? =
    split("\t").let { parts ->
        if (parts.size < 4)
            null
        else
            CustomerData(
                id = parts[0],
                givenName = parts[1],
                familyName = parts[2],
                score = parts[3].toInt(),
                spend = if (parts.size == 4) 0.0 else parts[4].toDouble()
            )
    }
```

전체 구현을 try 블록으로 감싸고 catch에서 null을 반환하는 구현을 택할 수도 있다. 하지만 이 코드에서 우리는 오류에 대해 수동적으로 대응하기 보다는 능동적으로 대응하기로 결정했다. 이 말은 필드를 원하는대로 Int나 Double로 변환할 수 없는 경우에는 여전히 예외를 던진다는 뜻이다. 우리는 이에 대해서도 다룰 것이다.

이렇게 변경하면 toHighValueCustomerReport가 깨진다. toHighValueCustomerReport는 이제 실패한 경우를 반드시 고려해야만 한다.

예제 21.7 [exceptions-to-values.1:src/main/java/travelator/marketing/HighValueCustomersReport.kt]

```kotlin
fun Sequence<String>.toHighValueCustomerReport(): Sequence<String> {
    val valuableCustomers = this
        .withoutHeader()
        .map(String::toCustomerData)
        .filter { it.score >= 10 }
        .sortedBy(CustomerData::score)
        .toList()
    return sequenceOf("ID\tName\tSpend") +
        valuableCustomers.map(CustomerData::outputLine) +
        valuableCustomers.summarised()
}
```

❶ it이 널이 될 수 있는 타입이라서 컴파일이 되지 않는다.

이제 형식이 잘못된 입력 줄을 그냥 무시하고 싶다면, `filterNotNull`을 사용해 모든 것이 다시 작동하게 할 수 있다.

예제 **21.8** [exceptions-to-values.2:src/main/java/travelator/marketing/HighValueCustomersReport.kt]

```kotlin
fun Sequence<String>.toHighValueCustomerReport(): Sequence<String> {
    val valuableCustomers = this
        .withoutHeader()
        .map(String::toCustomerData)
        .filterNotNull()
        .filter { it.score >= 10 }
        .sortedBy(CustomerData::score)
        .toList()
    return sequenceOf("ID\tName\tSpend") +
        valuableCustomers.map(CustomerData::outputLine) +
        valuableCustomers.summarised()
}
```

이를 지원하는 테스트가 없으므로 꼭 테스트를 작성해야 한다. 하지만 이 코드는 탐색을 위해 찔러보는 해법이므로 당장은 안전망 없이 계속 진행하자. 여기서 `toCustomerData`가 실패할 수 있는 다른 경우를 표현할 때도 null을 쓸 수 있다.

예제 **21.9** [exceptions-to-values.3:src/main/java/travelator/marketing/HighValueCustomersReport.kt]

```kotlin
internal fun String.toCustomerData(): CustomerData? =
    split("\t").let { parts ->
        if (parts.size < 4)
            return null
        val score = parts[3].toIntOrNull() ?:
            return null
        val spend = if (parts.size == 4) 0.0 else parts[4].toDoubleOrNull() ?:
            return null
        CustomerData(
            id = parts[0],
            givenName = parts[1],
            familyName = parts[2],
            score = score,
            spend = spend
        )
    }
```

표준 라이브러리는 `String::toXXXOrNull`을 제공하여 이런 오류 처리를 돕는다는 사실을 알아두라. 이제 이 코드는 발생 가능성이 있는 모든 오류를 `null`로 표현한다. 다시 `toHighValueCustomerReport`로 돌아가서, `filterNotNull`을 써서 잘못된 입력 줄을 무시하여 아무 일도 발생하지 않은 것처럼 가정하는 대신 오류가 발생한 경우를 제대로 처리해야 한다.

첫 번째 오류의 경우 프로그램을 중단할 수 있다. 하지만 약간의 노력으로, 문제가 있는 모든 줄을 수집한 다음에 어떻게든 오류를 보고하는 게 좋다. '**어떻게든**'이라는 말은 약간 모호하지만, 이 말에 해당하는 타입이 `(String) -> Unit`이라는 사실이 꽤 재미있다. 이 타입의 의미는 우리가 무슨 일을 할지를 오류가 일어난 줄을 받아들이고 결과에는 영향을 끼치지 않는 함수에 위임한다는 뜻이다. 이 기법을 19.1절 '예외 이전의 오류 처리'에서 살짝 언급했다. 이를 표현하기 위해 테스트를 추가하자.

예제 21.10 [exceptions-to-values.4:src/test/java/travelator/marketing/HighValueCustomersReportTests.kt]

```
@Test
fun `calls back on parsing error`() {
    val lines = listOf(
        "ID\tFirstName\tLastName\tScore\tSpend",
        "INVALID LINE",
        "1\tFred\tFlintstone\t11\t1000.00",
    )

    val errorCollector = mutableListOf<String>()
    val result = lines
        .asSequence()
        .constrainOnce()
        .toHighValueCustomerReport { badLine ->      ❶
            errorCollector += badLine
        }
        .toList()

    assertEquals(
        listOf(
            "ID\tName\tSpend",
            "1\tFLINTSTONE, Fred\t1000.00",
            "\tTOTAL\t1000.00"
        ),
```

```
        result
    )
    assertEquals(
        listOf("INVALID LINE"),
        errorCollector
    )
}
```

❶ 이 람다는 다음에 나올 예제의 onErrorLine을 구현한다.

이제 제대로 작동할 수 있는 가장 간단한 함수로 이를 구현해 보자.

예제 21.11 [exceptions-to-values.4:src/main/java/travelator/marketing/HighValueCustomersReport.kt]

```
fun Sequence<String>.toHighValueCustomerReport(
    onErrorLine: (String) -> Unit = {}
): Sequence<String> {
    val valuableCustomers = this
        .withoutHeader()
        .map { line ->
            val customerData = line.toCustomerData()
            if (customerData == null)
                onErrorLine(line)
            customerData
        }
        .filterNotNull()
        .filter { it.score >= 10 }
        .sortedBy(CustomerData::score)
        .toList()
    return sequenceOf("ID\tName\tSpend") +
            valuableCustomers.map(CustomerData::outputLine) +
            valuableCustomers.summarised()
}
```

이 코드는 여전히 오류가 발생한 줄을 걸러낸다. 다만 오류가 발생한 줄을 가지고 무엇을 할지 결정할 수 있는 onErrorLine에 전달한 다음에 걸러낸다. main에서는 System.err를 통해 오류를 출력하고 프로그램을 끝낸다.

```kotlin
fun main() {
    System.`in`.reader().use { reader ->
        System.out.writer().use { writer ->
            val errorLines = mutableListOf<String>()
            val reportLines = reader
                .asLineSequence()
                .toHighValueCustomerReport {
                    errorLines += it
                }
            if (errorLines.isNotEmpty()) {
                System.err.writer().use { error ->
                    error.appendLine("Lines with errors")
                    errorLines.asSequence().writeTo(error)
                }
                exitProcess(-1)
            } else {
                reportLines.writeTo(writer)
            }
        }
    }
}
```

이 부분은 이 책에서 보기 힘든 가변 List를 사용하는 부분이다. 왜 여기서 가변 리스트를 쓸까? toHighValueCustomerReport가 Pair<Sequence<String>, List<String>>를 반환하게 할 수도 있을 것이다. 이 경우 순서쌍의 두 번째 원소가 오류가 발생한 줄들이다. [예제 21.12] 방식의 장점은 onErrorLine에서 예외를 던져서 프로그램을 빨리 중단시킬 수 있다는 점이다. 최대한의 유연성을 위해서는 오류 처리 전략의 시그니처를 (String) -> CustomerData?로 만들어서 호출자 쪽에서 오류 발생 시 대치할 수 있는 값을 제공해서 특정 줄에 발생한 오류를 복구할 수 있도록 한다.

20장에서 우리는 toHighValueCustomerReport를 동작에서 계산으로 바꾸기 위해 기존 방식에서 벗어났다. 그 후 읽기와 쓰기를 Sequence를 통해 함으로써 순수성을 완화했다. 여기서 우리는 Unit을 반환하는 오류 처리 함수를 도입했고, 이는 동작을 도입했다는 사실을 보여 주는 확실한 표식이다. 동작의 영역이 오류 처리에 한정되고 부수 효과가 이 main에서처럼 지역 변수에 한정된 경우, 이 또한 타당한 타협이라 할 수 있다. 이런 방식은 미봉적인 오류 처리 해법으로, 유연하고 오류 발생 가능성도 잘 드러내지만 순수하지는 않다.

21.2 오류 표현하기

이제 우리가 작성한 파싱 코드가 실패할 수 있다는 **사실**을 (널이 될 수 있는 반환 타입을 써서) 알리고 **어디서** 실패할지도 (오류가 발생한 입력 줄을 콜백 함수에 넘김으로써) 알린다. 그렇다면 **왜** 실패했는지를 더 잘 알려줄 수는 없을까?

널이 될 수 있는 타입 대신 결과 타입을 사용하면 오류 발생 시 어떤 실패 모드인지와 실패의 자세한 내용을 알려줄 수 있다. String.toCustomerData()이 널이 될 수 있는 타입 대신 Result를 반환하자.

예제 21.13 [exceptions-to-values.5:src/main/java/travelator/marketing/HighValueCustomersReport.kt]

```
internal fun String.toCustomerData(): Result<CustomerData, ParseFailure> =
    split("\t").let { parts ->
        if (parts.size < 4)
            return Failure(NotEnoughFieldsFailure(this))
        val score = parts[3].toIntOrNull() ?:
        return Failure(ScoreIsNotAnIntFailure(this))
        val spend = if (parts.size == 4) 0.0 else parts[4].toDoubleOrNull() ?:
        return Failure(SpendIsNotADoubleFailure(this))
        Success(
            CustomerData(
                id = parts[0],
                givenName = parts[1],
                familyName = parts[2],
                score = score,
                spend = spend
            )
        )
    }
```

19장에서 했던 것처럼, 파싱이 실패한 원인을 표현하는 봉인된 클래스를 만든다.

예제 21.14 [exceptions-to-values.5:src/main/java/travelator/marketing/HighValueCustomersReport.kt]

```
sealed class ParseFailure(open val line: String)
data class NotEnoughFieldsFailure(override val line: String) :
    ParseFailure(line)
data class ScoreIsNotAnIntFailure(override val line: String) :
```

```
        ParseFailure(line)
    data class SpendIsNotADoubleFailure(override val line: String) :
        ParseFailure(line)
```

솔직히 말해 이 방법은 상황에 비해 너무 거창한 해법이다(여기서는 잘못된 줄과 문자열로 된 이유만으로 충분하다). 하지만 오류 엔지니어링의 모범 사례를 보여 주고 싶다. toCustomerData를 호출하는 쪽을 수정하려면 오류 발생 시 ParseFailure에 들어있는 정보를 사용해 onErrorLine을 호출한 다음에 null을 돌려주게 하면 된다. 이렇게 하면 현재의 테스트를 통과할 수 있다.

예제 21.15 [exceptions-to-values.5:src/main/java/travelator/marketing/HighValueCustomersReport.kt]

```kotlin
fun Sequence<String>.toHighValueCustomerReport(
    onErrorLine: (String) -> Unit = {}
): Sequence<String> {
    val valuableCustomers = this
        .withoutHeader()
        .map { line ->
            line.toCustomerData().recover {
                onErrorLine(line)
                null
            }
        }
        .filterNotNull()
        .filter { it.score >= 10 }
        .sortedBy(CustomerData::score)
        .toList()
    return sequenceOf("ID\tName\tSpend") +
            valuableCustomers.map(CustomerData::outputLine) +
            valuableCustomers.summarised()
}
```

하지만 정말 원하는 것은 ParseFailure 노출이다. 먼저 테스트가 실패한 입력 줄 대신 parseFailure를 수집하게 변경하자.

예제 21.16 [exceptions-to-values.6:src/test/java/travelator/marketing/HighValueCustomersReportTests.kt]

```kotlin
val errorCollector = mutableListOf<ParseFailure>()
val result = lines
    .asSequence()
    .constrainOnce()
    .toHighValueCustomerReport { badLine ->
        errorCollector += badLine
    }
    .toList()
assertEquals(
    listOf(NotEnoughFieldsFailure("INVALID LINE")),
    errorCollector
)
```

이제 onErrorLine이 ParseFailure로 표현된 파싱 실패 원인을 받게 고칠 수 있다.

예제 21.17 [exceptions-to-values.6:src/main/java/travelator/marketing/HighValueCustomersReport.kt]

```kotlin
fun Sequence<String>.toHighValueCustomerReport(
    onErrorLine: (ParseFailure) -> Unit = {}
): Sequence<String> {
    val valuableCustomers = this
        .withoutHeader()
        .map { line ->
            line.toCustomerData().recover {
                onErrorLine(it)
                null
            }
        }
        .filterNotNull()
        .filter { it.score >= 10 }
        .sortedBy(CustomerData::score)
        .toList()
    return sequenceOf("ID\tName\tSpend") +
        valuableCustomers.map(CustomerData::outputLine) +
        valuableCustomers.summarised()
}
```

이렇게 하면 main에서 오류 이유와 오류가 발생한 줄을 보고할 수 있다.

```
if (errorLines.isNotEmpty()) {
    System.err.writer().use { error ->
        error.appendLine("Lines with errors")
        errorLines.asSequence().map { parseFailure ->
            "${parseFailure::class.simpleName} in ${parseFailure.line}"
        }.writeTo(error)
    }
    exitProcess(-1)
} else {
    reportLines.writeTo(writer)
}
```

오류를 다르게 처리하기 위해 ParseFailure의 실행 시점 타입을 사용하지는 않았을지 몰라도, 오류 메시지에 타입의 이름을 사용했기 때문에 적어도 이 작은 봉인된 클래스 계층에서 약간의 가치를 얻을 수 있었다. 마케팅 팀이 입력을 수정할 수 있을 정도로 결과 오류 메시지가 충분히 자세하지 않다면, 19.9절 '계층'에서 본 것처럼 봉인된 클래스에 대해 when 식을 사용해서 실패 유형을 구분할 수도 있다.

이제는 모든 것이 컴파일되고 테스트도 성공한다. 따라서 최소한 이 작은 세계 안에서는 모든 것이 좋다. 이 API를 호출하는 클라이언트 코드가 조금 더 있었거나, 변경한 내용이 여러 계층의 코드를 통해 전파된다면, 한 파일 안에서 코드를 변경하고 잘못된 부분을 수정하는 전략 대신 좀 더 복잡한 리팩터링 전략을 택했을 것이다. 하지만 기껏해야 컴파일과 테스트 성공에 몇 분밖에 걸리지 않는 코드에 대해서는 이런 수고를 할 만한 가치가 없다. 만약 생각보다 여파가 더 크다면, 쉽게 코드를 원래대로 되돌리고 좀 더 사려 깊은 접근 방식을 시도할 수 있다.

이제 테스트를 통과하므로 뒤로 돌아가서 모든 것이 최대한 깔끔하고 읽기 쉬운지 확인해야 한다. 특히, toHighValueCustomerReport 안에서 최대한 빨리 모든 것을 다시 작동하게 만들려고 넣었던 코드가 있다.

```
fun Sequence<String>.toHighValueCustomerReport(
    onErrorLine: (ParseFailure) -> Unit = {}
): Sequence<String> {
    val valuableCustomers = this
```

```
        .withoutHeader()
        .map { line ->
            line.toCustomerData().recover {
                onErrorLine(it)
                null
            }
        }
        .filterNotNull()
        .filter { it.score >= 10 }
        .sortedBy(CustomerData::score)
        .toList()
    return sequenceOf("ID\tName\tSpend") +
        valuableCustomers.map(CustomerData::outputLine) +
        valuableCustomers.summarised()
}
```

recover 블록에서 null을 반환하고 filterNotNull로 널을 제외시키는 과정은 조금 불만족스럽다. 이 코드는 자신의 동작을 직접적으로 설명하지 못하며, 정상 처리 경로를 이해하는 것을 방해한다. valuableCustomers 식을 더 잘 표현할 수 있는 방법을 찾고 싶다. 하지만 어떻게 바꿔도 다른 부분이 조금씩 나빠지는 것 같다. 혹시 더 나은 방법을 발견했다면 알려 주기 바란다!

예제 21.20 [exceptions-to-values.6:src/main/java/travelator/marketing/HighValueCustomersReport.kt]

```
internal fun String.toCustomerData(): Result<CustomerData, ParseFailure> =
    split("\t").let { parts ->
        if (parts.size < 4)
            return Failure(NotEnoughFieldsFailure(this))
        val score = parts[3].toIntOrNull() ?:
            return Failure(ScoreIsNotAnIntFailure(this))
        val spend = if (parts.size == 4) 0.0 else parts[4].toDoubleOrNull() ?:
            return Failure(SpendIsNotADoubleFailure(this))
        Success(
            CustomerData(
                id = parts[0],
                givenName = parts[1],
                familyName = parts[2],
                score = score,
                spend = spend
            )
```

```
        )
    }
```

'진정한' 함수형 오류 처리는 빠른 반환을 사용하지 않고 flatMap 연쇄를 사용한다. 깊은 들여쓰기에 불안감을 느끼는 독자는 이 코드를 보지 않기를 바랄 수도 있다.

예제 21.21 [exceptions-to-values.7:src/main/java/travelator/marketing/HighValueCustomersReport.kt]

```
internal fun String.toCustomerData(): Result<CustomerData, ParseFailure> =
    split("\t").let { parts ->
        parts
            .takeUnless { it.size < 4 }
            .asResultOr { NotEnoughFieldsFailure(this) }
            .flatMap { parts ->
                parts[3].toIntOrNull()
                    .asResultOr { ScoreIsNotAnIntFailure(this) }
                    .flatMap { score: Int ->
                        (if (parts.size == 4) 0.0
                        else parts[4].toDoubleOrNull())
                            .asResultOr { SpendIsNotADoubleFailure(this) }
                            .flatMap { spend ->
                                Success(
                                    CustomerData(
                                        id = parts[0],
                                        givenName = parts[1],
                                        familyName = parts[2],
                                        score = score,
                                        spend = spend
                                    )
                                )
                            }
                    }
            }
    }
```

다른 사람들보다 단일식을 더 좋아하지만, 이런 Result 결과를 낳는 단일식은 좋아하지 않는다. 더 많은 함수를 도입하면 (예를 들어 asResultOr ... flatMap 조합은 뭔가 적합한 다른 개념이 있을 것 같다) 분명히 이 코드를 더 단순화할 수 있을 것이다. 다른 결과 라이브러리들은 코루틴이나 예외를 활용해서 앞에서 보여 준 빠른 반환과 같은 효과를 얻게 해 준다. 하지만 문장마다 들여쓰기하는 방식보다 더 나은 언어 지원이 없다면,[2] 이 경우 코틀린의 결은 빠른 반환 쪽을 더 선호한다고밖에 볼 수 없다. 이 책에서는 이를 구체적으로 다루지 않았지만, 람다가 인라이닝되어 컴파일될 수 있고, 그로 인해 람다를 호출하는 함수에서 반환되는 코드를 작성할 수 있다는 사실은 코틀린이 이런 상황에서 (람다 안에서 return을 사용하는) 명령형 코드 사용을 장려한다는 점을 보여 준다. 그렇다면 빠른 반환으로 충분하다.

마지막으로 체크인하기 전에 main으로 돌아가 한 번 더 코드를 검사하자.

예제 21.22 [exceptions-to-values.6:src/main/java/travelator/marketing/HighValueCustomersMain.kt]

```kotlin
fun main() {
    System.`in`.reader().use { reader ->
        System.out.writer().use { writer ->
            val errorLines = mutableListOf<ParseFailure>()
            val reportLines = reader
                .asLineSequence()
                .toHighValueCustomerReport {
                    errorLines += it
                }
            if (errorLines.isNotEmpty()) {
                System.err.writer().use { error ->
                    error.appendLine("Lines with errors")
                    errorLines.asSequence().map { parseFailure ->
                        "${parseFailure::class.simpleName} in ${parseFailure.line}"
                    }.writeTo(error)
                }
                exitProcess(-1)
            } else {
                reportLines.writeTo(writer)
            }
        }
    }
}
```

세 수준으로 내포된 use는 실제 구조가 잘 드러나지 못하게 막는다. 그리고 함수 깊은 곳에서 나오는 exitProcess도 약간 불확실하게 느껴진다. 전자를 해결하기 위해 직접 using 오버로

---

2 옮긴이_ 하스켈, 스칼라 등은 이런 식으로 내포된 map()/flatMap() 연쇄를 좀 더 편리하게 기술할 수 있는 설탕 문법을 제공한다. 이 런 언어에서는 Result나 Either와 같은 타입을 사용하는 코드를 훨씬 더 간결하고 보기 좋게 작성할 수 있다.

드를 정의하고, 후자를 해결하기 위해 종료 코드를 전달한다(오류를 처리하기 위해 제어 흐름 대신 데이터를 사용하는 예에 속한다). 오류를 출력하기 위해 확장 함수를 추출할 수도 있다.

예제 21.23 [exceptions-to-values.8:src/main/java/travelator/marketing/HighValueCustomersMain.kt]

```kotlin
fun main() {
    val statusCode = using(
        System.`in`.reader(),
        System.out.writer(),
        System.err.writer()
    ) { reader, writer, error ->
        val errorLines = mutableListOf<ParseFailure>()
        val reportLines = reader
            .asLineSequence()
            .toHighValueCustomerReport {
                errorLines += it
            }
        if (errorLines.isEmpty()) {
            reportLines.writeTo(writer)
            0
        } else {
            errorLines.writeTo(error)
            -1
        }
    }
    exitProcess(statusCode)
}

inline fun <A : Closeable, B : Closeable, C : Closeable, R> using(
    a: A,
    b: B,
    c: C,
    block: (A, B, C) -> R
): R =
    a.use {
        b.use {
            c.use {
                block(a, b, c)
            }
        }
    }

private fun List<ParseFailure>.writeTo(error: OutputStreamWriter) {
```

```
    error.appendLine("Lines with errors")
    asSequence().map { parseFailure ->
        "${parseFailure::class.simpleName} in ${parseFailure.line}"
    }.writeTo(error)
}
```

21.3 I/O를 어떻게 처리할까?

이 정도로도 충분히 좋다. 하지만 더 진행하기 전에 I/O 오류에 대해 생각해봐야만 한다. List를 도입한 다음에 Sequence를 도입했기 때문에, 보고서 생성 코드는 쓰기 실패를 걱정할 필요가 없다. 왜냐하면 결과에 들어있는 모든 줄을 이터레이션하면서 실제 출력을 하는 것은 보고서 생성 코드를 호출한 쪽의 책임이기 때문이다. 이 경우 main 함수는 System.out을 항상 쓸 수 있다는 타당한 가정을 하고 있다. 하지만 이 리팩터링의 동기가 된 사용자가 살펴보지 않는 작업을 실행할 경우에는 작업을 시작할 때 열려있던 파일이나 네트워크 소켓이 중간에 사라져버릴 가능성을 감안해야만 한다.

읽을 때도 비슷한 상황이 존재한다. 이제 코드는 Sequence의 각 String을 이터레이션한다. 테스트 코드에서는 이런 문자열들이 모두 메모리 안에 존재하지만, 프로덕션에서는 파일에서 (System.in을 통해) 가져온다. 따라서 보고서 생성 코드는 IOException을 알지 못해도 되지만 Sequence 연산은 IOException이 발생하면서 실패할 수도 있다.

이럴 때 toHighValueCustomerReport()가 할 수 있는 일은 많지 않다. 일단 읽기를 시작했다면 I/O 오류를 복구할 수 있는 실용적인 방법이 없다. 전체 연산을 중단하는 게 합리적인 처리다. 다행히 이제는 이에 대한 책임이 호출자(여기서는 main)에게 있다. toHighValueCustomerReport는 자신이 알고 있는 오류(정수 파싱 오류)와 이 오류를 어떻게 표현할지(ParseFailure의 하위 클래스)를 onErrorLine 파라미터를 통해 전달한다. IOException은 toHighValueCustomerReport의 책임이 아니다. I/O를 기반으로 하는 Sequence를 toHighValueCustomerReport에 전달하는 것은 main 함수이기 때문에, main이 I/O를 제대로 처리하려면 toHighValueCustomerReport가 IOException으로 인해 실패할 수 있다는 사실을 알고 그 오류를 적절히 처리해야 한다. 이런 구실을 하는 코드를 추가하자.

```kotlin
fun main() {
    val statusCode = try {
        using(
            System.`in`.reader(),
            System.out.writer(),
            System.err.writer()
        ) { reader, writer, error ->
            val errorLines = mutableListOf<ParseFailure>()
            val reportLines = reader
                .asLineSequence()
                .toHighValueCustomerReport {
                    errorLines += it
                }
            if (errorLines.isEmpty()) {
                reportLines.writeTo(writer)
                0
            } else {
                errorLines.writeTo(error)
                -1
            }
        }
    } catch (x: IOException) {
        System.err.println("IO error processing report ${x.message}")
        -1
    }
    exitProcess(statusCode)
}
```

이 애플리케이션의 경우 이런 방법은 너무 과한 것 같지만, **예상하는** 예외는 잡아서 처리하면서 (IOException에 대해 상대적으로 친절한 메시지를 표시한다) 다른 모든 예외를 밖으로 내보내서 애플리케이션을 끝내는 패턴을 보여 준다. 19장의 전략을 따른다면 **예상하지 못한** 예외는 주위 환경에서 발생한 복구할 수 없는 오류거나 프로그래머의 실수다. 두 경우 모두 JVM의 디폴트 행동 방식이 스택 트레이스를 출력하고 프로세스를 중단시키기 때문에 문제를 진단하고 싸울 수 있는 기회를 가질 수 있다. 이런 프로그램을 사람이 지켜보지 않는 작업으로 변환해도, 최상위 핸들러 함수가 예상할 수 있는 오류를 비슷하게 처리할 수 있다. IOException이 발생하면 처리를 중단하거나, 문제가 일시적이라고 생각하는 경우 전체 과정을 재시도할 수 있다. 파싱 오류의 경우 재시도가 도움이 되지 않는다는 사실을 알기 때문에 이런 내용을 로그에 남기고/남기거나 적절한 곳으로 통지를 보낸다. 핸들러 함수에서 예상할 수 없는 오류를 만나면 (해당 예외에 대한 분기가 없어서) 보통 더 일반적인 오류 처리 코드로 처리가 넘어가게 되며, 일반적인 오류 코드는 발생한 오류를 로그에 남기고 내부 서버 오류 상태를 응답으로 보낸 후 처리 스레드를 스레드 풀에 되돌린다.

21.4 다음으로 나아가기

엔지니어링에서는 타협해야 하는 경우가 자주 있다. 특히, 한 요소를 더 단순하게 변경하려고 시도하면 다른 쪽이 복잡해지는 경우 어쩔 수 없이 타협해야 한다. I/O는 두 가지 면에서 소프트웨어를 복잡하게 만든다. I/O는 동작이기 때문에 리팩터링을 할 때 I/O가 발생한 시점이나 발생 여부를 무시할 수 없다. 그리고 I/O를 하다 보면 오류가 생길 수 있는데, 강건한 시스템을 만들려면 반드시 이런 오류를 처리해야만 한다. 이런 오류는 환경에 따른 단순한 읽기나 쓰기 오류일 수도 있고, 읽은 내용이 예상과 다르기 때문(예를 들어 마케팅 팀에서 입력한 파일의 형식이 잘못된 경우)일 수도 있다.

동작과 오류는 모두 자신을 호출한 코드를 오염시킨다. 두 경우 모두 해법은 같다. 동작이나 오류를 일으키는 코드를 진입점에 가깝게 옮겨서 이들이 오염하는 시스템 영역을 최소화하라. 그러고 나면, 이 (오류나 동작에 따라 오염된) 영역은 타협해야만 하는 영역이 아니라 일석이조를 노릴 수 있는 영역이 된다. I/O를 시스템 밖으로 몰아내면 동작과 오류가 코드를 복잡하게 만들 수 있는 여지를 줄일 수 있다.

CHAPTER 22

클래스에서
함수로

객체 지향 프로그래머는 타입을 만들어서 문제를 해결하는 데 능숙하다. 함수형 프로그래머는 기존 타입에 함수를 덧붙이는 데 익숙하다. 새 타입을 정의하지 않고 얼마나 멀리까지 나갈 수 있을까?

15장 '캡슐화한 컬렉션에서 타입 별명으로'에서는 날raw 컬렉션을 사용하는 장점을 살펴봤고 16장 '인터페이스에서 함수로'에서는 새 타입을 만드는 대신 내장 함수 타입을 사용하는 방법을 살펴봤다. 이번 장에서는 우리가 배운 교훈을 밑바닥부터 작성하는 코틀린 코드에 적용해 본다.

REST API와 웹훅을 사용하는 요즘에도 상당수의 자동화된 비즈니스간 통신은 보안 파일 전송 프로토콜Secure File Transfer Protocol(SFTP)로 표 형식의 텍스트 데이터를 교환하는 방식으로 이뤄진다. 트래블레이터는 캠핑 사이트 위치, 관심 지점, 미지급 요금 등의 정보를 임포트해야만 한다. 이 모든 정보는 정해진 행과 열 형태로 되어있고, 열 분리자가 달라질 수 있으며, 각 열의 이름을 알려 주는 헤더 줄이 있는 경우도 있지만 없는 경우도 있다. 20장에서는 직접 만든 자체 파서parser를 살펴봤다. 하지만 다른 곳에서는 많이 사용되며 신뢰할 만한 아파치 커먼즈Apache Commons CSV 라이브러리(*https://oreil.ly/jnI4h*)를 사용한다. 사실 대부분은 즉시 사용할 수 있으며, 특별한 경우를 처리하는 설정을 쉽게 할 수 있고, 코틀린과 함께 사용하기 아주 좋으므로 계속해서 커먼즈 CSV를 사용하게 된다.

하지만 오늘은 클린룸[1]에서 개발한 코틀린 파서가 어떤 모양일지 살펴보려 한다. 파서를 다 만들고 나서 직접 만든 코드와 커먼즈 CSV의 기능을 비교하면서 자바와 코틀린의 결이 서로 다른 API와 구현을 어떻게 일으키는지 살펴보자.

22.1 인수 테스트

지금까지 이 책을 읽은 독자라면 알 수 있겠지만, 트래블레이터 개발자들은 **익스트림**Extreme **프로그래머**이다. 테스트 코드를 먼저 작성하여, 고수준 인수 테스트로부터 시작한다. 표를 읽는 코드를 작성하고 있으므로, `TableReaderAcceptanceTests`라는 클래스 안에 스텁 메서드를 넣고, 이 테스트가 작동하는지 검사한다.

예제 22.1 [table-reader.1:src/test/java/travelator/tablereader/TableReaderAcceptanceTests.kt]

```
class TableReaderAcceptanceTests {
    @Test
    fun test() {
    }
}
```

테스트가 작동하므로(심지어 성공한다!), 이제 제대로 코딩을 시작할 수 있다.

인수 테스트는 작성할 인터페이스의 모양을 결정할 때 도움을 준다. 몇 가지 파일을 파싱해 보고 나서 대부분은 파일을 읽고 어떤 도메인 타입의 값으로 이뤄진 리스트를 반환하는 식의 코드가 필요하다는 결론을 내렸다. 이때 도메인 타입은 파일의 (헤더를 제외한) 각 줄에 해당한다. 이를 테스트에 대략적으로 그려 넣자. 도메인 타입으로는 `Measurement`를 사용하자.

예제 22.2 [table-reader.2:src/test/java/travelator/tablereader/TableReaderAcceptanceTests.kt]

```
class TableReaderAcceptanceTests {
    data class Measurement(
        val t: Double,
```

---

1 옮긴이_ 반도체를 먼지 하나 없는 클린룸에서 생산을 하는 것처럼, 소프트웨어를 개발할 때 지적 재산권 문제 등을 피하기 위해 외부 라이브러리나 코드 등을 전혀 참조하지 않고 밑바닥부터 구축하는 것을 뜻한다.

```kotlin
        val x: Double,
        val y: Double,
    )

    @Test
    fun `acceptance test`() {
        val input = listOf(
            "time,x,y",
            "0.0, 1, 1",
            "0.1,1.1,1.2",
            "0.2,1.2,1.4",
        )
        val expected = listOf(
            Measurement(0.0, 1.0, 1.0),
            Measurement(0.1, 1.1, 1.2),
            Measurement(0.2, 1.2, 1.4)
        )
        assertEquals(
            expected,
            someFunction(input)
        )
    }

    private fun someFunction(input: List<String>): List<Measurement> {
        TODO("Not yet implemented")
    }
}
```

여기서 Measurement는 우리가 표의 각 줄에서 추출하려는 데이터를 표현하는 값 타입이다. 자바에서는 아마 TableReader 클래스 만들기부터 시작할 것이다. 하지만 테스트를 보면 표를 읽는 작업은 실제로는 입력으로 들어온 여러 줄을 우리가 원하는 데이터의 리스트로 변환하는 계산(7.2절 '계산')임을 알 수 있다. 따라서 더 복잡한 일을 해야 할 때까지 최상위에 someFunction 같은 함수를 선언해 사용하는 방식을 디폴트로 선택한다.

API에서 someFunction을 구현하는 모든 종류의 특별한 방법을 상상할 수도 있다. 하지만 이 함수가 Measurement 타입에 대한 지식을 가지고 있지 않다면(그리고 라이브러리가 우리 라이브러리를 사용하는 코드에서 정의한 타입에 대한 지식을 가질 수는 없다. 만약 라이브러리가 그런 식의 무언가를 요구한다면 잘못된 방향이다), 어떤 줄을 표현한 정보를 Measurement로 매핑하는 방법을 우리 쪽에서 제공해야만 한다.

여기서 **맵**이라는 단어를 두 번 사용했다(한 번은 입력을 원하는 데이터로 매핑, 다른 한 번은 한 줄을 Measurement로 매핑). **맵**이 키를 저장할까? someFunction이 다음과 같은 형태라면 어떨까?

예제 22.3 [table-reader.3:src/test/java/travelator/tablereader/TableReaderAcceptanceTests.kt]

```
private fun someFunction(input: List<String>): List<Measurement> =
    readTable(input)                            ❶
        .map { record ->                        ❷, ❸
            Measurement(
                record["time"].toDouble(),      ❹
                record["x"].toDouble(),         ❹
                record["y"].toDouble(),         ❹
            )
        }
```

❶ readTable은 만든 표 읽기 API의 진입점이다.

❷ readTable은 map 구현이 들어있는 어떤 값을 반환한다.

❸ record는 표의 각 줄을 표현한다.

❹ 필드 이름을 사용해 record의 각 열을 인덱싱할 수 있다. 인덱싱을 하면 String이 나오고, 그 값을 다른 타입으로 변환할 수 있다.

이 코드는 컴파일이 되지 않는다. 아직 **readTable**이 없기 때문이다. 하지만 오류가 발생한 위치에서 **Alt+Enter**를 누르면 인텔리J가 함수를 생성해 준다.

예제 22.4 [table-reader.3:src/test/java/travelator/tablereader/TableReaderAcceptanceTests.kt]

```
private fun readTable(input: List<String>): Any {
    TODO("Not yet implemented")
}
```

인텔리J에 readTable의 반환 타입에 대한 단서를 거의 주지 않았기 때문에 인텔리J가 Any를 반환 타입으로 선택했고, 때문에 someFunction은 여전히 컴파일되지 않는다. 이 문제를 해결하려면 readTable의 반환 타입을 무엇으로 지정해야 할까? 만약 readTable이 List를 반환한다면 map은 List에 대한 연산이 된다. 만약 List가 Map<String, String>을 원소로 포함하는 리스트라면, record 변수는 Map<String, String>이 되고 record["time"]처럼 내부 원소에 접근할 수 있다. 이렇게 할 때, Map.get 함수가 null을 반환한다는 점이 유일한 문제로 남는다. 이 정도만 해도 충분히 목표에 가깝다. 단지 이 상황을 고려해 get이 null을 반환하면 someFunction이 예외를 발생시키도록 하자.

예제 22.5 [table–reader.4:src/test/java/travelator/tablereader/TableReaderAcceptanceTests.kt]

```kotlin
private fun someFunction(input: List<String>): List<Measurement> =
    readTable(input).map { record ->
        Measurement(
            record["time"]?.toDoubleOrNull() ?: error("in time"),
            record["x"]?.toDoubleOrNull() ?: error("in x"),
            record["y"]?.toDoubleOrNull() ?: error("in y"),
        )
    }

fun readTable(input: List<String>): List<Map<String, String>> {
    TODO("Not yet implemented")
}
```

이 코드는 컴파일이 잘 된다. 물론 TODO로 인해 테스트는 실패한다. (21장에서 오류에 대해 철저히 검토했던 것과 비교할 때 여기서는 왜 이렇게 무신경하게 오류를 처리하는지 궁금한 독자도 있을 것이다. 이 질문에 대해서는 이 코드는 테스트 코드일 뿐인데 Map.get API가 키에 해당하는 값이 없는 오류를 어떻게 처리할지 선택하도록 강요하기 때문에 테스트에서 예외를 던지는 방식을 선택했다고 답할 수 있다.)

인수 테스트를 작성하기 위해 고객 관점에서 생각해 보면, 방금 본 테스트들은 readTable의 시그니처에 해당하는 함수를 사용하면 적어도 입력 줄을 Measurement 리스트로 변환할 수는 있다는 사실을 보여준다. 이제 그럴듯한 API가 생겼으므로 readTable 정의를 src/main/java/travelator/tablereader/table-reading.kt 안으로 옮길 수 있다.

예제 22.6 [table-reader.5:src/main/java/travelator/tablereader/table-reading.kt]

```kotlin
fun readTable(input: List<String>): List<Map<String, String>> {
    TODO("Not yet implemented")
}
```

진행 중인 첫 단계의 마지막에서는, 인수 테스트에 전달하기 위해 someFunction을 인라이닝할 수 있다.

예제 22.7 [table-reader.5:src/test/java/travelator/tablereader/TableReaderAcceptanceTests.kt]

```kotlin
@Disabled
@Test
fun `acceptance test`() {
    val input = listOf(
        "time,x,y",
        "0.0, 1, 1",
        "0.1,1.1,1.2",
        "0.2,1.2,1.4",
    )
    val expected = listOf(
        Measurement(0.0, 1.0, 1.0),
        Measurement(0.1, 1.1, 1.2),
        Measurement(0.2, 1.2, 1.4)
    )
    assertEquals(
        expected,
        readTable(input).map { record ->
            Measurement(
                t = record["time"]?.toDoubleOrNull() ?: error("in time"),
                x = record["x"]?.toDoubleOrNull() ?: error("in x"),
                y = record["y"]?.toDoubleOrNull() ?: error("in y"),
            )
        }
    )
}
```

한참 더 지나야 테스트를 실행할 것이기 때문에 지금은 비활성화시켜뒀다는 점에 유의하라. 인수 테스트의 경우 (초기에) 테스트를 비활성화해도 좋다. 인수 테스트를 빠르게 통과하리라 기대하지는 않고, 인수 테스트는 모든 일을 다 끝냈다는 사실을 알려 준다. 지금 이 테스트는 구현할 수 있는 간단한 API의 모습을 그려볼 수 있도록 해 준다.

더 진행하기 전에, 새로운 타입을 정의하지 않고, String의 Map과 List를 사용해 파서의 인터페이스를 정의할 수 있었다는 사실을 짚고 넘어가자. 표준 타입을 사용함으로써 값을 읽어 올 대상인 List가 풍부한 코틀린 API를 제공하리라는 점을 알 수 있고, 반환할 Map의 List를 해석할 때 이 코틀린 API를 쓸 수 있다는 점도 알 수 있다.

22.2 단위 테스트

이제 구현할 인터페이스가 있으므로, 인수 테스트를 접어두고 최소한의 단위 테스트를 작성하자. 처음에는 빈 데이터로부터 시작한다. 빈 파일을 읽으면 무슨 일이 벌어져야만 할까?

예제 22.8 [table-reader.6:src/test/java/travelator/tablereader/TableReaderTests.kt]

```kotlin
class TableReaderTests {
    @Test
    fun `empty list returns empty list`() {
        val input: List<String> = emptyList()
        val expectedResult: List<Map<String, String>> = emptyList()
        assertEquals(
            expectedResult,
            readTable(input)
        )
    }
}
```

이 테스트를 통과시키는 가장 단순한 방법은 readTable에 결과를 하드코딩하는 것이다.

예제 22.9 [table-reader.7:src/main/java/travelator/tablereader/table-reading.kt]

```kotlin
fun readTable(input: List<String>): List<Map<String, String>> {
    return emptyList()
}
```

이 코드는 테스트를 통과한다. 뻔해 보이지만 항상 빈 입력에 대한 테스트를 만드는 게 좋은 생각이다. 알고리즘이 더 복잡해질수록 이런 간단한 경우에 실패할 가능성도 커진다. 하지만 이 파서는 항상 빈 결과를 돌려주는 나쁜 파서이므로 조치를 취하자. 테스트 주도 개발을 따르면, 구현을 변경해야 할 이유가 되는 실패하는 테스트를 먼저 추가해야 한다. 헤더가 없고 데이터가 한 줄 뿐인 표를 선택한다.

왜 헤더가 있고 데이터도 한 줄 있는 표가 아니라 헤더가 없고 데이터가 한 줄 뿐인 표를 택했을까? 솔직히 말해 처음 마음에 떠오른 형태가 그런 형태여서이다. 만약 실제로 짝 코딩을 하는 중이라면 여러분이 헤더 줄이 있는 표를 시도해 보자고 이야기했을 수도 있다. 헤더 없는 데이터를 선택했기 때문에 각 열의 이름을 어떻게 붙여야 할지 결정해야만 하는데, 우리는 인덱스에 해당하는 문자열 표현을 사용하기로 한다. 즉, "0"은 첫 번째 열을, "1"은 두 번째 열을 표현하는 등의 방식을 사용한다. 이 방법이 String으로 된 키를 생성하는 가장 단순한 방법처럼 느껴진다.

예제 22.10 [table-reader.8:src/test/java/travelator/tablereader/TableReaderTests.kt]

```kotlin
@Test
fun `empty list returns empty list`() {
    assertEquals(
        emptyList<Map<String, String>>(),
        readTable(emptyList())
    )
}

@Test
fun `one line of input with default field names`() {
    assertEquals(
        listOf(
            mapOf("0" to "field0", "1" to "field1")
        ),
        readTable(listOf(
            "field0,field1"
        ))
    )
}
```

헤더 줄이 없을 때 readTable이 List<Map<Int, String>>를 반환하게 할 수도 있겠지만 그렇게 하지 않았다. 시간이 남는 독자라면 이 결정을 따르면 어떤 결과가 생길지 한번 시도해볼 만한 경로이다.

현재의 문제로 돌아와서, 실패하는 테스트가 있고, 이를 영리하게 해결할 수도 있으며 빠르게 해결할 수도 있다. 직접적으로 결과를 다시 한 번 하드코딩해서 빠르게 해결하는 쪽을 택한다.

예제 22.11 [table-reader.8:src/main/java/travelator/tablereader/table-reading.kt]

```kotlin
fun readTable(lines: List<String>): List<Map<String, String>> {
    return if (lines.isEmpty())
        emptyList()
    else listOf(
        mapOf("0" to "field0", "1" to "field1")
    )
}
```

이제 테스트를 통과하므로, 입력의 각 줄마다 출력이 필요하다는 사실을 알아채고 구현을 단순화시킬 수 있다. Iterable::map이 이런 일을 할 수 있고, 이를 사용하면 if를 없앨 수 있다.

예제 22.12 [table-reader.9:src/main/java/travelator/tablereader/table-reading.kt]

```kotlin
fun readTable(lines: List<String>): List<Map<String, String>> {
    return lines.map {
        mapOf("0" to "field0", "1" to "field1")
    }
}
```

이 구현도 테스트를 통과하며, (데이터가 같은) 줄이 더 많은 표에 대해서도 작동할 것이다. 하지만 이 구현은 단지 람다를 함수로 추출하기 위한 디딤돌에 불과하다.

예제 22.13 [table-reader.10:src/main/java/travelator/tablereader/table-reading.kt]

```kotlin
fun readTable(lines: List<String>): List<Map<String, String>> {
    return lines.map(::parseLine)
}

private fun parseLine(line: String) = mapOf("0" to "field0", "1" to "field1")
```

이제 순서쌍을 keys와 values로 나눠서 하드코딩한 값을 없애기 시작할 것이다.

예제 22.14 [table-reader.11:src/main/java/travelator/tablereader/table-reading.kt]

```kotlin
private fun parseLine(line: String): Map<String, String> {
    val keys = listOf("0", "1")
    val values = listOf("field0", "field1")
    return keys.zip(values).toMap()
}
```

여전히 약간의 속임수를 쓰고 있지만, 이제는 keys와 values로부터 결과를 만들어내는 패턴을 볼 수 있다.

예제 22.15 [table-reader.12:src/main/java/travelator/tablereader/table-reading.kt]

```kotlin
private fun parseLine(line: String): Map<String, String> {
    val values = listOf("field0", "field1")
    val keys = values.indices.map(Int::toString)
    return keys.zip(values).toMap()
}
```

values의 경우 한 줄을 콤마를 기준으로 분리할 수 있다.

예제 22.16 [table-reader.13:src/main/java/travelator/tablereader/table-reading.kt]

```kotlin
private fun parseLine(line: String): Map<String, String> {
    val values = line.split(",")
    val keys = values.indices.map(Int::toString)
    return keys.zip(values).toMap()
}
```

성공이다. 이제 하드코딩한 키와 값을 제거하고, 테스트를 여전히 통과한다. readTable 안에서 lines.map을 사용했기 때문에 이 함수가 줄의 개수와 관계없이 작동하리라고 예상할 수 있다. 하지만 이를 확인하기 위한 테스트가 있으면 좋을 것이다.

다른 신경 쓰이는 일이 있어서 그 부분부터 처리하고 싶으므로, 이런 테스트를 추가하자는 메모를 작성하자. 여러분이 경험이 많거나 재능이 있다면, 코드의 문제를 직감하는 스파이디 센스[2]가 발달했을 것이고, `split`을 봤을 때 움찔했을 것이다. 빈 줄을 콤마를 기준으로 분리하려고 시도하면 어떤 일이 벌어질까? 이런 경우 `readTable`은 빈 줄이 들어왔을 때 어떤 값을 반환해야 할까?

이를 논의한 후 우리는 빈 줄이 빈 Map을 내보내야 한다고 결론 내렸다. 이 결론이 깔끔해 보이기 때문에 결정한 내용을 문서화하면서 동작을 확인하기 위한 테스트를 작성한다.

예제 22.17 [table-reader.14:src/test/java/travelator/tablereader/TableReaderTests.kt]

```
@Test
fun `empty line returns empty map`() {
    assertEquals(
        listOf(
            emptyMap<String, String>()
        ),
        readTable(listOf(
            ""
        ))
    )
}
```

아!

```
org.opentest4j.AssertionFailedError:
Expected :[{}]
Actual   :[{0=}]
```

약간의 조사 후, `split`을 빈 String에 대해 호출하면 빈 String이 하나 들어있는 List가 반환된다는 사실을 발견했다.[3] 다른 경우에는 이런 출력이 타당할 수도 있다. 하지만 여기서는 알고리즘을 망치고 있다. 따라서 **parseLine**에서 특별한 경우를 추가해 이런 문제를 회피해야 한다.

---

2 옮긴이_ Spidey sense는 마블 만화/영화 주인공인 '스파이더맨'이 가진 위험을 감지하는 특별한 능력이다. 스파이더 센스라고 하기도 한다.

3 옮긴이_ 이 경우 자바에서는 여전히 빈 문자열이 하나 들어있는 리스트를 반환하지만, 코틀린에서는 빈 리스트를 반환한다. 하지만 본문의 흐름을 유지하기 위해 이번 장에서는 빈 문자열이 하나 들어있는 리스트를 반환한다고 가정할 것이다.

예제 22.18 [table-reader.14:src/main/java/travelator/tablereader/table-reading.kt]

```kotlin
private fun parseLine(line: String): Map<String, String> {
    val values = if (line.isEmpty()) emptyList() else line.split(",")
    val keys = values.indices.map(Int::toString)
    return keys.zip(values).toMap()
}
```

이제 코드는 테스트를 통과하지만 parseLine 함수가 지저분해졌다. 따라서 함수에서 지저분한 부분을 splitFields라는 함수로 뽑아낸다.

예제 22.19 [table-reader.15:src/main/java/travelator/tablereader/table-reading.kt]

```kotlin
private fun parseLine(line: String): Map<String, String> {
    val values = splitFields(line)
    val keys = values.indices.map(Int::toString)
    return keys.zip(values).toMap()
}

private fun splitFields(line: String): List<String> =
    if (line.isEmpty()) emptyList() else line.split(",")
```

splitFields를 확장 함수로 만들고 separators를 파라미터로 도입하면, 실제 우리가 정말 split이 이랬으면 하는 모습의 함수를 얻을 수 있다.

예제 22.20 [table-reader.16:src/main/java/travelator/tablereader/table-reading.kt]

```kotlin
private fun parseLine(line: String): Map<String, String> {
    val values = line.splitFields(",")
    val keys = values.indices.map(Int::toString)
    return keys.zip(values).toMap()
}

private fun String.splitFields(separators: String): List<String> =
    if (isEmpty()) emptyList() else split(separators)
```

코드가 빈 줄에 작동하게 했고, 그 후 한 줄에 대해서도 작동하게 고쳤다. 명령형 해법을 작성했다면 지금쯤 더 많은 입력을 처리하기 위해 루프를 추가하겠지만, 우리의 경우 map이 뒤를 받쳐주는데 이 함수는 항상 전달한 것과 같은 개수의 원소를 돌려준다. readTable은 프로그래 머들이 아는 모든 수, 즉 0, 1, 무한대(실제 무한대는 아니고 $2^{32}-1$)에 잘 작동해야 한다고 믿는다.

하지만 '신뢰하되 검증하라'라고 하지 않던가. 따라서 테스트를 추가한다.

예제 22.21 [table-reader.17:src/test/java/travelator/tablereader/TableReaderTests.kt]

```
@Test
fun `two lines of input with default field names`() {
    assertEquals(
        listOf(
            mapOf("0" to "row0field0", "1" to "row0field1"),
            mapOf("0" to "row1field0", "1" to "row1field1")
        ),
        readTable(listOf(
            "row0field0,row0field1",
            "row1field0,row1field1"
        ))
    )
}
```

이 테스트는 성공하며, 현재는 (0, 1, 2)가 충분히 (0, 1, 2147483647)과 가까우므로 여러 줄 처리에 필요한 구현을 다 마쳤다고 가정한다. 이제 체크인하고, 커피를 한잔 내려 마시고, 다 마신 커피를 버리기 좋은 기회다.

22.3 헤더

다시 진행할 준비가 됐는가? 좋다. 헤더 줄을 어떻게 처리해야 할까?

첫째, 어떻게 우리 API가 입력에 헤더가 존재한다는 사실을 알 수 있을까? readTable에 플래 그를 두어서 데이터에 헤더가 있음을 표시할 수도 있고, 헤더가 있는 데이터를 처리하는 다른 함수를 추가할 수도 있다. 일반적으로는 우리는 기능이 달라지면 함수도 달라지는 쪽을 선호하므로, readTableWithHeader라는 함수를 추가하자.

readTable과 마찬가지로 먼저 우리가 원하는 함수를 호출하는 테스트부터 추가하자.

예제 22.22 [table-reader.18:src/test/java/travelator/tablereader/TableReaderTests.kt]

```
@Test
fun `takes headers from header line`() {
    assertEquals(
        listOf(
            mapOf("H0" to "field0", "H1" to "field1")
        ),
        readTableWithHeader(
            listOf(
                "H0,H1",
                "field0,field1"
            )
        )
    )
}
```

컴파일 오류가 난 readTableWithHeader에서 Alt+Enter를 누르면 인텔리J가 함수를 만들어
준다. 그 후 파라미터 이름을 붙이고 일단은 원래 함수에 처리를 위임하자.

예제 22.23 [table-reader.18:src/main/java/travelator/tablereader/table-reading.kt]

```
fun readTableWithHeader(lines: List<String>): List<Map<String, String>> {
    return readTable(lines)
}

fun readTable(lines: List<String>): List<Map<String, String>> {
    return lines.map(::parseLine)
}
```

이 코드는 컴파일이 되지만 예상대로 테스트를 통과하지 못한다.

```
org.opentest4j.AssertionFailedError:
Expected :[{H0=field0, H1=field1}]
Actual   :[{0=H0, 1=H1}, {0=field0, 1=field1}]
```

테스트를 통과시키기 위해 예전처럼 결과를 하드코딩할 수도 있다. 하지만 이번에는 기능을 구현할 공간을 제공하기 위해 코드를 수정할 것이다. 어떤 코드가 '**공간을 제공한다**'라는 말은 코드가 현재 필요한 일(Int::toString)을 수행하지만 나중에 코드를 변경하지 않고 **부가하는** 것만으로 새 기능을 지원할 수 있다는 뜻이다. 새 기능은 기존 기능을 변경하지 **않고** 추가 된다 (개방–폐쇄 원칙^{open-closed principle}(OCP), *https://oreil.ly/Mw05l*).

현재 필드 이름 정보는 parseLine에 묻혀있다.

예제 22.24 [table-reader.18:src/main/java/travelator/tablereader/table-reading.kt]

```
private fun parseLine(line: String): Map<String, String> {
    val values = line.splitFields(",")
    val keys = values.indices.map(Int::toString)
    return keys.zip(values).toMap()
}
```

여기서 이름 정보를 파내서 헤더 줄을 사용해 이름을 공급할 수 있는 위치로 옮기자.

Int::toString은 현재 사용 중인 인덱스에서 키로 매핑하는 기능이다. headerProvider라는 이름의 변수를 도입해 이 매핑을 설정할 수 있게 하기 위한 준비를 하자.

예제 22.25 [table-reader.19:src/main/java/travelator/tablereader/table-reading.kt]

```
private fun parseLine(line: String): Map<String, String> {
    val values = line.splitFields(",")
    val headerProvider: (Int) -> String = Int::toString
    val keys = values.indices.map(headerProvider)
    return keys.zip(values).toMap()
}
```

이 코드는 여전히 takes headers from header line이라는 이름의 실패 중인 테스트를 제외한 모든 테스트를 통과한다. 실제로는 실패하는 테스트가 있는 경우 리팩터링을 하면 안 된다. 테스트가 실행할 때마다 그 실패가 예상할 수 있는 실패인지 매번 살펴봐야 하기 때문이다. 따라서 당장은 @Disabled로 takes headers from header line 테스트를 비활성화시키고, 이미 완성된 기능을 대상으로 하는 테스트만 실행하도록 한다.

headerProvider 줄에서 'Introduce Parameter(파라미터 도입)'를 선택하고 파라미터 이름
으로 headerProvider를 지정하면 다른 기능을 지원할 수 있게 된다.

예제 22.26 [table-reader.20:src/main/java/travelator/tablereader/table-reading.kt]

```kotlin
private fun parseLine(
    line: String,
    headerProvider: (Int) -> String
): Map<String, String> {
    val values = line.splitFields(",")
    val keys = values.indices.map(headerProvider)
    return keys.zip(values).toMap()
}
```

불행히도 현재는 인텔리J가 이 리팩터링을 제대로 해 주지 못해서 readTable이 깨진다.

예제 22.27 [table-reader.20:src/main/java/travelator/tablereader/table-reading.kt]

```kotlin
fun readTableWithHeader(lines: List<String>): List<Map<String, String>> {
    return readTable(lines)
}

fun readTable(lines: List<String>): List<Map<String, String>> {
    return lines.map(::parseLine)                    ❶
}
```

❶ parseLine의 파라미터가 하나뿐일 때는 이런 함수 참조를 쓸 수 있었다. 하지만 이제 parseLine은
  파라미터를 2개 받아야 하는데 map은 파라미터를 1개만 제공한다.

직전에 실행했던 리팩터링을 수행하기 전에 'Replace function reference with lambda(함
수 참조를 람다로 치환)' 리팩터링을 수행했더라면 모든 것이 제대로 작동했을 것이다. 하지
만 [예제 22.27]의 실패를 딛고 함수 참조를 람다로 확장한 다음 headerProvider 파라미터로
Int::toString을 지정해서 컴파일되게 만든다.

예제 22.28 [table-reader.21:src/main/java/travelator/tablereader/table-reading.kt]

```
fun readTableWithHeader(lines: List<String>): List<Map<String, String>> {
    return readTable(lines)
}

fun readTable(lines: List<String>): List<Map<String, String>> {
    return lines.map { parseLine(it, Int::toString) }
}
```

여전히 모든 테스트가 제대로 성공하므로 아무것도 깨진 게 없다고 확신할 수 있다.

이 상태에서 어디로 진행해야 할까? 우리 계획은 새 readTableWithHeader가 헤더 줄을 읽어서 parseLine에 전달할 headerProvider를 만들게 하는 것이다. readTableWithHeader와 parseLine 사이에 예전 readTable에 대한 호출이 존재한다. 따라서 readTable도 headerProvider의 값을 전달하기 위해 이 파라미터를 받아야 한다. 따라서 이번에는 readTable의 Int::toString에서 'Introduce Paramter(파라미터 도입)'를 다시 하자 ('Introduce Default Value(디폴트 값 도입)'도 함께 해야 한다).

예제 22.29 [table-reader.22:src/main/java/travelator/tablereader/table-reading.kt]

```
fun readTableWithHeader(lines: List<String>): List<Map<String, String>> {
    return readTable(lines)
}

fun readTable(
    lines: List<String>,
    headerProvider: KFunction1<Int, String> = Int::toString   ❶
): List<Map<String, String>> {
    return lines.map { parseLine(it, headerProvider) }
}
```

❶ Unresolved reference: KFunction1 오류가 나며 컴파일이 되지 않는다.

왜 인텔리J가 리팩터링을 할 때 언제는 함수 타입을 사용하고 언제는 KFunctionN 타입을 사용하는지 구분하기는 어렵다. 일관성이 있으면 더 좋고, 적어도 컴파일되는 코드를 생성해 준다면 좋을 것이다. KFunction1을 직접 (Int) -> String으로 변경하고 인텔리J가 연속으로 두 번 리팩터링을 실패한 것에 대한 불만을 억누르자.

```kotlin
fun readTableWithHeader(lines: List<String>): List<Map<String, String>> {
    return readTable(lines)
}

fun readTable(
    lines: List<String>,
    headerProvider: (Int) -> String = Int::toString
): List<Map<String, String>> {
    return lines.map { parseLine(it, headerProvider) }
}
```

긍정적인 면을 보자면, headerProvider 파라미터가 디폴트 값을 제공하기 때문에 테스트를 변경하지 않아도 계속 성공한다는 점을 들 수 있다.

이제 헤더 줄을 파싱할 준비가 됐다. readTableWithHeader는 헤더를 읽고 headerProvider (기억하겠지만 (Int) -> String 타입이다)를 생성해서 readTable에 전달하면서 위임할 필요가 있다. readTableWithHeader는 입력으로 들어온 줄들을 헤더(Iterable.first())와 나머지(Iterable.drop(1))로 나눠야 한다. Iterable.first는 이터러블에 아무 줄이 없으면 실패하므로, 이런 경우를 대비한 메모(테스트를 추가해야 한다)를 추가한다. 헤더 줄을 hedaerProvider로 변환하는 과정은 이를 담당하는 headerProviderFrom(String) 함수가 있다고 가정한다.

예제 22.31 [table-reader.24:src/main/java/travelator/tablereader/table-reading.kt]

```kotlin
fun readTableWithHeader(lines: List<String>): List<Map<String, String>> {
    return readTable(
        lines.drop(1),
        headerProviderFrom(lines.first())
    )
}
```

새 함수 호출 부분에서 Alt+Enter를 눌러서 함수를 생성하면 다음과 같은 함수가 생긴다.

예제 22.32 [table-reader.24:src/main/java/travelator/tablereader/table-reading.kt]

```kotlin
fun headerProviderFrom(header: String): (Int) -> String {
    TODO("Not yet implemented")
}
```

이 함수는 함수 타입을 반환할 필요가 있는 함수다. Int 인덱스를 받아서 String을 반환하는 람다를 사용해 반환 값을 만들 수 있다. 이 람다가 반환할 String은 인덱스에 해당하는 헤더 필드의 값이다. 여기서 splitFields를 다시 사용할 수 있다.

예제 22.33 [table-reader.25:src/main/java/travelator/tablereader/table-reading.kt]

```kotlin
private fun headerProviderFrom(header: String): (Int) -> String {
    val headers = header.splitFields(",")
    return { index -> headers[index] }
}
```

우리는 람다 밖에서 header를 분리하기 위해 노력했다. 그렇지 않으면 표의 모든 줄을 처리할 때마다 header 분리가 발생한다. 이 코드는 테스트를 여전히 통과하며, 제대로 했다면 예전에 비활성화했던 readTableWithHeader에 대한 테스트도 통과할 것이다. @Disable 됐던 부분을 풀자.

예제 22.34 [table-reader.26:src/test/java/travelator/tablereader/TableReaderTests.kt]

```kotlin
@Test
fun `takes headers from header line`() {
    assertEquals(
        listOf(
            mapOf("H0" to "field0", "H1" to "field1")
        ),
        readTableWithHeader(
            listOf(
                "H0,H1",
                "field0,field1"
            )
        )
    )
}
```

이 테스트도 성공한다! 이제 다 됐다고 말하려고 했지만, readTableWithHeader에 빈 입력이 들어가면 실패한다고 적어둔 메모가 눈에 띈다. 따라서 이 예상 동작을 검증하는 테스트를 작성한다. 이런 경우 함수는 빈 List를 반환해야 한다.

예제 22.35 [table-reader.26:src/test/java/travelator/tablereader/TableReaderTests.kt]

```kotlin
@Test
fun `readTableWithHeader on empty list returns empty list`() {
    assertEquals(
        emptyList<String>(),
        readTableWithHeader(
            emptyList()
        )
    )
}
```

이 테스트는 생각했던 대로 java.util.NoSuchElementException: List is empty.라는 예외를 내면서 실패한다. readTableWithHeader가 빈 List에 대해 lines.first()를 호출하려 시도했기 때문이다.

예제 22.36 [table-reader.25:src/main/java/travelator/tablereader/table-reading.kt]

```kotlin
fun readTableWithHeader(lines: List<String>): List<Map<String, String>> {
    return readTable(
        lines.drop(1),
        headerProviderFrom(lines.first())
    )
}
```

일을 끝내지 못해 생기는 짜증이 문제가 있다는 예상이 옳았다는 점으로 인해 줄어든다! 이 문제를 수정하는 가장 단순한 방법은 함수를 두 가지 정의로 나누고 when을 써서 둘 중 하나를 선택하는 것이다. 이렇게 수정하고 나면 모든 테스트를 통과하고 작성했던 할 일 목록의 항목도 모두 사라진다. 그 후, 제공할 공개 API의 모습은 다음과 같다.

예제 22.37 [table-reader.26:src/main/java/travelator/tablereader/table-reading.kt]

```kotlin
fun readTableWithHeader(
    lines: List<String>
): List<Map<String, String>> =
    when {
        lines.isEmpty() -> emptyList()
        else -> readTable(
            lines.drop(1),
            headerProviderFrom(lines.first())
        )
    }

fun readTable(
    lines: List<String>,
    headerProvider: (Int) -> String = Int::toString
): List<Map<String, String>> =
    lines.map { parseLine(it, headerProvider) }
```

좋다. 고객은 이제 헤더 줄이 있든 없든 표를 읽어서 처리할 수 있다. 코드를 보면 readTable
에서 headerProvider가 제공하는 디폴트 구현을 오버라이딩하면 직접 필드 이름을 제공할
수도 있다는 사실을 깨닫게 된다. 공짜로 새 기능을 얻었다! 이 기능을 보여 주는 테스트를 작
성하자.

예제 22.38 [table-reader.27:src/test/java/travelator/tablereader/TableReaderTests.kt]

```kotlin
@Test
fun `can specify header names when there is no header row`() {
    val headers = listOf("apple", "banana")
    assertEquals(
        listOf(
            mapOf(
                "apple" to "field0",
                "banana" to "field1",
            )
        ),
        readTable(
            listOf("field0,field1"),
            headers::get
        )
    )
}
```

headers::get이라는 메서드 참조를 쓰면 List<String>를 (Int) -> String 타입의 헤더 제공 함수로 변경하는 것이 얼마나 쉬운지 알 수 있는가? 컬렉션을 이런 관점에서 보면 흥미롭다. 다음과 같이 컬렉션을 바라볼 수 있다.

타입	보고 싶은 함수 타입	변환하는 방법
List<T>	(index: Int) -> T	List.get(index)
Set<T>	(item: T) -> Boolean	Set.contains(item)
Map<K, V>	(key: K) -> V?	Map.get(key)

코드의 의존 관계를 이런 타입 중 하나로 표현할 수 있다면, 고객과 테스트는 표준 컬렉션을 활용해 구현을 제공할 수 있다.

이제 헤더가 있는 표를 읽는 기능을 구현했으므로, 인수 테스트를 실행할 상황이 됐다. 인수 테스트는 다음과 같다.

예제 22.39 [table-reader.26:src/test/java/travelator/tablereader/TableReaderAcceptanceTests.kt]

```kotlin
@Disabled
@Test
fun `acceptance test`() {
    val input = listOf(
        "time,x,y",
        "0.0, 1, 1",
        "0.1,1.1,1.2",
        "0.2,1.2,1.4",
    )
    val expected = listOf(
        Measurement(0.0, 1.0, 1.0),
        Measurement(0.1, 1.1, 1.2),
        Measurement(0.2, 1.2, 1.4)
    )
    assertEquals(
        expected,
        readTable(input).map { record ->
            Measurement(
                t = record["time"]?.toDoubleOrNull() ?: error("in time"),
                x = record["x"]?.toDoubleOrNull() ?: error("in x"),
                y = record["y"]?.toDoubleOrNull() ?: error("in y"),
            )
        }
```

```
        }
    )
}
```

이 테스트를 작성할 때 readTable이라고 생각했던 함수는 readTableWithHeader가 됐다. 따라서 이름을 변경하고 테스트를 실행한다.

예제 22.40 [table-reader.27:src/test/java/travelator/tablereader/TableReaderAcceptanceTests.kt]

```
assertEquals(
    expected,
    readTableWithHeader(input).map { record ->
        Measurement(
            t = record["time"]?.toDoubleOrNull() ?: error("in time"),
            x = record["x"]?.toDoubleOrNull() ?: error("in x"),
            y = record["y"]?.toDoubleOrNull() ?: error("in y"),
        )
    }
```

인수 테스트도 통과한다. 도파민 분비에 의한 쾌감을 느끼면서 코드를 체크인하고 잠시 커피나 한잔하러 가자.

22.4 다른 필드 구분자

커피를 마시고 돌아와서, 트래블레이터에서 표를 읽는 다른 부분이 있는지 따르게 살펴본다. 흥미롭게도 고전적인 (큰따옴표를 사용한) "콤마로", "분리된", "변수들을" 읽는 코드는 한군데뿐이고, 필드 구분자로 세미콜론을 사용할 필요가 있는 곳이 몇 군데 있다. 어떤 프랑스어 SQL 서버의 내보내기 작업은 구분자로 세미콜론을 사용하고, .CSV 확장자로 저장한다. 여기서 C는 'çemicolon'을 뜻하는 것일까? 이런 파일 읽는 것을 다음 목표로 정하되, 더 복잡한 인용 부호와 이스케이프 규칙을 지원하는 인터페이스를 찾아보려 한다. 유연성을 더하기 위해서는 예전에 headerProvider에서 했던 것처럼 추상화할 부분을 알아낼 필요가 있다. 여기에는 어떤 추상화가 있을까?

코드를 살펴보면 헤더와 본문을 파싱할 때 모두 `splitFields`를 호출한다는 점을 볼 수 있다.

예제 22.41 [table-reader.28:src/main/java/travelator/tablereader/table-reading.kt]

```kotlin
private fun headerProviderFrom(header: String): (Int) -> String {
    val headers = header.splitFields(",")
    return { index -> headers[index] }
}

private fun parseLine(
    line: String,
    headerProvider: (Int) -> String
): Map<String, String> {
    val values = line.splitFields(",")
    val keys = values.indices.map(headerProvider)
    return keys.zip(values).toMap()
}

private fun String.splitFields(separators: String): List<String> =
    if (isEmpty()) emptyList() else split(separators)
```

헤더 파싱이나 본문 파싱 모두 분할이 일어나는 세부 방식에 의존하고 싶지는 않다. 따라서 이를 `(String) -> List<String>`라는 함수로 추상화하자. 왜 문자열을 파라미터화하지 않고 이런 시그니처를 택해야 할까?

흥미로운 질문에 감사드린다. `separators` 파라미터를 `parseLine`과 `headerProviderFrom`에 도입하고 그에 따라 결국 이 두 함수를 호출하는 `readTable`, `readTableWithHeader`에도 도입하는 것이 더 단순한 해결 방법일 수 있다. 하지만 함수 타입을 사용하면 문자열 분리, 인용, 이스케이프 등의 세부 사항을 시그니처 뒤에 감출 수 있다. 람다 이전의 자바라면 모든 세부 사항을 제어해야 할 필요가 있기 전까지는 SAM 인터페이스를 도입하고 구현하는 데 드는 비용을 지급하면서 이런 유연성을 얻을 가치가 없었을 것이다. 람다가 도입된 자바에서는 유연성과 SAM 도입 비용의 균형이 맞지만, 대부분 자바 개발자에게 이런 추상화가 자연스러워 보이지는 않는다. 처음부터 함수 타입을 언어에 포함해 설계된 코틀린의 경우 개발자들이 이런 추상화를 사용할 준비가 더 많이 되어 있다. 코드의 어느 측면을 파라미터화할 필요가 있을 때마다 간단한 값 대신 함수를 사용하면 더 많은 가치가 있지는 않을지 질문을 던져보는 것이 자연스럽다.

parseLine부터 시작하자. 현재의 문자열 분할 구현을 추출하기 위해서는 line.split
Fields(",")를 선택하고 'Introduce Functional Parameter(함수형 파라미터 도입)'를 실
행해서 splitter라는 파라미터 이름을 선택한다.

예제 22.42 [table-reader.29:src/main/java/travelator/tablereader/table-reading.kt]

```kotlin
fun readTable(
    lines: List<String>,
    headerProvider: (Int) -> String = Int::toString
): List<Map<String, String>> =
    lines.map {
        parseLine(it, headerProvider) { line ->      ❶
            line.splitFields(",")
        }
    }
...

private fun parseLine(
    line: String,
    headerProvider: (Int) -> String,
    splitter: (String) -> List<String>,             ❷
): Map<String, String> {
    val values = splitter(line)
    val keys = values.indices.map(headerProvider)
    return keys.zip(values).toMap()
}
```

❶ 여기서 parseLine에 전달하는 람다는...

❷ 이 splitter 파라미터로 전달되어 parseLine 내부에서 문자열을 분할하는 동작을 구분한다.

이 과정을 계속해서, 분할 함수를 람다로 최상위에 추출할 수도 있다. 하지만 분할 함수로 사
용할 전역 값이 있으면 삶이 약간 더 편해지므로, readTable의 람다를 선택해서 'Introduce
Variable(변수 도입)'을 실행하면서 splitOnComma라는 이름을 부여한다.

예제 22.43 [table-reader.30:src/main/java/travelator/tablereader/table-reading.kt]

```kotlin
fun readTable(
    lines: List<String>,
    headerProvider: (Int) -> String = Int::toString
```

```
): List<Map<String, String>> =
    lines.map {
        val splitOnComma: (String) -> List<String> = { line ->
            line.splitFields(",")
        }
        parseLine(it, headerProvider, splitOnComma)
    }
```

이제 함수에서 val을 없애고 최상위로 옮긴다. 이런 처리를 해 주는 자동 리팩터링이 있어야만
할 것 같은 느낌이지만 인텔리J는 그런 리팩터링을 제공하지 않는다.

예제 22.44 [table-reader.31:src/main/java/travelator/tablereader/table-reading.kt]

```
fun readTable(
    lines: List<String>,
    headerProvider: (Int) -> String = Int::toString
): List<Map<String, String>> =
    lines.map {
        parseLine(it, headerProvider, splitOnComma)
    }

val splitOnComma: (String) -> List<String> = { line ->
    line.splitFields(",")
}
```

이제 splitOnComma가 전역 프로퍼티이기 때문에 편리하게 디폴트로 이를 사용할 수 있다.
readTable에서 splitOnComma에 대한 참조를 선택하고 'Introduce Parameter(파라미터
도입)'로 splitter라는 새 파라미터를 추가하면서 'Introduce default value(디폴트 값 도
입)'를 함께 지정한 결과는 다음과 같다.

예제 22.45 [table-reader.32:src/main/java/travelator/tablereader/table-reading.kt]

```
fun readTable(
    lines: List<String>,
    headerProvider: (Int) -> String = Int::toString,
    splitter: (String) -> List<String> = splitOnComma
): List<Map<String, String>> =
    lines.map {
        parseLine(it, headerProvider, splitter)
```

```
    }

val splitOnComma: (String) -> List<String> = { line ->
    line.splitFields(",")
}
```

디폴트 값이 있으므로 클라이언트를 수정할 필요가 없었는데도 코드가 테스트를 통과한다. 이제 readTable은 제공받은 splitter를 사용하지만 headerProviderFrom은 그렇지 않다.

예제 22.46 [table-reader.32:src/main/java/travelator/tablereader/table-reading.kt]

```
private fun headerProviderFrom(header: String): (Int) -> String {
    val headers = header.splitFields(",")
    return { index -> headers[index] }
}
```

header.splitFields(...)에 대해 함수형 파라미터를 도입하면 다음과 같이 코드가 바뀐다.

예제 22.47 [table-reader.33:src/main/java/travelator/tablereader/table-reading.kt]

```
fun readTableWithHeader(
    lines: List<String>
): List<Map<String, String>> =
    when {
        lines.isEmpty() -> emptyList()
        else -> readTable(
            lines.drop(1),
            headerProviderFrom(lines.first()) { header ->    ❶
                header.splitFields(",")
            }
        )
    }
...

val splitOnComma: (String) -> List<String> = { line ->
    line.splitFields(",")
}

private fun headerProviderFrom(
    header: String,
    splitter: (String) -> List<String>             ❷
```

```kotlin
): (Int) -> String {
    val headers = splitter(header)
    return { index -> headers[index] }
}
```

❶ 여기서 parseLine에 전달하는 람다는...

❷ 이 splitter 파라미터로 전달되어 parseLine 내부에서 문자열을 분할하는 동작을 구분한다.

이제 readTableWithHeader에 있는 람다는 splitOnComma와 같다. 따라서 람다 대신 splitOnComma를 쓴다.

예제 22.48 [table-reader.34:src/main/java/travelator/tablereader/table-reading.kt]

```kotlin
fun readTableWithHeader(
    lines: List<String>
): List<Map<String, String>> =
    when {
        lines.isEmpty() -> emptyList()
        else -> readTable(
            lines.drop(1),
            headerProviderFrom(lines.first(), splitOnComma)
        )
    }
...

val splitOnComma: (String) -> List<String> = { line ->
    line.splitFields(",")
}
```

여기서 패턴을 볼 수 있다. splitOnComma 참조로부터 파라미터를 만들면서 기존 클라이언트를 깨지 않도록 디폴트 값을 지정한다.

예제 22.49 [table-reader.35:src/main/java/travelator/tablereader/table-reading.kt]

```kotlin
fun readTableWithHeader(
    lines: List<String>,
    splitter: (String) -> List<String> = splitOnComma
): List<Map<String, String>> =
    when {
```

```
        lines.isEmpty() -> emptyList()
        else -> readTable(
            lines.drop(1),
            headerProviderFrom(lines.first(), splitter)
        )
    }
```

마지막으로 readTableWithHeader에서는 splitter를 지정하지 않고 readTable을 호출하고 있으므로 디폴트 값(splitOnComma)을 사용한다. 하지만 이를 원하지 않으므로, 파라미터를 내려 보내야 한다. 헤더와 본문은 같은 분할 함수를 사용하므로, readTableWithHeader에 있는 분할 함수를 내부 readTable에 전달한다.

예제 22.50 [table-reader.36:src/main/java/travelator/tablereader/table-reading.kt]

```
fun readTableWithHeader(
    lines: List<String>,
    splitter: (String) -> List<String> = splitOnComma
): List<Map<String, String>> =
    when {
        lines.isEmpty() -> emptyList()
        else -> readTable(
            lines.drop(1),
            headerProviderFrom(lines.first(), splitter),
            splitter                                        ❶
        )
    }

fun readTable(
    lines: List<String>,
    headerProvider: (Int) -> String = Int::toString,
    splitter: (String) -> List<String> = splitOnComma
): List<Map<String, String>> =
    lines.map {
        parseLine(it, headerProvider, splitter)
    }
```

❶ splitter를 다시 전달한다.

몇몇 테스트 주도 개발자들은 이 마지막 단계의 필요성을 드러내기 위해 실패하는 테스트를 작성해야 한다고 주장할 수도 있다. 분명히 분할 함수 사용을 보여 주는 테스트를 작성해야 하지만, 이런 테스트를 작성하기 전에 분할 함수를 더 편리하게 개선하자. 다음은 splitOnComma 이다.

예제 22.51 [table-reader.36:src/main/java/travelator/tablereader/table-reading.kt]

```kotlin
val splitOnComma: (String) -> List<String> = { line ->
    line.splitFields(",")
}
```

분할 함수를 정의할 때마다 매번 람다를 정의하지 않아도 된다면 좋을 것이다. 이런 방식을 제공하면 프랑스 클라이언트들은 splitter = splitOn(";") 같이 파라미터를 지정해 readTable을 호출할 수 있다. 이 splitOn 함수는 구분자를 인자로 받아서 (String) -> List<String>라는 함수 타입의 값을 반환한다. 이 함수를 현재의 splitOnComma 람다로부터 추출하려고 시도할 수도 있지만, 리팩터링이 지겨우므로 그냥 직접 함수를 정의하고 호출하자.

예제 22.52 [table-reader.37:src/main/java/travelator/tablereader/table-reading.kt]

```kotlin
fun splitOn(
    separators: String
): (String) -> List<String> = { line: String ->
    line.splitFields(separators)
}

val splitOnComma: (String) -> List<String> = splitOn(",")
val splitOnTab: (String) -> List<String> = splitOn("\t")
```

splitOnTab까지 정의했다는 사실을 알 수 있다. 이 값을 사용하면 스스로에게 작성하기로 약속했던 새로운 테스트를 작성할 수 있다.

예제 22.53 [table-reader.38:src/test/java/travelator/tablereader/TableReaderTests.kt]

```kotlin
@Test
fun `can specify splitter`() {
    assertEquals(
        listOf(
            mapOf(
                "header1" to "field0",
```

```
                "header2" to "field1",
            )
        ),
        readTableWithHeader(
            listOf(
                "header1\theader2",
                "field0\tfield1"
            ),
            splitOnTab
        )
    )
}
```

만든 코드는 이 테스트도 통과한다. 이 테스트는 마음의 안정과 문서화를 제공한다. 체크인하고 잠시 쉬었다가 코드를 자세히 살펴보자.

22.5 시퀀스

기본적인 표 파서를 만들었지만, 표준 코틀린 런타임이 제공하는 타입 외의 다른 타입을 도입하지는 않았다. 보다 함수형인 접근 방법을 택할 때 이런 일이 자주 발생한다. 코틀린의 결은 표준 라이브러리가 제공하는 풍부한 추상화를 활용하는 것과 궤를 같이하지만, 자바 프로그램의 결은 새 타입을 정의하는 쪽에 더 가깝다. 6장과 15장에서 본 것처럼 이런 차이의 원인으로 코틀린에서 컬렉션을 값으로 취급할 수 있어서 자바의 가변 객체보다 더 안전하게 합성할 수 있다는 점이 있다. 따로 에일리어싱을 걱정하지 않고 컬렉션 타입을 인자로 받거나 반환할 수 있다.

값 타입을 사용하면 예측할 수 있는 계산으로 구성된 API를 만들 수 있을지는 몰라도, 그로 인해 생기는 문제도 있다. 직접 만든 순진한 API는 20장에서 봤던 것과 같은 문제를 겪는다. 즉, API는 메모리에 List<String>를 적재하고 역시 메모리상에 List<Map<String, String>>를 생성한다. 데이터 구조의 비용을 무시하더라도, readTable의 메모리 사용량은 입력 바이트 크기의 두 배이며, (아마도) 데이터가 포함된 UTF-8로 인코딩된 파일의 크기의 두 배일 것이다. 큰 파일을 처리하려면 리스트 대신 시퀀스를 사용해 작업하는 편이 더 나을 것이다. 필요한 경우 시퀀스는 파이프라인 각 단계에서 한 번에 한 항목만 메모리에 유지할 수 있기 때문이다.

13장에서 본 것처럼, Sequence를 List로나 List를 Sequence로 아주 쉽게 변환할 수 있다 (단, 몇 가지 조심해야 할 부분이 있다). 따라서 기존 List API에 위임하는 Sequence 함수를 구현할 수 있다. 하지만 이렇게 해도 메모리 사용량이 줄어들지는 않는다. 따라서 이와 반대로 Sequence 버전을 작성한 후, List 버전이 Sequence 버전에 위임하게 만든다. 우리가 영리하 다면, 편리한 List API를 사용해 테스트를 진행할 수 있으므로 한 가지 테스트 집합을 사용해 두 가지 테스트 집합을 얻을 수 있다.

현재 readTable은 다음과 같다.

예제 22.54 [table-reader.39:src/main/java/travelator/tablereader/table-reading.kt]

```kotlin
fun readTable(
    lines: List<String>,
    headerProvider: (Int) -> String = Int::toString,
    splitter: (String) -> List<String> = splitOnComma
): List<Map<String, String>> =
    lines.map {
        parseLine(it, headerProvider, splitter)
    }
```

파이프라인의 중간에서 Sequence와 List를 오가도록 변환하여 계획을 시험할 수 있다.

예제 22.55 [table-reader.40:src/main/java/travelator/tablereader/table-reading.kt]

```kotlin
fun readTable(
    lines: List<String>,
    headerProvider: (Int) -> String = Int::toString,
    splitter: (String) -> List<String> = splitOnComma
): List<Map<String, String>> =
    lines
        .asSequence()
        .map {
            parseLine(it, headerProvider, splitter)
        }
        .toList()
```

이 코드는 테스트를 통과하며, 모든 테스트가 깔대기처럼 이 함수를 통해 진행되기 때문에 더 안심이 된다. 이제 내부 동작을 추출해서 Sequence를 인자로 받고 반환하는 함수로 만들 수 있다. 이 부분은 13.7.3절의 '파이프라인 일부를 추출하기'에서 설명한 것처럼 연쇄적인 함수 파이프라인 일부를 추출한다.

예제 22.56 [table-reader.41:src/main/java/travelator/tablereader/table-reading.kt]

```kotlin
fun readTable(
    lines: List<String>,
    headerProvider: (Int) -> String = Int::toString,
    splitter: (String) -> List<String> = splitOnComma
): List<Map<String, String>> =
    readTable(
        lines.asSequence(),
        headerProvider,
        splitter
    ).toList()

fun readTable(
    lines: Sequence<String>,
    headerProvider: (Int) -> String = Int::toString,
    splitter: (String) -> List<String> = splitOnComma
) = lines.map {
    parseLine(it, headerProvider, splitter)
}
```

이 코드는 List 버전이 호출하는 Sequence 버전의 readTable을 제공한다. 그리고 List 버전은 테스트가 잘 이뤄진다. 이제 바깥쪽의 readTableWithHeader를 처리할 차례다. 코드는 다음과 같다.

예제 22.57 [table-reader.42:src/main/java/travelator/tablereader/table-reading.kt]

```kotlin
fun readTableWithHeader(
    lines: List<String>,
    splitter: (String) -> List<String> = splitOnComma
): List<Map<String, String>> =
    when {
        lines.isEmpty() -> emptyList()
        else -> readTable(
            lines.drop(1),
            headerProviderFrom(lines.first(), splitter),
            splitter
```

```
        )
    }
```

현재 readTableWithHeader는 List 버전의 readTable에 처리를 위임한다. 만약 Sequence 버전을 만들고 싶다면(그리고 실제로 만들어야 한다) readTableWithHeader가 Sequence 버전의 readTable을 호출해야만 한다. 따라서 이 호출을 인라이닝하면 다음과 같은 코드가 생긴다.

예제 22.58 [table-reader.43:src/main/java/travelator/tablereader/table-reading.kt]

```
fun readTableWithHeader(
    lines: List<String>,
    splitter: (String) -> List<String> = splitOnComma
): List<Map<String, String>> =
    when {
        lines.isEmpty() -> emptyList()
        else -> readTable(
            lines.drop(1).asSequence(),
            headerProviderFrom(lines.first(), splitter),
            splitter
        ).toList()
    }
```

이제 손으로 직접 linesAsSequence라는 변수를 만들고 lines 대신 사용하자. 이 코드는 작동할 수 있는 코드에 가깝다.

예제 22.59 [table-reader.44:src/main/java/travelator/tablereader/table-reading.kt]

```
fun readTableWithHeader(
    lines: List<String>,
    splitter: (String) -> List<String> = splitOnComma
): List<Map<String, String>> {
    val linesAsSequence = lines.asSequence()              ❶
    return when {
        linesAsSequence.isEmpty() -> emptySequence()
        else -> {
            readTable(
                linesAsSequence.drop(1),
                headerProviderFrom(linesAsSequence.first(), splitter),
```

```
                splitter
            )
        }
    }.toList()
}
```

❶ Sequence<T>.isEmpty()가 없으므로 컴파일이 되지 않는다.

Sequence가 비어있는지 어떻게 알 수 있을까? linesAsSequence.firstOrNull() == null 로 알아낼 수 있다.

예제 22.60 [table-reader.45:src/main/java/travelator/tablereader/table-reading.kt]

```
fun readTableWithHeader(
    lines: List<String>,
    splitter: (String) -> List<String> = splitOnComma
): List<Map<String, String>> {
    val linesAsSequence = lines.asSequence()
    return when {
        linesAsSequence.firstOrNull() == null -> emptySequence()
        else -> {
            readTable(
                linesAsSequence.drop(1),
                headerProviderFrom(linesAsSequence.first(), splitter),
                splitter
            )
        }
    }.toList()
}
```

이 코드는 테스트를 통과하므로 다시 return과 .toList() 사이의 코드를 우리가 찾는 함수로 추출할 수 있다. 이 부분을 추출해서 정리하면 Sequence를 사용하는 readTableWithHeader 를 얻을 수 있다.

예제 22.61 [table-reader.46:src/main/java/travelator/tablereader/table-reading.kt]

```
fun readTableWithHeader(
    lines: List<String>,
    splitter: (String) -> List<String> = splitOnComma
```

```
    ): List<Map<String, String>> =
        readTableWithHeader(
            lines.asSequence(),
            splitter
        ).toList()

fun readTableWithHeader(
    lines: Sequence<String>,
    splitter: (String) -> List<String> = splitOnComma
) = when {
    lines.firstOrNull() == null -> emptySequence()
    else -> {
        readTable(
            lines.drop(1),
            headerProviderFrom(lines.first(), splitter),
            splitter
        )
    }
}
```

이제 readTable과 readTableWithHeader 함수의 버전이 두 가지씩 존재한다. 한 가지는 List를 사용하는 버전이고 다른 한 가지는 Sequence를 사용하는 버전이다. List 인자를 Sequence로 변경하기가 아주 쉽고 Sequence 결과를 List로 변경하는 것도 아주 쉽다는 점을 염두에 둔다면, List 버전이 따로 존재할 이유가 적지 않을까? 리스트 버전을 사용하는 프로덕션 코드가 아직 없는 지금 그 정의를 테스트 안으로 옮기자. 이렇게 하면 테스트에서는 리스트 버전을 사용해 단순함을 유지할 수 있고, 프로덕션 코드를 최소화할 수 있다.

그렇다면 작성한 표 파서의 전체 공개 인터페이스는 다음과 같다.

예제 22.62 [table-reader.47:src/main/java/travelator/tablereader/table-reading.kt]

```
fun readTableWithHeader(
    lines: Sequence<String>,
    splitter: (String) -> List<String> = splitOnComma
): Sequence<Map<String, String>> =
    when {
        lines.firstOrNull() == null -> emptySequence()
        else -> readTable(
            lines.drop(1),
            headerProviderFrom(lines.first(), splitter),
```

```
                splitter
            )
        }

    fun readTable(
        lines: Sequence<String>,
        headerProvider: (Int) -> String = Int::toString,
        splitter: (String) -> List<String> = splitOnComma
    ): Sequence<Map<String, String>> =
        lines.map {
            parseLine(it, headerProvider, splitter)
        }

    val splitOnComma: (String) -> List<String> = splitOn(",")
    val splitOnTab: (String) -> List<String> = splitOn("\t")

    fun splitOn(
        separators: String
    ) = { line: String ->
        line.splitFields(separators)
    }
```

이 코드는 세 가지 유틸리티 함수의 지원을 받는다.

예제 22.63 [table-reader.47:src/main/java/travelator/tablereader/table-reading.kt]

```
    private fun headerProviderFrom(
        header: String,
        splitter: (String) -> List<String>
    ): (Int) -> String {
        val headers = splitter(header)
        return { index -> headers[index] }
    }

    private fun parseLine(
        line: String,
        headerProvider: (Int) -> String,
        splitter: (String) -> List<String>,
    ): Map<String, String> {
        val values = splitter(line)
        val keys = values.indices.map(headerProvider)
        return keys.zip(values).toMap()
    }
```

```
    }

    // 빈 문자열에 대해 String.split을 호출하면 빈 리스트가 아니라
    // 빈 문자열의 리스트를 반환하기 때문에 빈 문자열을 별도로 처리할 필요가 있다.
    private fun String.splitFields(separators: String): List<String> =
        if (isEmpty()) emptyList() else split(separators)
```

코드를 다시 살펴보면 **splitFields**가 필요한지 이유를 제대로 알기 어렵다. 그래서 주석을 추가했다. 코드를 작성하자마자 살펴보는 것보다 약간 시간이 지나 코드를 회고하면서 이해하려고 노력하는 과정에서 이런 주석을 달기가 더 쉽다. 이 부분을 제외하면 이 코드는 상당히 자기 자신을 잘 설명해 주는 것 같다. 때로는 이런 생각이 틀릴 수도 있다. 다음에 이 코드를 읽을 때 잠깐 살펴보고 코드가 하는 일을 이해할 수 없다면, 코드에 주석을 추가하거나 이해하기 쉬운 코드가 되도록 코드를 리팩터링할 수 있다.

22.6 파일 읽기

이 인터페이스는 추상적인 수준에서 좋아 보인다. 하지만 이 인터페이스를 처음 쓰는 사람은 생각지도 못한 문제에 부딪히며 화를 내게 된다. 테스트를 사용해 이 문제를 묘사해 보자. 이 테스트는 Sequence를 사용하는 readTableWithHeader를 호출한다.

예제 22.64 [table-reader.48:src/test/java/travelator/tablereader/TableReaderTests.kt]

```
@Test
fun `read from reader`() {
    val fileContents = """
        H0,H1
        row0field0,row0field1
        row1field0,row1field1
    """.trimIndent()
    StringReader(fileContents).useLines { lines ->
        val result = readTableWithHeader(lines).toList()
        assertEquals(
            listOf(
                mapOf("H0" to "row0field0", "H1" to "row0field1"),
                mapOf("H0" to "row1field0", "H1" to "row1field1")
            ),
```

```
            result
        )
    }
}
```

왜 이 테스트가 실패하는지 알겠는가? 이 테스트가 java.lang.IllegalStateException: This sequence can be consumed only once을 내면서 실패한다는 점을 말한다면 어떤 결론을 내릴 수 있는가?

그렇다. 두 가지 유형(소비를 여러 번 할 수 있는 유형과 한 번만 할 수 있는 유형)의 시퀀스를 모두 입력으로 테스트하지 않았던 것으로 인해 다시(13.4절 '다중 이터레이션') 문제가 생겼다.

예제 22.65 [table-reader.47:src/main/java/travelator/tablereader/table-reading.kt]

```kotlin
fun readTableWithHeader(
    lines: Sequence<String>,
    splitter: (String) -> List<String> = splitOnComma
): Sequence<Map<String, String>> =
    when {
        lines.firstOrNull() == null -> emptySequence()
        else -> readTable(
            lines.drop(1),
            headerProviderFrom(lines.first(), splitter),
            splitter
        )
    }
```

여기서 lines.firstOrNull()이 시퀀스를 소비하는 데 Reader에서 값을 읽을 때는 lines. drop(1)과 lines.first()를 평가하기 위해 뒤로 돌아가 입력값을 다시 읽을 수가 없다. 우리가 만든 단위 테스트는 모든 줄이 들어있는 List에서 시퀀스를 만들었기 때문에, 모든 데이터가 메모리 안에 들어있어서 여러 번 소비될 수 있다.

데이터 파일에 대한 인터페이스로 우리 Sequence를 사용하려면 파일을 전부 메모리에 적재하거나 파일을 두 번 읽지 않고도 파일의 첫 줄과 나머지를 Sequence에서 읽어올 수 있는 방법을 찾아야 한다. 특히 한꺼번에 모든 데이터를 메모리에 적재하지 않으려고 Sequence를 도입했기 때문에 후자를 택한다. 그렇다면 어떤 Sequence를 소비하지 않고도 그 안에 아이템이 들어있는지 확인하는 방법이 필요하다.

이 질문은 약간 속임수가 있는 질문이었다. 아이템 유무를 검사하기 위해 Sequence에 iterator()를 호출해야만 한다. 실제로 Sequence를 소비하는 대상은 iterator()이다. 어떤 Sequence가 비어있는지 살펴본 후 나중에 그 Sequence를 사용할 수는 없다. 로직을 작성하다 보면 경우에 따라서는 독립적으로는 할 수 없는 일을 다른 작업을 하면서 동시에 처리할 수 있는 경우가 있다. Sequence가 비어있는지만 보고 싶어 하는 것은 아니고 비어있지 않은 경우 머리(첫 번째 원소)와 꼬리(나머지 원소)로 시퀀스를 나누고 싶다. Sequence를 구조 분해하는 다음과 같은 함수를 사용하면 이런 더 큰 목적을 달성할 수 있다.

예제 22.66 [table-reader.49:src/main/java/travelator/tablereader/table-reading.kt]

```
fun <T> Sequence<T>.destruct()
    : Pair<T, Sequence<T>>? {
    val iterator = this.iterator()
    return when {
        iterator.hasNext() ->
            iterator.next() to iterator.asSequence()
        else -> null
    }
}
```

destruct는 Sequence가 비어있을 때 null을 반환한다. 비어있지 않으면 머리와 꼬리의 Pair를 반환한다(이때 꼬리가 빈 Sequence일 수도 있다). 이 함수는 원래의 시퀀스를 (iterator() 호출을 통해) 소비하지만 처리를 계속 진행할 수 있는 새로운 Sequence를 제공한다. 이 함수를 사용하면 readTableWithHeader를 리팩터링할 수 있다. 이 함수의 현재 모습은 다음과 같다.

예제 22.67 [table-reader.48:src/main/java/travelator/tablereader/table-reading.kt]

```
fun readTableWithHeader(
    lines: Sequence<String>,
    splitter: (String) -> List<String> = splitOnComma
): Sequence<Map<String, String>> =
    when {
        lines.firstOrNull() == null -> emptySequence()
        else -> readTable(
            lines.drop(1),
            headerProviderFrom(lines.first(), splitter),
```

```
            splitter
        )
    }
```

할 일은 분명히 뻔한 재배열은 아니다. 하지만 다음과 같이 코드를 변환할 수는 있다.

예제 22.68 [table-reader.49:src/main/java/travelator/tablereader/table-reading.kt]

```
fun readTableWithHeader(
    lines: Sequence<String>,
    splitter: (String) -> List<String> = splitOnComma
): Sequence<Map<String, String>> {
    val firstAndRest = lines.destruct()
    return when {
        firstAndRest == null -> emptySequence()
        else -> readTable(
            firstAndRest.second,
            headerProviderFrom(firstAndRest.first, splitter),
            splitter
        )
    }
}
```

이렇게 만든 새 함수는 lines를 한 번만 소모하기 때문에 모든 테스트를 통과한다. 코드가 약
간 투박해 보인다면 ?.let과 구조 분해와 엘비스 연산자를 사용해서 단일식을 만들 수도 있지
만, 그 코드가 더 간결하다고 생각하는 사람도 있고 그렇지 않은 사람도 있을 것이다. 그렇게
한 결과는 다음과 같은 공개 API이다.

예제 22.69 [table-reader.50:src/main/java/travelator/tablereader/table-reading.kt]

```
fun readTableWithHeader(
    lines: Sequence<String>,
    splitter: (String) -> List<String> = splitOnComma
): Sequence<Map<String, String>> =
    lines.destruct()?.let { (first, rest) ->
        readTable(
            rest,
            headerProviderFrom(first, splitter),
            splitter
        )
```

```kotlin
    } ?: emptySequence()

fun readTable(
    lines: Sequence<String>,
    headerProvider: (Int) -> String = Int::toString,
    splitter: (String) -> List<String> = splitOnComma
): Sequence<Map<String, String>> =
    lines.map {
        parseLine(it, headerProvider, splitter)
    }

val splitOnComma: (String) -> List<String> = splitOn(",")
val splitOnTab: (String) -> List<String> = splitOn("\t")

fun splitOn(
    separators: String
) = { line: String ->
    line.splitFields(separators)
}
```

거의 다 됐다.

마지막 단계로, 이제 두 함수 주변의 API가 확고해졌으므로 테스트를 더 이해하기 쉽게 변경하자.

예제 22.70 [table-reader.52:src/test/java/travelator/tablereader/TableReaderTests.kt]

```kotlin
class TableReaderTests {
    @Test
    fun `empty input returns empty`() {
        checkReadTable(
            lines = emptyList(),
            shouldReturn = emptyList()
        )
    }

    @Test
    fun `one line of input with default field names`() {
        checkReadTable(
            lines = listOf("field0,field1"),
            shouldReturn = listOf(
                mapOf("0" to "field0", "1" to "field1")
            )
        )
```

```kotlin
        }
        ...

        @Test
        fun `can specify header names when there is no header row`() {
            val headers = listOf("apple", "banana")
            checkReadTable(
                lines = listOf("field0,field1"),
                withHeaderProvider = headers::get,
                shouldReturn = listOf(
                    mapOf(
                        "apple" to "field0",
                        "banana" to "field1",
                    )
                )
            )
        }
        @Test
        fun `readTableWithHeader takes headers from header line`() {
            checkReadTableWithHeader(
                lines = listOf(
                    "H0,H1",
                    "field0,field1"
                ),
                shouldReturn = listOf(
                    mapOf("H0" to "field0", "H1" to "field1")
                )
            )
        }
        ...
}


private fun checkReadTable(
    lines: List<String>,
    withHeaderProvider: (Int) -> String = Int::toString,
    shouldReturn: List<Map<String, String>>,
) {
    assertEquals(
        shouldReturn,
        readTable(
            lines.asSequence().constrainOnce(),
            headerProvider = withHeaderProvider,
            splitter = splitOnComma
        ).toList()
```

```
        )
    }

    private fun checkReadTableWithHeader(
        lines: List<String>,
        withSplitter: (String) -> List<String> = splitOnComma,
        shouldReturn: List<Map<String, String>>,
    ) {
        assertEquals(
            shouldReturn,
            readTableWithHeader(
                lines.asSequence().constrainOnce(),
                splitter = withSplitter
            ).toList()
        )
    }
}
```

이 단계가 중요하다. 17장에서 본 것처럼, 테스트에서 패턴을 찾아서 (checkReadTable 같은) 함수로 표현하는 것은 테스트를 읽는 독자가 코드가 무슨 일을 하는지 이해하는 데 도움이되고 테스트를 작성하는 개발자가 테스트가 미처 검사하지 못하는 조건을 찾는 데도 도움이 된다. 예를 들어 헤더에 들어있는 열의 숫자보다 본문 각 줄의 필드가 더 많거나, 역으로 헤더에 들어있는 열의 숫자보다 본문 각 줄의 필드가 적으면 어떤 일이 벌어질까? 우리가 테스트 주도 개발을 진행하면서 빠른 피드백을 위해 작성한 테스트는 API에 대해 다른 사람들과 의사소통 하거나, 코드의 문제점을 찾거나, 구현을 다시 살펴보면서 변경할 때 퇴행[4]이 발생하는지 사용 하려는 목적에는 최적이 아닐 가능성이 크다. 설계 기법으로 TDD를 사용한다면 최종 테스트가 프로그램의 올바름을 검증하고 문서화를 제공하고 퇴행을 막는지 확인하는 일을 잊어서는 안 된다.

---

4 옮긴이_ 회귀 테스트(regression test)의 회귀와 같은 영어 단어다. 잘 작동하던 소프트웨어의 소스 코드를 변경하면서 생길 수 있는 퇴행을 발견하기 위한 테스트이기 때문에, 회귀 테스트보다는 퇴행 테스트나 재발 테스트라고 부르는 게 더 적합한 번역어라고 생각한다.

22.7 커먼즈 CSV와 비교

이번 장을 시작할 때 가장 실질적인 상황을 언급하면서, 직접 파서를 만들어 사용하는 대신 아파치 커먼즈 CSV를 사용하겠다고 이야기했다. 이번 장을 마치기 전에 직접 만든 API와 그에 상응하는 커먼즈 API를 비교해 보자.

표 파서의 가장 일반적인 용례는 열이 정해져 있는 파일을 읽어서 각 줄을 어떤 데이터 클래스로 변환하는 것이다. 다음은 작성한 파서에서 이런 일을 하는 방법을 보여 준다.

예제 22.71 [table-reader.53:src/test/java/travelator/tablereader/CsvExampleTests.kt]

```kotlin
@Test
fun example() {
    reader.useLines { lines ->
        val measurements: Sequence<Measurement> =
            readTableWithHeader(lines, splitOnComma)
                .map { record ->
                    Measurement(
                        t = record["time"]?.toDoubleOrNull()
                            ?: error("in time"),
                        x = record["x"]?.toDoubleOrNull()
                            ?: error("in x"),
                        y = record["y"]?.toDoubleOrNull()
                            ?: error("in y"),
                    )
                }
        assertEquals(
            expected,
            measurements.toList()
        )
    }
}
```

실전 코드에서는 더 많은 오류 처리가 필요하겠지만(21장에서 어떻게 오류를 처리할지 살펴봤다), 이 코드는 기본적인 용례를 보여 준다. 코틀린의 Reader.useLines 확장 함수를 사용해 Sequence<String>를 얻고, 파서는 이 시퀀스를 Sequence<Map<String, String>>로 변환한다. 이 Map에 대해 map을 하면서 인덱스를 필드 이름으로 변환하고 필요한 데이터를 추출해서 실제로 원하는 타입(Measurement)으로 변환한다. 이런 설계는 우연히 생기지 않는다. 이런 설계는 처음에 Sequence 대신 List를 사용하기로 했다는 사실을 제외하면 초기 단계부터 의도한 것이다.

다음은 커먼즈 CSV 버전이다.

예제 22.72 [table-reader.53:src/test/java/travelator/tablereader/CsvExampleTests.kt]

```kotlin
@Test
fun `commons csv`() {
    reader.use { reader ->
        val parser = CSVParser.parse(
            reader,
            CSVFormat.DEFAULT.withFirstRecordAsHeader()
        )
        val measurements: Sequence<Measurement> = parser
            .asSequence()
            .map { record ->
                Measurement(
                    t = record["time"]?.toDoubleOrNull()
                        ?: error("in time"),
                    x = record["x"]?.toDoubleOrNull()
                        ?: error("in x"),
                    y = record["y"]?.toDoubleOrNull()
                        ?: error("in y"),
                )
            }
        assertEquals(
            expected,
            measurements.toList()
        )
    }
}
```

커먼즈 CSV도 CSVParser.parse라는 단순한 정적 함수 진입점을 제공한다. CSVParser.parse는 표 형식에 대한 설정 정보를 입력으로 받는다(예제의 경우 CSVFormat.DEFAULT.withFirstRecordAsHeader()이며 우리 코드의 경우 splitOnComma였다). 우리 코드는 헤더가 있는 파일과 그렇지 않은 파일을 위해 두 가지 서로 다른 함수를 제공하지만, 아파치 API는 CSVFormat에 이런 정보를 밀어넣는다.

우리 API는 Sequence<String>를 입력으로 받지만 커먼즈 parse는 Reader를 받는다. 이로 인해 커먼즈는 새 줄 문자가 아닌 레코드 구분자를 허용하며 필드 중간에 새 줄이 들어가 있는 경우도 처리할 수 있지만, 이에 따라 parse 메서드가 너무 많아졌다. Path, File, InputStream, String, URL을 인자로 받는 parse 메서드 변종이 존재한다. 자바가 이런 소스 타입 사이의 변환과 안전한 해제를 거의 지원하지 않기 때문에 커먼즈 API 개발자는 별도의 메서드가 필요하다고 느꼈을 것이다. 정적 함수인 parse가 반환하는 CSVParser에는 자원을 관리하기 위한 코드가 많이 들어있다. 반면 API는 자원 관리를 Sequence의 동작과 코틀린이 제공하는 use나 useLines 같은 생명주기 함수에 의존한다.

각 줄(데이터 레코드)에 대해 말하자면, 예제 코드에서 각 줄을 보려면 각 줄을 읽어와야 하는데, CSVParser는 Iterable<CSVRecord>을 구현한다. 영리한 설계다. Iterable<CSVRecord>을 사용하여 자바 개발자는 for 문을 사용해 루프에서 레코드를 처리할 수 있고, 코틀린 개발자는 이를 .asSequence를 통해 Sequence로 변환할 수 있다. 사실 여기서 코틀린의 사용성은 코틀린 표준 라이브러리의 설계 때문에 생기는 이점이다. 코틀린 표준 라이브러리는 아파치 개발자들이 활용한 것과 같은 Iterable 추상화를 사용해 시퀀스를 만든다.

더 나아가, 두 API에서 개별 Measurement를 생성하는 코드는 같아 보인다.

예제 22.73 [table-reader.53:src/test/java/travelator/tablereader/CsvExampleTests.kt]

```
.map { record ->
    Measurement(
        t = record["time"]?.toDoubleOrNull()
            ?: error("in time"),
        x = record["x"]?.toDoubleOrNull()
            ?: error("in x"),
        y = record["y"]?.toDoubleOrNull()
            ?: error("in y"),
    )
}
```

파서에서는 record의 타입이 Map<String, String>이고 커먼즈에서는 CSVRecord지만, CSVRecord에는 get(String)이라는 메서드가 있고, 이로 인해 record["time"] 등의 코드가 코틀린에서 제대로 처리될 수 있다. CSVRecord는 인덱스로 필드를 가져오는 get(int), 열 개수를 반환하는 size(), 어떤 이름의 열이 설정됐는지 알려 주는 isSet(String)

이 있는데, API에서는 이들을 순서대로 `Map.values.get(Int)`, `Map.size()`, `Map.hasKey(String)`로 처리할 수 있다.

기본적으로 `CSVRecord` 자체가 `Map`이 되기보다는 `Map` 인터페이스를 손으로 다시 만들어서 제공해야만 한다. 6장에서 살펴본 것처럼 자바 `Map` 인터페이스는 가변인데, 파일에서 필드를 읽는 맥락에서는 가변성이 의미가 없기 때문이다. 파일을 읽는다는 맥락에서 보면 `CSVRecord`의 필드를 변경한다고 해도 분명 파일에 그 값이 다시 써지지는 않는다. 이로부터 자바로 프로그래밍할 때는 문제를 해결하기 위해 우리가 직접 새로운 타입을 만들어야만 한다는 사실을 알게된다. 반면 코틀린에서는 표준 타입을 사용해 우리 생각을 표현할 수 있고 코틀린이 이런 타입에 대해 제공하는 풍부한 API를 즐길 수 있다.

커먼즈 CSV 라이브러리는 뛰어난 분야로 미리 만들어둔 디폴트 파서가 많다고 할 수 있다. 이런 디폴트 파서들은 `CSVFormat`에 상수로 정의되어 있다. 이미 `CSVFormat.DEFAULT`를 봤지만 `CSVFormat.EXCEL` 같은 다른 파서도 많이 있다. `CSVFormat`을 살펴본 `CSVParser.parse`으로 전달하거나, `CSVFormat.EXCEL.parse(reader)`처럼 직접 사용할 수 있다. 이런 기능을 API에서 새로운 타입을 정의하지 않고 제공할 수 있을까? `splitOnComma`를 마치 설정처럼 사용하면 어떨까?

예제 22.74 [table-reader.54:src/test/java/travelator/tablereader/CsvExampleTests.kt]

```kotlin
@Test
fun `configuration example`() {
    reader.use { reader ->
        val measurements = splitOnComma.readTableWithHeader(reader)
            .map { record ->
                Measurement(
                    t = record["time"]?.toDoubleOrNull()
                        ?: error("in time"),
                    x = record["x"]?.toDoubleOrNull()
                        ?: error("in x"),
                    y = record["y"]?.toDoubleOrNull()
                        ?: error("in y"),
                )
            }
        assertEquals(
            expected,
            measurements.toList()
```

```
        )
    }
}
```

다음과 같이 `splitOnComma.readTableWithHeader(reader)`를 함수 타입에 대한 확장 함수로 정의하면 [예제 22.74]와 같이 사용할 수 있다.

예제 22.75 [table-reader.54:src/main/java/travelator/tablereader/table-reading.kt]

```
fun ((String) -> List<String>).readTableWithHeader(
    reader: StringReader
): Sequence<Map<String, String>> =
    readTableWithHeader(reader.buffered().lineSequence(), this)
```

실제로 `CSVFormat`은 줄을 분할하는 방법 외에 이스케이프 규칙, 빈 줄 처리 방식 등의 전략이 담긴 꾸러미다. 파서에 이런 기능이 필요해지면 아마도 데이터 클래스를 만들어서 필요한 정보를 담고 싶을 수도 있다. 그런 시점이 되기 전까지는 그냥 내장 타입과 코틀린 언어의 기능만 활용할 수 있다.

API는 제공하지 않지만, 커먼즈 인터페이스가 제공하는 유용한 특징으로는 `CSVParser.getHeaderNames`를 통해 헤더 정보에 접근할 수 있다는 점을 들 수 있다. API에서 이를 표현하기 위해서는 마침내 새로운 타입을 만들어야 한다. 이 기능을 기존 우리 API를 변경하지 않고 작성할 수 있을까? 아니면 최소한 기존 고객 코드를 변경하지 않도록 하면서 구현할 수는 있을까?

상당수의 입력에 대해서는 그냥 출력 시퀀스의 첫 번째 원소에 대해 `Map.keys`를 호출하면 되겠지만, 표에 데이터 줄이 없고 헤더만 있을 때 이 방법은 제대로 작동하지 않는다. 헤더 정보를 반환하면서 파싱한 레코드를 **함께** 반환하려면 `Pair<List<String>`, `Sequence<Map<String, String>>`를 반환하게 API를 바꿀 수도 있겠지만, 이렇게 하면 기존 클라이언트 코드가 순서쌍의 첫 번째 원소를 무시해야만 한다. 그 대신 `Sequence<Map<String, String>>`를 구현하는 동시에 헤더 프로퍼티도 제공하는 `Table`이라는 타입을 정의할 수 있다. 이런 방법을 사용하면 이미 존재하는 호출 코드를 변경할 필요는 없지만 필요할 때 `headers`에 접근할 수 있게 된다.

```kotlin
@Test
fun `Table contains headers`() {
    val result: Table = readTableWithHeader(
        listOf(
            "H0,H1",
            "field0,field1"
        ).asSequence()
    )
    assertEquals(
        listOf("H0", "H1"),
        result.headers
    )
}

@Test
fun `Table contains empty headers for empty input`() {
    assertEquals(
        emptyList<String>(),
        readTableWithHeader(emptySequence()).headers
    )
}
```

이 테스트를 통과하게 기존 코드를 리팩터링하는 과정은 여러분이 해 보라고 남겨둔다. 최종 구현은 다음과 같다.

예제 22.77 [table-reader.55:src/main/java/travelator/tablereader/table-reading.kt]

```kotlin
class Table(
    val headers: List<String>,
    val records: Sequence<Map<String, String>>
) : Sequence<Map<String, String>> by records

fun readTableWithHeader(
    lines: Sequence<String>,
    splitter: (String) -> List<String> = splitOnComma
): Table =
    lines.destruct()?.let { (first, rest) ->
        tableOf(splitter, first, rest)
    } ?: Table(emptyList(), emptySequence())
```

```
private fun tableOf(
    splitter: (String) -> List<String>,
    first: String,
    rest: Sequence<String>
): Table {
    val headers = splitter(first)
    val sequence = readTable(
        lines = rest,
        headerProvider = headers::get,
        splitter = splitter
    )
    return Table(headers, sequence)
}
```

22.8 다음으로 나아가기

여행의 마지막 여정인 이번 장에서는 기존 자바 코드를 리팩터링하는 대신 코틀린으로 처음부터 코드를 작성하는 호사를 누려봤다. 이 과정에서도 테스트를 먼저 작성하고 테스트 데이터를 구현에 복사하고, 그로부터 코드를 리팩터링했다. 모든 코드를 이런 식으로 작성할 순 없지만, 코드가 그냥 계산일 경우에는 이런 방식이 잘 작동하며, 코드 중에 계산이 더 많으면 많을수록 작성한 코드도 더 잘 작동한다.

15장 '캡슐화한 컬렉션에서 타입 별명으로'와 16장 '인터페이스에서 함수로'에서 내장 타입을 재사용하는 방식이 강력한 이유를 살펴봤고, 10장 '함수에서 확장 함수로'에서 확장 함수로 API를 정의하는 방법을 살펴봤다. 이번 장의 예제에서는 컬렉션과 함수 타입을 멋지게 혼용했고, 심지어 함수 타입에 대한 확장 함수를 정의하기도 했다. 자바의 가변 컬렉션을 캡슐화하기 위해 새 클래스를 정의하고 이런 클래스의 상태를 조작하기 위해 메서드를 정의해야만 했던 부분에서, 함수 사이에 코틀린 불변 컬렉션을 전달하면서 이런 컬렉션 타입에 대해 애플리케이션에 따라 필요한 구체적인 확장 함수를 작성할 수 있었다. 자바에서 인터페이스를 정의해야 했던 부분에서 코틀린의 함수 타입을 사용할 수 있었다.

다시 말하지만, 모든 문제를 이런 식으로 풀 수 있거나, 풀어야 하는 것은 아니다. 자바 코드를 이런 스타일로 변경하기는 힘들지만, 코틀린에서 제공하는 기능이 이런 스타일의 코드를 더 장려한다는 사실을 발견했다. 새로운 타입을 정의하지 않아야 한다는 점에 너무 매달려서도 안 되지만, 너무 성급하게 모든 문제를 새로운 클래스를 정의해 해결하려고 해서도 안 된다.

CHAPTER 23

여행은 계속된다

드디어 이 책의 마지막에 도달했다. 함께 여행한 분들께 감사드린다. 여러 위대한 개발자들과 함께 일하고 그들로부터 많은 것을 배울 수 있어서 영광이었는데, 이제는 여러분도 그 목록에 포함되어 있다. 몇 장을 건너 뛰었거나, 이상한 리팩터링이 이뤄지는 중간에 잠시 졸았더라도, 누군가 함께 이야기할 사람이 있다는 것은 좋은 일이다. 더 이상 트래블레이터를 개선하기 위해 짝 코딩을 할 수는 없지만, 그동안의 여행을 통해 배운 내용은 무엇일까?

오라일리에서 코틀린에 대한 책을 써달라는 요청을 받았을 때, 우리가 쓰고 싶어 하는 내용과 사람들이 읽고 싶어 하는 내용을 생각해야만 했다. 코틀린 언어를 채택하는 여행을 했고, 코틀린이라는 목적지에 도착했을 때 편안함을 느꼈다는 사실을 깨달았다. 그렇지만 출발한 지점이 전형적인 일반 자바 개발자들과는 다르다는 점도 알았다. 대부분 코틀린 책은 마치 코틀린이 자바 프로그램을 기술하는 다른 문법을 제공하며 프로그래밍에 대한 접근 방식을 바꾸지 않아도 자바보다 타이핑을 적게 하면서 더 많은 일을 하게 해 주는 언어인 것처럼 코틀린을 가르친다. 하지만 그렇지 않다. 우리는 코틀린의 스위트 스폿sweet spot을 찾으려면 자바보다 함수적인 사고방식이 필요하다는 사실을 발견했다. 하지만 코틀린 함수형 프로그래밍 책은 독자들에게 자신이 알고 있던 객체를 사용하는 프로그래밍 지식을 모두 버리고 새로운 종교에 귀의하라고 설득하는 것처럼 보였다. 이 두 방향 모두 불편했다. 클래스와 객체는 동작을 기술하는 인간적인 방식이며, 특히 그에 상응하는 함수형 숙어와 비교해 보면 그런 특성이 더 많이 드러난다. 왜 도구 상자에 충분한 공간이 있는데 기존 도구를 버려야 할까? 그냥 도구를 더 갖추고 적재적소에 활용하면 되지 않을까?

23.1 결

프로그래밍 언어마다 결이 있어서 그 언어를 사용해 작성하는 프로그램의 설계에 영향을 끼친다는 비유가 떠올랐다. 결에 따라 어떤 설계 스타일을 더 쉽게 적용할 수 있고 다른 설계 스타일을 적용하기는 몹시 어렵거나 위험할 수가 있다.

코틀린의 결은 자바의 결과 다르다. 자바의 결은 가변 객체와 리플렉션을 선호하며 합성성과 타입 안전성을 (가변성과 리플렉션에 대한) 대가로 지불한다. 자바와 비교해서, 코틀린의 결은 불변 값을 변환하는 것과 독립적인 함수를 선호하며, 비침투적이고 도움이 많이 되는 타입 시스템을 제공한다. 인텔리J를 사용하면 자바를 코틀린으로 쉽게 변환할 수 있지만 우리 사고 방식을 바꾸지 않고 단순 변환한 코드는 코틀린이라는 새 언어가 제공하는 장점을 제대로 살리지 못하는, 코틀린 문법으로 작성한 자바 코드가 된다.

자바와 코틀린은 한 코드 기반에 공존할 수 있고, 두 언어를 상호 운용하는 경계에서는 거의 이음매가 느껴지지 않는다. 하지만 코틀린이 제공하는 엄격하게 타입이 지정된 세계에서 좀 더 느슨하게 타입이 정해진 자바의 세계로 정보를 전달할 때는 약간의 위험이 발생한다. 주의를 기울이면서 자동화한 리팩터링 도구를 사용해 작고 안전한 단계로 코드를 변환하면서 코드 텍스트를 직접 변경하는 것을 최후의 수단으로 삼으면 전형적인 자바 코드를 전형적인 코틀린 코드로 변환할 수 있다는 사실을 알았다. 그리고 코틀린에 의존하는 자바 코드를 점차 코틀린으로 변환하는 동시에 (자바와 코틀린 코들를 함께) 유지 보수해야 할 때도 두 언어의 관례를 함께 지원할 수 있다.

23.2 함수형 사고

자바의 결은 1990년대 만들어졌고 그때 우리는 객체 지향 프로그래밍이 전설의 은탄환이라고 생각했었다. 객체 지향이 모든 문제를 해결할 수 없다는 사실을 알았을 때, 주류 프로그래밍 언어와 (심지어) 자바도 함수형 프로그래밍의 아이디어를 채택하기 시작했다. 코틀린은 이런 시대에 자바로부터 태어났고, 우리 자식들이 우리보다 미래를 더 잘 대비한 것처럼, 코틀린은 자바보다 더 현대적 프로그래밍에 적합하다.

함수형 사고라는 말이 무슨 뜻일까?

소프트웨어는 궁극적으로 소프트웨어를 이해하는 능력에 따라 제한된다. 우리의 이해는 다시 궁극적으로 우리가 만들어내는 소프트웨어의 복잡도에 따라 제한되며, 복잡도 중 상당 부분은 **언제** 모든 일이 일어나느냐에 대한 혼동에 따라 발생한다. 함수형 프로그래머들은 그냥 어떤 일이 훨씬 **적게** 발생하는 것이 이를 길들이는 가장 좋은 방법임을 배웠다. 함수형 프로그래머들은 어떤 일이 발생하는 것을 **효과**effect라고 부른다. 효과는 어떤 영역에서 관찰할 수 있는 변화를 뜻한다.

함수 안에서 컬렉션이나 변수를 변경하는 일은 효과지만, 변경한 내용이 함수 **밖으로** 공유되지 않으면 효과가 아니다. 변경한 내용이 함수 밖에 **영향을 끼치지** 못하기 때문이다. 어떤 효과가 결과를 미치는 영역이 함수에 지역적이면 시스템이 어떤 일을 하는지에 대해 추론할 때 이 (함수 내에서 지역적으로 발생한) 효과에 대해 고려할 필요가 없다. 공유된 상태(전역 변수, 파일, 네트워크 소켓, 어쩌면 함수에 전달된 파라미터 등)를 변경하기 시작하면 지역적인 효과가 공유된 상태를 볼 수 있는 모든 영역에 영향을 끼치게 되고, 복잡도가 빠르게 늘어나서 코드를 이해하기가 더 어려워진다.

함수가 **실제로** 공유된 상태를 변경하지 않는 것만으로는 충분하지 않다. 함수가 공유된 상태를 변경할 **가능성**이 있으면 그 함수의 소스 코드를 살펴봐야만 하며, 해당 소스 코드에서 호출되는 모든 함수도 재귀적으로 살펴봐야 우리 시스템이 어떤 일을 하는지 알 수 있다. 전역 가변 상태는 무엇이든 모든 함수를 의심스럽게 만든다. 비슷하게 만약 우리가 모든 함수가 데이터베이스에 데이터를 기록할 수 있는 환경에서 프로그램을 작성한다면 언제 데이터베이스를 덮어쓰는지 예측해서 적절한 대응을 미리 계획할 수 없게 된다.

따라서 함수형 프로그래머들은 변이를 줄여서 복잡도를 길들인다. 때로 함수형 프로그래머들은 변이를 강제로 제어하는 언어(클로저, 하스켈 등)에서 프로그램을 작성한다. 그런 언어를 쓰지 않는 함수형 프로그래머는 관습에 의존한다. 더 일반적인 언어에서 이런 관습을 채택하면 코드를 더 잘 추론할 수 있게 된다. 코틀린은 효과 제어를 강제하지 않는 쪽을 선택했지만 코틀린 언어와 런타임은 올바른 방향으로 넛지를 주기 위한 관습을 내장하고 있다. 예를 들어 자바와 비교해 보면 코틀린에는 선택적인 final 변경자 대신 불변 val 변수 선언이 있고, 컬렉션에 대한 읽기 전용 뷰를 제공하며, 상태를 변경하는 대신 쓰기시복사를 장려하는 간결한 데이터 클래스가 있다. 이 책에서는 여러 장에서 같은 목적을 가지는 미묘한 관습에 대해 다뤘다. 5장 '빈에서 값으로', 6장 '자바에서 코틀린 컬렉션으로', 7장 '동작에서 계산으로', 14장 '누적시키는 객체에서 변환으로', 20장 'I/O 수행에서 데이터 전달로'가 그런 내용이다.

물론 단순히 공유된 상태를 변경하지 않는 것 외에도 함수형 프로그래밍에는 더 많은 내용이 포함된다. 하지만 상태 변경이 없이(또는 상태를 바꾸는 것이 핵심인 경우 상태 변경 범위를 최소화하면서) 문제를 해결하는 것에 초점을 맞추면 시스템이 더 이해하기 쉽고 변경하기 쉬워진다. '반복하지 말라(Don't repeat yourself)' (*https://oreil.ly/HSaLs*) 혹은 '딱 한 번만(Once and only once)' (*https://oreil.ly/5HKxy*)처럼 간단한 규칙을 일관성 있고 신중하게 적용하면 큰 효과를 얻을 수 있다. 하지만 '공유된 상태를 변경하지 말라'와 '딱 한 번만'은 또 다른 특성을 공유한다. 그 특성은 바로 주의를 기울이지 않으면 이런 규칙을 적용하는 경우가 그렇지 않은 경우보다 복잡도를 더 빠르게 증가시킬 수도 있다는 점이다. 코드를 더 어렵게 만들지 않으면서도 변이를 관리하는(그리고 중복을 제거하고, 테스트를 쉽게 하는 등의) 기법을 배워야 하고, 이런 기법이 보이면 어떤 기법인지 알아볼 수 있는 안목을 키워야 한다. 이런 기법은 언어, 환경, 도메인, 직업적 기교에 따라 달라지는 경향이 있다.

함수형 기법을 연구하면 반객체적인 정서를 아주 자주 마주치게 된다. 이런 정서는 객체 지향이 객체를 변화시키는 것으로만 이뤄진다는 인식에 뿌리를 두는 것 같다. 하지만 가변성이라는 목욕물을 버리면서 메시지 전달이라는 아기까지 같이 던져버리는 잘못을 범하면 안 된다. 우리가 객체 지향을 사용해 공유된 가변 상태를 관리할 수 있기는 하지만, 요즘 실전에서 우리는 일반적으로 객체를 불변 상태를 캡슐화하거나 서비스와 의존 관계를 표현하는 데 사용하고 있다. 16장 '인터페이스에서 함수로'에서 데이터를 캡슐화하기 위해 클로저 형태로 감싸진 함수와 프로퍼티가 있는 클래스를 함께 사용할 수 있다는 사실을 살펴봤다. 두 방식 모두 코드의 세부 사항을 감추고 고객이 여러 다른 구현을 사용할 수 있게 해 준다. 이런 변형을 활용해 유연하고, 강건하며, 테스트하기 좋은 시스템을 구축할 수 있다. 자바에서 전통적으로 서브클래싱을 도구로 사용하던 상황에서 코틀린은, 클래스가 기본적으로 서브클래싱에 대해 닫혀있으므로, 더 합성적인 스타일을 장려한다. 보호된 메서드를 오버라이드하는 대신, 전략이나 협력자를 표현하는 함수 타입의 프로퍼티를 사용한다. 이런 스타일을 더 선호해야 하지만 서브클래싱이 구현을 단순화할 수 있다면 클래스와 하위 클래스 계층을 정의하는 것을 주저해서는 안 된다. 비슷하게 10장 '함수에서 확장 함수로'에서 살펴본 확장 함수도 잘 작동하며, 코드 기반에서 이질적인 관심사 사이의 결합을 감소시킬 때 멋지게 쓰일 수 있다. 하지만 우리에게 필요한 것이 다형적인 메서드라면 확장 함수가 이를 대신할 수는 없다.

마지막으로, 프로그래밍에는 인간적인 부분과 수학적인 부분을 조합한다는 매력이 존재한다. 객체와 클래스는 적어도 세계를 모델링하는 더 인간적인 방법이며 좋은 시작점이 되는 경우가 종종 있다. 엄밀성이 필요하다면(엄밀성이 필요한 경우가 자주 있기는 하지만 일반인이 생각하는 것만큼 그렇게 자주는 아니다), 함수형 프로그래밍이 우리를 기다린다. 텐트 두 채를 설치하고 양쪽을 오갈 수 있는데 굳이 한 쪽 진영에만 머물러 있어야 할 이유를 찾을 수 없다. 코틀린은 다른 어떤 언어 보다도 양쪽을 잘 오갈 수 있게 해 준다.

23.3 단순한 설계

복잡도가 소프트웨어를 제한하는 요소이며 함수형 사고는 복잡도를 제한하는 도구라면 어떻게 이들을 다른 조언과 함께 활용할 수 있을까? 이 규칙을 20년간 잘 사용했다. 간단한 설계란 다음과 같은 설계를 뜻한다.

- 테스트를 통과한다.
- 작성자의 의도를 드러낸다.
- 중복이 없다.
- 최소한의 구성 요소로 이뤄진다.

이들 중 '의도를 드러냄'이 해석에 따라 가장 많이 달라질 수 있는 부분이다. 따라서 이 주제를 살펴보자.

의도란 '목표나 계획'이다. 따라서 의도는 변경을 함축하고, 동작을 함축한다. 코드에서 동작과 계산을 구분하여 어떤 일이 발생하는 지점과 발생하지 않는 지점이나 어떤 것이 다른 것에 영향을 미치고 어떤 것이 다른 것에 영향을 미치지 않는지를 볼 수 있다. 코드 중 대부분이 계산 형태인 경우, 어떤 함수가 동작인지를 명확히 표현하여 의도를 더 잘 드러낼 수 있다.

7장 '동작에서 계산으로'와 20장 'I/O 수행에서 데이터 전달로'에서 본 것처럼 동작으로부터 계산을 구분하는 주된 기법은 동작을 상호 작용의 진입점에 최대한 가깝게 내보내서 동작이 오염시키는 코드의 범위를 최소화하는 것이다. 이런 기법은 쉽지도 않고 만병통치약도 아니지만, 이렇게 하면 더 단순한 설계와 덜 복잡한 코드를 낳는다는 사실을 알 수 있었다.

23.4 함수형 프로그래밍과 텍스트를 통한 추론

이 책을 끝내면서 놀랍게도 아무런 소프트웨어 설계 다이어그램도 설명하지 않았다는 사실을 알았다.

솔직히 말해, 이는 부분적인 게으름 때문이다. 리팩터링을 진행하면서 예제 코드의 여러 버전을 관리하는 동시에 코드에 대한 다른 뷰를 함께 제공하기는 어렵다. 게다가 우리가 사용하는 프로그래밍 언어를 통해서만 표현하는 습관을 들였다. 그냥 날 텍스트를 통해 충분히 서로의 생각을 이해할 수 있다면, 매일 직장에서 코드와 동기화가 되어 있을 수도 있고 그렇지 않을 수도 있는 별도의 다이어그램을 강제로 살펴보지 않아도 된다.

객체 지향 설계에 대해 글을 쓸 때는 소프트웨어의 동작과 동적인 구조를 보여 주고 소스 코드의 변경이 어떻게 소프트웨어의 동적 행동 방식에 영향을 미치는지 보여 주는 다이어그램에 의존했다. 객체 지향 소프트웨어에서 이런 동적 구조(객체 그래프와 객체 그래프에서 메시지가 어떻게 흘러가는가)는 대부분 암묵적이다. 이로 인해 소스 코드에서 보는 내용과 실행 시점에 벌어지는 일을 연관 짓기 어렵고, 때문에 시각화가 객체 지향 프로그래밍에서 필수적인 요소다. 1980년대와 1990년대 내내 소프트웨어 설계 권위자들은 객체 지향 소프트웨어를 시각화하는 다양한 다이어그램을 개발했다. 1990년대 중반 가장 유명한 표기법의 설계자였던 그래디 부치Grady Booch, 이바르 제이콥슨Ivar Jacobson, 제임스 럼보James Rumbaugh는 서로의 노력을 합쳐 **통합 모델링 언어**Unified Modeling Language (UML)를 만들었다.

함수형 프로그래밍 커뮤니티에서는 이런 식으로 다이어그램이나 시각화에 초점을 맞추지 않는다. 함수형 프로그래밍의 목표는 **대수적 추론**이다. 대수적 추론은 프로그램 텍스트를 조작해 프로그램의 행동 방식을 추론하는 것을 뜻한다. 참조 투명성과 정적 타입을 사용하면 소스 코드 구문만 사용해 프로그램에 대해 추론할 수 있다. 그 결과, 소스 코드와 실행 시점의 프로그램 상태 사이에 더 밀접한 연관이 생긴다. 코드가 함수적으로 될수록 소스 코드만 봐서는 바로 알 수 없는 메커니즘에 대해 열심히 생각하고 이해하기 위해 시각화하지 않아도 시스템의 행동 방식을 읽을 수 있다는 사실을 발견하게 된다.

23.5 리팩터링

실용적인 함수형 프로그래밍과 함께, 리팩터링은 이 책의 다른 핵심 주제다. 리팩터링은 프로 개발자의 삶에서 중요한 역할을 한다. 처음부터 시스템을 제대로 설계할 수 있을 정도로 시스템 최종 형태에 대해 충분히 잘 알지 못하더라도, 매 순간 시스템의 모습을 우리가 필요로 하는 모습으로 변환해야만 하기 때문이다. 처음부터 시스템 설계를 제대로 할 수 있을 정도로 시스템의 최종 형태를 충분히 잘 알았던 적이 결코 없었다. 세부적인 요구사항을 가지고 개발을 시작했던 애플리케이션조차도 마지막 배달 시에는 초기 명세와는 아주 다른 형태로 끝나기 일쑤였다.

프로젝트의 후반부나 스케줄 압박이 심하면 코드를 리팩터링하는 방법을 배울 시간이 없다. 대신 우리는 기회가 있을 때마다 리팩터링을 연습한다. 22장 '클래스에서 함수로'에서 본 것처럼, 밑바닥부터 코드를 작성할 때도 종종 테스트를 통과하는 값을 하드코딩한 후 리팩터링해서 테스트와 프로덕션 코드 사이의 중복을 해결하곤 한다. 우리는 테스트를 빠르게 통과시키는 온갖 방법을 항상 찾고, 테스트가 통과하고 나면 우리가 찾아낸 방법을 바람직한 방향으로 계획했던 코드처럼 보이게 리팩터링한다. 때로는 인텔리J에 내장된 새로운 자동화된 리팩터링을 발견하기도 하지만, 어떤 경우에는 기존 리팩터링을 조합해 목표를 달성하는 방법을 찾아내기도 한다.

변경 영역이 작으면 정의를 손으로 직접 변경하고, 정의를 사용하던 부분들을 새로운 내용에 맞춰 변경할 수 있고, 가끔은 사용하던 부분을 먼저 직접 고치고 그것에 맞게 정의를 직접 변경할 수도 있다. 하지만 이런 방법은 영향을 받는 파일이 많아지면 금방 지겨워지며 실수할 여지도 많아진다. 따라서 나중에 더 큰 리팩터링 모험을 해야 할 때 사용할 도구를 미리 장착해 두기 위해서 아주 작은 변경까지도 도구를 사용해서 연습해야 한다. 다단계 리팩터링을 해야 하는 경우나 여러 위치에서 수동으로 리팩터링을 적용해야 하는 경우, 4.2절 내 상자의 '확장과 축소 리팩터링'을 사용하면 리팩터링 과정 중에도 시스템이 빌드되고 동작하도록 유지할 수 있다. 이 방식을 쓰면 리팩터링 작업을 시스템의 다른 변경 사항과 함께 지속해서 병합할 수 있으므로, 여러 날이나 여러 주에 걸쳐 리팩터링을 진행해야 할 때 이런 방식이 필수적이다. 일단 한 달 동안 작업한 내용을 마지막에 크게 병합하려고 했더니 불가능하다는 사실을 알게 되어서 날려버리고 나면, 이 기법의 가치를 인정하고 이 기법이 꼭 필요하지 않은 경우에도 이 기법을 사용하는 연습을 하고 싶어질 것이다.

이 책에서 다룬 리팩터링이 여러분의 야망을 북돋우기를 원한다. 우리는 세계적인 전문가들과 함께 일할 수 있는 행운아였다. 이런 사람들은 여러분이 리팩터링을 하는 과정에 컴파일 오류를 발생시키면 혀를 찰만한 사람들이었다. 보여 준 변환이 최적은 아니지만(게다가 도구와 언어가 달라지면 최적 변환도 달라지기 마련이다) 각각 독특한 변환으로, 코드를 작성하는 방법이나 코드를 리팩터링하는 방법을 반영하지 않는다.

23.6 리팩터링과 함수형 사고

여행하면서 본 것처럼, 함수형 사고와 리팩터링 사이에는 관계가 있다. 리팩터링은 코드를 재배열하는 것이고, 코드가 동작(실행하는 위치에 따라 결과가 달라지는 코드)을 표현할 때(7.3절 '동작')는 재배열에 따라 동작의 실행이 달라질 수 있고, 그로 인해 소프트웨어의 기능도 달라질 수 있다. 반대로 계산(7.2절 '계산')은 재배열을 해도 안전할뿐더러 궁극적으로는 무능력하다(즉 읽거나 쓰지 않고 열(컴퓨터에서 발생함)을 만들어내기만 한다). 함수형 사고는 우리가 동작을 식별하고 제어하도록 장려하며, 동작을 구별해 제어하면 리팩터링도 더 안전해 진다.

이 사실을 어렵게 배웠다. 가변 객체의 시대에 리팩터링을 배웠고, 리팩터링의 여파를 예측하지 못하고 버그를 만들었다. 그로 인해 리팩터링을 포기할 수도 있었겠지만, 시스템을 처음부터 제대로 만들 정도로 영리하지는 못했다. 리팩터링을 포기하는 대신, 어떤 스타일(객체 지향이지만 불변성을 활용하는 스타일)의 프로그래밍 방법이 표현력이 좋고 이해하기도 쉬우며 리팩터링하기도 좋고 안전하다는 사실을 발견했다. 자바 코드에 이 스타일을 도입할 때 자바의 결과 다른 경우가 자주 있었지만, 그런데도 다른 코딩 스타일보다 훨씬 더 생산성이 높았다. 코틀린을 알고 나서, 코틀린이 우리 스타일에 있어 스위트 스폿임을 깨달았다. 이제 우리는 함수형 사고를 설계할 때 고려하고, 객체 지향을 여전히 잘 지원하며, 리팩터링 도구를 언어와 함께 개발한 현대적 언어를 사용할 수 있다.

켄트 벡이 "코드를 변경하기 쉽게 만들라. 그 후 코드에 단순한 변경을 가하라"라고 말한 것처럼 지속적인 리팩터링을 통해 필요한 모든 변경이 쉬운 변경이 될 수 있게 하라. 리팩터링은 소프트웨어의 근본적인 복잡성을 처리할 수 있는 근본적인 실천 방법이다.

여러분의 여행이 안전한 여행이 되길 기원한다.

INDEX

INDEX

INDEX

INDEX

INDEX